이렇게
기막힌
적중률

환상의 콤비 필기+실기
사무자동화산업기사

★

2권 · 실기

"이" 한 권으로 합격의 "기적"을 경험하세요!

실기 시험 출제 경향

우리의 목표는 합격!
최신 출제 경향을 분석하여 핵심 키워드를 정리하였습니다.
마무리 체크를 원하는 수험생, 시간이 부족한 수험생은 최신 출제 경향을 꼭 한 번 더 짚고 넘어가세요.
어렵게 느껴지는 과목은 개념을 확립하고, 자신 있는 과목은 다양한 문제를 풀어보며 집중하세요!

사무자동화산업기사 실기 시험은 실제로 2시간 동안 수행되며, 다양하고 방대한 작업들이 요구됩니다. 따라서 시간 관리에 주의를 기울여야 합니다. 어려운 문제가 출제될 가능성도 있으므로 이에 대비하는 것이 중요합니다. 엑셀, 액세스, 파워포인트에서 수행해야 할 작업 목록은 다음과 같습니다. 아래 이미지들은 시험에서 제시되는 문제의 일부로, 이를 통해 실전과 유사한 환경에서 연습해보는 것이 좋습니다.

작업 항목	세부 항목	목표 점수
워크시트 및 그래프(35점)	1. 워크시트 작성하기 2. 내장 함수 응용하기 3. 데이터 관리하기 4. 그래프 작성하기	1. 데이터 입력과 서식 2. 수식 작성과 데이터 처리 3. 데이터 검색과 분석 4. 차트 구성 및 설계와 축, 서식, 범례
데이터베이스(35점)	1. 화면 설계하기 2. 자료 입력하기 3. 자료 처리하기	1. 테이블과 폼 설계 2. 데이터 입력과 쿼리 작성 3. 조건 처리 및 보고서 작성
프레젠테이션(30점)	1. 화면 설계하기 2. 슬라이드 작성하기	1. 화면의 구성과 설계 2. 도형, 표, 차트 구성

엑셀 워크시트 및 그래프 35점

▶작업 표 형식

	A열	B열	D열	E열	F열	G열	H열	I열
1행	거래 이익금 현황(비번호: xxxx)							
2행	작성일 : yy-mm-dd							
3행	품목코드	품목이름	출고가	출고량	거래금액	이익 금액	순위	평가
4~15행	–	–	❶	–	❷	❸	❹	❺
16~17행	품목별 합계		프린터		❻	❼		
			모니터		❼	❼		
18행	평가가 A급인 제품의 이익금액 합계					❽		
19행	이익금액이 1,000,000 이상 2,000,000 미만 품목들의 합					❾		

• 체크 포인트 •

- 주어지는 입력 자료의 내용을 작업 표 형식에 맞게 입력해야 합니다.
- 작업 표 형식에 나타나 있지 않은 경우라도 계산에 사용될 시 입력해야 합니다.
- 틀리게 입력하면 결과도 달라지므로 똑같이 입력해야 합니다. (감점 요인)
- 함수식을 사용하라는 조건에는 반드시 함수식을 이용해야 합니다.

▶그래프

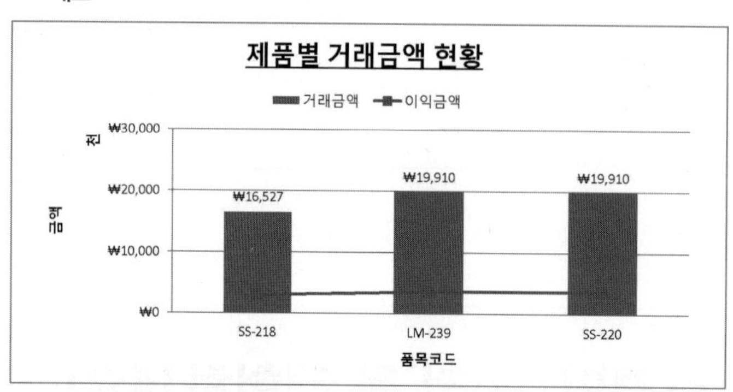

• 체크 포인트 •

- 작성 조건에 없는 형식이나 모양 등은 기본 설정값을 유지해야 합니다.
- A4 용지 1/2장 범위 내에 들어갈 정도의 크기로 작성해야 합니다.

액세스 데이터베이스 35점

▶조회 화면

출신고에 "서울"이 포함되고 학과명이 "컴퓨터공학과"인 데이터

수험번호	출신고	지원자	학과명	점수
A-001	서울정보고	이재마	컴퓨터공학과	250
A-978	서울정보고	이지후	컴퓨터공학과	230

리스트 박스 조회시 작성된 SQL문

```
SELECT 합격자현황.수험번호, 합격자현황.출신고, 합격자현황.지원자, 학과코드표.학과명, 합격자현황.점수
FROM 학과코드표 INNER JOIN 합격자현황 ON 학과코드표.학과코드=합격자현황.학과코드
WHERE (((합격자현황.출신고) Like "*서울*") AND ((학과코드표.학과명)="컴퓨터공학과"))
ORDER BY 합격자현황.점수 DESC
```

▶자료 처리

고등학교별 합격자 현황

작성일자 : YYYY-MM-DD

학과명	지원자	출신고	수험번호	점수	1차합격
멀티미디어과	XXX	XXX	XXX	XXX	XXX
합계:X명		1차합격자 수:X명		평균:XX점	합격률:XX%
전기전자과	XXX	XXX	XXX	XXX	XXX
합계:X명		1차합격자 수:X명		평균:XX점	합격률:XX%
정보통신과	XXX	XXX	XXX	XXX	XXX
합계:X명		1차합격자 수:X명		평균:XX점	합격률:XX%
컴퓨터공학과	XXX	XXX	XXX	XXX	XXX
합계:X명		1차합격자 수:X명		평균:XX점	합격률:XX%
총 합계:X명		1차합격자 수:X명		평균:XX점	합격률:XX%

• 체크 포인트 •

- 입력 자료를 데이터에 맞는 형식으로 설정해야 합니다. (글자 → 텍스트, 숫자 → 숫자, 날짜 → 날짜)
- 입력 자료를 저장한 테이블(또는 쿼리)을 데이터 원본으로 지정하여 폼을 작성합니다.
- 문제에서 요구하는 쿼리를 작성해 폼/보고서에 사용합니다.

파워포인트 프레젠테이션 30점

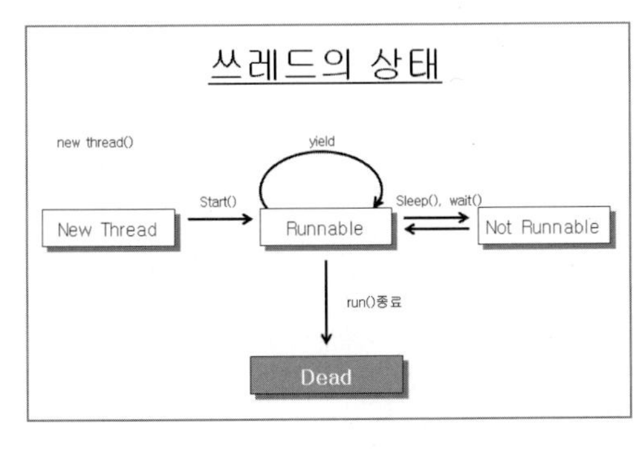

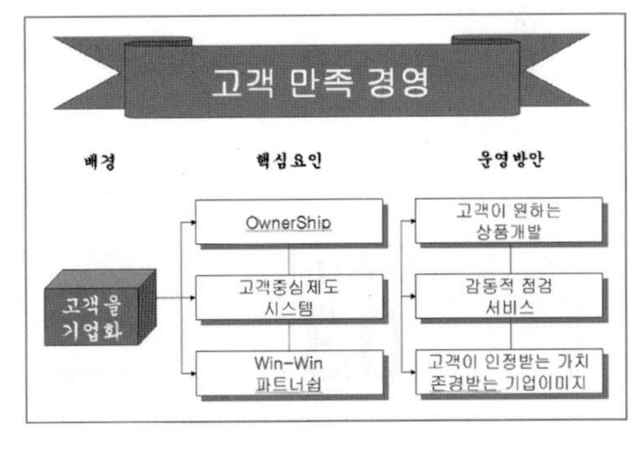

• 체크 포인트 •

- 100% 정확하게 위치/모양을 맞출 수는 없으니 유사한 수준으로 작성합니다.
- 실제 시험에 출제되는 글꼴은 돋움체, 굴림체, 궁서체 정도입니다. 조건에 제시되지 않은 경우에 설정해 주세요.
- 모든 슬라이드의 내용은 흑백 프린터기로 인쇄됩니다. 그러므로 색 채우기 시 유의하세요.
- 감독관이 정해준 인쇄 전용 컴퓨터에서 인쇄를 하게 됩니다. 미리 인쇄 연습을 해두시는 게 좋습니다.

실기 차례

2권

자주 질문하는 실기 Q&A

01. 엑셀의 작업 방법에 관련된 사항

Q 수치 계산에서 반드시 함수를 사용해야 하나요?

본 시험의 채점은 출력물을 기본으로 이루어지지만 제출하는 파일이 보조 근거 자료로 사용됩니다. 따라서 함수를 사용하시는 것이 유리합니다. 모르는 함수가 나오는 경우는 도움말을 이용하시기 바랍니다. 참고로 사용한 함수식을 시트에 표시하는 문제가 출제되기도 합니다.

Q 작업 표에서 굵게 되어 있는 건 조건에 나와 있지 않아도 굵게 지정해야 하나요?

특별히 조건에서 제시되지 않은 부분은 수험생이 주어진 문제를 보고 판단해야 합니다. 문제지와 최대한 비슷하게 작성하면 됩니다.

Q 작업 표에서 필드가 많을 경우 칸이 좁아서 숫자 셀이 # 모양으로 나옵니다. 셀 너비를 마냥 늘이면 한 쪽을 넘어가서 인쇄가 다 안 되던데요.

일단 #으로 나오지 않게 셀 너비를 넓혀야 합니다. 페이지 설정에서 좌우 여백을 조절해서 한 페이지에 나오게 합니다(실제 시험에서 한 페이지에 인쇄가 불가능한 문제는 출제되지 않습니다).

Q 차트를 완성한 후 작업 표 부분을 수정해도 차트에 영향을 주지 않는 방법은 무엇입니까?

엑셀의 차트는 작업 표의 데이터와 연결되기 때문에 수정된 작업 표와 별개의 차트를 그리기 위해서는 차트를 그리고자 하는 작업표를 복사해서 다른 영역에 붙인 후 붙인 작업 표로 차트를 작성해야 합니다.

Q 자료 파일에는 날짜 표기가 '23-11-23' 형식으로 되어 있는데 직접 작업해 보니 '23.11.23' 형식으로 입력이 됩니다. 문제처럼 바꾸는 방법은 무엇입니까?

[셀 서식]-[표시 형식] 탭에서 [사용자 지정]을 'yy-mm-dd'로 하면 됩니다.

Q 원화(₩) 표시를 하라는 조건에서 '통화' 형식을 지정하는 경우와 '회계' 형식을 지정하는 경우 화면에는 다르게 표시가 되는데 어떤 차이가 있습니까?

'통화'를 지정하면 '₩10,000' 형식으로 표시가 되며 '회계'를 지정하면 '₩ 10,000' 형식처럼 원화(₩) 기호가 셀의 좌측에 표시가 됩니다. 어떤 형식을 사용하든 상관이 없으며 원화(₩) 표시만 나오면 됩니다. 단, 하나의 작업 표에서는 통일된 형식으로 사용하는 것이 더 보기 좋습니다.

Q 하나의 셀 영역에 두 줄을 입력하기 위해서는 어떤 방법을 사용하면 됩니까?

Alt+Enter를 사용하면 됩니다.

자주 질문하는 실기 Q&A

Q 엑셀에서 제목에 이중 실선과 이중 파선을 그리는 방법은 무엇인가요?

[셀 서식]-[글꼴] 탭에서 밑줄 기능을 이용하면 됩니다. 또는 [삽입] 탭-[일러스트레이션] 그룹-[도형]에서 선 도구(＼)를 이용해서 선을 직접 그려도 됩니다. 이때 Shift를 이용하면 실선을 곧게 그릴 수 있으며 Ctrl+Shift를 누른 상태에서 이전 실선을 아래로 드래그해 복사하면 됩니다. 또한 이중 파선은 선 도구(＼)를 이용하여 그린 다음 그린 선을 선택하고 [서식] 탭-[도형 스타일] 그룹-[도형 윤곽선]-[대시]에서 파선을 설정할 수 있습니다. 역시 위와 같은 방법으로 아래로 드래그해 복사하면 이중 파선이 그려집니다.

Q 그린 선이 미리 보기를 하면 보이지 않는데 어떻게 해야 합니까?

[테두리] 설정을 했음에도 보이지 않는 경우는 상관없습니다. 채점은 인쇄되어 나온 출력물이 기준이므로 프린트했을 때 정확히 나오면 상관없습니다.

Q 차트의 축에서 숫자 '0'이 '–'로 표시되는데 해결 방법은 무엇입니까?

지정된 형식에 따라 달라질 수 있습니다. 문제에서 요구하는 모양으로만 작성했다면 상관없습니다.

Q 특수 문자는 어떻게 입력합니까?

키보드에서 한글 자음(ㄱ, ㄴ, ㄷ…)을 입력한 후 한자를 눌러 화면 오른쪽 하단에 특수 문자의 목록이 나타나면 원하는 기호를 선택하면 됩니다.

Q 차트 작성에 필요한 영역 지정 시 반드시 필터만을 사용해야 되나요?

반드시 필터만 사용하는 건 아닙니다. 해당 영역을 Ctrl을 이용해 마우스로 지정해 주어도 됩니다.

Q 숫자 데이터를 문자로 처리하려면 어떻게 하나요?

입력 시 '(홑 따옴표)를 이용하여 입력합니다. (예 : '001)

Q 내장 함수가 무엇인가요?

엑셀에서 주어진 함수로 우리가 흔히 사용하는 SUM, AVERAGE 등이 있습니다. 시험에서 내장 함수를 이용하라는 의미는 엑셀에서 제공되는 함수를 이용하라는 의미입니다.

02. 액세스의 작업 방법에 관련된 사항

Q 액세스는 나중에 작업하세요.

주어진 2시간의 작업 시간이 생각보다 짧습니다. 많은 수험생들이 문제가 출제된 순서대로 엑셀–액세스–파워포인트 순서로 작업하다가 액세스에 많은 시간을 사용해서 파워포인트 작업을 제대로 마치지 못하는 경우가 있습니다. 대부분의 수험생들에게 난이도는 파워포인트–엑셀–액세스 순서이므로 쉬운 것부터 먼저 하세요. 물론 그렇다고 해서 한 종목을 아예 완성하지 못하면 실격이므로 주의가 필요합니다.

Q 결과가 더 중요합니다(F1).

출력물 위주로 채점을 하기 때문에 출력물 결과만이라도 문제에서 요구하는 형태로 나오게 만듭니다. 결과값이 맞게 되었다면 나머지는 단지 감점 사항입니다.

Q 액세스의 도움말을 활용합니다(F1).

사용해야 할 함수 사용법이 기억이 안 나거나 어떤 함수를 사용해야 할지 모르는 경우 액세스의 도움말을 참고하세요. 도움말을 잘 찾아보면 함수의 사용법과 예제까지도 있습니다.

Q 작성 조건을 잘 읽으세요.

날짜 서식이나 숫자 서식이 문제마다 다양하게 변형되어 출제되고 있습니다. 문제에서 요구하는 작성 조건이 정확히 무엇을 요구하는지 자세히 보세요.

Q 책과 똑같이 입력했는데도 원하는 값이 안 나옵니다.

진짜 똑같은지 한 번만 더 보세요. 콤마 대신 점을 쓴 것은 아닌지, [ ]를 썼는지, ( ) 개수는 같은지 확인해 보세요.
실수로 한글 전자(전각 문자), 영문 전자(영숫자 전자)로 입력한 경우에 컴퓨터는 해당 글자를 사람 눈과는 다르게 보기 때문에 에러가 날 수 있습니다. Windows의 한글 입력기(한글 IME)에서 한글 반자, 영문 반자(영숫자 반자)가 선택되었는지 확인하고 처음부터 다시 한번 입력해 보세요.

Q 자동으로 나타나게 하라는 문제는 어떻게 풀어야 합니까?

폼에 사용할 쿼리를 잘 만들면 됩니다. 이런 문제는 출제 의도가 쿼리를 제대로 사용할 줄 아는가를 묻는 데 있습니다. 경우에 따라서는 이런 문제 요구 조건을 들어주려면, 프로그래밍까지 해야 하는 경우가 있는데, 이런 것은 사무자동화산업기사의 출제 범위가 아닙니다. 쿼리를 잘 만들어서 다른 두 테이블에 있는 값이 제대로 연결되어 폼에 표시되는 것으로 충분합니다.

Q 기본 키라는 것이 나오는데 설정을 안 하면 어떻게 됩니까?

최근 출제된 문제 유형 중에는 입력 화면을 사용하지 않고 조회 화면을 사용하기 때문에 폼에서 입력할 필요가 없어졌으므로 기본 키 설정을 하지 않아도 되는 경우가 있습니다. 기본 키 설정을 하지 않는 대신 쿼리에서 두 테이블을 조인해 주어야 합니다.

자주 질문하는 실기 Q&A

Q 각 출력물 상단에 수험생의 비번호, 수험번호, 성명을 출력하려면 어떻게 합니까?

시험장에 따라 어떤 곳은 폼과 보고서에 인쇄되어 나오도록 하고 어떤 곳은 여백만 주어 인쇄한 후에 손으로 쓰도록 합니다. 인쇄하라고 지시하는 경우라면 폼은 [폼 머리글] 영역에, 보고서는 [보고서 머리글] 영역에 레이블을 추가하면 됩니다.

Q 폼이나 보고서를 완성한 후에 쿼리에 실수가 있는 것을 알았습니다. 처음부터 다시 작업해야 합니까?

쿼리 필드 식에 실수가 있는 경우라면	쿼리 필드 식을 아예 빠뜨린 경우라면
① 그냥 쿼리 필드 식만 수정하면 됩니다. ② 수정하고 나서 폼과 보고서가 제대로 나오는지 확인은 해 보아야 합니다.	① 일단 쿼리를 수정합니다. ② 폼이나 보고서 디자인 화면에서 [디자인] 탭–[도구] 그룹–[기존 필드 추가]를 선택합니다. ③ 빠뜨린 필드를 마우스로 선택한 후 원하는 위치에 끌어서 놓습니다. ④ 레이블과 텍스트 박스가 추가될 것입니다. ⑤ 위치, 크기나 형식 등의 필요한 변경을 하면 됩니다.

Q 폼이나 보고서 미리 보기를 하면 내용이 하나도 안 나옵니다.

테이블에 데이터를 입력하셨는지 확인해 보세요.

Q 폼과 보고서 디자인 화면에 바둑판처럼 눈금이 표시됩니다.

디자인할 때 위치 조정을 편하게 하려고 있는 기능입니다. 눈금이 표시되거나 표시되지 않도록 할 수 있습니다.

Q 테이블을 작성할 때 텍스트나 숫자 데이터 형식을 지정하면 필드 크기가 자동으로 '50' 또는 정수(Long)가 지정되는데 이것을 따로 조정해야 합니까?

텍스트의 경우 특별히 조정하지 않아도 됩니다. 숫자는 소수자리 계산이 필요하다면 실수(Double)로 바꿔야 합니다. 시험이 아니라 실제 데이터베이스를 사용할 때에는 불필요한 공간의 낭비를 피하기 위해서 필요한 만큼으로 텍스트의 크기를 조정해 줍니다.

Q 회원번호는 계산하지 않는 숫자인데 왜 텍스트 데이터 형식을 사용하지 않습니까?

텍스트를 비롯한 계산에 사용되지 않는 숫자는 텍스트 데이터 형식을 사용할 수 있습니다. 그런데 텍스트 데이터는 정렬할 때 주의해야 합니다. 예를 들어 텍스트 '1', '2', '10'이 있을 경우 오름차순으로 정렬하면 '1', '10', '2'처럼 정렬이 됩니다. 숫자 데이터라면 당연히 '1', '2', '10'으로 정렬되겠죠. 텍스트 데이터로 처리된 숫자들이 제대로 정렬되기 위해서는 글자 수를 맞추어 주어야 합니다. 텍스트 '01', '02', '10'으로 해야만 오름차순으로 정렬하면 '01', '02', '10'으로 정렬됩니다. 그래서 어떤 경우에는 계산하지 않는 숫자라도 텍스트 형식을 사용하지 않고 숫자 형식을 사용하는 것이 편리합니다.

Q 테이블 작성 시 데이터 형식에서 숫자와 통화가 구분이 잘 안 됩니다.

[숫자] 데이터 형식은 밑의 [필드 크기]에서 정수, 실수 등을 선택할 수 있습니다. [통화] 데이터 형식은 금전 표시할 때 필요한 범위의 수를 포함하고 있으며 기본적으로 원화 표시(₩)와 천 단위 콤마를 표시해 주는 [통화] 형식이 지정됩니다.

[숫자] 데이터 형식에 [통화] 형식과 [통화] 데이터 형식 중 어떤 형식을 선택하는가는 사무자동화산업기사 시험에서는 큰 차이가 없습니다.

Q 문제에서 쿼리를 이용할 것인지 아닌지는 어떻게 결정합니까?

첫째, 입력자료에는 없는 새 필드를 폼이나 보고서에서 사용하는 경우입니다.

둘째, 두 개 이상의 테이블에서 필드를 사용할 경우입니다.

물론 쿼리를 사용하지 않고도 작업을 할 수는 있습니다. 폼이나 보고서에 직접 [입력란] 컨트롤을 추가하고 속성의 [컨트롤 원본]에 필요한 값을 입력해도 되지만 쿼리를 사용하는 것이 편리합니다.

Q 두 테이블을 사용하는 쿼리에서 조인된 필드는 데이터가 동일한데, 어느 테이블의 필드를 쿼리에 포함시켜야 합니까?

자동으로 표시하라는 요구 조건이 있는 경우, 자동으로 표시할 필드가 없는 테이블의 조인된 필드를 쿼리에 포함시킵니다. 그런 조건이 없는 경우 어느 테이블에 속한 필드인지 상관이 없습니다.

Q 폼 바탕을 흰색으로 만들고 폼 둘레에 외곽선을 어떻게 그릴 수 있습니까?

문제의 입력 화면과 똑같이 만들려고 외곽선을 그리고 바탕색을 흰색으로 바꾸는 일부 수험생들의 경우가 있습니다. 시험 감독관이나 문제에서 분명히 요구하지 않았다면 굳이 필요하다고 생각하지는 않습니다.

① [본문] 영역 표시줄을 마우스로 선택하고 속성의 [형식] 탭에서 [배경색]을 선택합니다. 오른쪽에 나타난 [...] 버튼을 클릭하여 배경색을 흰색으로 조정합니다. [폼 머리글] 영역도 마찬가지로 합니다.

② [본문] 영역 왼쪽 끝, 오른쪽 끝, 아래쪽 끝과 [폼 머리글] 영역 왼쪽 끝, 오른쪽 끝, 위쪽 끝 근처에 [선] 컨트롤을 사용하여 선을 그립니다.

Q 프린터가 설치되지 않아서 보고서를 작성할 수 없다는 에러가 나고 보고서 작업을 전혀 할 수 없습니다. 액세스에서 보고서를 만들려면 프린터를 사다가 연결해야 합니까?

액세스는 프린터의 용지 규격 정보를 이용해서 보고서 디자인 작업을 수행하기 때문에, 프린터가 설치되어 있지 않으면 보고서 디자인 작업을 아예 할 수 없습니다. 컴퓨터에 실제로 프린터를 연결해야 하는 것이 아닙니다. Windows [시작]-[설정]-[프린터]에 소프트웨어적으로 설치된 프린터가 전혀 없어서 발생하는 문제입니다. 실제로 프린터가 연결되어 있지 않더라도 [프린터 추가]를 눌러 소프트웨어적으로 프린터를 설치할 수 있습니다. 아무 종류의 프린터나 설치하면 보고서 디자인 작업을 진행할 수 있습니다.

자주 질문하는 실기 Q&A

Q 제 컴퓨터에서는 요약 옵션이 안 나옵니다.

보고서 마법사에서 [요약 옵션]이 나타나지 않는 경우는 다음과 같습니다.
첫째, 그룹 수준이 지정되지 않았을 때
둘째, 그룹 수준이 잘못 지정되었을 때
셋째, 숫자 데이터 형식을 가진 필드가 없을 때
보고서 디자인 작업을 할 때, 직접 컨트롤을 추가하고 컨트롤 원본에 식을 입력하면 됩니다.

Q 보고서에 컨트롤을 추가하고 'sum([판매금액])'이라고 썼는데, 미리 보기에서 합계가 나오는 것이 아니라 입력한 글자가 그대로 표시됩니다.

'=sum([판매금액])'으로 써야 합니다. 실수로 텍스트 박스 컨트롤이 아니라 레이블 컨트롤을 추가해도 비슷한 결과가 나타납니다. 식은 반드시 텍스트 박스 컨트롤의 속성의 [데이터] 탭의 [컨트롤 원본]에 써야 계산이 됩니다.

Q 보고서를 만들 때 화면에 같은 값이 여러 번 나오는 경우가 있습니다. 문제처럼 같은 데이터를 한 개만 나타내는 방법이 있습니까?

같은 값이 나오는 필드의 텍스트 박스 컨트롤의 속성-[형식] 탭의 [중복 내용 숨기기]를 [예]로 지정하면 됩니다.

Q 문제에서처럼 위 아래 기준으로 가운데 정렬을 할 수는 없습니까?

액세스에서 지원하지 않는 기능입니다.

Q 보고서 미리 보기에서 [영역 너비가 쪽 너비보다 크고...] 라는 대화 상자가 나타납니다.

[파일]-[인쇄]-[인쇄 미리 보기]를 확인하여 [여백]에서 용지 여백을 조정하거나 보고서 디자인에서 보고서 너비를 조정해야 합니다.

Q 보고서에서 인원수를 표시할 때 '=Count(*)'를 쓰는 건 아는데 입력란 안에 "명"까지 같이 나오게 하려면 어떻게 합니까?

컨트롤을 추가해서 사용하거나, '=Count(*) & "명"'이라고 쓰면 됩니다.

Q 주소라는 필드에 (강원 경기 부산 서울 제주) 레코드가 있는데 이 필드를 오름차순, 내림차순이 아닌 임의적인 순서(서울 경기 부산 제주 강원)로 정렬할 수 있습니까?

액세스 자체에서 사용자 정의 정렬은 지원하지 않습니다. 쿼리에서 사용자 정의 정렬을 위한 필드를 따로 만들고, 보고서에서 해당 필드를 기준으로 그룹화하거나 정렬을 해야 합니다.

Q 보고서에서 평균과 전체 평균을 구하려고 합니다. 평균은 그룹화 수준에서 구할 수 있는데 전체 평균은 어떻게 해야 하나요?

보고서 마법사의 [요약 옵션]을 사용하면, 합계는 그룹별 합계와 전체 합계를 구하고 평균은 그룹별 평균만을 구합니다. 그룹 바닥글의 평균을 표시하는 컨트롤을 복사해서 보고서 바닥글에 붙여넣기해 주는 것이 제일 빠른 해결법입니다. 물론 직접 텍스트 박스 컨트롤을 추가하고 [컨트롤 원본]에 '=Avg([필드 이름])' 식을 입력해도 됩니다.

Q 표현식 작성기에서 마우스로 입력했더니 총점: 〈Expr〉 [워드] + [엑셀] + [파워포인트] + [액세스] 이렇게 되는데 왜 앞에 Expr이 붙는지 모르겠습니다.

표현식 작성기를 사용하실 때 가끔 Expr 등의 문자가 자동적으로 삽입됩니다. 원래 목적은 사용자들이 표현식을 사용할 때 이해를 돕기 위한 것인데, 실제 작업에는 오히려 방해가 되죠. 그런 문자들은 삭제해야 합니다.

Q 책에 나온대로 IIf 함수를 입력했는데, 정의되지 않은 함수라는 에러가 납니다.

IIf(LLF) 함수가 아니라 IIf(IIF) 함수입니다. 원래 If 문을 식으로 사용하도록 변형한 함수라서 앞에 두 글자를 대문자로 씁니다.

Q 성별을 넣을 때 입력 자료에는 T, F로 되어 있고 처리 조건에 성별이 T이면 남성이고 F이면 여성으로 되어 있습니다. 어떻게 처리해야 하나요?

T, F로 입력하고 IIf 함수를 사용하면 됩니다. 쿼리에서 새 필드를 추가하거나, 폼/보고서의 입력란 컨트롤 속성 [데이터] 탭–[컨트롤 원본]에 '=IIf([성별]="T","남성","여성")'으로 쓰면 됩니다.

Q '정산:IIf([정산방식]=1,"인세","쪽수")'라고 입력한다고 되어 있습니다.'정산방식:IIf([정산방식]=1,"인세","쪽수")'라고 써 놓으니 다음으로 진행이 안 됩니다. 정산방식으로 똑같이 이름을 주면 안 됩니까?

식 안에 같은 이름을 사용하면 순환참조가 발생하므로 문제가 생깁니다. 반드시 이름을 다르게 해야 합니다.

Q 지각횟수 4회를 결석일수 1일로 계산하는 식에서 왜 Int( ) 함수를 사용합니까?

'총결석일수:[결석일수]+[지각횟수]/4'로 식을 세우면 결석일수가 없고 지각횟수가 22회인 경우 총결석일수는 5.5일이 됩니다. 보고서에서 정수로 표시하라는 조건에 따라 소수 자릿수 속성을 0으로 조정하면, 5.5는 6으로 반올림되어 표시됩니다. 문제에서 지각횟수 22회가 결석횟수 5일이라고 정해 주기 때문에 반올림되는 것을 막기 위해 Int( ) 함수를 사용해서 5.5를 강제로 5로 바꾸는 것입니다. Int( ) 함수는 소수 아랫자리 값을 버립니다.

Q 쿼리에서 "지정된 필드는 SQL문의 FROM절에 나열된 테이블을 둘 이상 참조합니다"라는 에러가 납니다.

쿼리 표현식에 사용한 필드 이름이 두 테이블 모두에 있기 때문에 나는 에러입니다. 예를 들어, '새코드:Left([코드번호],1)'라는 표현식에서 에러가 난다면 '새코드:Left([테이블1].[코드번호],1)'처럼 테이블 이름도 명시해 주어야 합니다.

자주 질문하는 실기 Q&A

Q 입력 자료의 날짜 형식과 폼의 날짜 형식, 보고서의 날짜 형식이 다 다릅니다.

사실 입력 자료의 날짜 형식은 굳이 따를 필요가 없습니다. 중요한 것은 폼과 보고서의 날짜 형식입니다. 폼과 보고서의 날짜를 표시하는 텍스트 박스 컨트롤의 속성의 [형식]을 선택하거나 직접 조정해 주면 가능합니다. 입력 자료의 요구가 어떻든 [날짜/시간 데이터 형식]을 사용하면 됩니다. mmdd 형식처럼 날짜 구분 기호가 없는 경우 등에 날짜 입력 시 에러가 나는 경우가 있습니다. 날짜 표시 형식과 날짜 입력 마스크에는 차이가 있습니다. 날짜 입력 마스크를 흔히 사용하는 '-', '/'를 이용하여 지정하면 에러 없이 입력할 수 있습니다.

Q 액세스에서 폼과 보고서를 인쇄할 때 각각 다른 종이에 인쇄합니까?

네. 액세스는 폼 1장, 보고서 1장입니다.

Q 액세스에서 인쇄할 때 폼과 보고서가 가운데 있어야 하나요?

굳이 그렇게 하지 않아도 됩니다. 점수와는 별 상관이 없습니다.

Q 쿼리나 폼, 보고서를 열면 매개 변수를 묻는 대화 상자가 나타납니다.

원래 매개 변수는 사용자들의 조건을 입력받기 위해 사용하는 값입니다. 사무자동화산업기사 시험에서는 사용하지 않는 기능이며 필드 이름 등에서 오타가 났을 가능성이 높습니다. 매개 변수를 묻는 대화 상자에서 무엇을 물어보는지 확인해 보세요.

03. 파워포인트의 작업 방법에 관련된 사항

Q 슬라이드 2개를 어떻게 A4 용지 1매에 인쇄합니까?

[파일]-[인쇄] 메뉴를 실행하면, 인쇄 옵션이 있습니다. 인쇄 대상을 슬라이드에서 '유인물'로 변경하고, 한 페이지에 넣을 슬라이드 수를 '2'로 설정한 후 인쇄하면 A4 용지 1매에 인쇄가 가능합니다.

Q 수험번호, 성명, 비번호는 6㎝의 여백을 주고 표시해야 하는데 어떻게 합니까?

파워포인트 유인물 출력 시 여백 설정은 불가능합니다. 시험지시일 뿐이니 무시하고 작업합니다.

Q 채점은 파일로 합니까? 아니면 인쇄물로 합니까?

채점은 인쇄물로 합니다. 가령 인쇄 형태에 문제가 있으면 파일을 열어서 확인하기도 합니다.

Q 글꼴의 크기는 어떻게 정합니까?

글꼴 크기나 글꼴은 문제지를 보고 비슷한 모양의 글꼴을 선택하면 됩니다. 크기는 전체적인 윤곽이 맞아야 하므로 대제목이 가장 크고, 중제목, 소제목 순으로 크기가 되어야 하며 본문 내용의 크기를 가장 작게 합니다.

Q 채우기 회색 40% 정도는 무슨 뜻입니까?

그림자나 도형의 면에 색을 채울 경우, 회색이 너무 진하면 인쇄물이 검정으로 인쇄되므로 조금 연하게 하는 것입니다. 인쇄물의 가독성을 높이기 위해 정한 규정이므로 꼭 지키기 바랍니다.

Q 선으로 연결된 것인지, 연결선으로 연결된 선인지는 어떻게 판단합니까?

선으로 연결된 선은 도형에 붙어 있지 않지만 연결선으로 그린 선은 도형과 붙어 있습니다. 하지만 편하게 사용할 수 있는 것으로 연결하면 되므로 문제지 모양과 비슷하게 작성할 수 있도록 충분히 연습하세요. 어떤 것으로 연결했는지는 중요하지 않습니다.

자주 질문하는 실기 Q&A

Q 인쇄 시 주의 사항을 알려주세요.

채우기 색상이 "회색"이고, 글꼴 색이 "흰색"인 슬라이드를 인쇄했을 때의 예입니다. 시험지에 제시된 슬라이드의 그림을 잘 보고 판단해야 합니다.

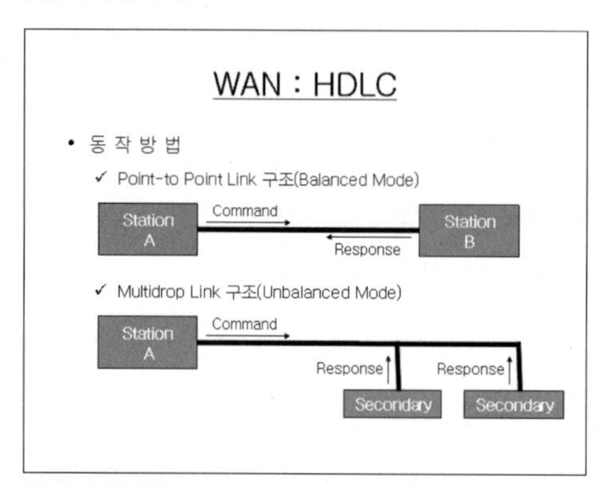

• 옵션이 컬러일 때 인쇄

채우기 색이 "회색"이고, 글꼴 색이 "흰색"인 슬라이드로 인쇄됩니다.

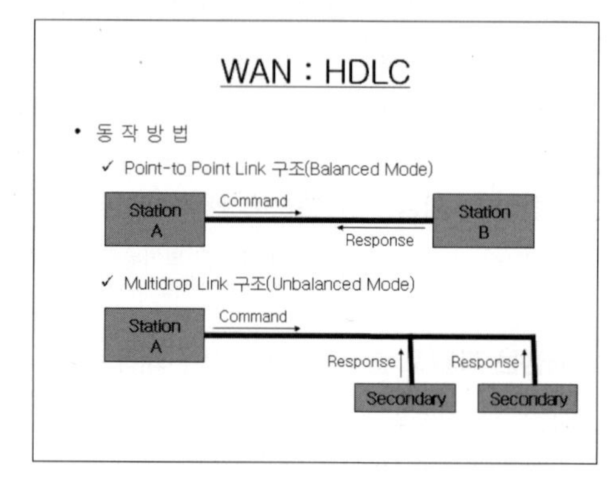

• 옵션이 회색조일 때 인쇄

채우기 색이 "회색"이고, 색이 "검정색"인 슬라이드로 인쇄됩니다.

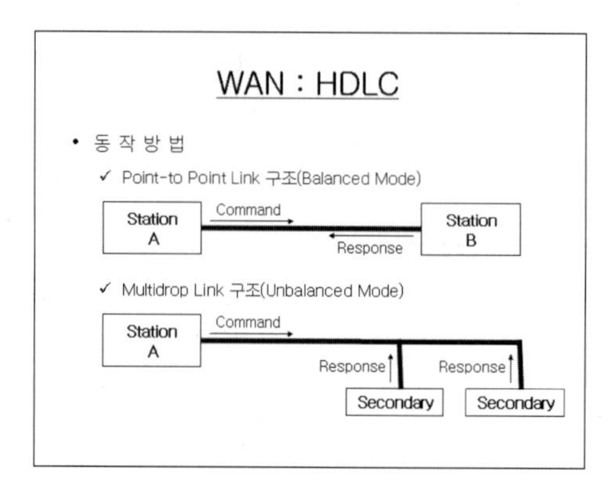

• 옵션이 흑백일 때 인쇄

채우기 색이 "흰색"이고, 글꼴 색이 "검정색"인 슬라이드로 인쇄됩니다.

PART

01

MS 오피스 따라 하기

사무자동화산업기사 실기 시험은 표 계산(SP) 작업, 자료 처리(DBMS) 작업, 시상(PT) 작업을 수행합니다. 시험 응시자는 시험시간 내 요구사항에 따른 작업을 수행하고 작업 내용을 인쇄하여 그 출력물을 제출해야 합니다. 따라서 정해진 시간 안에 제시된 문제를 모두 풀 수 있도록 반복해서 연습하는 것이 매우 중요합니다. 무료로 제공되는 동영상 강의를 시청하면서 익숙해질 때까지 풀이 과정을 복습하도록 합니다.

// SECTION //
01

Excel 따라 하기

핵심 포인트 공단에서 공개한 6개 문제가 시험에 동일하게 출제됩니다. 과목별로 랜덤으로 섞여서 출제되므로 공개문제 6제를 완벽하게 학습하도록 합니다.

▶ 합격 강의

엑셀 작업 표 계산(SP) 작업

01 작업 표(WORK SHEET) 작성

1. 자료(DATA)

근무현황

	A	B	C	D
3	성명	부서코드	출근시간	퇴근시간
4	공병호	B-2	9:25	18:20
5	김병선	B-3	13:29	17:30
6	김지명	B-3	14:10	21:00
7	김진혁	C-2	8:25	12:20
8	김차일	B-2	16:25	23:35
9	박두일	C-1	9:37	14:20
10	박일호	A-2	17:35	21:40
11	손병준	A-1	8:16	16:08
12	신혁진	A-3	17:28	23:40
13	이우선	A-2	16:20	20:06
14	문희권	C-1	8:50	16:20
15	이강복	C-2	8:20	17:20
16	반준규	B-3	9:05	16:40
17	남영문	A-2	8:45	16:20
18	정상희	B-2	8:55	17:10
19	김미선	B-1	9:20	16:35
20	김윤식	A-2	13:10	20:20
21	조형래	A-3	13:20	20:10
22	안성기	A-2	13:40	20:20
23	주진모	B-2	13:15	20:50

※ 자료(DATA) 부분에서 음영 처리 표시된 부분은 행/열의 기준을 나타내며 이는 작성(입력)하지 않음을 반드시 유의하시오.

기적의 Tip

시험지는 종이로 배부되며 제시된 입력자료는 수험생이 직접 타이핑하여 입력해야 합니다.

2. 작업 표 형식

근무현황

행 \ 열	A	B	C	D	E	F	G	H	I
2	성명	부서코드	근무부서	출근시간	퇴근시간	근무시간	당일금액	식대	지급액
3 ~ 23			❶			❷	❸	❹	❺
24	부서별 합계			시설과			❻		
25				관리과			❼		
26				재무과			❽		
27	부서코드에 “1” 또는 “3”을 포함한 합계						❾		
28	지급액이 20000 이상 40000 미만인 사람들의 합								❿
29	⓫								
30	⓬								

※ 음영 처리 표시된 부분은 작성하지 않습니다.

3. 작성 조건

가) 작성 시 유의 사항

Ⓐ 작업 표의 작성은 “나)~라)”항에 제시된 내용을 따르고 반드시 제시된 조건(함수 적용, 단서 조항 등)에 따라 처리하시오.

Ⓑ 제시된 작성 조건을 따르지 아니하고 여타의 방법 일체(제시된 함수 이외 다른 함수 적용, 함수 미적용, 별도 전자계산기 사용 등)를 사용하여 도출된 결과는 그 답이 맞더라도 정답으로 인정되지 않음을 반드시 유의하시오.

나) 작업 표의 구성 및 서식

Ⓐ “작업 표 형식”에서 행과 열에 관계된 음영 처리 표시된 부분은 작성하지 않음을 유의하고 반드시 제시된 행/열에 맞추도록 하시오.

Ⓑ 제목 서식 : 16포인트 크기로 하시오.

Ⓒ 글꼴 서체 : 임의 선정하시오.

다) 원문자가 표시된 셀은 아래의 방법을 이용하여 처리하시오.

❶ 근무부서 : 부서코드의 첫 글자가 “A”이면 재무과, “B”이면 관리과, “C”이면 시설과로 나타나게 하시오.

❷ 근무시간 : 퇴근시간 – 출근시간

❸ 당일금액 : 근무시간을 기준으로 1시간당 4,800원, 1분당 80원으로 계산하시오.

❹ 식대 : 근무시간이 6시간이 이상이면 10,000원, 6시간 미만이면 2,000원으로 계산하시오.

❺ 지급액 : 당일금액 + 식대

❻ 시설과의 당일금액과 식대, 지급액의 합을 각각 산출하시오.

❼ 관리과의 당일금액과 식대, 지급액의 합을 각각 산출하시오.

❽ 재무과의 당일금액과 식대, 지급액의 합을 각각 산출하시오.

❾ 부서코드에 “1” 또는 “3”을 포함한 아르바이트생의 당일금액과 식대, 지급액의 각 합계액을 계산하시오. (단, SUMPRODUCT, ISNUMBER, FIND 함수를 모두 사용한 수식을 작성하시오.)

❿ 지급액이 20000 이상 40000 미만인 사람들의 합

⓫ 작성 조건 ❻의 지급액 합계에 사용된 수식을 기재하시오.

⑫ 작성 조건 ❾에 사용된 수식을 기재하시오.
- 단, 지급액 합계 기준으로
- 수식에 SUMPRODUCT, ISNUMBER, FIND 함수 반드시 포함

※ 함수식을 기재하는 셀과 연관된 지정함수조건(함수지정)이 있을 경우 제시된 함수만을 사용해 함수식을 구성 및 작업하여야 하며, 작성 조건을 위배하여 임의로 작성할 시 해당 답이 맞더라도 틀린 항목으로 채점됨을 유의하시오.
만약, 구체적인 함수가 제시되지 않을 경우 수험자가 스스로 적합한 함수를 선정하여 작업하시오.
※ 또한 함수식을 작성할 때는 "라) 작업 표의 정렬 순서(SORT)"에 따라 조건에 맞게 정렬 후 도출된 결과에 의한 함수식을 기재하시오.

라) 작업 표의 정렬 순서(SORT)는 부서코드의 오름차순으로 하고, 부서코드가 같으면 지급액의 내림차순으로 한다.

마) 기타

(1) 금액에 대한 수치는 원화(₩) 표시를 하고 천 단위마다 ','(Comma)를 표시하시오. (단, 금액 이외의 수치는 ','(Comma)를 표시하지 않도록 하시오.)
(2) 모든 수치(숫자, 통화, 회계, 백분율 등)는 셀 서식의 속성을 설정하는 과정에서 소수 자릿수를 "0"으로 지정하여 정수로 표시되도록 하시오.
(3) 음수는 "-"가 표시되도록 하시오.
(4) 숫자 셀은 우측을 수직으로 맞추고, 문자 셀은 수평 중앙으로 맞추며 이외 사항은 작업 표 형식에 따르도록 하시오. 특히, 단서 조항이 있을 경우는 단서 조항을 우선으로 하고, 인쇄 출력 시 판독 불가능이 발생되지 않도록 인쇄 미리보기 등을 통하여 셀의 크기를 적당히 조정하시오.

02 그래프(GRAPH) 작성

작성한 "아르바이트 급여 현황"에서 부서별로 당일금액과 지급액을 나타내는 그래프를 작성하시오.

[작성 조건]

1) 그래프 형태 : 혼합형 단일축 그래프
지급액(묶은 세로 막대형), 당일금액(데이터 표식이 있는 꺾은 선형)
(단, 지급액과 당일금액 모두 데이터 레이블의 값이 표시되도록 하시오.)
2) 그래프 제목 : 부서별 지급 현황 --- (확대 출력, 제목에 밑줄)
3) X축 제목 : 근무부서
4) Y축 제목 : 금액
5) X축 항목 단위 : 해당 문자열
6) Y축 눈금 단위 : 최소 - 0, 최대 - 400,000, 주 단위 - 50,000
7) 범례 : 지급액, 당일금액
8) 출력물 크기 : A4 용지 1/2장 범위 내
9) 기타 : 작성 조건에 없는 형식이나 모양은 기본 설정값에 따르며, 그래프 너비는 작업 표에 맞추도록 하시오.

※ 그래프는 반드시 작성된 작업 표와 연동하여 작업하여야 하며, 그래프의 영역(범위) 설정 오류로 인한 불이익은 전적으로 수험자 본인에게 있습니다.

풀이 결과 표 계산(SP) 작업 정답

성명	부서코드
공병호	B-2
김병선	B-3
김지명	B-3
김진혁	C-2
김차일	B-2
박두일	C-1
박일호	A-2
손병준	A-1
신혁진	A-3
이우선	A-2
문희권	C-1
이강복	C-2
반준규	B-3
남영문	A-2
정상희	B-2
김미선	B-1
김윤식	A-2
조형래	A-3
안성기	A-2
주진모	B-2

출근시간	퇴근시간
9:25	18:20
13:29	17:30
14:10	21:00
8:25	12:20
16:25	23:35
9:37	14:20
17:35	21:40
8:16	16:08
17:28	23:40
16:20	20:06
8:50	16:20
8:20	17:20
9:05	16:40
8:45	16:20
8:55	17:10
9:20	16:35
13:10	20:20
13:20	20:10
13:40	20:20
13:15	20:50

01 엑셀 시작

① 작업표시줄의 [시작(■)]-[Excel 2016]을 클릭하거나 바탕화면에서 엑셀 아이콘을 더블 클릭하여 엑셀 프로그램을 실행시킨다.

② 빠른 실행 도구 모음의 저장하기(■)를 클릭하여 바탕화면에 본인 비번호로 폴더를 만들고(본서에서는 임의로 비번호를 A000으로 정함), 해당 폴더 안에 비번호와 같은 이름으로 엑셀 파일을 저장한다.

02 자료(DATA)를 이용하여 작업 표 형식에 맞게 입력하기

사무자동화산업기사는 실무에 바로 적용할 수 있는 능력을 테스트하는 시험이다. 제시된 1. 자료(DATA), 2. 작업 표 형식, 3. 작성 조건이 문제를 해결하는 순서대로 제시된 것이 아니라 종합적으로 분석하고 그 조건에 맞게 알맞은 결과를 도출해야 한다. 그러므로 우선 1. 자료(DATA)를 참고하여 기본 데이터를 입력하고 2. 작업 표 형식에 제시된 형식으로 가공하며 진행해야 한다.

① '1. 자료(DATA)'를 참고하여 그림과 같이 열 이름을 입력한 뒤 '2. 작업 표 형식'과 '3. 작성 조건'의 첫 번째 조건을 참고하여 열 이름을 모두 입력한다.

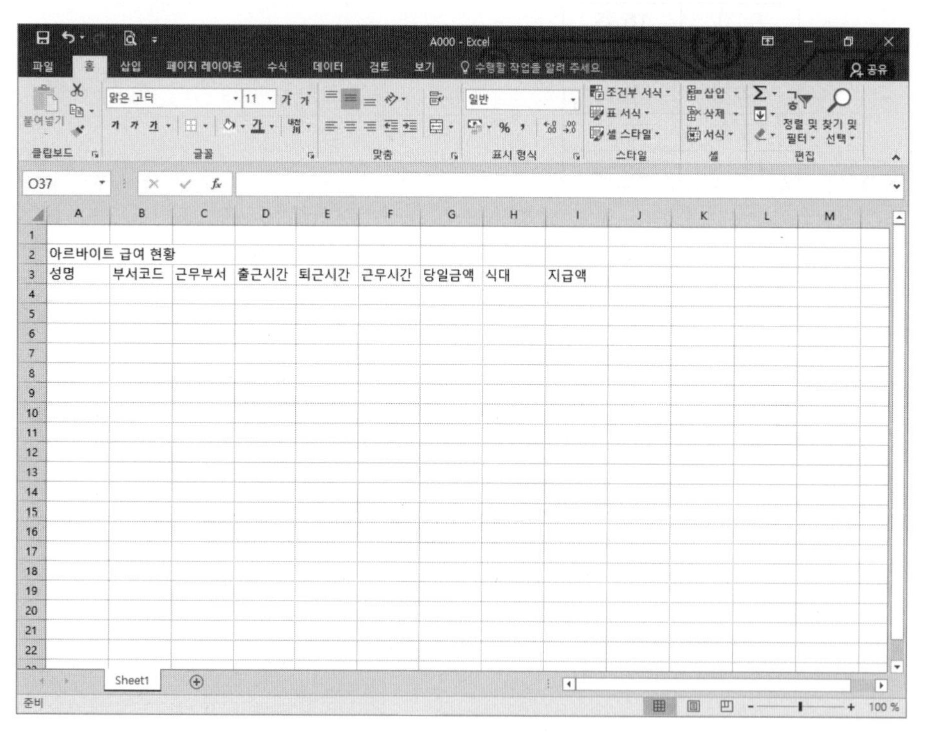

② '1. 자료(DATA)'를 참고하여 해당 열에 나머지 값을 입력한다.

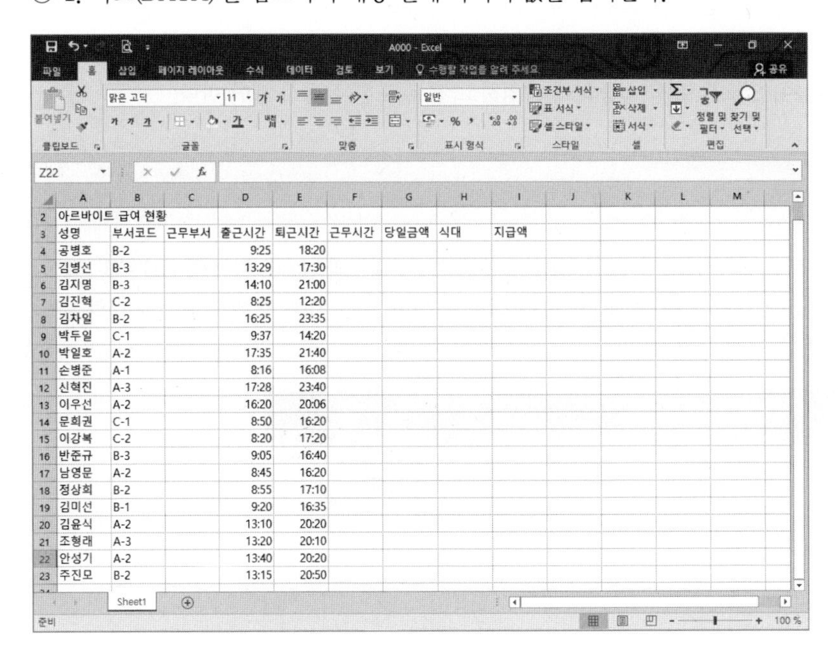

성명	부서코드	근무부서	출근시간	퇴근시간	근무시간	당일금액	식대	지급액
공병호	B-2		9:25	18:20				
김병선	B-3		13:29	17:30				
김지명	B-3		14:10	21:00				
김진혁	C-2		8:25	12:20				
김차일	B-2		16:25	23:35				
박두일	C-1		9:37	14:20				
박일호	A-2		17:35	21:40				
손병준	A-1		8:16	16:08				
신혁진	A-3		17:28	23:40				
이우선	A-2		16:20	20:06				
문희권	C-1		8:50	16:20				
이강복	C-2		8:20	17:20				
반준규	B-3		9:05	16:40				
남영문	A-2		8:45	16:20				
정상희	B-2		8:55	17:10				
김미선	B-1		9:20	16:35				
김윤식	A-2		13:10	20:20				
조형래	A-3		13:20	20:10				
안성기	A-2		13:40	20:20				
주진모	B-2		13:15	20:50				

03 제목 작성 조건 해결하기

제시된 3. 작성 조건의 나) 작업 표의 구성 및 서식에서 명시하는 제목을 처리하는 부분이다.

Ⓑ **제목 서식 :** 16포인트 크기로 하시오.
Ⓒ **글꼴 서체 :** 임의 선정하시오.

① [A2:I2] 범위를 마우스로 드래그하고 [병합하고 가운데 맞춤]을 클릭한다. 또한 글꼴 크기를 16으로 변경한다.

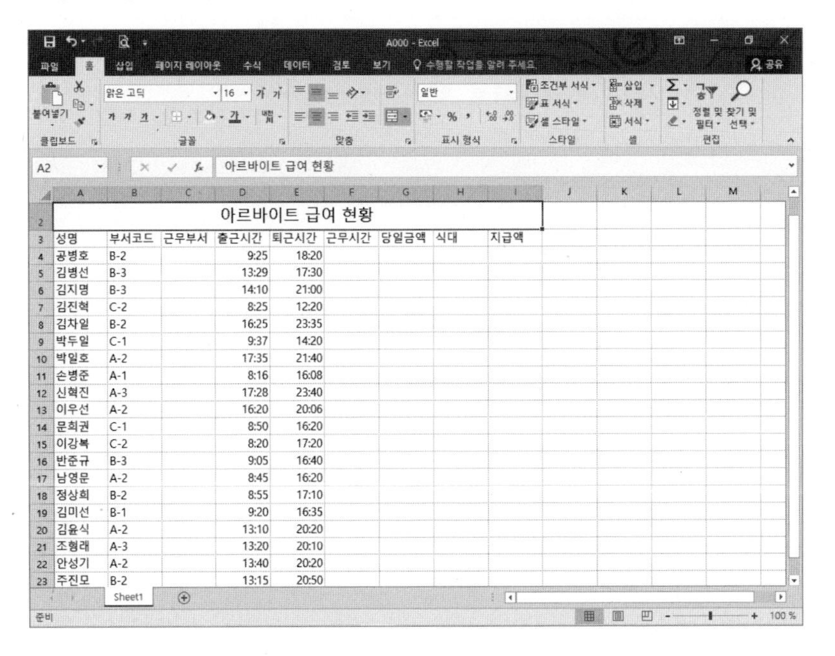

아르바이트 급여 현황

성명	부서코드	근무부서	출근시간	퇴근시간	근무시간	당일금액	식대	지급액
공병호	B-2		9:25	18:20				
김병선	B-3		13:29	17:30				
김지명	B-3		14:10	21:00				
김진혁	C-2		8:25	12:20				
김차일	B-2		16:25	23:35				
박두일	C-1		9:37	14:20				
박일호	A-2		17:35	21:40				
손병준	A-1		8:16	16:08				
신혁진	A-3		17:28	23:40				
이우선	A-2		16:20	20:06				
문희권	C-1		8:50	16:20				
이강복	C-2		8:20	17:20				
반준규	B-3		9:05	16:40				
남영문	A-2		8:45	16:20				
정상희	B-2		8:55	17:10				
김미선	B-1		9:20	16:35				
김윤식	A-2		13:10	20:20				
조형래	A-3		13:20	20:10				
안성기	A-2		13:40	20:20				
주진모	B-2		13:15	20:50				

04 계산 작업 처리하기

작성 조건 중 다)에 해당하는 함수식을 계산하도록 한다. 열에 추가되는 함수식의 경우 오류가 생기면 이후 이 값을 사용하는 모든 셀이 달라져 실격 가능성이 있으므로 꼭 신중하게 작업하고 검토 또한 꼼꼼히 해야 한다.

> 다) 원문자가 표시된 셀은 아래의 방법을 이용하여 처리하시오.
> ❶ **근무부서** : 부서코드의 첫 글자가 "A"이면 재무과, "B"이면 관리과, "C"이면 시설과로 나타나게 하시오.

① '근무부서'를 처리하기 위해 [C4] 셀을 선택하고 「=IF(LEFT(B4,1)="A","재무과",IF(LEFT(B4,1)="B","관리과",IF(LEFT(B4,1)="C","시설과")))」를 입력한 뒤 Enter를 눌러 식을 완성한 다음 자동 채우기 핸들을 더블 클릭하여 자동 채우기를 한다.

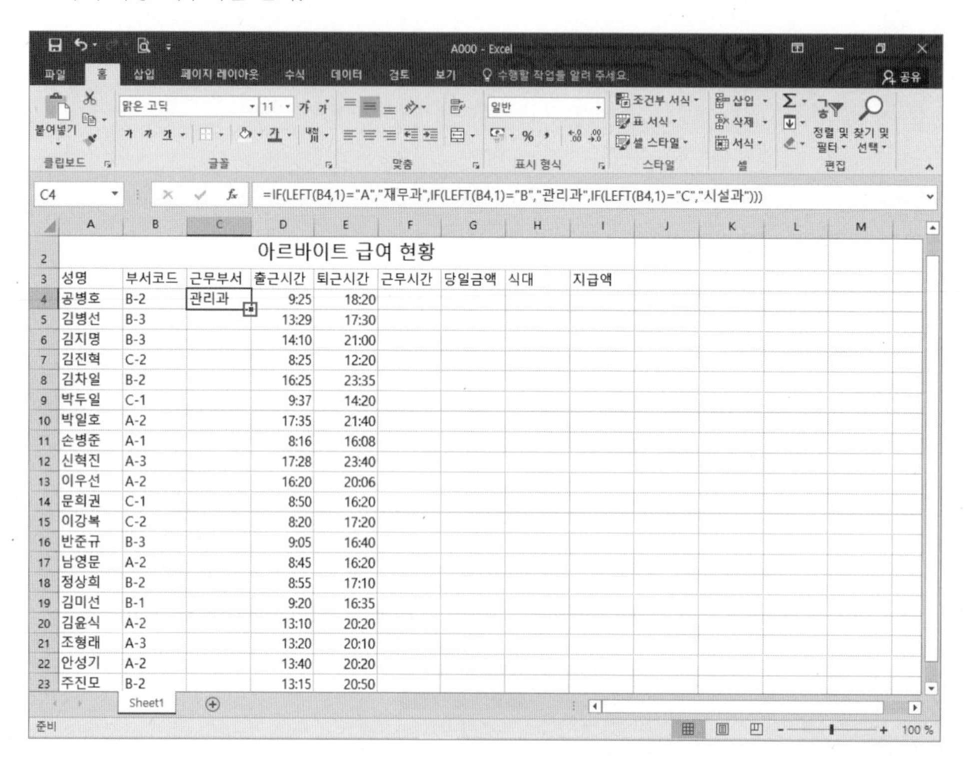

기적의 Tip

- **LEFT 함수** : 문자열 왼쪽부터 잘라 낼 글자 수를 기입합니다.
  LEFT(문자열, 잘라 낼 글자 수)
  예) LEFT(2038,1) → 2
- **RIGHT 함수** : 문자열 오른쪽부터 잘라 낼 글자 수를 기입합니다.
  RIGHT(문자열, 잘라 낼 글자 수)
  예) RIGHT(2038,1) → 8
- **MID 함수** : 문자열 임의 위치부터 잘라 낼 글자 수를 기입합니다.
  MID(문자열, 시작 문자열, 잘라 낼 글자 수)
  예) MID(2038,2,2) → 03

❷ 근무시간 : 퇴근시간 – 출근시간

② '근무시간' 계산을 위해 [F4] 셀을 선택하고 「=E4-D4」를 입력한 뒤 자동 채우기 핸들을 더블 클릭하여 계산을 완성한다.

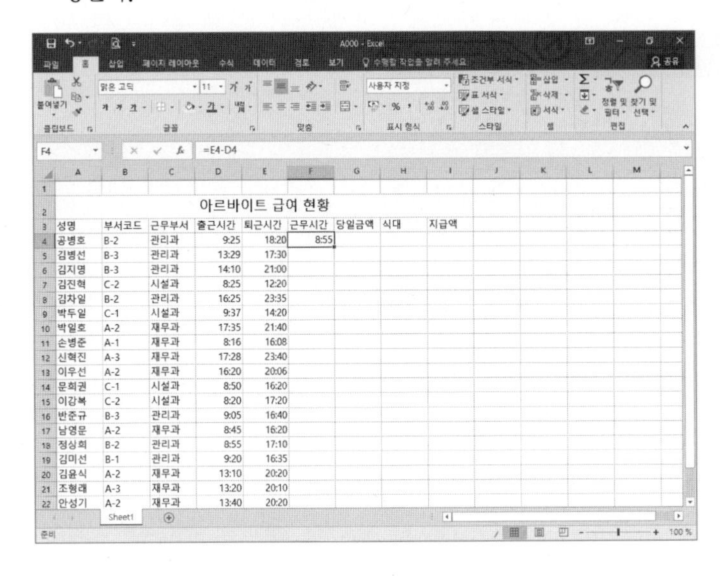

성명	부서코드	근무부서	출근시간	퇴근시간	근무시간	당일금액	식대	지급액
공병호	B-2	관리과	9:25	18:20	8:55			
김병선	B-3	관리과	13:29	17:30				
김지명	B-3	관리과	14:10	21:00				
김진혁	C-2	시설과	8:25	12:20				
김차일	B-2	관리과	16:25	23:35				
박두일	C-1	시설과	9:37	14:20				
박일호	A-2	재무과	17:35	21:40				
손병준	A-1	재무과	8:16	16:08				
신혜진	A-3	재무과	17:28	23:40				
이우선	A-2	재무과	16:20	20:06				
문희권	C-1	시설과	8:50	16:20				
이강복	C-2	시설과	8:20	17:20				
반준규	B-3	관리과	9:05	16:40				
남영문	A-2	재무과	8:45	16:20				
정상희	B-2	관리과	8:55	17:10				
김미선	B-1	관리과	9:20	16:35				
김윤식	A-2	재무과	13:10	20:20				
조형래	A-3	재무과	13:20	20:10				
안성기	A-2	재무과	13:40	20:20				

❸ 당일금액 : 근무시간을 기준으로 1시간당 4,800원, 1분당 80원으로 계산하시오.

③ 당일금액 계산을 위해 [G4] 셀을 선택하고 「=(HOUR(F4)*4800)+(MINUTE(F4)*80)」을 입력한다. Ctrl+1을 눌러 [셀 서식] 대화상자–[표시 형식] 탭–[범주] 항목에서 '일반'을 선택하고 [확인]을 클릭한다. [G4] 셀의 자동 채우기 핸들을 더블 클릭하여 계산을 완성한다.

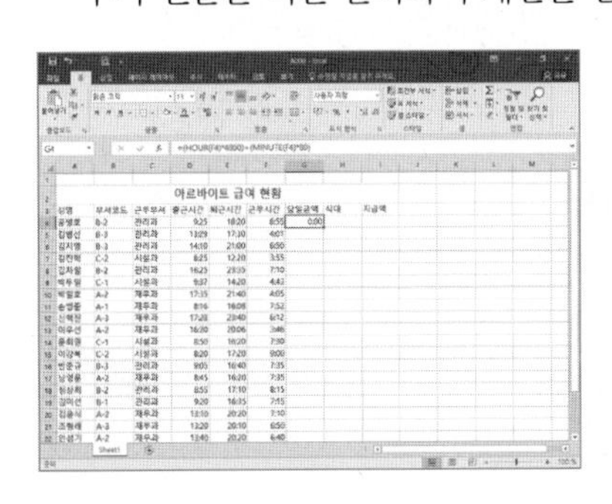

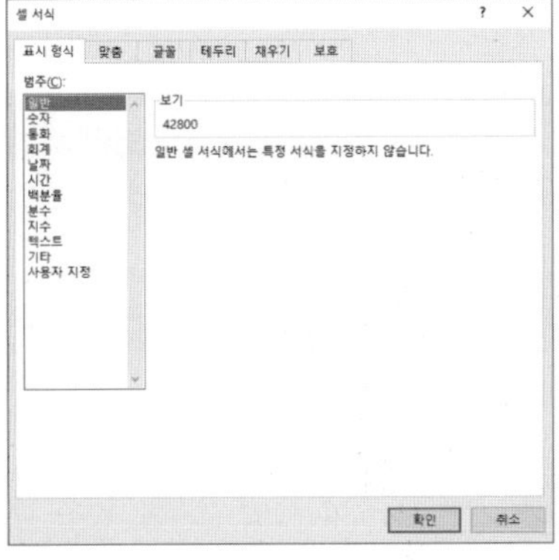

기적의 Tip

- **HOUR 함수 :** 시간을 0부터 23까지의 숫자로 나타냅니다.
  예 HOUR("4:27") : 4
- **MINUTE 함수 :** 분을 0부터 59까지의 숫자로 나타냅니다.
  예 MINUTE("4:27") : 27

※ HOUR, MINUTE 함수는 시간을 다루는 함수입니다. 결과도 시간 형태로 나타납니다. 일반 숫자 형태로 표시하기 위해서는 [셀 서식] 대화상자에서 표시 형식을 바꿔야 합니다.

※ 함수 인수에 바로 시간을 입력할 경우 " "로 묶으며, 셀 값을 인수로 가져올 때는 셀 주소만 입력합니다.

❹ **식대** : 근무시간이 6시간이 이상이면 10,000원, 6시간 미만이면 2,000원으로 계산하시오.

④ 식대 계산을 위해 [H4] 셀을 선택하고 「=IF(HOUR(F4)>=6,10000,2000)」을 입력한 뒤 자동 채우기 핸들을 더블 클릭하여 계산을 완성한다.

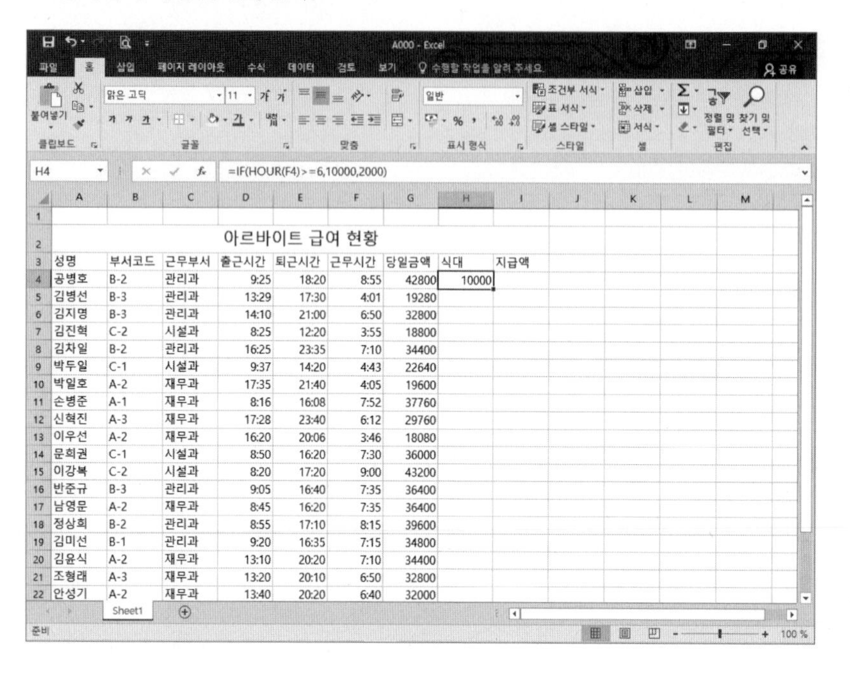

❺ **지급액** : 당일금액 + 식대

⑤ 지급액을 계산하기 위해 [I4] 셀을 선택하고 「=G4+H4」을 입력한 뒤 자동 채우기 핸들을 더블 클릭하여 계산을 완성한다.

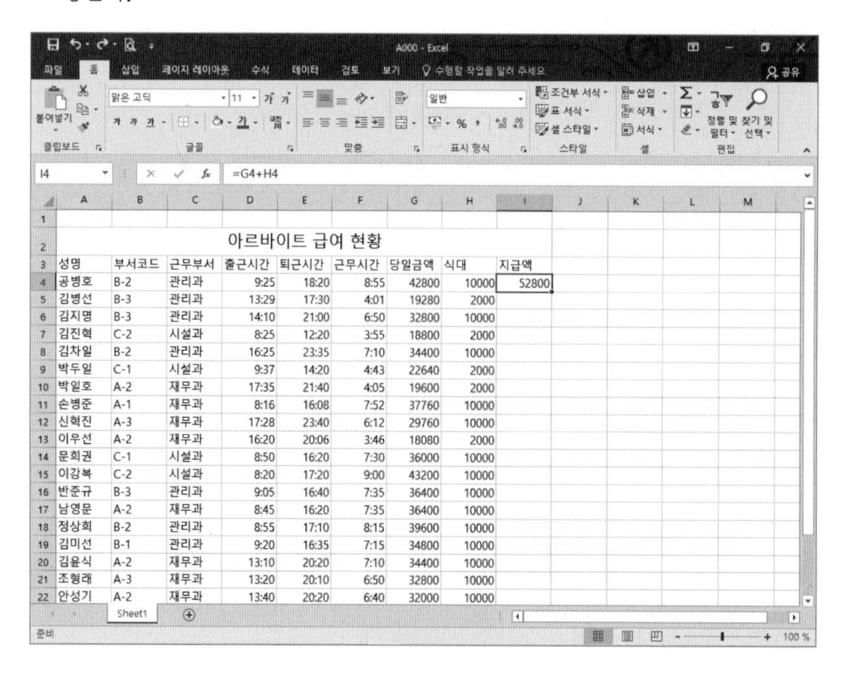

05 자료(DATA)를 이용하여 하단 작업 표 형식에 맞게 입력하기

앞선 작업 표 상단 작업에 이어 작업 표 하단의 통계 계산을 위한 부분을 처리하기 위해 작업 표 하단의 형식을 구성해 보도록 한다.

<table>
<tr><th></th><th>A</th><th>B</th><th>C</th><th>D</th><th>E</th><th>F</th><th>G</th><th>H</th><th>I</th></tr>
<tr><td>2</td><td>성명</td><td>부서코드</td><td>근무부서</td><td>출근시간</td><td>퇴근시간</td><td>근무시간</td><td>당일금액</td><td>식대</td><td>지급액</td></tr>
<tr><td>3
~
23</td><td></td><td></td><td>❶</td><td></td><td></td><td>❷</td><td>❸</td><td>❹</td><td>❺</td></tr>
<tr><td>24</td><td colspan="3" rowspan="3">부서별 합계</td><td colspan="3">시설과</td><td>❻</td><td></td><td></td></tr>
<tr><td>25</td><td colspan="3">관리과</td><td>❼</td><td></td><td></td></tr>
<tr><td>26</td><td colspan="3">재무과</td><td>❽</td><td></td><td></td></tr>
<tr><td>27</td><td colspan="6">부서코드에 "1" 또는 "3"을 포함한 합계</td><td>❾</td><td></td><td></td></tr>
<tr><td>28</td><td colspan="8">지급액이 20000 이상 40000 미만인 사람들의 합</td><td>❿</td></tr>
<tr><td>29</td><td colspan="9">⓫</td></tr>
<tr><td>30</td><td colspan="9">⓬</td></tr>
</table>

① '2. 작업 표 형식'의 24행부터 참고하여 그림과 같이 작업 표를 구성한다.

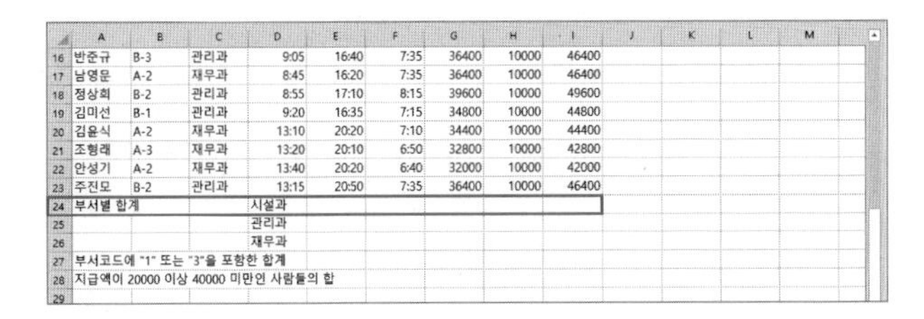

	A	B	C	D	E	F	G	H	I
16	반준규	B-3	관리과	9:05	16:40	7:35	36400	10000	46400
17	남영문	A-2	재무과	8:45	16:20	7:35	36400	10000	46400
18	정상희	B-2	관리과	8:55	17:10	8:15	39600	10000	49600
19	김미선	B-1	관리과	9:20	16:35	7:15	34800	10000	44800
20	김윤식	A-2	재무과	13:10	20:20	7:10	34400	10000	44400
21	조형래	A-3	재무과	13:20	20:10	6:50	32800	10000	42800
22	안성기	A-2	재무과	13:40	20:20	6:40	32000	10000	42000
23	주진모	B-2	관리과	13:15	20:50	7:35	36400	10000	46400
24	부서별 합계			시설과					
25				관리과					
26				재무과					
27	부서코드에 "1" 또는 "3"을 포함한 합계								
28	지급액이 20000 이상 40000 미만인 사람들의 합								
29									

② 셀 병합 작업 시 구분을 쉽게 할 수 있도록 작업 표 전체([A3:I30])에 모든 테두리를 설정한다.

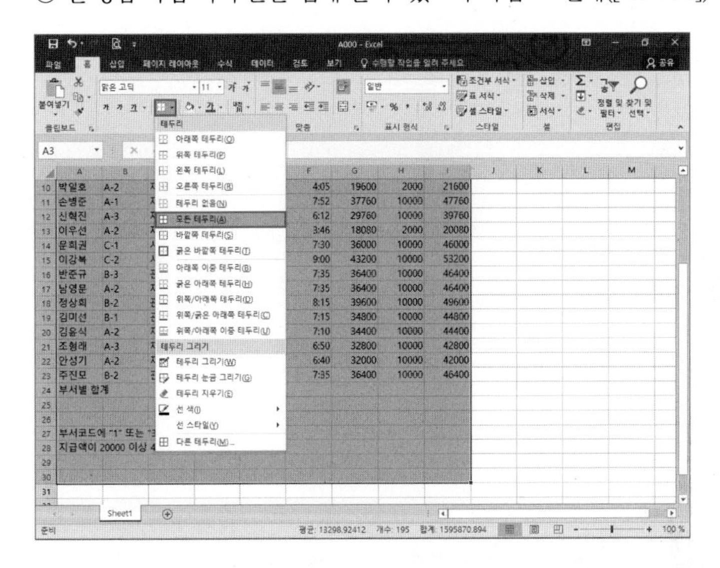

기적의 Tip

29행과 30행에는 현재 입력된 값은 없으나, 작성 조건 중 다)의 ⓫과 ⓬의 작업을 위해서 [I30]까지 범위를 지정합니다.

③ '2. 작업 표 형식'에 따라 셀을 병합한다.

	A	B	C	D	E	F	G	H	I
18	정상희	B-2	관리과	8:55	17:10	8:15	39600	10000	49600
19	김미선	B-1	관리과	9:20	16:35	7:15	34800	10000	44800
20	김윤식	A-2	재무과	13:10	20:20	7:10	34400	10000	44400
21	조형래	A-3	재무과	13:20	20:10	6:50	32800	10000	42800
22	안성기	A-2	재무과	13:40	20:20	6:40	32000	10000	42000
23	주진모	B-2	관리과	13:15	20:50	7:35	36400	10000	46400
24	부서별 합계			시설과					
25				관리과					
26				재무과					
27	부서코드에 "1" 또는 "3"을 포함한 합계								
28	지급액이 20000 이상 40000 미만인 사람들의 합								
29									
30									

06 작업 표 하단 함수식 작업

작업 표 하단에는 조건 합계, 평균, 개수 등의 계산 결과와 작업 표 작성 시 사용된 함수식을 구성하는 문제가 출제된다. 최근에는 SUMPRODUCT 함수를 이용한 배열 수식이 거의 빠지지 않고 출제되고 있으며, 사용할 함수를 정확히 제시하고 있다. 예전에는 작업 표 하단 계산 시 한 문제에 여러 가지 함수를 사용해서 수험생이 사용할 수 있는 함수를 사용했지만 현재는 문제에 제시된 함수만 사용해야 한다는 점에 유의한다.

❻ 시설과의 당일금액과 식대, 지급액의 합을 각각 산출하시오.

① 시설과 행 계산을 위하여 [G24] 셀을 선택하고 「=SUMIF($C$4:$C$23,$D24,G$4:G$23)」을 입력한 뒤 채우기 핸들을 이용하여 오른쪽으로 자동 채우기를 한다.

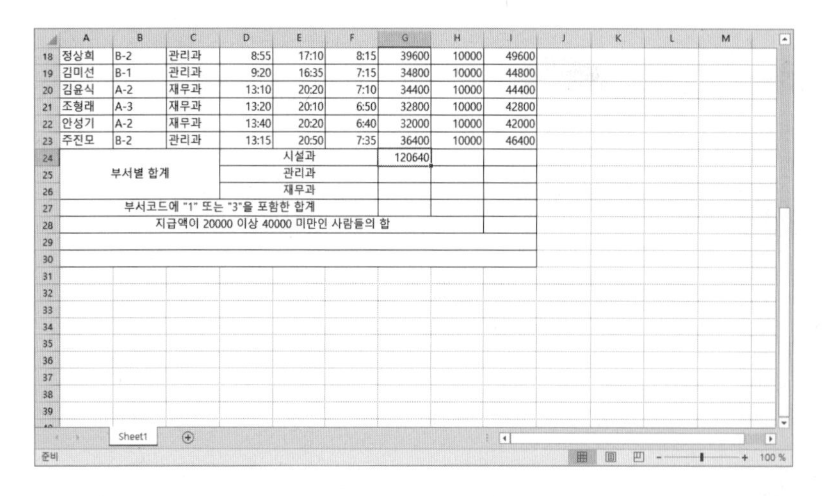

	A	B	C	D	E	F	G	H	I
18	정상희	B-2	관리과	8:55	17:10	8:15	39600	10000	49600
19	김미선	B-1	관리과	9:20	16:35	7:15	34800	10000	44800
20	김윤식	A-2	재무과	13:10	20:20	7:10	34400	10000	44400
21	조형래	A-3	재무과	13:20	20:10	6:50	32800	10000	42800
22	안성기	A-2	재무과	13:40	20:20	6:40	32000	10000	42000
23	주진모	B-2	관리과	13:15	20:50	7:35	36400	10000	46400
24	부서별 합계			시설과			120640		
25				관리과					
26				재무과					
27	부서코드에 "1" 또는 "3"을 포함한 합계								
28	지급액이 20000 이상 40000 미만인 사람들의 합								
29									
30									

기적의 Tip

- 수식에서 입력하는 셀 주소는 기본적으로 상대 주소로 입력됩니다. 채우기 핸들을 이용해 채우기를 할 경우 수식에 사용된 셀 주소도 변경됩니다.
- 절대 주소를 사용하면 자동 채우기를 했을 때 셀 주소가 변경되지 않고, 고정되어 있습니다.
- 셀 주소를 입력하고 F4를 눌러서 절대 주소와 혼합 주소 등으로 변경할 수 있습니다.

❼ 관리과의 당일금액과 식대, 지급액의 합을 각각 산출하시오.

② 관리과 행 계산을 위하여 [G25] 셀을 선택하고 「=SUMIF($C$4:$C$23,$D25,G$4:G$23)」을 입력한 뒤 채우기 핸들을 이용하여 오른쪽으로 자동 채우기를 한다.

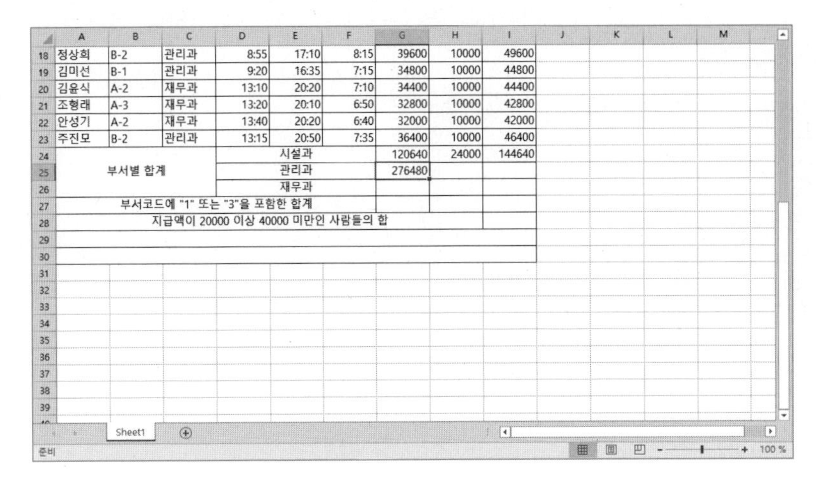

	A	B	C	D	E	F	G	H	I
18	정상희	B-2	관리과	8:55	17:10	8:15	39600	10000	49600
19	김미선	B-1	관리과	9:20	16:35	7:15	34800	10000	44800
20	김윤식	A-2	재무과	13:10	20:20	7:10	34400	10000	44400
21	조형래	A-3	재무과	13:20	20:10	6:50	32800	10000	42800
22	안성기	A-2	재무과	13:40	20:20	6:40	32000	10000	42000
23	주진모	B-2	관리과	13:15	20:50	7:35	36400	10000	46400
24	부서별 합계			시설과			120640	24000	144640
25				관리과			276480		
26				재무과					
27	부서코드에 "1" 또는 "3"을 포함한 합계								
28	지급액이 20000 이상 40000 미만인 사람들의 합								

기적의 Tip

Ctrl+Shift+Enter가 작동하지 않을 경우 윈도우즈 업데이트를 실행합니다. 특히 스크린샷 프로그램 등 타 프로그램과 충돌로 인해 작동하지 않을 수 있으니 사용하지 않는 프로그램을 모두 삭제합니다.

❽ 재무과의 당일금액과 식대, 지급액의 합을 각각 산출하시오.

③ 재무과 행 계산을 위하여 [G26] 셀을 선택하고 「=SUMIF($C$4:$C$23,$D26,G$4:G$23)」을 입력한 뒤 채우기 핸들을 이용하여 오른쪽으로 자동 채우기를 한다.

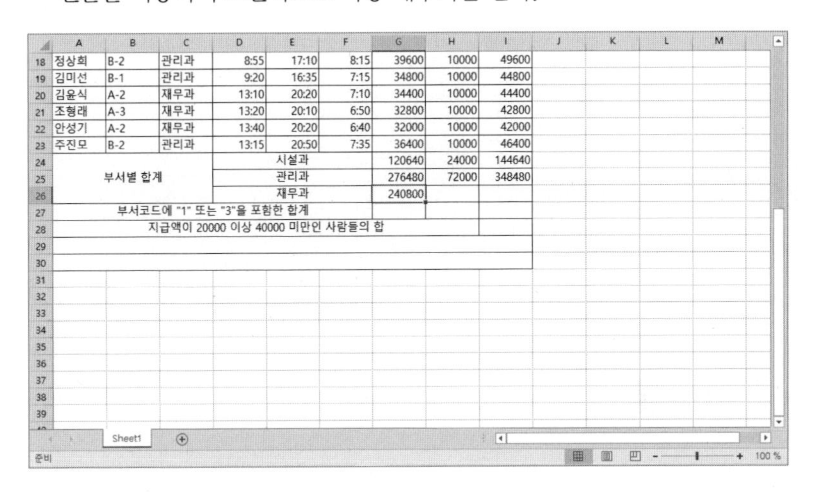

	A	B	C	D	E	F	G	H	I
18	정상희	B-2	관리과	8:55	17:10	8:15	39600	10000	49600
19	김미선	B-1	관리과	9:20	16:35	7:15	34800	10000	44800
20	김윤식	A-2	재무과	13:10	20:20	7:10	34400	10000	44400
21	조형래	A-3	재무과	13:20	20:10	6:50	32800	10000	42800
22	안성기	A-2	재무과	13:40	20:20	6:40	32000	10000	42000
23	주진모	B-2	관리과	13:15	20:50	7:35	36400	10000	46400
24	부서별 합계			시설과			120640	24000	144640
25				관리과			276480	72000	348480
26				재무과			240800		
27	부서코드에 "1" 또는 "3"을 포함한 합계								
28	지급액이 20000 이상 40000 미만인 사람들의 합								

기적의 Tip

- 배열 수식에서 '+'는 OR, '*'는 AND 조건을 처리합니다.
- 일반 함수에서는 만능문자 '*'를 사용하지 못하므로 꼭 문자열 함수를 사용합니다.

❾ 부서코드에 "1" 또는 "3"을 포함한 아르바이트생의 당일금액과 식대, 지급액의 각 합계액을 계산하시오. (단, SUMPRODUCT, ISNUMBER, FIND 함수를 모두 사용한 수식을 작성하시오.)

④ 27행 계산을 위하여 [G27]을 선택하고 「=SUMPRODUCT(ISNUMBER(FIND("1",$B$4:$B$23))+ISNUMBER(FIND("3",$B$4:$B$23)),G4:G23)」을 입력하고 Ctrl+Shift+Enter를 눌러 배열 수식을 완성한다. 채우기 핸들을 이용하여 오른쪽으로 자동 채우기를 한다.

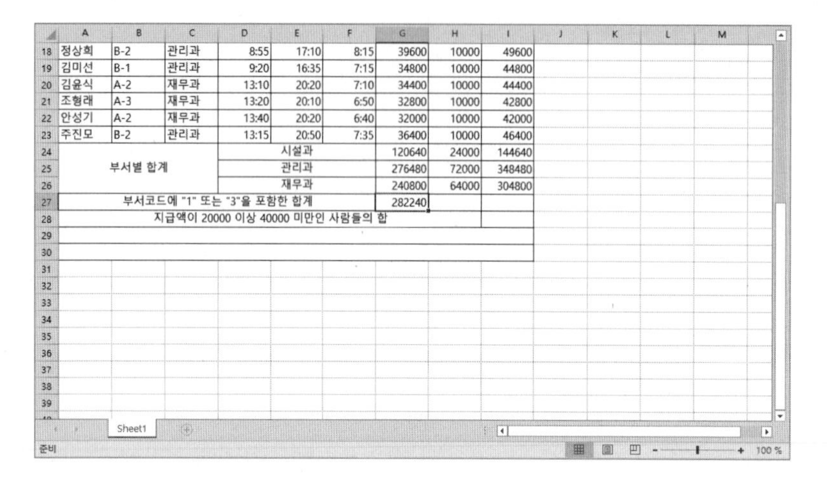

	A	B	C	D	E	F	G	H	I
18	정상희	B-2	관리과	8:55	17:10	8:15	39600	10000	49600
19	김미선	B-1	관리과	9:20	16:35	7:15	34800	10000	44800
20	김윤식	A-2	재무과	13:10	20:20	7:10	34400	10000	44400
21	조형래	A-3	재무과	13:20	20:10	6:50	32800	10000	42800
22	안성기	A-2	재무과	13:40	20:20	6:40	32000	10000	42000
23	주진모	B-2	관리과	13:15	20:50	7:35	36400	10000	46400
24	부서별 합계			시설과			120640	24000	144640
25				관리과			276480	72000	348480
26				재무과			240800	64000	304800
27	부서코드에 "1" 또는 "3"을 포함한 합계						282240		
28	지급액이 20000 이상 40000 미만인 사람들의 합								

기적의 Tip

함수식 사용에 대한 제한이 바로 다음 함수식 조건에 제시되므로 꼭 함수식 전체 문제를 읽고 작업을 하는 습관을 갖도록 합니다.

❿ 지급액이 20000 이상 40000 미만인 사람들의 합

⑤ [I28] 셀을 선택하고 「=SUMIFS(I4:I23,I4:I23,">=20000",I4:I23,"<40000")」을 입력한다.

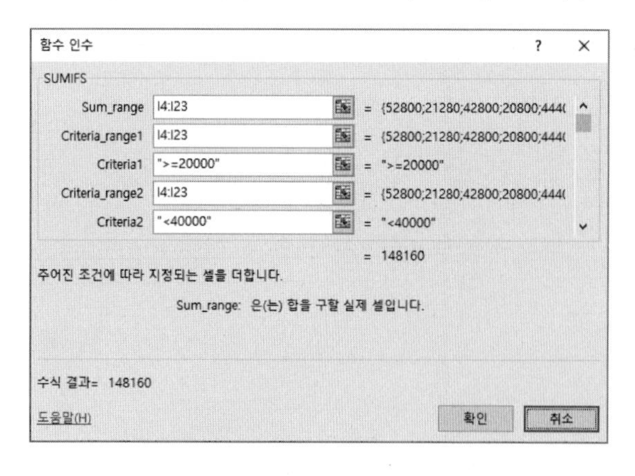

	A	B	C	D	E	F	G	H	I
13	이우선	A-2	재무과	16:20	20:06	3:46	18080	2000	20080
14	문희권	C-1	시설과	8:50	16:20	7:30	36000	10000	46000
15	이강복	C-2	시설과	8:20	17:20	9:00	43200	10000	53200
16	반준규	B-3	관리과	9:05	16:40	7:35	36400	10000	46400
17	남영문	A-2	재무과	8:45	16:20	7:35	36400	10000	46400
18	정상희	B-2	관리과	8:55	17:10	8:15	39600	10000	49600
19	김미선	B-1	관리과	9:20	16:35	7:15	34800	10000	44800
20	김윤식	A-2	재무과	13:10	20:20	7:10	34400	10000	44400
21	조형래	A-3	재무과	13:20	20:10	6:50	32800	10000	42800
22	안성기	A-2	재무과	13:40	20:20	6:40	32000	10000	42000
23	주진모	B-2	관리과	13:15	20:50	7:35	36400	10000	46400
24	부서별 합계			시설과			120640	24000	144640
25				관리과			276480	72000	348480
26				재무과			240800	64000	304800
27	부서코드에 "1" 또는 "3"을 포함한 합계						282240	74000	356240
28	지급액이 20000 이상 40000 미만인 사람들의 합								148160

기적의 Tip

AVERAGEIF(S), SUMIF(S) 등의 조건 함수에서 조건(Creteria) 인수는 " "로 묶어야 합니다. 이 작업이 귀찮을 수 있으니 함수 마법사를 사용하는 것을 습관화하세요. 함수 마법사에서 조건인수 입력 후 Tab을 누르면 자동으로 인수에 " "로 묶입니다.

⑪ 작성 조건 ❻의 지급액 합계에 사용된 수식을 기재하시오.

⑥ [I24] 셀을 선택하고 수식입력 줄의 함수식을 마우스로 드래그하여 복사한 뒤, Esc를 한 번 눌러 선택범위를 해제한다. [A29] 셀을 클릭하고 '(키보드 Enter 키 좌측)를 입력한 후 Ctrl+V를 눌러 식을 붙여넣기한다.

	A	B	C	D	E	F	G	H	I
13	이우선	A-2	재무과	16:20	20:06	3:46	18080	2000	20080
14	문희권	C-1	시설과	8:50	16:20	7:30	36000	10000	46000
15	이강복	C-2	시설과	8:20	17:20	9:00	43200	10000	53200
16	반준규	B-3	관리과	9:05	16:40	7:35	36400	10000	46400
17	남영문	A-2	재무과	8:45	16:20	7:35	36400	10000	46400
18	정상희	B-2	관리과	8:55	17:10	8:15	39600	10000	49600
19	김미선	B-1	관리과	9:20	16:35	7:15	34800	10000	44800
20	김윤식	A-2	재무과	13:10	20:20	7:10	34400	10000	44400
21	조형래	A-3	재무과	13:20	20:10	6:50	32800	10000	42800
22	안성기	A-2	재무과	13:40	20:20	6:40	32000	10000	42000
23	주진모	B-2	관리과	13:15	20:50	7:35	36400	10000	46400
24	부서별 합계			시설과			120640	24000	144640
25				관리과			276480	72000	348480
26				재무과			240800	64000	304800
27	부서코드에 "1" 또는 "3"을 포함한 합계						282240	74000	356240
28	지급액이 20000 이상 40000 미만인 사람들의 합								148160
29	=SUMIF($C$4:$C$23,$D24,I$4:I$23)								
30									

기적의 Tip

셀에 붙여 넣을 식의 열이 지정되지 않은 경우에는 식을 입력한 첫 셀의 식을 붙여 넣습니다.

⑫ 작성 조건 ❾에 사용된 수식을 기재하시오.
- 단, 지급액 합계 기준
- 수식에 SUMPRODUCT, ISNUMBER, FIND 함수 반드시 포함

⑦ [I27] 셀을 선택하고 수식입력 줄의 함수식을 마우스로 드래그하여 복사한 뒤, Esc를 한 번 눌러 선택범위를 해제한다. [A30] 셀을 클릭하고 '(키보드 Enter 키 좌측)를 입력한 후 Ctrl+V를 눌러 식을 붙여넣기한다.

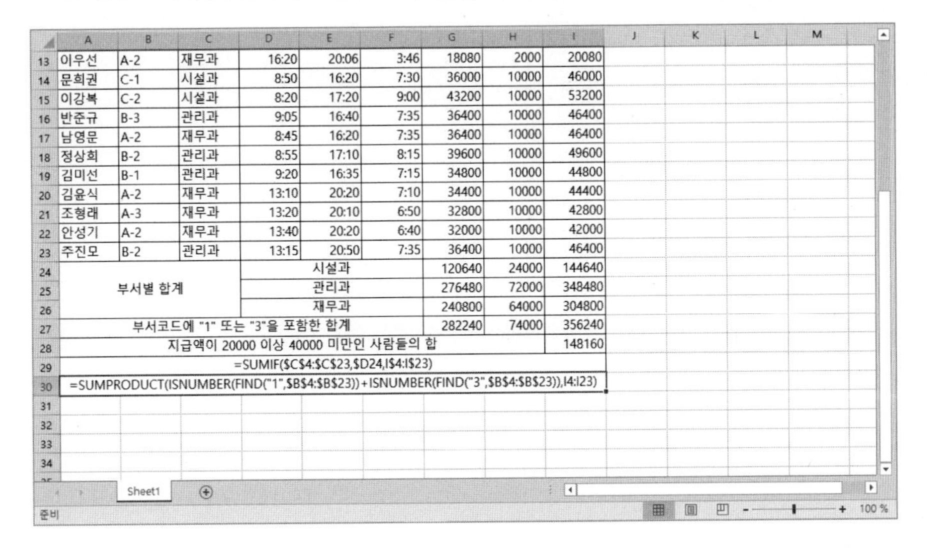

	A	B	C	D	E	F	G	H	I
13	이우선	A-2	재무과	16:20	20:06	3:46	18080	2000	20080
14	문희권	C-1	시설과	8:50	16:20	7:30	36000	10000	46000
15	이강복	C-2	시설과	8:20	17:20	9:00	43200	10000	53200
16	반준규	B-3	관리과	9:05	16:40	7:35	36400	10000	46400
17	남영문	A-2	재무과	8:45	16:20	7:35	36400	10000	46400
18	정상희	B-2	관리과	8:55	17:10	8:15	39600	10000	49600
19	김미선	B-1	관리과	9:20	16:35	7:15	34800	10000	44800
20	김윤식	A-2	재무과	13:10	20:20	7:10	34400	10000	44400
21	조형래	A-3	재무과	13:20	20:10	6:50	32800	10000	42800
22	안성기	A-2	재무과	13:40	20:20	6:40	32000	10000	42000
23	주진모	B-2	관리과	13:15	20:50	7:35	36400	10000	46400
24	부서별 합계			시설과			120640	24000	144640
25				관리과			276480	72000	348480
26				재무과			240800	64000	304800
27	부서코드에 "1" 또는 "3"을 포함한 합계						282240	74000	356240
28	지급액이 20000 이상 40000 미만인 사람들의 합								148160
29	=SUMIF($C$4:$C$23,$D24,I$4:I$23)								
30	=SUMPRODUCT(ISNUMBER(FIND("1",$B$4:$B$23))+ISNUMBER(FIND("3",$B$4:$B$23)),I4:I23)								

07 정렬 및 행/열 숨기기

사무자동화산업기사 실기는 제시된 입력 데이터를 작성 조건을 참고하여 계산 처리한 뒤 작업 표 형태대로 출력하는 것이 기본 미션이다. 정렬 작업 전 꼭 행/열 숨김이 있으면 안 된다. 모두 펼쳐진 상태로 정렬한 뒤 행/열 숨기기 작업을 진행해야 한다는 것을 절대 잊지 말아야 하며 숨김 행/열 상태로 정렬하면 데이터가 섞일 수 있음에 유의한다. 최근에는 첫 번째 A열이나 특정 행을 사용하지 않도록 제시되는데, 이 경우에 사용하지 않는 행/열은 정렬 후 숨기도록 한다.

라) 작업 표의 정렬 순서(SORT)는 부서코드의 오름차순으로 하고, 부서코드가 같으면 지급액의 내림차순으로 한다.

① [A3:I23] 셀을 마우스로 드래그하여 범위를 선택한 뒤 [정렬 및 필터]-[사용자 지정 정렬]을 클릭한다.

② [정렬] 대화상자에서 첫 번째 정렬 기준으로 부서코드-오름차순 정렬을 설정한 뒤 [기준 추가]를 클릭하여 두 번째 기준 항목을 추가한 뒤 지급액-내림차순 정렬을 설정하고 [확인]을 클릭하여 정렬을 완성한다.

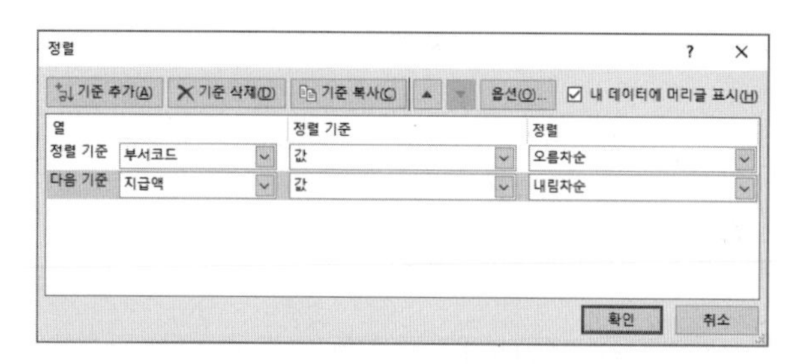

③ 사용하지 않는 행/열 숨기기 : 1행은 사용하지 않으므로 1행 머리글을 클릭하고 마우스 오른쪽 버튼을 클릭하여 바로가기 메뉴에서 [숨기기]를 선택하여 행을 숨긴다.

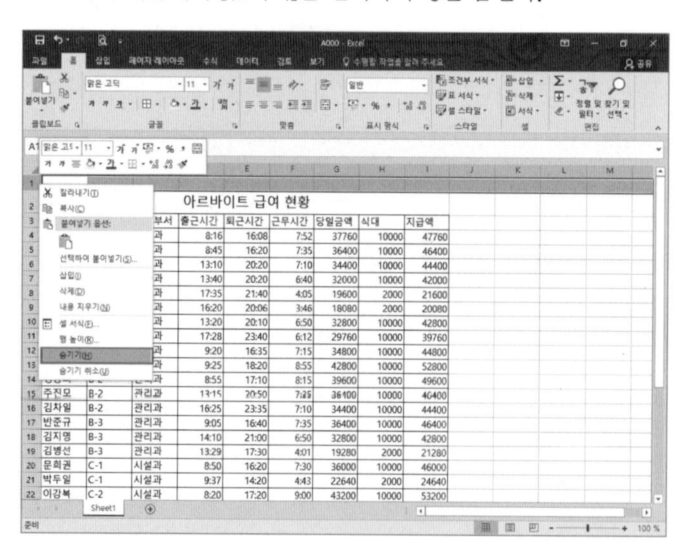

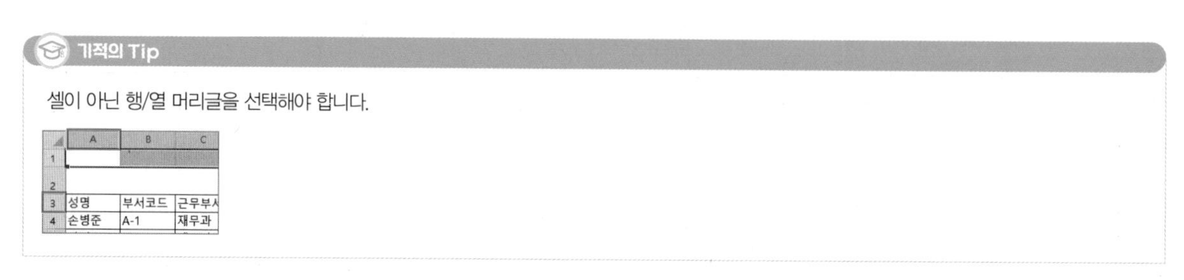

기적의 Tip

셀이 아닌 행/열 머리글을 선택해야 합니다.

08 글꼴 크기, 행 높이, 열 폭 조절하여 인쇄 영역 설정하기

최근 사무자동화산업기사 실기 문제는 데이터의 양이 많아서 글꼴 크기를 기본 크기인 11포인트로 설정하면 페이지가 넘어가게 된다. 또한 차트를 넣을 공간 확보가 어려우므로 다음과 같이 값을 수정해 주도록 한다.

항목	값
글꼴	9
행 높이	12~13

① 작업 표 글꼴 크기를 9포인트로 설정하기 위해 행 머리글을 3~30행까지 드래그한 뒤 [홈] 탭–[글꼴] 그룹–[글꼴]에서 서체 크기를 9로 변경한다.

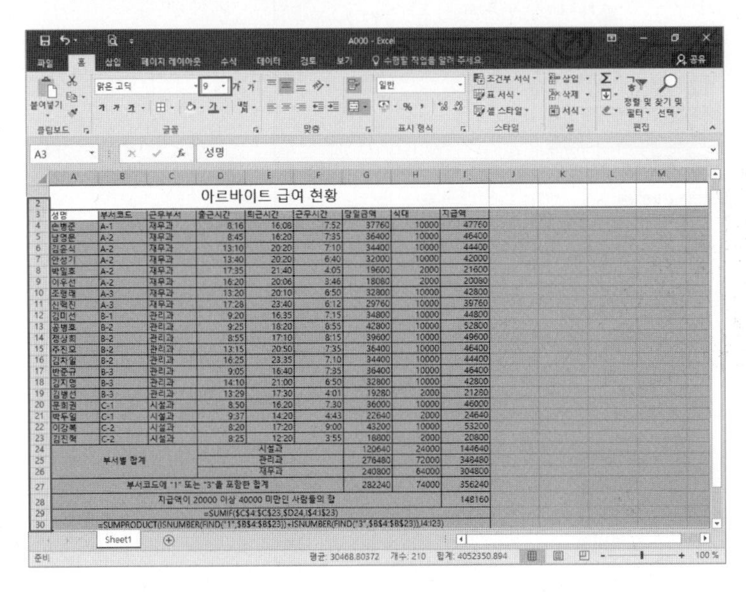

② 행 머리글 범위를 선택한 채로 마우스 오른쪽 버튼을 클릭하여 바로가기 메뉴에서 [행 높이]를 선택하여 [행 높이] 대화상자에서 12를 입력하고 [확인]을 클릭하여 행 높이를 줄인다.

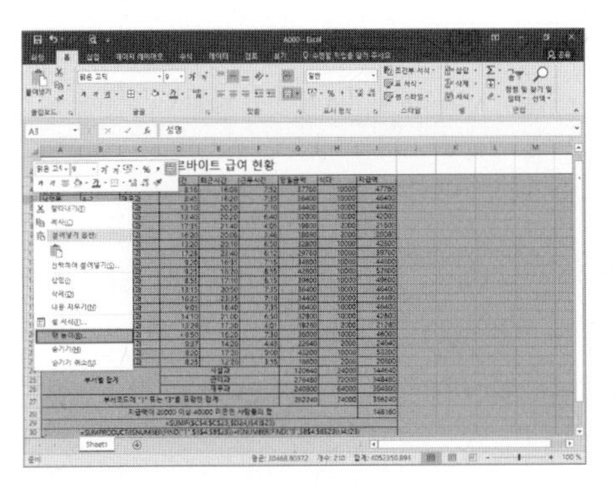
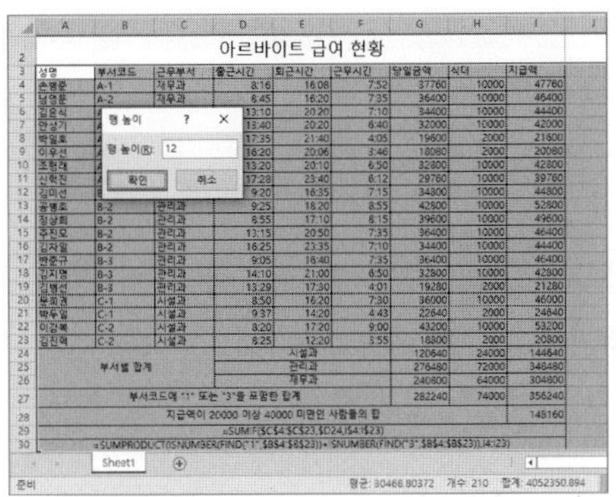

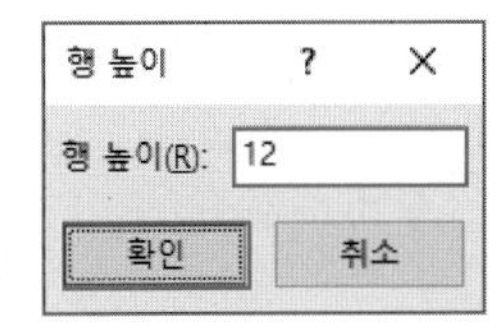

기적의 Tip

- 행 머리글을 선택하고 글꼴 크기를 9포인트로 줄이면 자동으로 셀의 행 높이가 조절됩니다.
- 행 높이 값은 정해져 있지 않으나 12~13 정도로 설정합니다.

09 기타 조건 처리하기

마) 기타

(1) 금액에 대한 수치는 원화(₩) 표시를 하고 천 단위마다 ','(Comma)를 표시하시오. (단, 금액 이외의 수치는 ','(Comma)를 표시하지 않도록 하시오.)

① 그림과 같이 금액에 해당하는 부분(그림의 회색 음영)은 마우스와 Ctrl을 이용하여 연속 선택한 뒤 [표시 형식]-[통화]를 선택하여 적용한다.

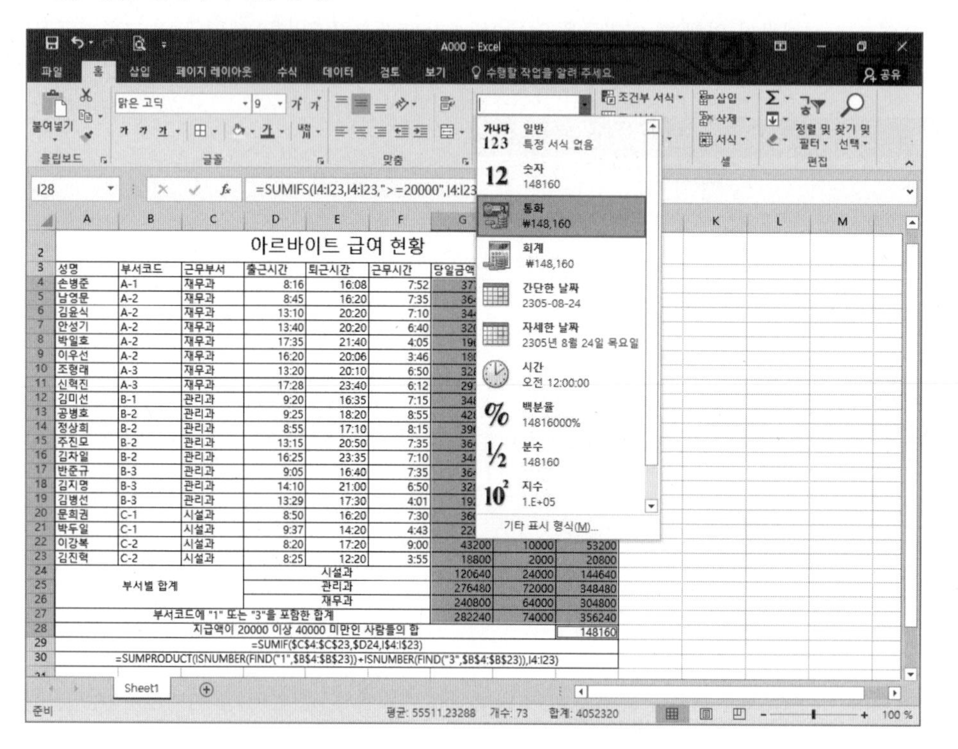

기적의 Tip

[G4:I26]을 마우스로 드래그한 후 Ctrl을 누른 채로 [I28] 셀을 클릭하면 됩니다. 만약 Ctrl 키 사용이 어렵다면 각 범위를 각각 선택하여 통화를 지정하도록 합니다.

해결 Tip

회계형을 지정하면 안 되나요?

표시 형식을 회계형 "₩"로 사용하면 금액과 "₩" 사이에 공백이 생겨 금액이 "####"과 같이 표시되어 출력되거나 페이지가 넘어가는 경우가 발생할 수 있으니 꼭 통화형인 "₩"를 이용해 주세요.

(4) 숫자 셀은 우측을 수직으로 맞추고, 문자 셀은 수평 중앙으로 맞추며 이외 사항은 작업 표 형식에 따르도록 하시오. 특히, 단서 조항이 있을 경우는 단서 조항을 우선으로 하고, 인쇄 출력 시 판독 불가능이 발생하지 않도록 인쇄 미리보기 등을 통하여 셀의 크기를 적당히 조정하시오.

② 문자 셀(그림의 회색 음영) 부분을 마우스와 Ctrl을 이용하여 연속 선택한 뒤 [홈] 탭–[맞춤] 그룹–[가운데 맞춤]을 클릭하여 가운데 맞춤한다.

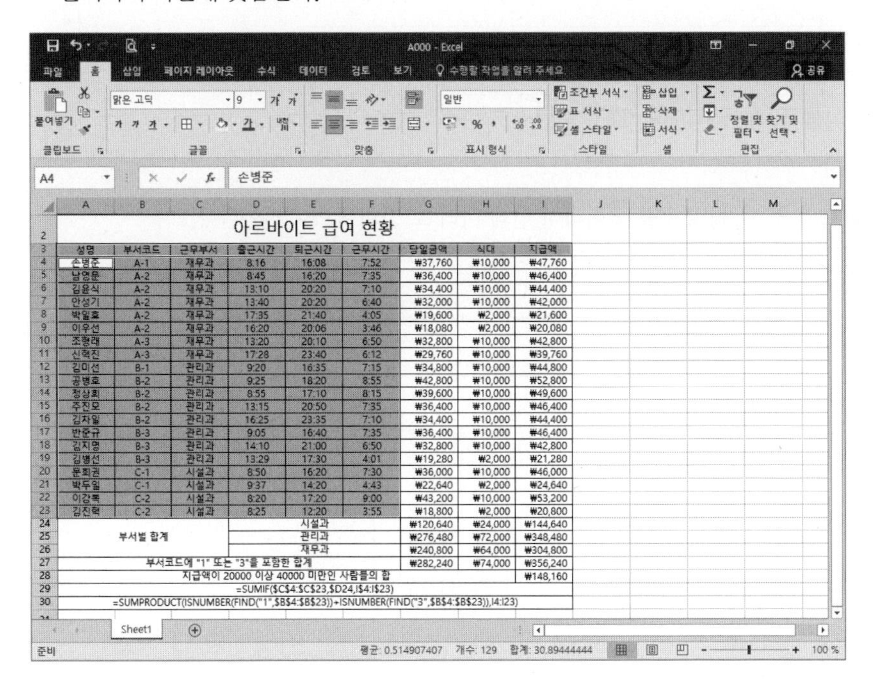

더 알기 Tip

작업 표의 가로 행 지우기

꼭 필요한 작업은 아니지만 행 높이가 낮아지면 인쇄할 때 행간 선에 데이터가 겹쳐 보이는 경우가 있을 수 있습니다. 이런 경우에는 다음과 같이 작업 표 행간 선을 지웁니다.

① [A4:I24]를 마우스로 드래그하여 선택합니다.
② Ctrl+1을 눌러 [셀 서식] – [테두리] – [중간선 도구]를 클릭하여 선을 삭제합니다.

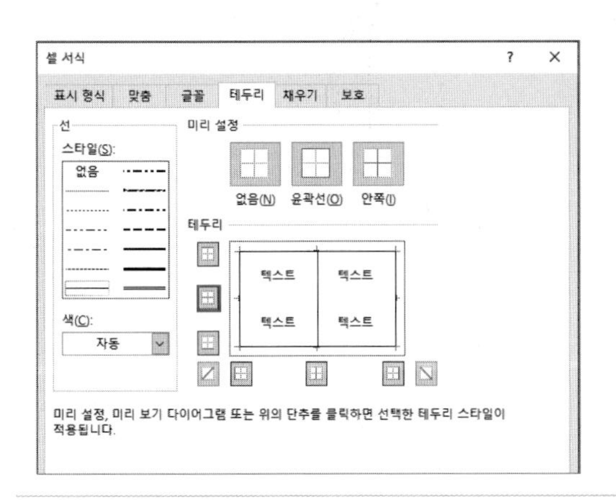

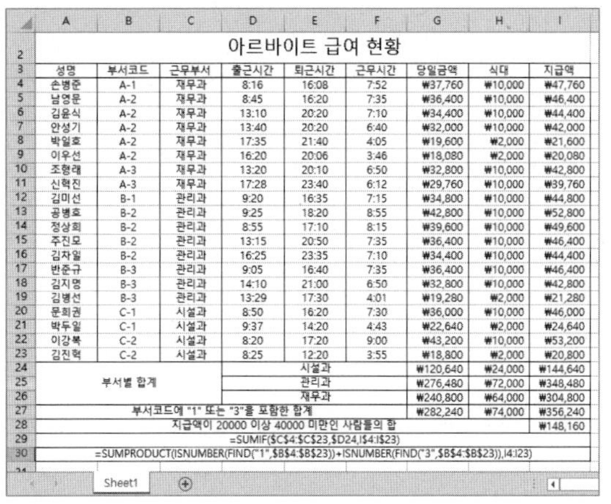

⑩ 페이지 설정하기

페이지 설정하기는 차트를 완성한 뒤 진행해도 되지만 차트 크기를 변경하거나 열 폭을 조절하게 되면 다시 페이지 설정을 해야 하는 번거로움이 있다. 그래서 차트를 그리기 전 인쇄에 대한 모든 설정을 완료하고 차트를 그려 넣는 것이 시간 단축에 도움이 된다.

페이지 설정에 관한 지시사항은 시험지 첫 장 중 요구 사항에 다음과 같이 제시되어 있다.

① 빠른 실행 도구에서 [인쇄 미리 보기 및 인쇄] 도구를 클릭하여 인쇄 미리 보기 화면으로 전환한다.

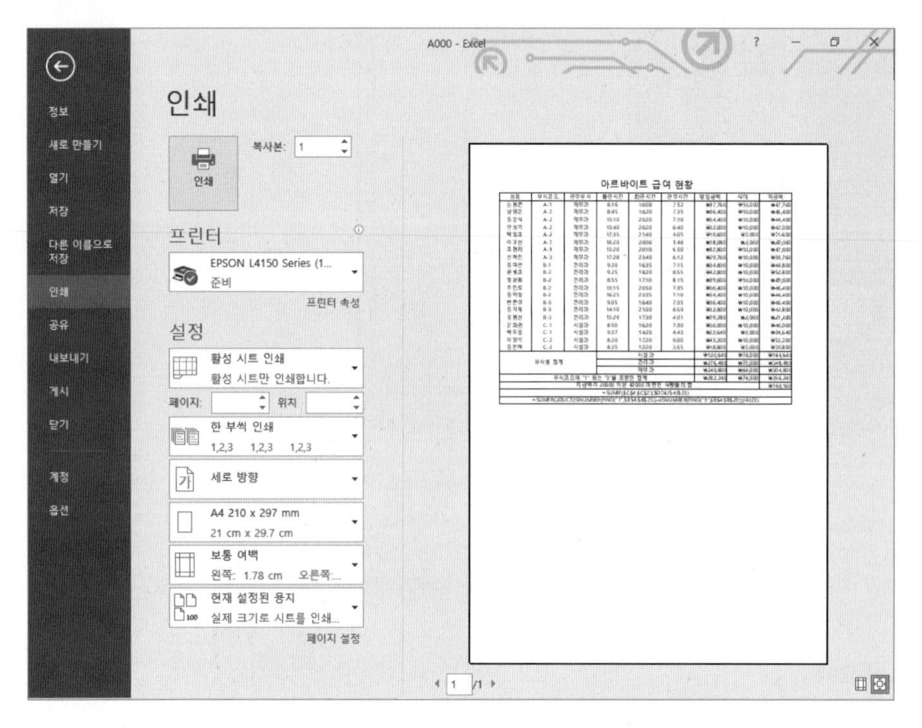

기적의 Tip

빠른 실행 도구에 인쇄 미리 보기 도구가 보이지 않는다면, 그림과 같이 빠른 실행 도구 우측 화살표를 클릭하여 [인쇄 미리 보기 및 인쇄]를 클릭하여 활성화합니다.

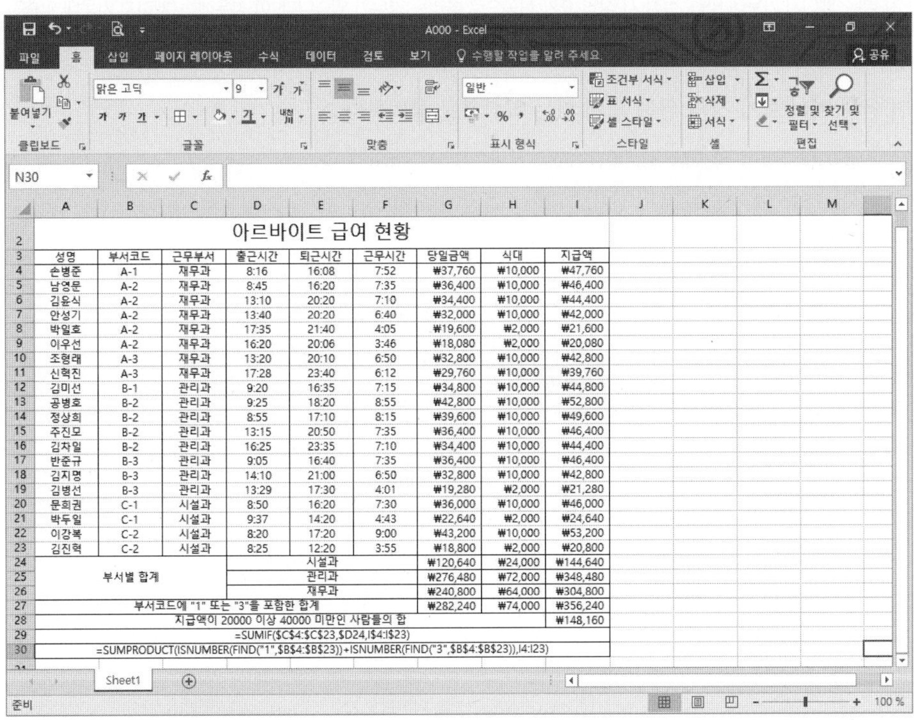

아르바이트 급여 현황

성명	부서코드	근무부서	출근시간	퇴근시간	근무시간	당일금액	식대	지급액
손병준	A-1	재무과	8:16	16:08	7:52	₩37,760	₩10,000	₩47,760
남영문	A-2	재무과	8:45	16:20	7:35	₩36,400	₩10,000	₩46,400
김윤식	A-2	재무과	13:10	20:20	7:10	₩34,400	₩10,000	₩44,400
안성기	A-2	재무과	13:40	20:20	6:40	₩32,000	₩10,000	₩42,000
박일호	A-2	재무과	17:35	21:40	4:05	₩19,600	₩2,000	₩21,600
이우선	A-2	재무과	16:20	20:06	3:46	₩18,080	₩2,000	₩20,080
조형래	A-3	재무과	13:20	20:10	6:50	₩32,800	₩10,000	₩42,800
신혁진	A-3	재무과	17:28	23:40	6:12	₩29,760	₩10,000	₩39,760
김미선	B-1	관리과	9:20	16:35	7:15	₩34,800	₩10,000	₩44,800
공병호	B-2	관리과	9:25	18:20	8:55	₩42,800	₩10,000	₩52,800
정상희	B-2	관리과	8:55	17:10	8:15	₩39,600	₩10,000	₩49,600
주진모	B-2	관리과	13:15	20:50	7:35	₩36,400	₩10,000	₩46,400
김차일	B-2	관리과	16:25	23:35	7:10	₩34,400	₩10,000	₩44,400
반준규	B-3	관리과	9:05	16:40	7:35	₩36,400	₩10,000	₩46,400
김지명	B-3	관리과	14:10	21:00	6:50	₩32,800	₩10,000	₩42,800
김병선	B-3	관리과	13:29	17:30	4:01	₩19,280	₩2,000	₩21,280
문희권	C-1	시설과	8:50	16:20	7:30	₩36,000	₩10,000	₩46,000
박두일	C-1	시설과	9:37	14:20	4:43	₩22,640	₩2,000	₩24,640
이강복	C-2	시설과	8:20	17:20	9:00	₩43,200	₩10,000	₩53,200
김진혁	C-2	시설과	8:25	12:20	3:55	₩18,800	₩2,000	₩20,800
부서별 합계			시설과			₩120,640	₩24,000	₩144,640
			관리과			₩276,480	₩72,000	₩348,480
			재무과			₩240,800	₩64,000	₩304,800
부서코드에 "1" 또는 "3"을 포함한 합계						₩282,240	₩74,000	₩356,240
지급액이 20000 이상 40000 미만인 사람들의 합								₩148,160
=SUMIF($C$4:$C$23,$D24,I$4:I$23)								
=SUMPRODUCT(ISNUMBER(FIND("1",$B$4:$B$23))+ISNUMBER(FIND("3",$B$4:$B$23)),I4:I23)								

② [인쇄 미리보기] 창에서 [페이지 설정]을 클릭하여 [페이지 설정] 대화상자–[여백] 탭에서 그림과 같이 여백을 설정한 뒤 [확인]을 클릭하여 설정을 적용한다.

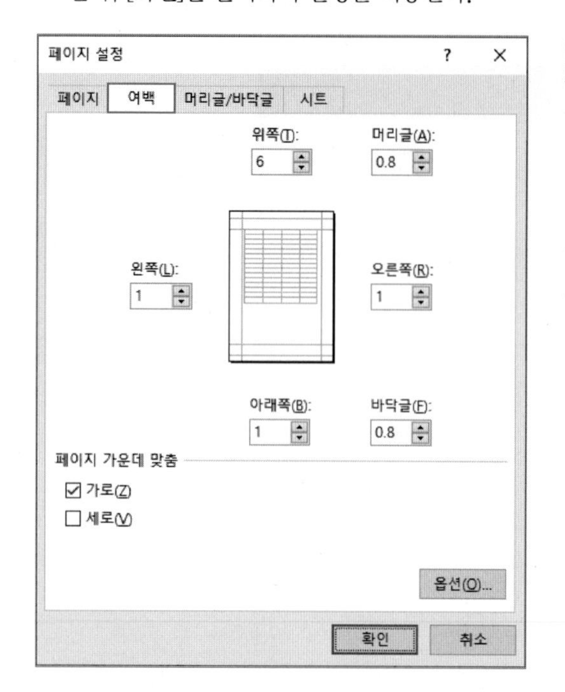

항목	값
위쪽	6
왼쪽	1
오른쪽	1
아래쪽	1
페이지 가운데 맞춤	가로

기적의 Tip

간혹 오피스 업데이트가 안 된 경우 '페이지 가운데 맞춤' 설정 시 작업 표가 한쪽으로 쏠리는 경우가 있습니다. 이 경우에는 '페이지 가운데 맞춤'을 해제합니다.

③ 여백 설정이 완료되면 인쇄 미리 보기 창의 왼쪽 위에 있는 화살표를 클릭한다.

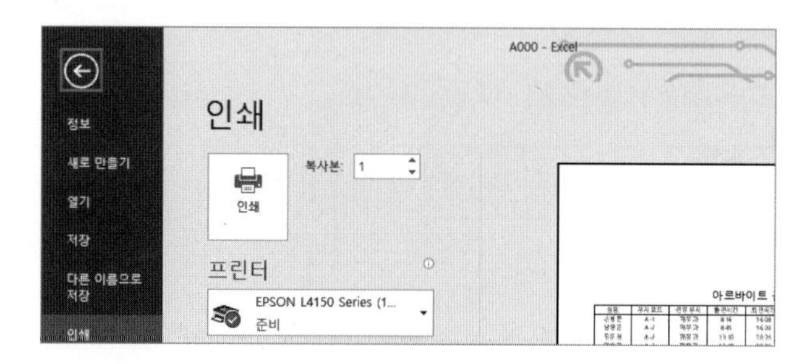

④ 워크시트로 돌아오면 I, J열 사이에 세로로 인쇄 경계선이 활성화되어 표시된다. 이 인쇄 경계선이 실제 페이지를 구분하는 선이다.

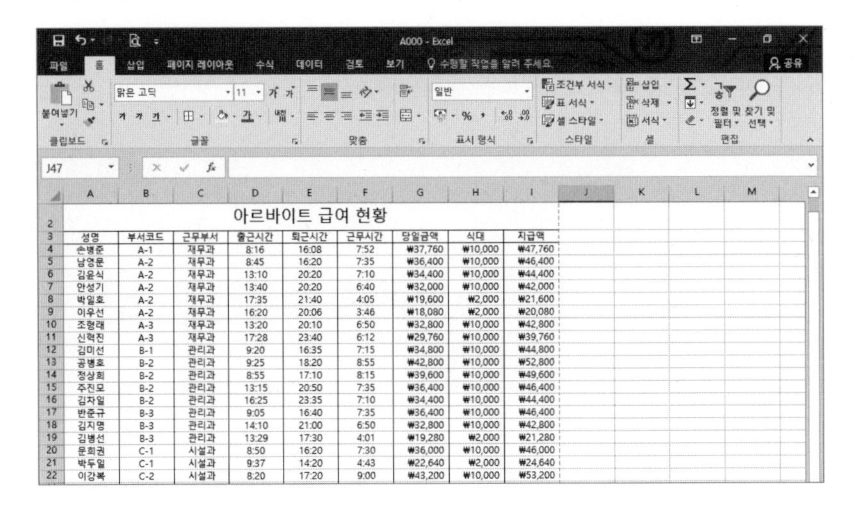

기적의 Tip

- 워크시트에서 작업 표가 좌측으로 몰려 있을 때는 열 폭을 적절히 조정합니다. 열 폭은 인쇄 경계선을 벗어나지 않도록 주의하여 조절합니다.
- 인쇄 경계선 다음 열은 다른 페이지에 출력됩니다.

⑤ Ctrl을 누른 채로 마우스 스크롤을 당겨서 작업 표 전체가 표시되도록 설정한 뒤 인쇄 경계선만큼 마우스로 블록을 선택하고 [페이지 레이아웃] 탭–[인쇄 영역]–[인쇄 영역 설정]을 클릭하여 인쇄 영역을 설정한다.

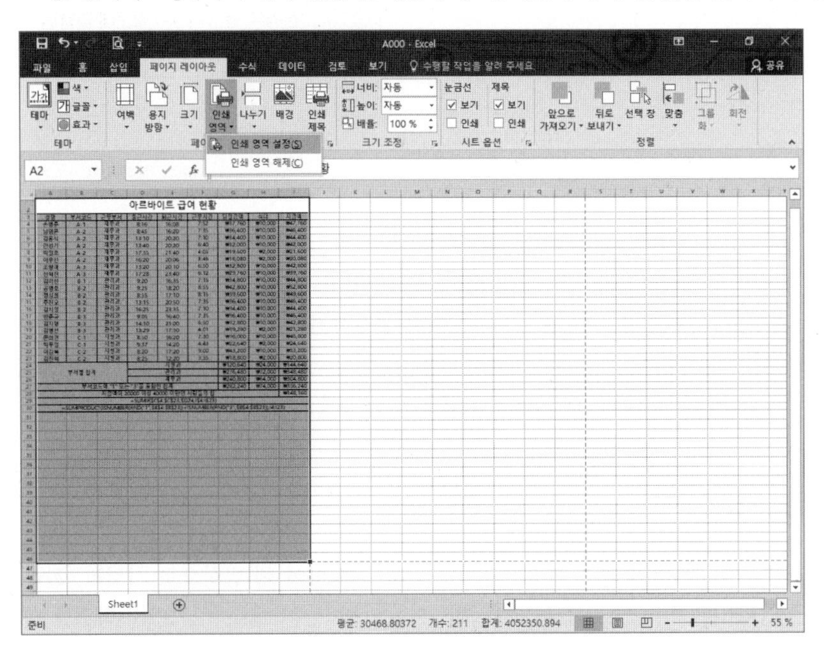

기적의 Tip

사무자동화산업기사 실기시험에서 실제 출력은 문제 '2. 작업 표 형식'에서 표기된 값만을 1장에 인쇄합니다. '2. 작업 표 형식'에 있는 내용만 1장에 인쇄하기 위해서 인쇄 영역을 설정한 것입니다.

⑪ 그래프 그리기

1. 그래프에 포함될 영역 분석하기

작성한 "아르바이트 급여 현황"에서 부서별로 당일금액과 지급액을 나타내는 그래프를 작성하시오.
[작성 조건]
1) **그래프 형태** : 혼합형 단일축 그래프
지급액(묶은 세로 막대형), 당일금액(데이터 표식이 있는 꺾은 선형)
(단, 지급액과 당일금액 모두 데이터 레이블의 값이 표시되도록 하시오.)
2) **그래프 제목** : 부서별 지급 현황 --- (확대 출력, 제목에 밑줄)
3) **X축 제목** : 근무부서
4) **Y축 제목** : 금액
5) **X축 항목 단위** : 해당 문자열
6) **Y축 눈금 단위** : 최소 - 0, 최대 - 400,000, 주 단위 - 50,000
7) **범례** : 지급액, 당일금액
8) **출력물 크기** : A4 용지 1/2장 범위 내
9) **기타** : 작성 조건에 없는 형식이나 모양은 기본 설정값에 따르며, 그래프 너비는 작업 표에 맞추도록 하시오.

① 그래프 영역 조건은 부서별로 당일금액과 지급액을 이용하는 것이다. 문제를 오해해서 모든 부서의 당일금액과 지급액을 이용해야 한다고 생각할 수 있으나, 각 부서별로 당일금액과 지급액의 합계를 이용하라는 지시이다.
② 그래프 영역을 확인하기 위해서는 위의 문제처럼 두 부분을 확인해야 한다. 전체 조건과 X축 제목이 어떤 값인지 확인하도록 한다.
③ 그래프에 포함될 열을 정리하면 다음과 같다.

근무부서	당일금액	지급액
시설과	₩120,640	₩144,640
관리과	₩276,480	₩348,480
재무과	₩240,800	₩304,800

2. 그래프 작성하기

그래프 작성은 앞서 작업한 작업 표를 완성하고 정렬 및 작업 표 구성, 페이지 설정까지 완료된 후 작업한다. 각 지시사항에 따라 작업을 따라 하면서 기능을 익히도록 한다.

1) **그래프 형태** : 혼합형 단일축 그래프
지급액(묶은 세로 막대형), 당일금액(데이터 표식이 있는 꺾은 선형)
(단, 지급액과 당일금액 모두 데이터 레이블의 값이 표시되도록 하시오.)

① [D33]을 선택하여 근무부서, 당일금액, 지급액을 차례로 입력하고, [D34]를 선택하여 행 방향으로 시설과, 관리과, 재무과를 차례로 입력한다. [G24:G26]을 마우스로 블록을 설정한 후, Ctrl을 누른 채로 [I24:I26] 범위를 선택한다. Ctrl+C를 눌러 복사한다.

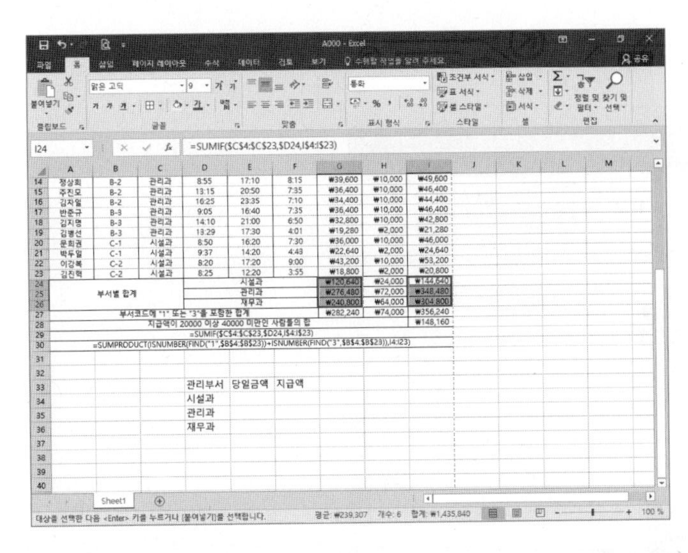

② [E34]를 클릭하여 Ctrl+V를 눌러 그래프에 들어갈 자료를 붙여 넣는다.

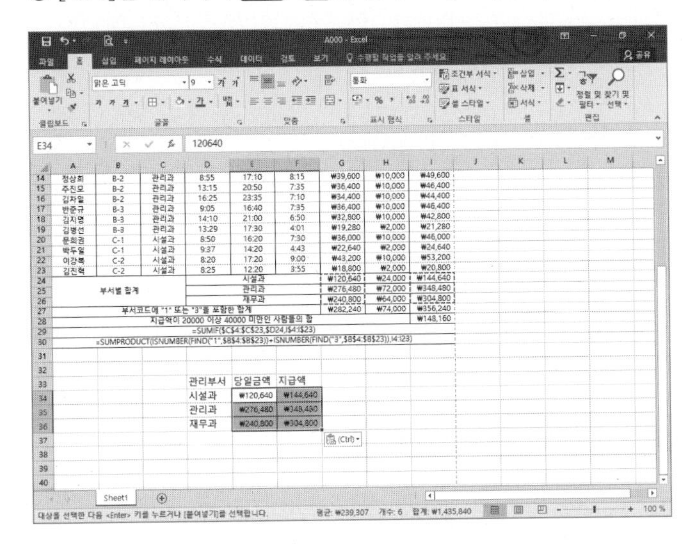

③ [D33:F36]을 범위 지정한 후, [삽입] 탭–[세로 막대형]–[2차원 세로 막대형]–[묶은 세로 막대형]을 클릭하여 차트를 삽입한다.

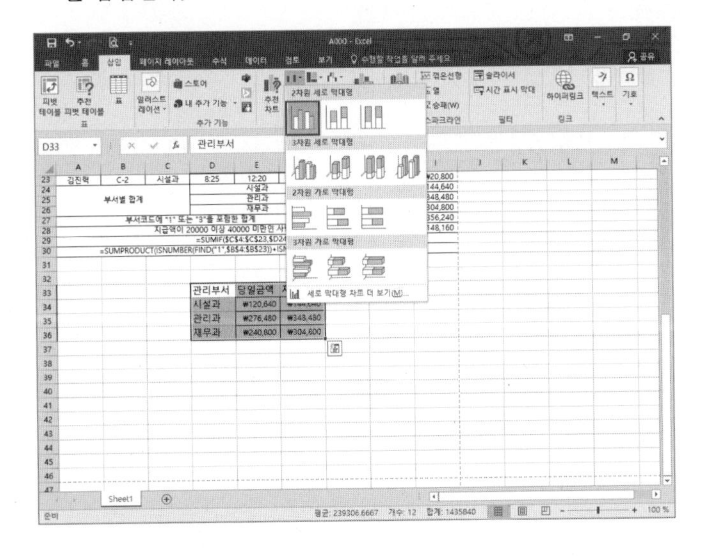

④ 차트를 선택한 채로 [디자인] 탭-[빠른 레이아웃]-[레이아웃 9]를 클릭하여 차트 제목, 가로/세로 축 이름, 범례를 표시한다.

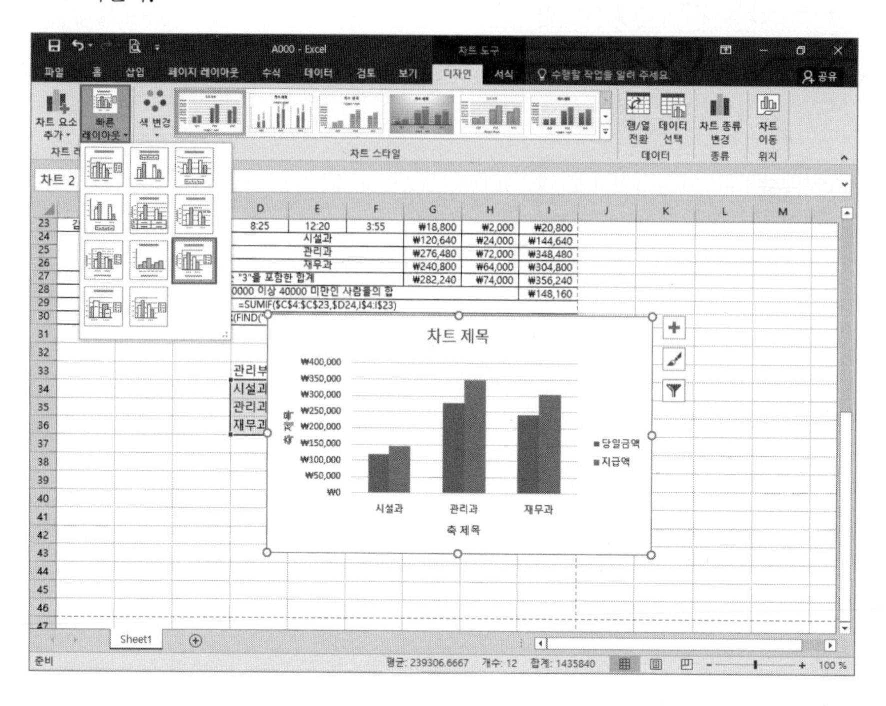

당일금액(데이터 표식이 있는 꺾은 선형)

⑤ 범례의 당일금액은 시간차를 두고 두 번 클릭하여 선택한 뒤 마우스 오른쪽 버튼을 클릭하여 바로가기 메뉴에서 [계열 차트 종류 변경]을 선택한다.

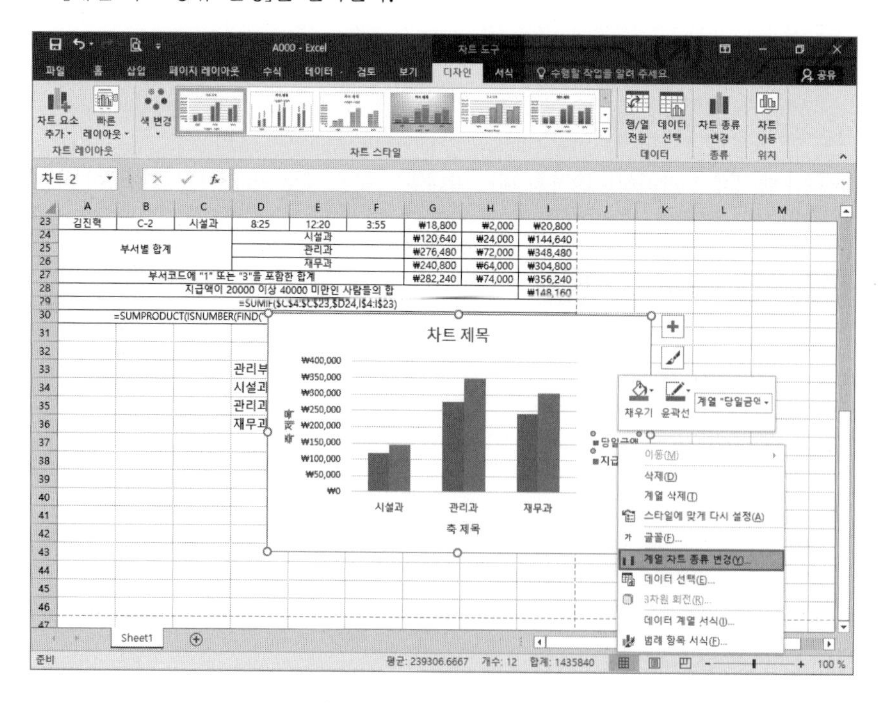

⑥ [차트 종류 변경] 대화상자에서 [모든 차트]–[콤보]를 선택한 후 '당일금액' 계열을 '표식이 있는 꺾은 선형'으로 선택하고 [확인]을 클릭하여 적용한다.

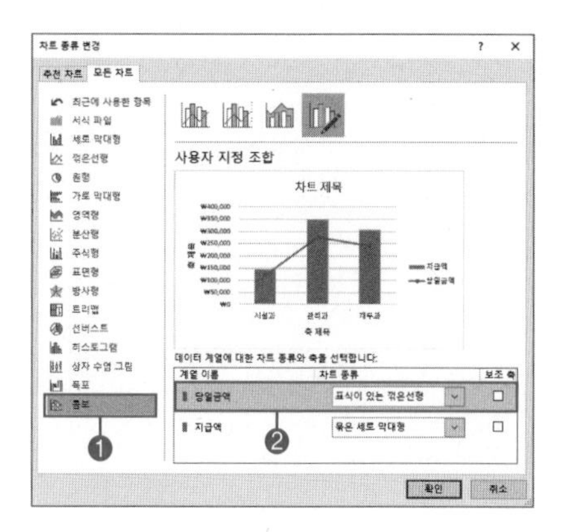

지급액과 당일금액 모두 데이터 레이블의 값이 표시되도록 하시오.

⑦ 지급액 계열을 클릭한 후, 마우스 오른쪽 버튼을 클릭하여 바로가기 메뉴에서 [데이터 레이블 추가]–[데이터 레이블 추가]를 차례로 선택한다. 같은 방식으로 당일금액에도 데이터 레이블을 추가한다.

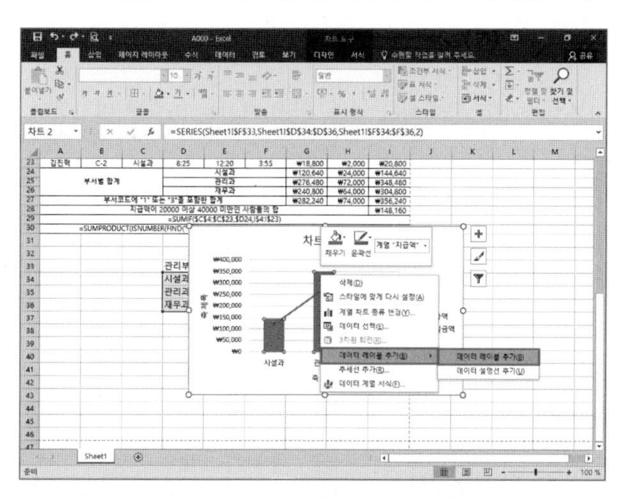

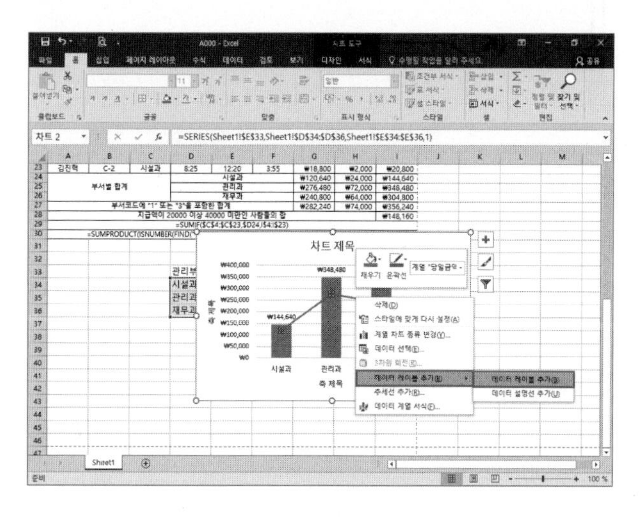

2) **그래프 제목** : 부서별 지급 현황 --- (확대 출력, 제목에 밑줄)
3) **X축 제목** : 근무부서
4) **Y축 제목** : 금액
5) **X축 항목 단위** : 해당 문자열
6) **Y축 눈금 단위** : 최소 - 0, 최대 - 400,000, 주 단위 - 50,000

⑧ 차트 제목 영역을 마우스로 드래그한다.

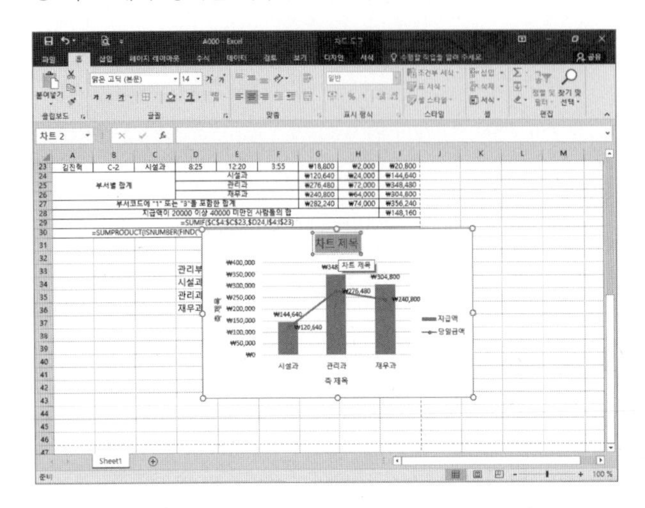

⑨ '부서별 지급 현황'을 제목에 입력한 후, 제목 상자 테두리를 마우스로 클릭하고 밑줄, 글꼴 크기는 16으로 변경한다.

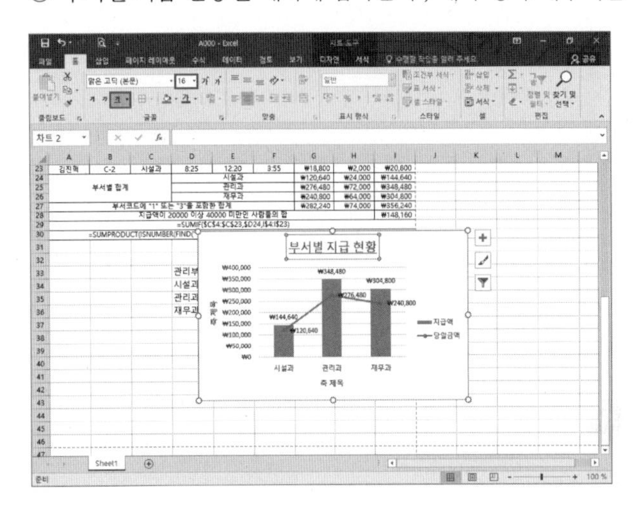

⑩ X축 제목(가로축 제목), Y축 제목(세로축 제목)도 같은 방법으로 입력한다.

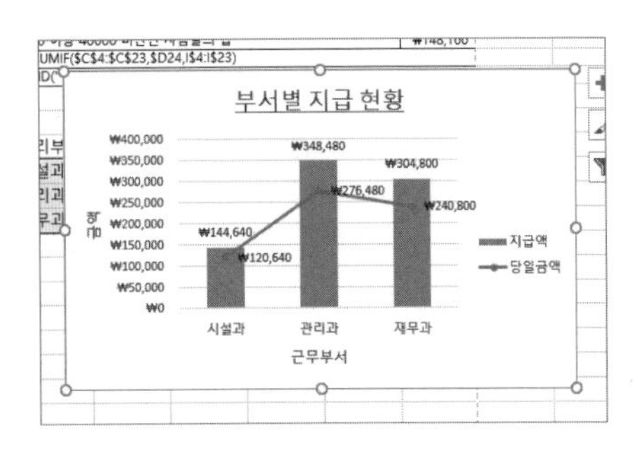

⑪ Y축 계열 값을 선택하고 마우스 오른쪽 버튼을 눌러 바로가기 메뉴에서 [축 서식]을 선택한다.
[축 서식] 대화상자에서 그림과 같이 최소 - 0, 최대 - 400000, 주 단위 - 50000을 입력하고 창을 닫는다.

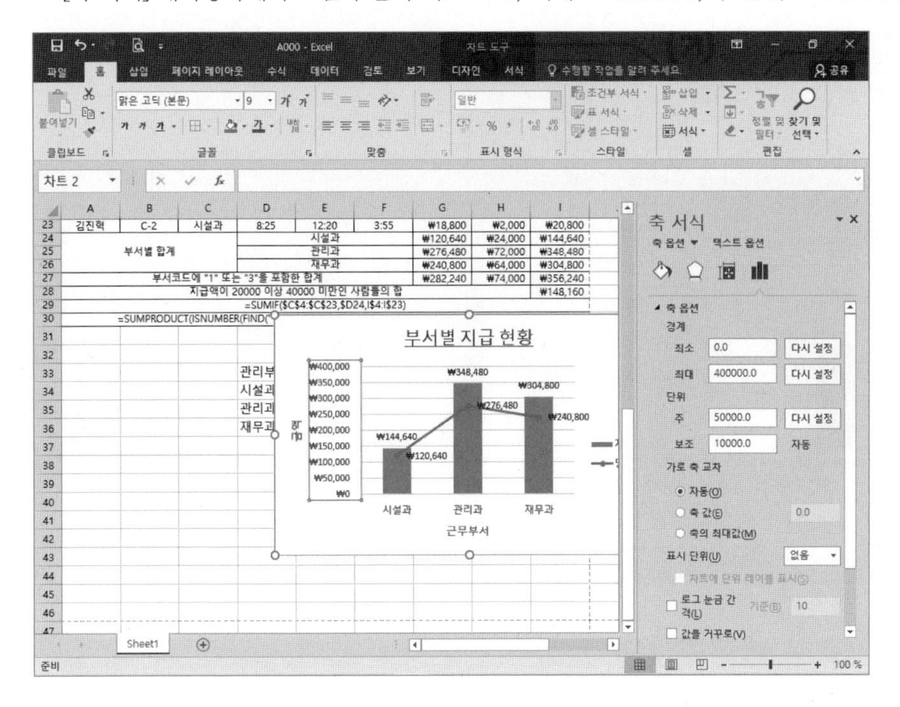

8) 출력물 크기 : A4 용지 1/2장 범위 내
9) 기타 : 작성 조건에 없는 형식이나 모양은 기본 설정값에 따르며, 그래프 너비는 작업 표에 맞추도록 하시오.

⑫ 마우스로 차트를 선택하고 드래그하여 작업 표 하단에 배치한다.

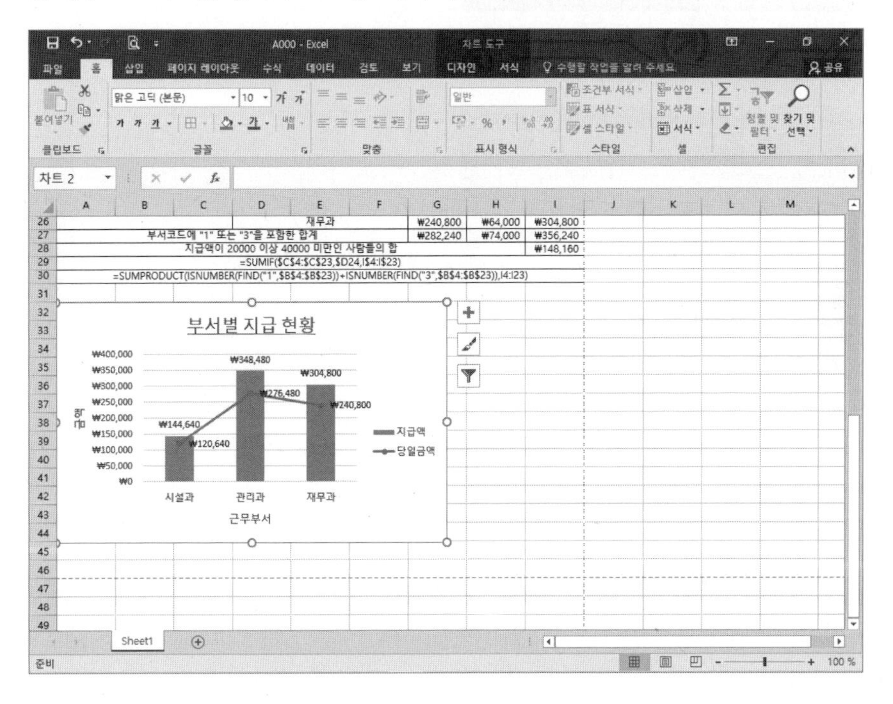

⑬ 차트를 선택하고 차트 오른쪽 하단의 모서리 크기 조절점을 마우스로 누른 채 드래그하여 인쇄 영역에 맞게 크기를 조정한다. 이때 [Alt]를 누른 채로 드래그하면 셀에 맞춰 크기가 조정된다.

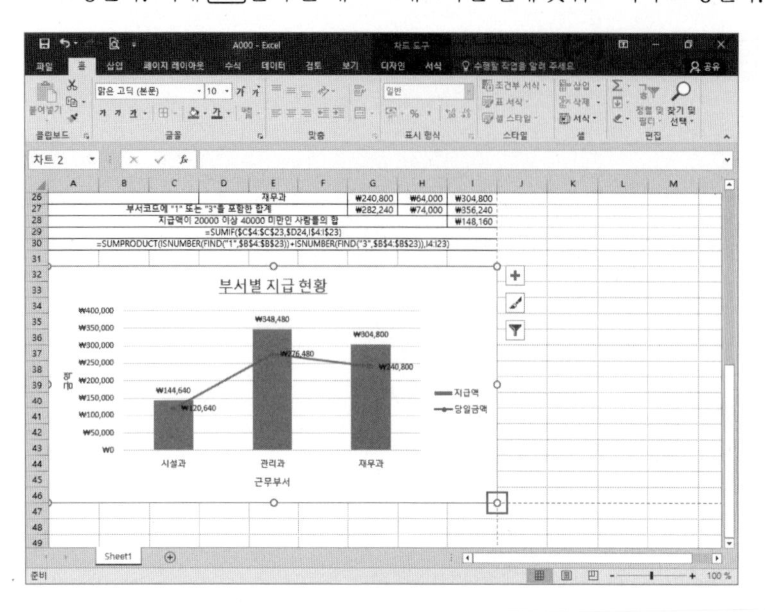

기적의 Tip

차트를 마우스로 드래그할 때 [Alt]를 누른 채로 드래그하면 셀에 스냅이 맞게 이동됩니다. 만약 스냅이 안 되면 [Alt]를 한 번 놓았다가 다시 누르면 됩니다.

⑭ 차트 오른쪽 경계선을 왼쪽으로 살짝 드래그하여 경계선보다 작게 크기를 조정한다.

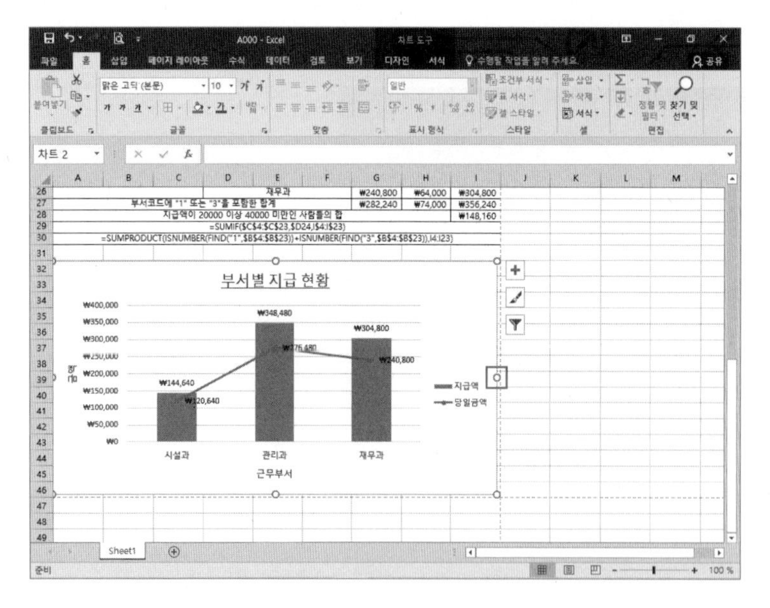

기적의 Tip

차트 크기를 줄이는 이유는 인쇄 시 인쇄 경계에 차트 크기가 맞게 되면 다음 페이지에 경계선이 출력되기 때문입니다. 하나의 팁이니 꼭 경계선보다 조금 작게 배치하세요.

⑮ 차트 아래쪽도 인쇄 경계선보다 1/2행 정도 줄인다.

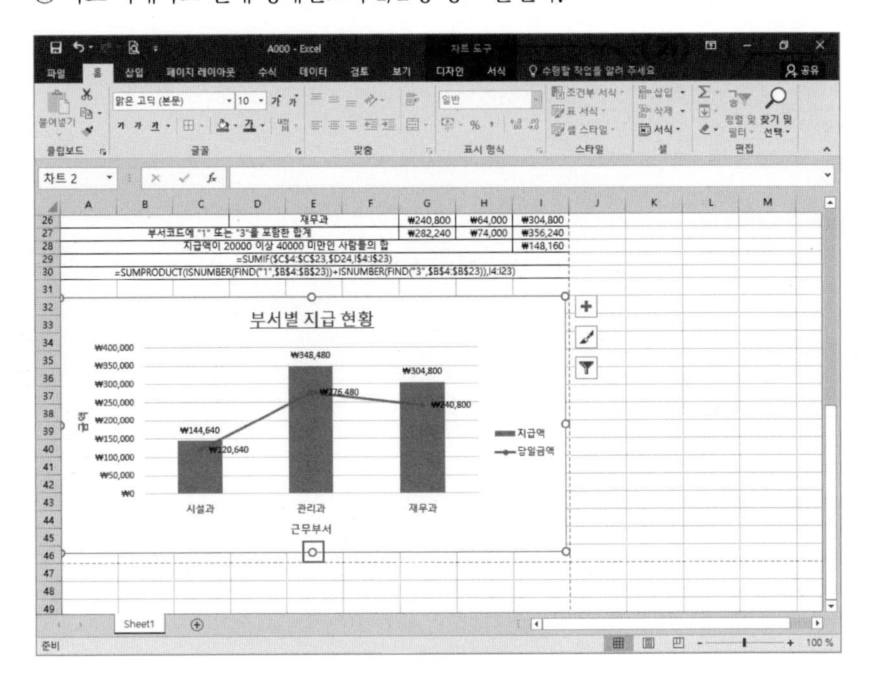

오피스 2007/2010 버전이 같이 설치된 경우의 시험장에선 차트 하단을 딱 맞추어 출력하면 인쇄 미리 보기상에서는 문제가 없지만 실제 출력하면 X축 이름까지 잘려 다음 페이지에 출력되는 경우가 있으니 경우에 따라 1/2행이 아니라 1행 정도 여백을 지정하는 것도 좋은 선택이 될 수 있습니다.

12 인쇄하기

시험장마다 인쇄방법에는 차이가 있다. [머리글 편집]/[바닥글 편집] 시 작업하는 내용 중 일부는 수기 작성을 요구하기도 한다.

① 머리글 편집 : [페이지 설정]–[머리글 편집]–각 구역에 요구하는 정보를 입력한다.

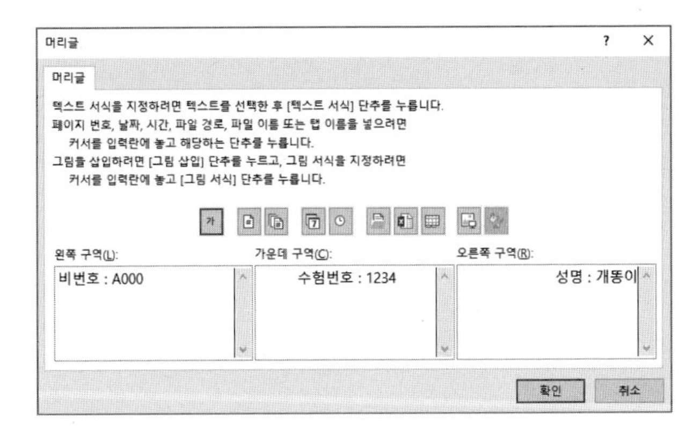

② 바닥글 편집 : [바닥글 편집]–가운데 구역에 출력물 페이지 번호 '4–1'을 입력한다.

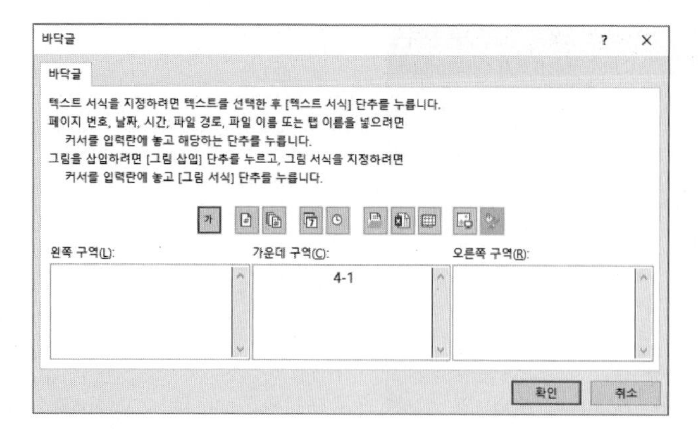

③ 인쇄 미리보기 상태를 통해 정상적으로 표시되는지 확인한다.

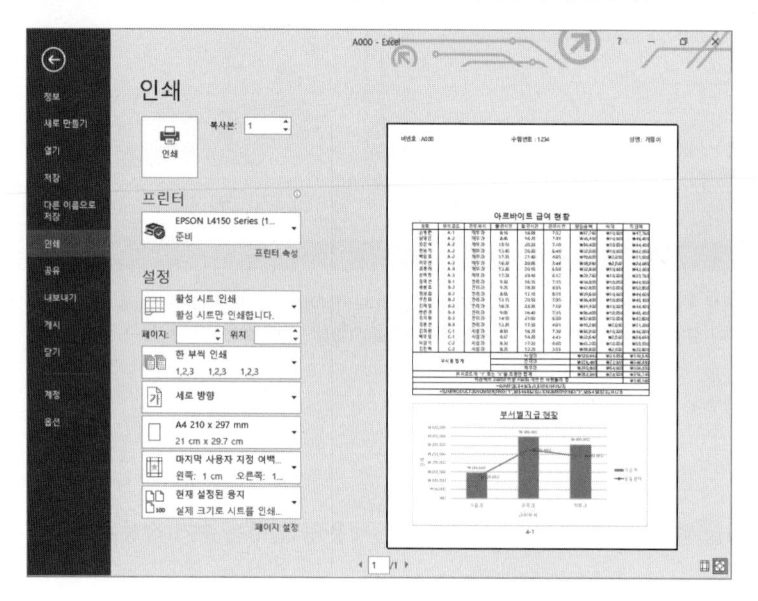

④ 인쇄 를 클릭하여 출력한다.

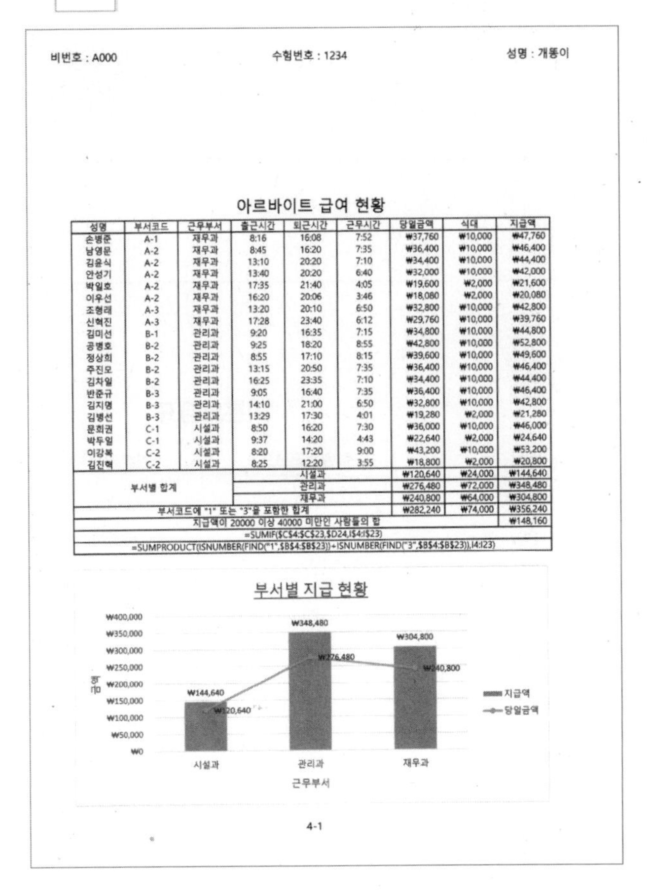

비번호 : A000 수험번호 : 1234 성명 : 개똥이

아르바이트 급여 현황

성명	부서코드	근무부서	출근시간	퇴근시간	근무시간	당일금액	식대	지급액
손병준	A-1	재무과	8:16	16:08	7:52	₩37,760	₩10,000	₩47,760
남영문	A-2	재무과	8:45	16:20	7:35	₩36,400	₩10,000	₩46,400
김윤식	A-2	재무과	13:10	20:20	7:10	₩34,400	₩10,000	₩44,400
안성기	A-2	재무과	13:40	20:20	6:40	₩32,000	₩10,000	₩42,000
박일호	A-2	재무과	17:35	21:40	4:05	₩19,600	₩2,000	₩21,600
이우선	A-2	재무과	16:20	20:06	3:46	₩18,080	₩2,000	₩20,080
조형래	A-3	재무과	13:20	20:10	6:50	₩32,800	₩10,000	₩42,800
신혁진	A-3	재무과	17:28	23:40	6:12	₩29,760	₩10,000	₩39,760
김미선	B-1	관리과	9:20	16:35	7:15	₩34,800	₩10,000	₩44,800
공병호	B-2	관리과	9:25	18:20	8:55	₩42,800	₩10,000	₩52,800
정상희	B-2	관리과	8:55	17:10	8:15	₩39,600	₩10,000	₩49,600
주진모	B-2	관리과	13:15	20:50	7:35	₩36,400	₩10,000	₩46,400
김차일	B-2	관리과	16:25	23:35	7:10	₩34,400	₩10,000	₩44,400
반준규	B-3	관리과	9:05	16:40	7:35	₩36,400	₩10,000	₩46,400
김지명	B-3	관리과	14:10	21:00	6:50	₩32,800	₩10,000	₩42,800
김병선	B-3	관리과	13:29	17:30	4:01	₩19,280	₩2,000	₩21,280
문희권	C-1	시설과	8:50	16:20	7:30	₩36,000	₩10,000	₩46,000
박두일	C-1	시설과	9:37	14:20	4:43	₩22,640	₩2,000	₩24,640
이강복	C-2	시설과	8:20	17:20	9:00	₩43,200	₩10,000	₩53,200
김진혁	C-2	시설과	8:25	12:20	3:55	₩18,800	₩2,000	₩20,800
부서별 합계			시설과			₩120,640	₩24,000	₩144,640
			관리과			₩276,480	₩72,000	₩348,480
			재무과			₩240,800	₩64,000	₩304,800
부서코드에 "1" 또는 "3"을 포함한 합계						₩282,240	₩74,000	₩356,240
지급액이 20000 이상 40000 미만인 사람들의 합								₩148,160
=SUMIF($C$4:$C$23,$D24,I$4:I$23)								
=SUMPRODUCT(ISNUMBER(FIND("1",$B$4:$B$23))+ISNUMBER(FIND("3",$B$4:$B$23)),I4:I23)								

// SECTION //

02

Access 따라 하기

핵심 포인트 자료 처리(DBMS) 작업의 시험문제는 거의 고정된 유형으로 나오기 때문에 문제풀이 과정을 차분히 따라하면서 문제풀이 방법과 과정을 습득하도록 합니다.

▶ 합격 강의

액세스 작업 자료 처리(DBMS) 작업

01 입력 자료

스포츠센터 사용현황❶

회원번호	회원등급코드	운동종류	사용시간
M8	AA	테니스	59
M1	AA	수영	89
M6	BB	스쿼시	79
M2	CC	헬스	55
M3	DD	테니스	70
M5	AA	스쿼시	80
M4	BB	수영	39
M7	CC	헬스	62
M11	DD	스쿼시	57
M9	AA	테니스	71
M10	BB	스쿼시	67
M12	CC	테니스	75
M13	BB	헬스	52
M14	CC	수영	65
M15	DD	스쿼시	58
M16	AA	헬스	43
M20	CC	수영	56
M18	BB	스쿼시	88
M17	DD	헬스	100
M19	CC	수영	23

기본요금표

회원등급코드	기본요금❷
AA	1,500
BB	2,500
CC	3,500
DD	4,500

❶ 테이블에 입력할 내용이다. 이 내용이 조회 화면(폼)과 자료 처리 양식 보고서에 표시된다.
❷ 금액으로 표시되는 내용은 통화 데이터 형식을 사용할 수 있다.

02 조회 화면(SCREEN)[3] 설계

※ 다음 조건에 따라 회원등급코드가 AA 또는 BB이면서 운동종류가 수영이고 사용시간이 60 이상인 현황을 조회할 수 있는 화면을 설계하고 해당 데이터를 출력하시오.

1) 해당 현황은 목록 상자(리스트박스)[4]에서 회원등급코드를 오름차순으로 출력하고, 화면 아래에 조회 시 작성한 SQL문[5]을 복사하시오.
   - WHERE 조건절에 회원등급코드, 운동종류, 사용시간 반드시 포함
   - ORDER BY 구문 반드시 포함
   ※ SQL문에 상기 내용 미포함 시 SQL 작성 부분 0점 처리
2) 리스트박스 조회 시 작성된 SQL문이 작성되지 않을 경우에는 "02 조회 화면(SCREEN) 설계" 과제가 0점 처리됨을 반드시 유의하시오.
3) 목록 상자에 표시되어야 할 필수적인 필드명은 다음과 같습니다.
   - 회원번호, 회원등급코드, 기본요금, 운동종류, 사용시간
4) 폼 서식에 제반되는 폰트, 점선 등은 아래 [조회 화면 서식]에 보이는 대로 기재하시오.
5) 기타 사항은 "03 자료 처리 파일(FILE) 작성"의 [기타 조건]을 따르시오.

[조회 화면 서식]

회원등급이 AA 또는 BB이면서 운동종류가 수영이고
사용시간이 60 이상인 현황[6]

회원번호	회원등급코드	기본요금	운동종류	사용시간

리스트박스 조회 시 작성된 SQL문

❸ 조회 화면은 액세스에서 폼과 같다.
❹ 폼에서 목록 상자를 추가해서 사용한다.
❺ 쿼리를 작성하고 쿼리의 SQL문을 레이블에 복사한다.
❻ 기타 조건에 따라 16정도 크기의 아무 글꼴이나 사용할 수 있다.

03 자료 처리 파일(FILE) 작성 ⑦

※ 다음 처리 조건에 따라 양식과 같이 작성하시오.

[처리 조건]

1) 운동종류⑧(수영, 스쿼시, 테니스, 헬스)별로 정리한 후, 같은 운동종류 안에서는 회원등급코드⑨의 오름차순으로 정렬(SORT)한다.
2) 사용요금⑩ : 사용시간 × 기본요금
3) 보너스점수 : 사용요금의 7%
4) 비고⑪ : 보너스점수가 10,000 이상은 "특별",
   보너스점수가 10,000 미만에서 5,000 이상은 "우수",
   보너스점수가 5,000 미만은 "보통"으로 표시한다.
5) 운동종류별 합계⑫ : 사용시간, 사용요금, 보너스점수의 합 산출
6) 총평균 : 사용시간, 사용요금, 보너스점수의 전체 평균 산출

> ⑦ 자료 처리 파일은 액세스에서 보고서와 같다.
> ⑧ 보고서 마법사를 사용해서 그룹 수준을 운동종류로 지정한다.
> ⑨ 보고서 마법사에서 정렬 순서를 고객명 오름차순으로 지정한다.
> ⑩ 사용요금처럼 입력 자료에 없는 내용을 표시하기 위해 쿼리를 사용한다.
> ⑪ 조건에 따라 다른 내용을 표시하려면 쿼리에 iif 함수를 사용한다.
> ⑫ 합계는 보고서 마법사의 요약 옵션을 사용한다.

[기타 조건]

1) 입력 화면 및 보고서의 제목은 16 정도의 임의 서체로 한다.
2) 금액에 대한 수치는 원화(₩) 표시를 하고 천 단위마다 ,(Comma)를 표시한다. 단, 금액 이외의 수치는 ,(Comma)를 표시하지 않는다.
3) 모든 수치⑬(숫자, 통화, 백분율 등)는 컨트롤의 속성을 설정하는 과정에서 소수 자릿수를 "0"으로 지정하여 정수로 표시한다.
4) 데이터의 열과 간격은 일정하게 맞춘다.

스포츠센터 사용 현황

회원등급코드	회원번호	사용시간	기본요금	사용요금	보너스점수	비고
XXXX	XXXX	XXXX	₩X,XXX	₩X,XXX	XXXX	XXXX
수영 합계		XXXX		₩X,XXX	XXXX	
XXXX	XXXX	XXXX	₩X,XXX	₩X,XXX	XXXX	XXXX
스쿼시 합계		XXXX		₩X,XXX	XXXX	
테니스 합계		XXXX		₩X,XXX	XXXX	
헬스 합계		XXXX		₩X,XXX	XXXX	
총 평균		XXXX		₩X,XXX	XXXX	

> ⑬ 컨트롤의 소수 자릿수를 0으로 설정하여 정수로 표시한다.

자료 처리(DBMS) 작업 정답

01 조회 화면 설계

회원등급이 AA 또는 BB이면서 운동종류가 수영이고
사용시간이 60 이상인 현황

회원번호	회원등급코드	기본요금	운동종류	사용시간
M1	AA	₩1,500	수영	89

리스트박스 조회 시 작성된 SQL문

```
SELECT 테이블1.회원번호, 테이블1.회원등급코드, 테이블2.기본요금, 테이블1.운동종류,
테이블1.사용시간
FROM 테이블1 INNER JOIN 테이블2 ON (테이블2.회원등급코드 = 테이블1.회원등급코
드) AND (테이블1.회원등급코드 = 테이블2.회원등급코드)
WHERE (((테이블1.회원등급코드)="AA" Or (테이블1.회원등급코드)="BB") AND ((테이블
1.운동종류)="수영") AND ((테이블1.사용시간)>=60))
ORDER BY 테이블1.회원등급코드;
```

02 자료 처리 파일

스포츠센터 사용 현황

회원등급코드	회원번호	사용시간	기본요금	사용요금	보너스점수	비고
AA	M1	89	₩1,500	₩133,500	9345	우수
BB	M4	39	₩2,500	₩97,500	6825	우수
CC	M20	56	₩3,500	₩196,000	13720	특별
CC	M14	65	₩3,500	₩227,500	15925	특별
CC	M19	23	₩3,500	₩80,500	5635	우수
수영	합계	272		₩735,000	51450	
AA	M5	80	₩1,500	₩120,000	8400	우수
BB	M10	67	₩2,500	₩167,500	11725	특별
BB	M18	88	₩2,500	₩220,000	15400	특별
BB	M6	79	₩2,500	₩197,500	13825	특별
DD	M11	57	₩4,500	₩256,500	17955	특별
DD	M15	58	₩4,500	₩261,000	18270	특별
스쿼시	합계	429		₩1,222,500	85575	
AA	M8	59	₩1,500	₩88,500	6195	우수
AA	M9	71	₩1,500	₩106,500	7455	우수
CC	M12	75	₩3,500	₩262,500	18375	특별
DD	M3	70	₩4,500	₩315,000	22050	특별
테니스	합계	275		₩772,500	54075	
AA	M16	43	₩1,500	₩64,500	4515	보통
BB	M13	52	₩2,500	₩130,000	9100	우수
CC	M7	62	₩3,500	₩217,000	15190	특별
CC	M2	55	₩3,500	₩192,500	13475	특별
DD	M17	100	₩4,500	₩450,000	31500	특별
헬스	합계	312		₩1,054,000	73780	
	총평균	64		₩189,200	13244	

풀이 방법 자료 처리(DBMS) 작업 풀이

01 데이터베이스 만들기

① Microsoft Access를 클릭하여 액세스를 실행한 후 [새 데이터베이스]를 선택한다.

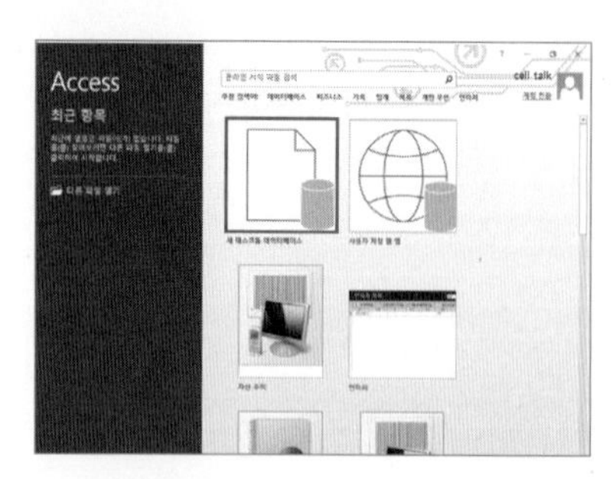

② 데이터베이스 저장 창에서 [불러오기]( )를 클릭한다.

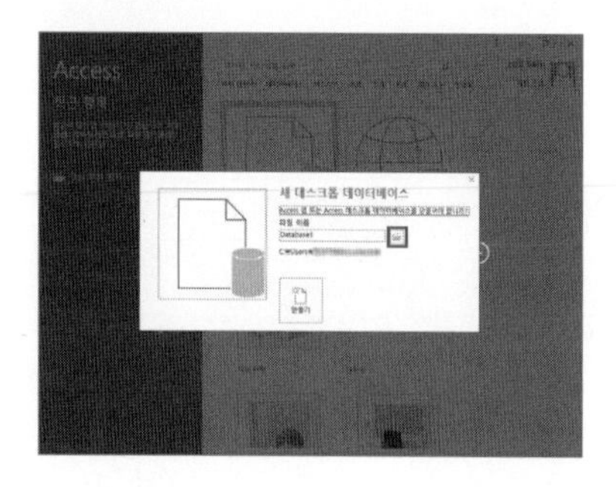

③ 시험 위원이 제시한 [저장 위치]에 비번호(여기서는 A000폴더)폴더를 생성하고, 폴더 안에 파일 이름을 입력한 뒤 [확인]을 클릭한다.

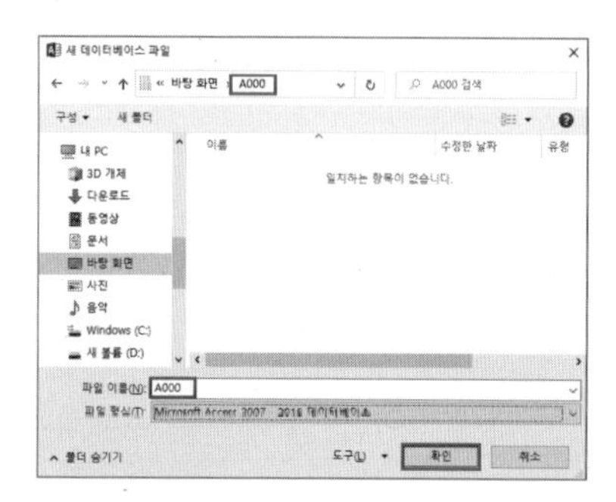

④ [만들기]를 클릭하여 새 데이터베이스를 생성한다.

02 첫 번째 테이블 만들기

① 액세스를 실행하면 자동으로 만들어지는 테이블을 ['테이블1'닫기](×)를 클릭하여 종료한다.

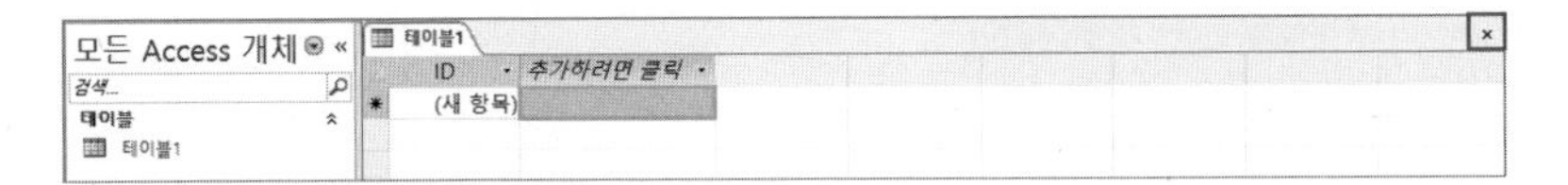

② [만들기] 탭–[테이블] 그룹–[테이블 디자인]을 차례로 선택한다.

③ 필드 이름 입력 : [필드 이름]에 문제에서 정한 데이터 항목의 이름을 써서 필드를 추가한다.

④ 데이터 형식 선택 : [데이터 형식]을 선택하고 원하는 형식을 선택한다.

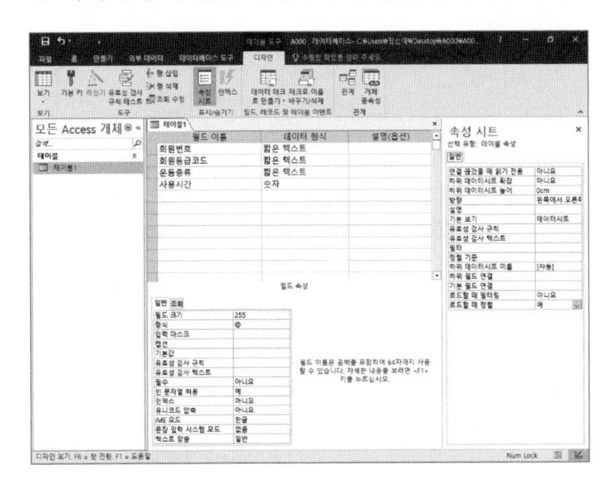

⑤ 테이블 디자인 창 우측 상단의 ['테이블1' 닫기](×)를 클릭하여 테이블 디자인을 종료하면서 표시되는 저장 여부 대화상자에서 [예]를 클릭한다.

⑥ [다른 이름으로 저장] 대화상자에서 테이블 이름으로 "사용현황"을 입력하고 [확인]을 클릭한다.

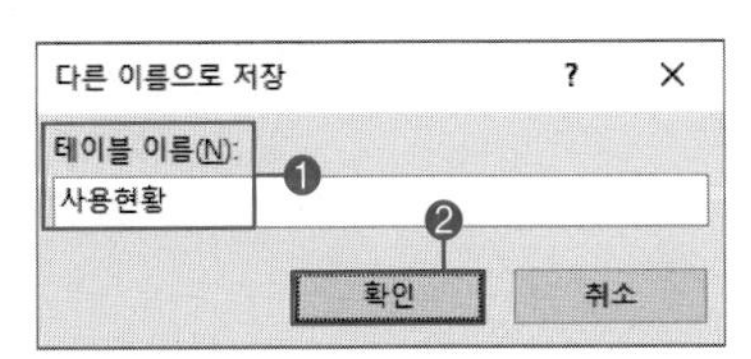

⑦ 테이블에서 기본 키를 지정하지 않으므로 기본 키 정의 대화상자에서 [아니요]를 클릭한다.

⑧ 개체 탐색창에서 생성된 테이블을 더블 클릭하여 실행한다.

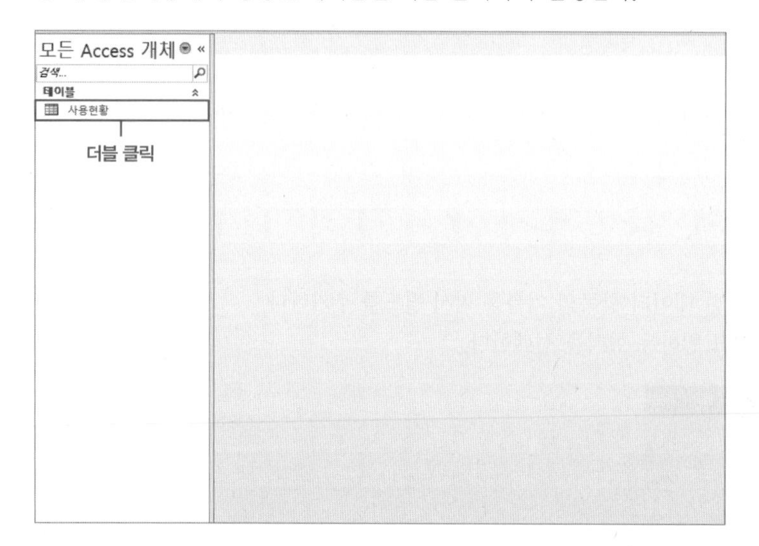

⑨ 방향키와 Enter를 사용하여 문제에서 제시한 입력 자료를 입력한다. 입력한 자료는 입력과 동시에 자동으로 저장된다.

기적의 Tip

자료를 입력할 때 Enter를 누르면 필드 간 이동을 합니다. 아래쪽 방향키 ↓를 이용하여 세로 방향으로 입력하는 것이 더 편리합니다.

⑩ 입력을 완료하면 테이블을 닫아 테이블 작업을 마친다.

모든 Access 개체 / 검색... / 테이블 / 사용현황

사용현황

회원번호	회원등급코드	운동종류	사용시간
M8	AA	테니스	59
M1	AA	수영	89
M6	BB	스쿼시	79
M2	CC	헬스	55
M3	DD	테니스	70
M5	AA	스쿼시	80
M4	BB	수영	39
M7	CC	헬스	62
M11	DD	스쿼시	57
M9	AA	테니스	71
M10	BB	스쿼시	67
M12	CC	테니스	75
M13	BB	헬스	52
M14	CC	수영	65
M15	DD	스쿼시	58
M16	AA	헬스	43
M20	CC	수영	56
M18	BB	스쿼시	88
M17	DD	헬스	100
M19	CC	수영	23

03 두 번째 테이블 만들기

① [만들기] 탭-[테이블] 그룹-[테이블 디자인]을 선택한다.

② '사용현황' 테이블과 같은 방법으로 '기본요금표' 테이블을 만든다.

기본요금과 같이 금액을 나타내는 필드의 경우 데이터 형식을 '통화'로 지정해도 되고, 데이터 형식을 '숫자'로 지정한 후 하단에서 [일반]-[형식]을 '통화'로 변경해도 됩니다. 또는 폼이나 보고서에서 컨트롤의 속성을 변경할 수도 있습니다.

③ [유류명] 필드를 선택하고 [디자인] 탭-[도구] 그룹-[기본 키]를 클릭한다.

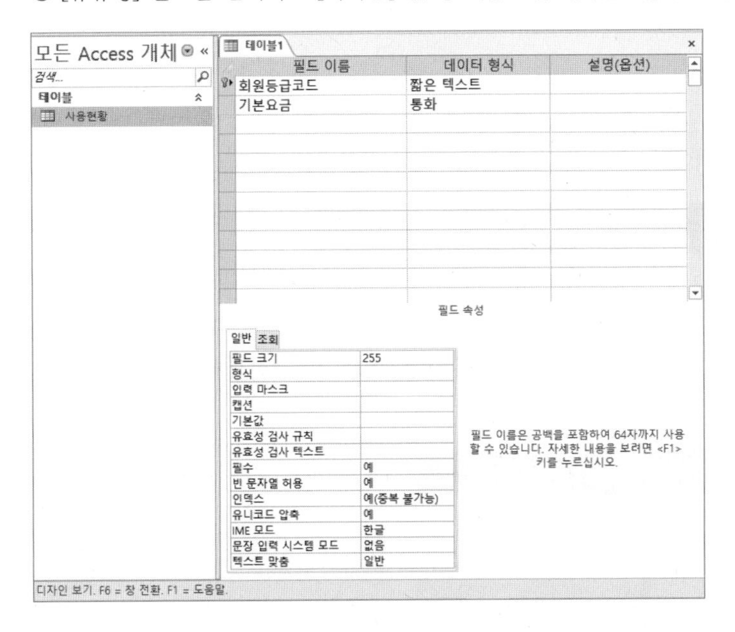

④ 테이블 디자인 창 우측 상단에 ['테이블1' 닫기](×)를 클릭하여 저장 여부 대화상자에서 [예]를 클릭한다. 테이블 이름으로 '기본요금표'를 입력하고 [확인]을 클릭한다.

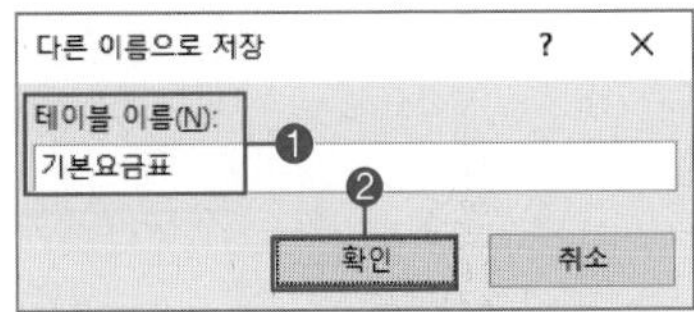

⑤ 개체 탐색 창에서 두 번째 테이블 [기본요금표]를 더블 클릭하여 레코드 입력 상태로 전환한다.

⑥ 문제에서 제시된 자료를 입력한다.

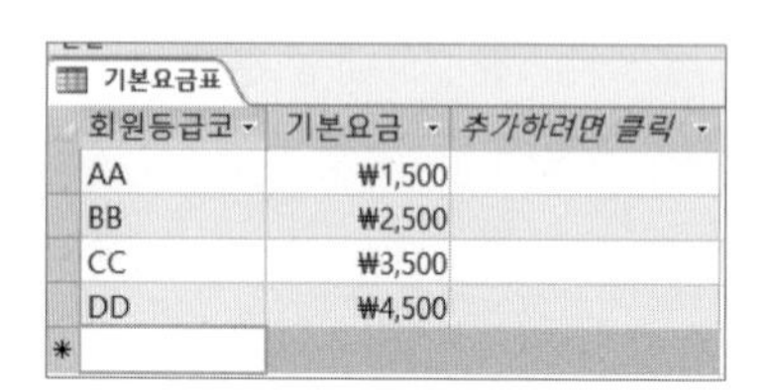

기본요금표

회원등급코드	기본요금	추가하려면 클릭
AA	₩1,500	
BB	₩2,500	
CC	₩3,500	
DD	₩4,500	
*		

⑦ 입력을 완료하면 테이블을 닫아 테이블 작업을 마친다.

04 보고서용 전체 쿼리 만들기

① [만들기] 탭–[쿼리] 그룹–[쿼리 디자인]을 선택한다.

② 필요한 필드가 두 테이블에 나뉘어 있으므로, 두 테이블 모두 필요하다. [테이블 표시] 대화상자에서 사용할 테이블을 더블 클릭하여 [쿼리 디자인] 창에 추가한다.

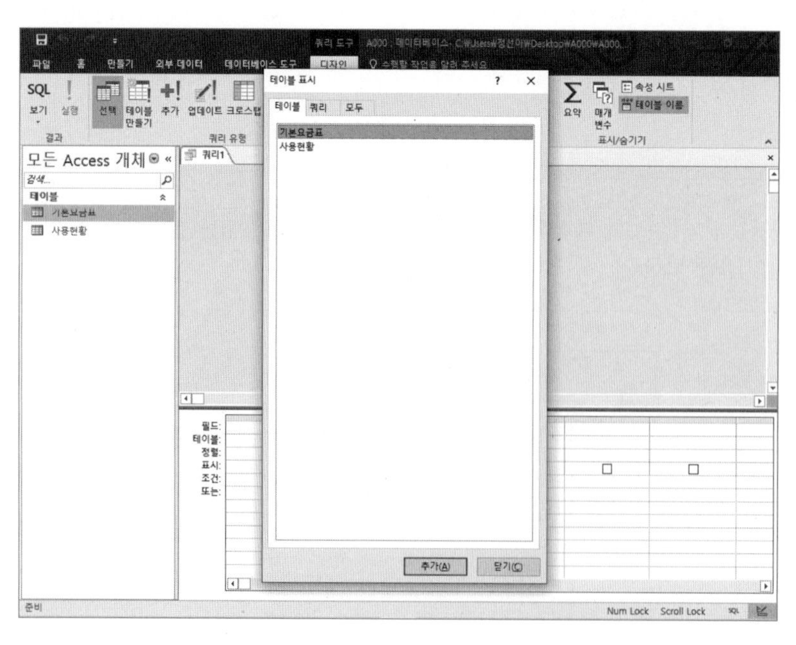

③ 두 테이블의 공통 필드인 '회원등급코드'가 서로 조인(Join)이 되어 있는지 확인하고 만약 조인이 안 되어 있다면 한쪽 테이블의 회원등급코드 필드를 선택한 후에 끌어서 반대편 테이블 회원등급코드 필드 위에 올려놓아 두 테이블을 조인시킨다.

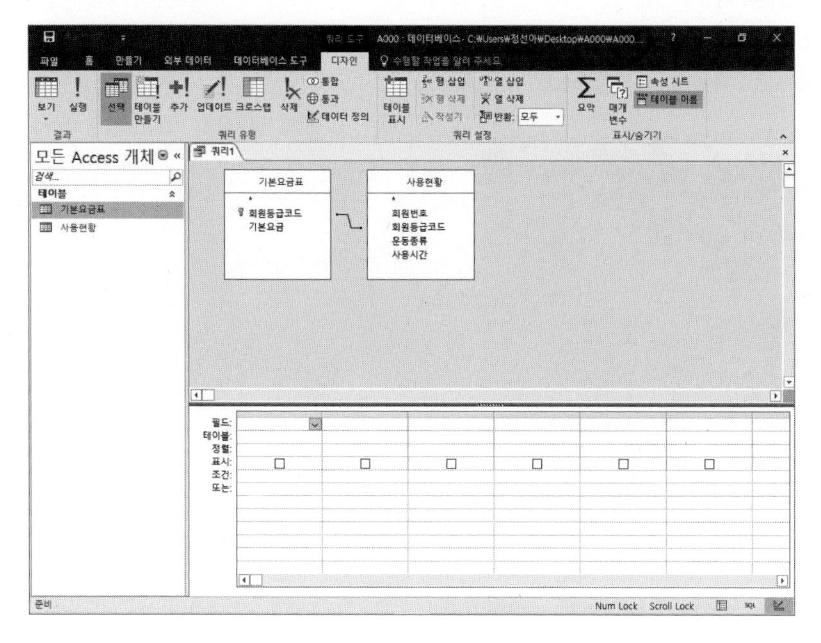

④ 디자인 창 윗부분의 테이블에서 레코드가 많은 "사용현황" 테이블의 '*'를 더블 클릭하여 전체 필드를 쿼리 창에 추가하고 "기본요금표" 테이블에서는 "기본요금" 필드만 더블 클릭하여 쿼리에 추가한다.

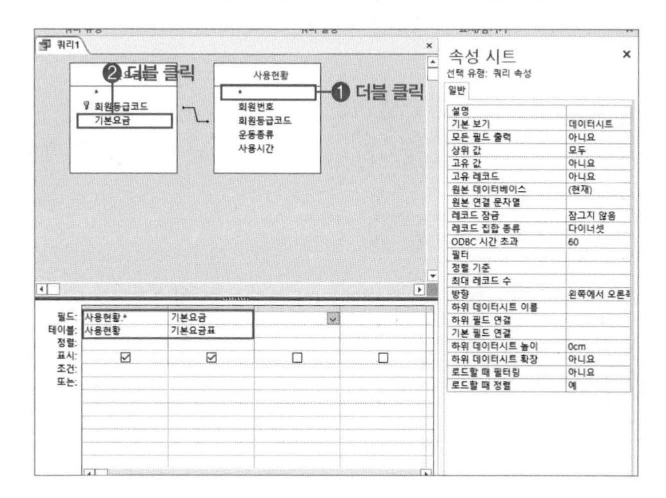

⑤ 사용요금, 보너스점수, 비고 필드와 같은 계산 필드는 필드란에 식을 직접 입력하여 추가한다.

필드 이름	식
사용요금	사용요금 : [사용시간]*[기본요금]
보너스점수	보너스점수 : [사용요금]*0.07
비고	비고 : IIf([보너스점수]>=10000,"특별",IIf([보너스점수]>=5000,"우수","보통"))

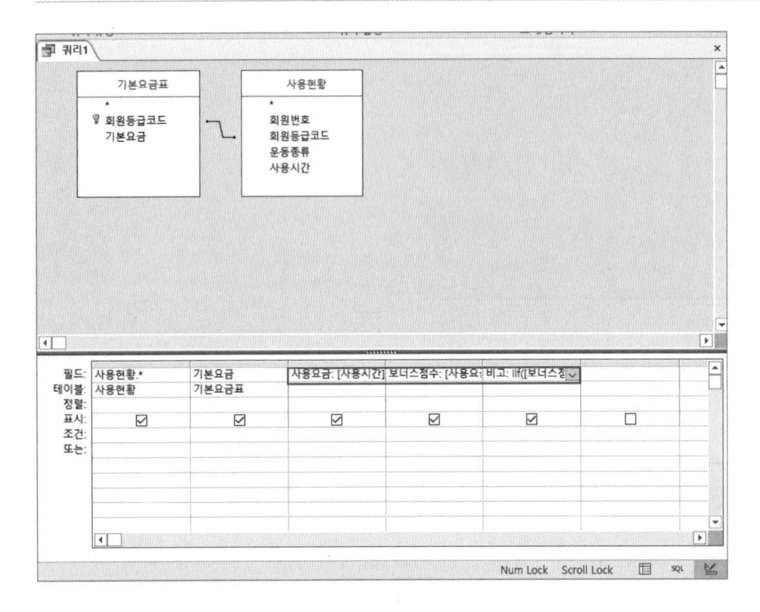

⑥ 쿼리 디자인 창 우측 모서리의 [닫기](×)를 클릭하여 쿼리를 저장한다. 쿼리 이름은 기본값으로 주어진 '쿼리1'로 한다.

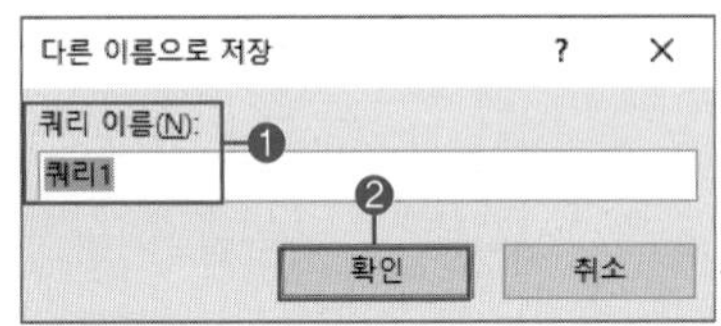

⑦ 개체 탐색 창에서 새로 만들어진 쿼리(쿼리1)를 더블 클릭하여 정상적으로 계산되었는지 확인하고 창을 닫는다.

회원번호	회원등급코드	운동종류	사용시간	기본요금	사용요금	보너스점수	비고
M8	AA	테니스	59	₩1,500	₩88,500	6195	우수
M1	AA	수영	89	₩1,500	₩133,500	9345	우수
M6	BB	스쿼시	79	₩2,500	₩197,500	13825	특별
M2	CC	헬스	55	₩3,500	₩192,500	13475	특별
M3	DD	테니스	70	₩4,500	₩315,000	22050	특별
M5	AA	스쿼시	80	₩1,500	₩120,000	8400	우수
M4	BB	수영	39	₩2,500	₩97,500	6825	우수
M7	CC	헬스	62	₩3,500	₩217,000	15190	특별
M11	DD	스쿼시	57	₩4,500	₩256,500	17955	특별
M9	AA	테니스	71	₩1,500	₩106,500	7455	우수
M10	BB	스쿼시	67	₩2,500	₩167,500	11725	특별
M12	CC	테니스	75	₩3,500	₩262,500	18375	특별
M13	BB	헬스	52	₩2,500	₩130,000	9100	우수
M14	CC	수영	65	₩3,500	₩227,500	15925	특별
M15	DD	스쿼시	58	₩4,500	₩261,000	18270	특별
M16	AA	헬스	43	₩1,500	₩64,500	4515	보통
M20	CC	수영	56	₩3,500	₩196,000	13720	특별
M18	BB	스쿼시	88	₩2,500	₩220,000	15400	특별
M17	DD	헬스	100	₩4,500	₩450,000	31500	특별
M19	CC	수영	23	₩3,500	₩80,500	5635	우수

05 폼용 조건 검색 쿼리 만들기

① 목록 상자에 포함된 필드만 별도로 쿼리를 만들고 제시된 검색조건을 입력하도록 한다.

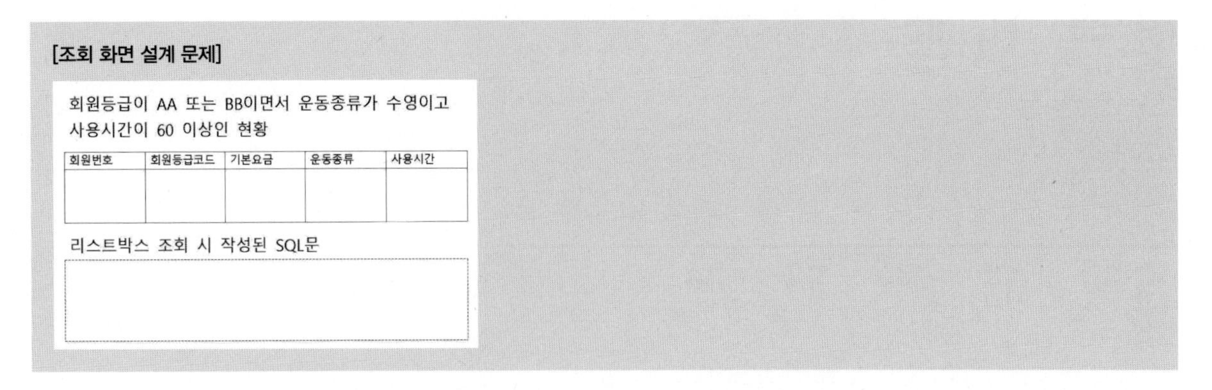

[조회 화면 설계 문제]

회원등급이 AA 또는 BB이면서 운동종류가 수영이고
사용시간이 60 이상인 현황

회원번호	회원등급코드	기본요금	운동종류	사용시간

리스트박스 조회 시 작성된 SQL문

기적의 Tip

폼용 조건 검색 쿼리를 만드는 데 왜 보고서용 쿼리를 사용할까요?

그건 바로 보고서용 쿼리에 우리가 작업할 모든 필드가 계산되어 있기 때문입니다. 그래서 보고서용 쿼리보다는 전체 쿼리가 더 정확한 용어입니다.

② [만들기] 탭–[쿼리 디자인]을 클릭하여 쿼리 디자인을 실행하고, [테이블 표시] 창에서 "기본요금표", "사용현황" 테이블을 각각 더블 클릭하여 쿼리 디자인 창에 추가한다.

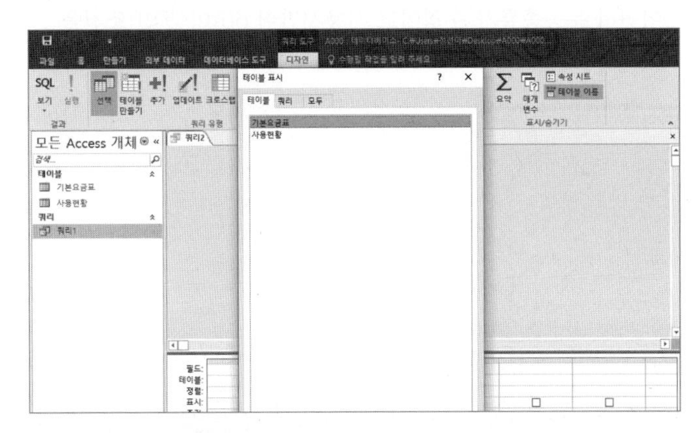

③ 그림과 같이 목록 상자에 표시될 필드를 추가한다.

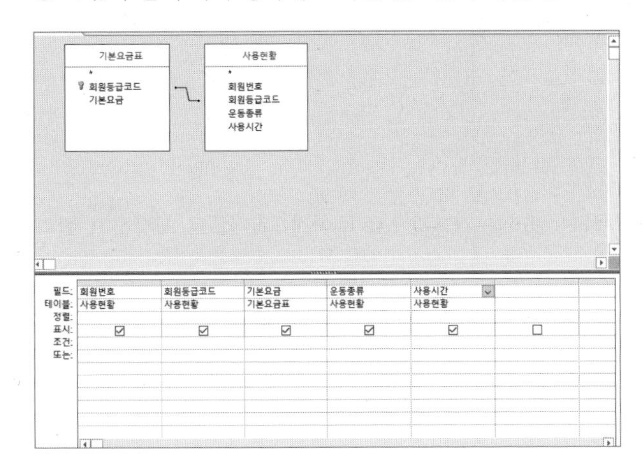

④ 회원등급코드필드의 정렬 행에서 “오름차순”을 선택한다.

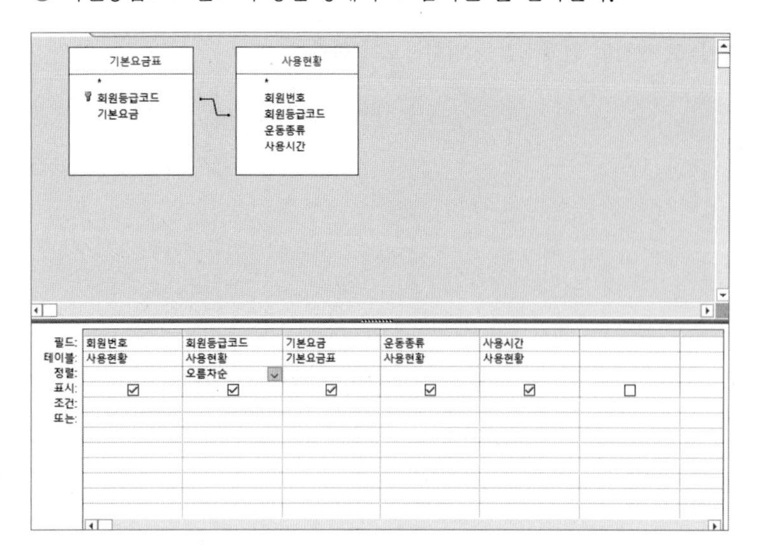

기적의 Tip

정렬을 설정하지 않으면 후반 작업의 SQL식 작성 시에 Order By 문이 표시되지 않습니다. 이 부분를 누락하면 0점 처리되니 꼭 체크하도록 합니다. “이걸로 실격시켜?”라고 생각할 수 있지만, 모든 문제를 공개하고 시험을 진행하는 이상 제시된 조건을 하나라도 누락시키면 안 됩니다.

⑤ 문제에 제시된 조건 “회원등급코드가 AA 또는 BB이면서 운동종류가 수영이고 사용시간이 60 이상”인 조건을 그림과 같이 입력한다.

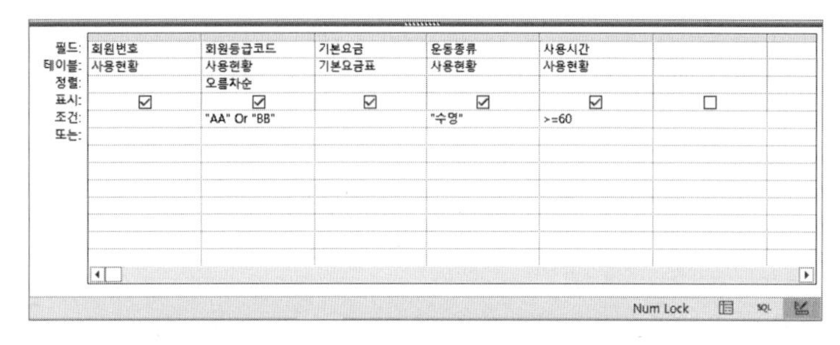

기적의 Tip

문제에 제시된 조건은 아래와 같이 입력해도 됩니다.

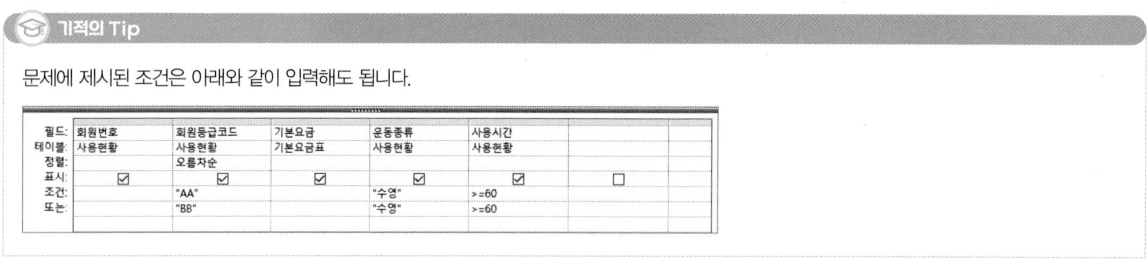

⑥ 쿼리 디자인 창 우측 모서리의 [‘쿼리2’ 닫기](×)를 클릭하여 쿼리를 기본값으로 주어진 “쿼리2”로 저장하고 쿼리 디자인을 종료한다.

06 폼 만들기

1. 제목 입력하기

① [만들기] 탭–[폼] 그룹–[폼 디자인]을 선택한다.

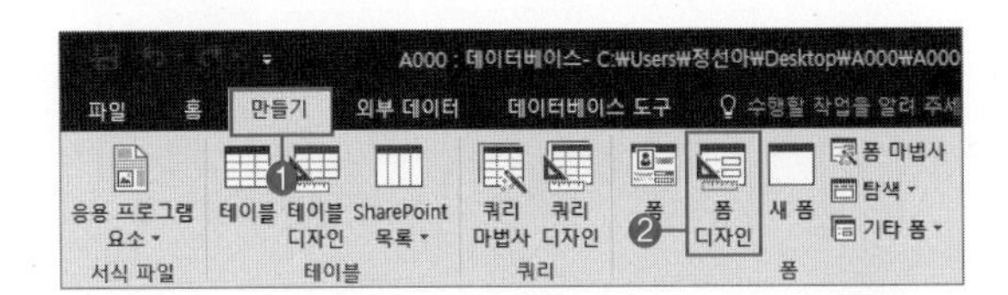

② 폼의 오른쪽 하단에서 마우스 포인터를 위치시킨 후 적당한 크기로 드래그하여 폼의 크기를 조절한다. 이때 폼의 오른쪽 경계선이 '16'을 넘어가지 않도록 주의한다.

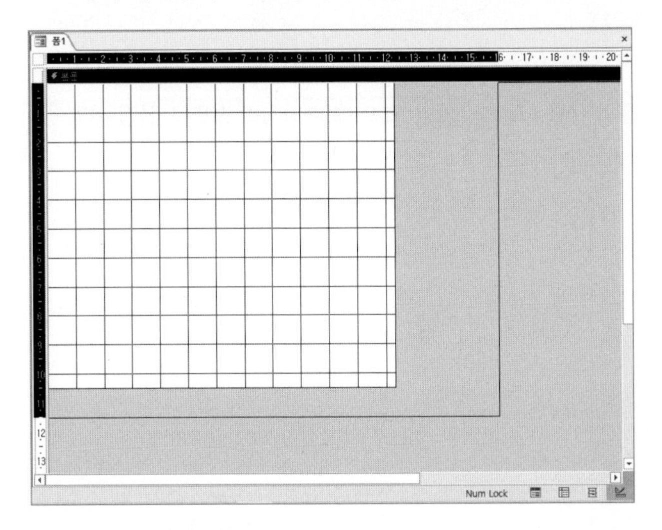

기적의 Tip

왜 '16'을 넘기면 안 될까요?

A4용지 폭은 '21'이고, 좌우 여백은 '2.5+2.5=5'를 빼면 '21–5=16'이기 때문입니다. 여백 때문에 폼이 잘리는 것을 방지하기 위해서입니다.

세로 높이는 어느 정도로 하면 될까요?

목록 상자에 표시될 데이터 양에 따라 적당히 하시면 됩니다. 표준은 15cm 정도이고 줄이거나 늘려도 됩니다.

③ [디자인] 탭의 [컨트롤] 그룹에서 [레이블](가)을 선택한 후 폼에서 드래그하여 레이블을 추가한다.

④ 추가한 레이블에 제목「회원등급코드가 AA 또는 BB이면서 운동종류가 수영이고 사용시간이 60 이상인 현황」을 입력하고 Enter를 누른다.

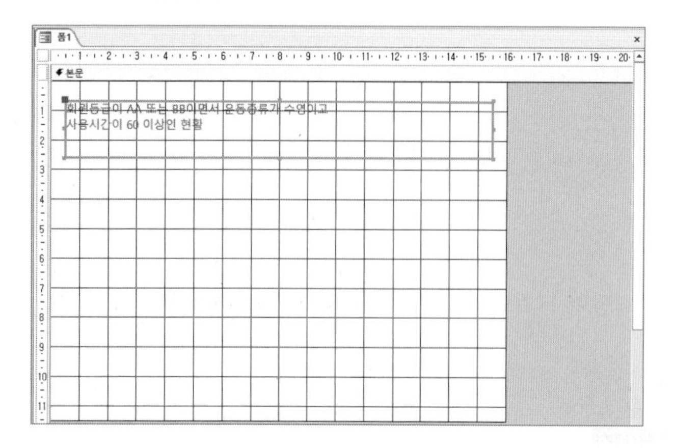

⑤ 레이블 테두리가 선택된 상태에서 [홈] 탭–[글꼴] 그룹의 글꼴 크기를 [기타 조건]에 따라 '16' 정도로 설정한다.

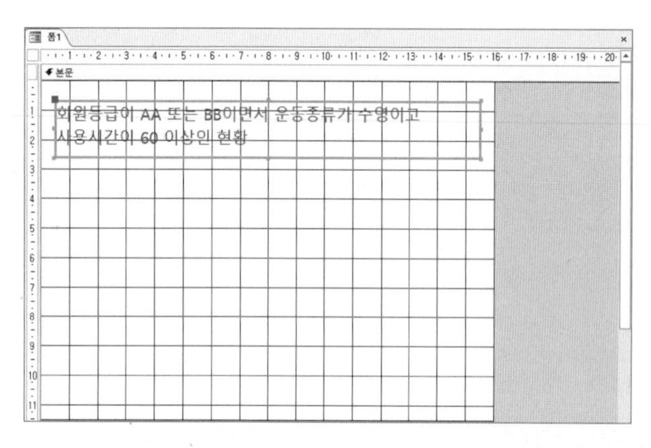

기적의 Tip

레이블에서 줄을 바꿀 때는 Shift+Enter를 입력합니다.

2. 목록 상자 추가하기

① [디자인] 탭의 [컨트롤] 그룹에서 [목록 상자]를 선택한 후 폼에서 드래그한다.

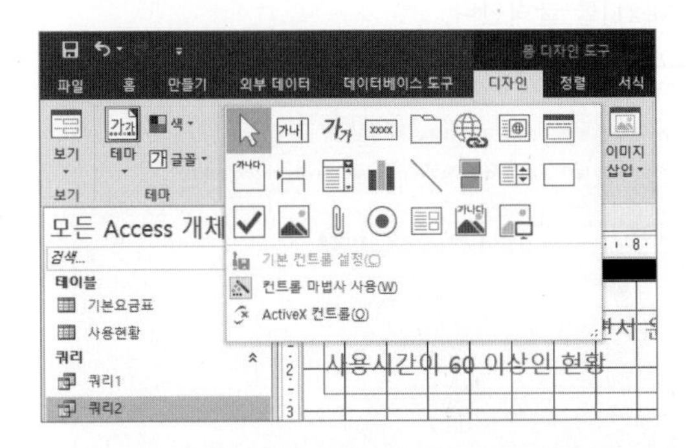

기적의 Tip

처음 폼을 만들 때 [Microsoft Access 보안 알림] 창이 나타날 수 있습니다. 창이 나타나면 [열기]를 클릭하여 진행합니다.

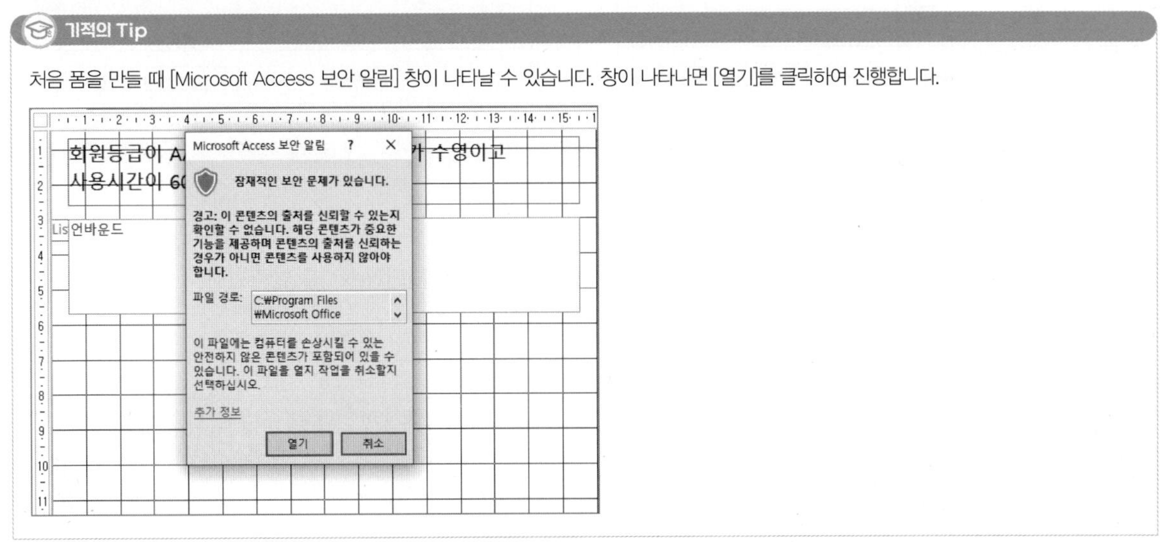

- '목록 상자에서 테이블이나 쿼리에 있는 값을 가져옵니다.'를 선택하고, [Next]를 클릭한다.
- [View]에서 '쿼리'를 선택하고, 목록 창에서 '쿼리 : 쿼리2'를 선택하고 [Next]를 클릭한다.

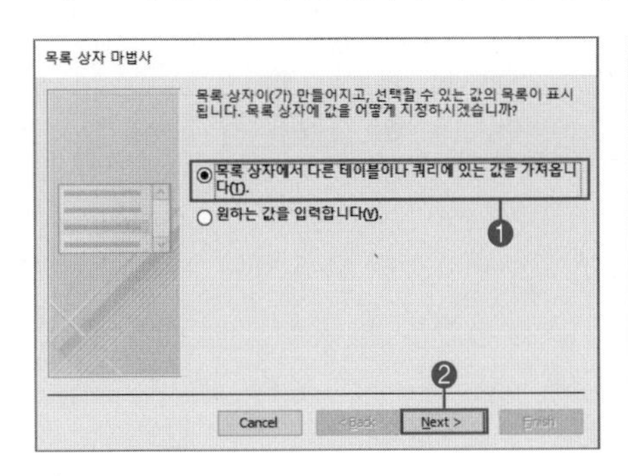

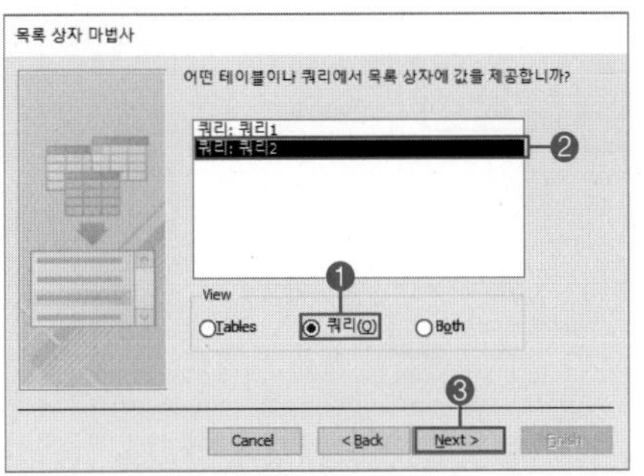

• 사용 가능한 필드 목록에서 폼에 표시할 필드 순서대로 더블클릭하여 선택한 필드로 이동시킨 후 [Next]를 클릭한다.
• 정렬 순서는 회원등급코드를 기준으로 오름차순으로 설정한 뒤 [Next]를 클릭한다.

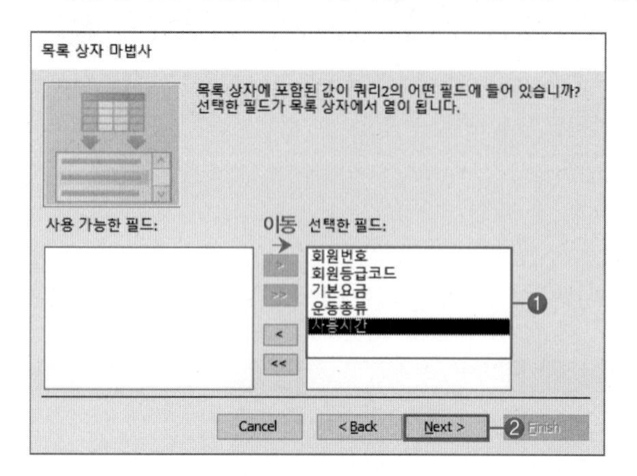

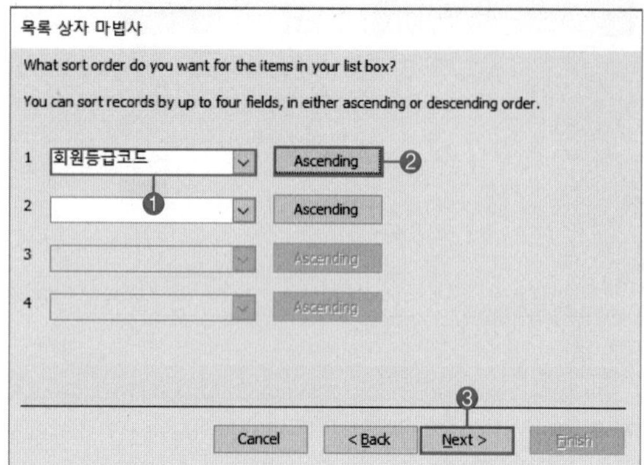

기적의 Tip

앞선 쿼리 디자인 작업에서 이미 정렬을 적용했기 때문에 정렬 단계는 생략해도 됩니다.

• 목록 상자에 포함될 필드의 폭을 폼에 작성된 목록 상자 폭 정도로 수정하고 [Next]를 클릭한다.
• 사용 가능한 필드에서 "회원등급코드"를 선택하고 [Next]를 클릭한다.

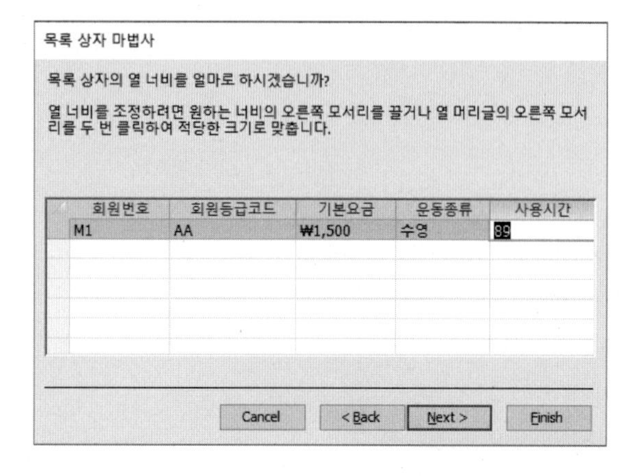

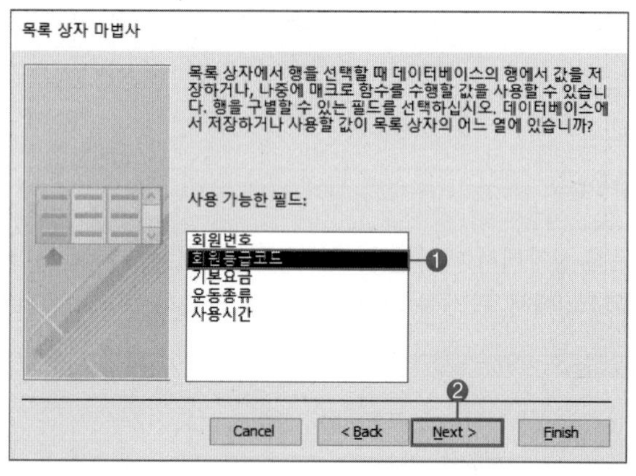

• 목록 상자 레이블 이름을 확인하고 [Finish]를 클릭하여 마법사를 종료한다.

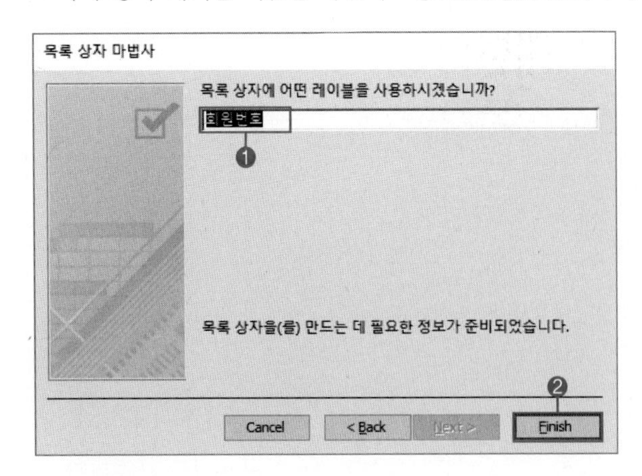

② 폼에 추가된 목록 상자에서 목록 상자 레이블 '회원번호'를 선택한 후 [Delete]를 눌러 삭제한다.

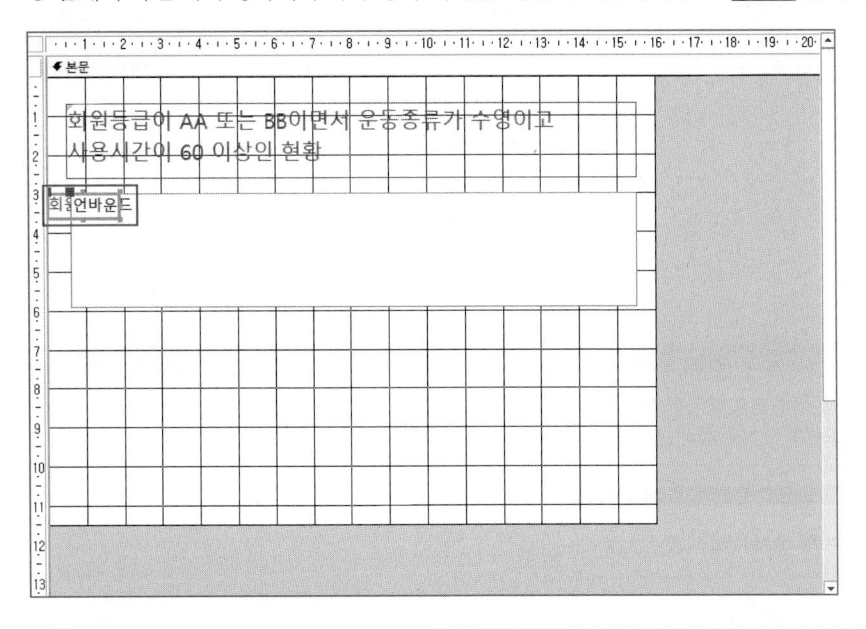

해결 Tip

목록 상자 마법사가 실행이 안 될 때는 [디자인] 탭-[컨트롤] 그룹-[컨트롤 마법사 사용]()을 클릭하여 활성화한 뒤 목록 상자를 작성해야 합니다.

③ 목록 상자의 열 이름을 표시하기 위해 목록 상자 테두리를 더블 클릭하여 [속성 시트]를 활성화하고 '열 이름'을 '예'로 변경한다.

기적의 Tip

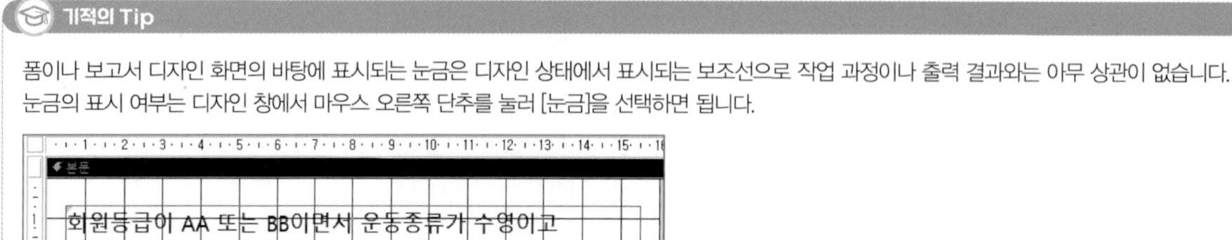

폼이나 보고서 디자인 화면의 바탕에 표시되는 눈금은 디자인 상태에서 표시되는 보조선으로 작업 과정이나 출력 결과와는 아무 상관이 없습니다. 눈금의 표시 여부는 디자인 창에서 마우스 오른쪽 단추를 눌러 [눈금]을 선택하면 됩니다.

07 SQL문 복사하기

① 폼에 레이블을 추가하고 「리스트 박스 조회 시 작성된 SQL문」을 입력하고, 글꼴 크기를 16으로 지정한다.

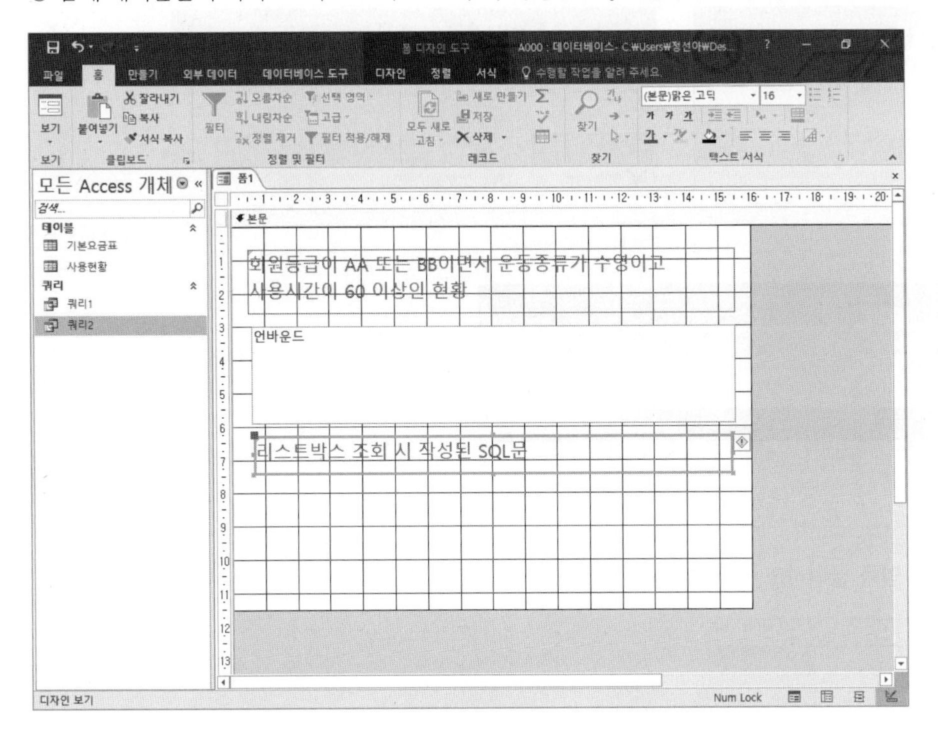

② [레이블]을 폼 아래쪽에 드래그하여 삽입한다.

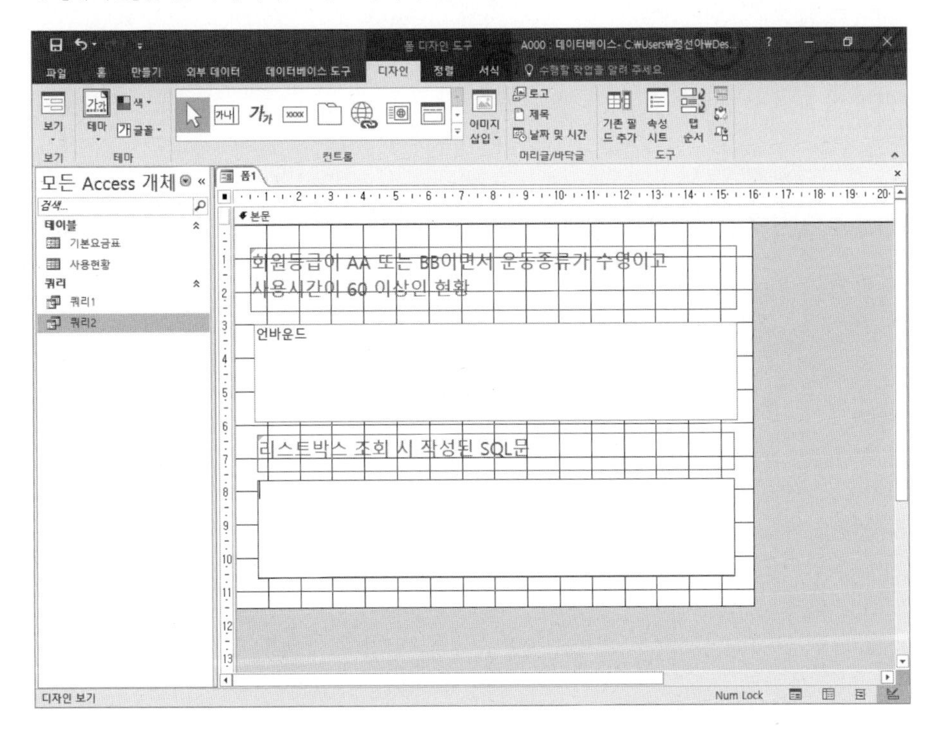

③ 목록 상자에 사용된 조건 검색 쿼리 [쿼리2]를 기체 탐색 창에서 더블 클릭하여 실행하고 [홈] 탭-[보기]그룹-[SQL 보기]를 선택하여 SQL 식을 활성화한 뒤 Ctrl+C로 내용을 복사하고 SQL 식 창을 닫는다.

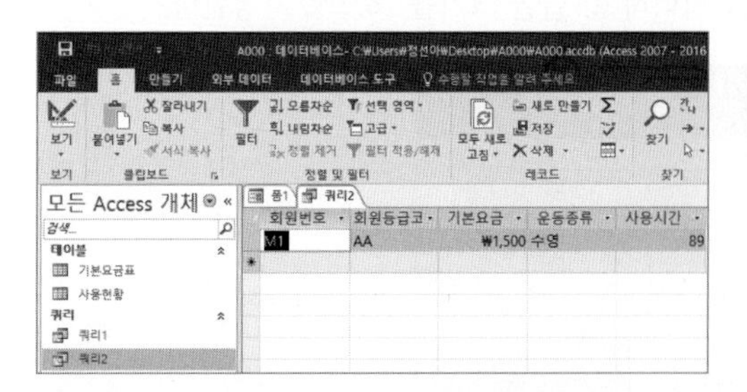

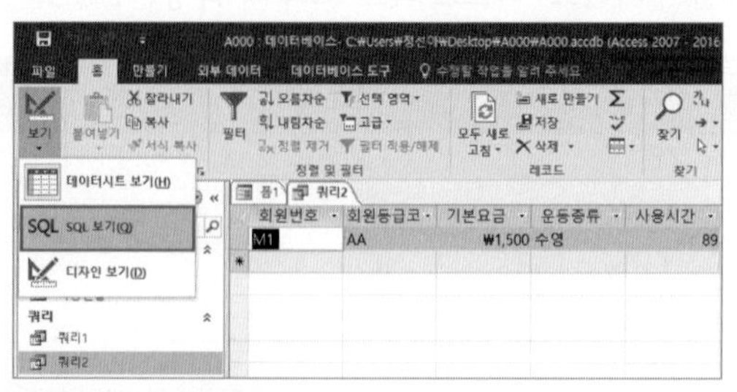

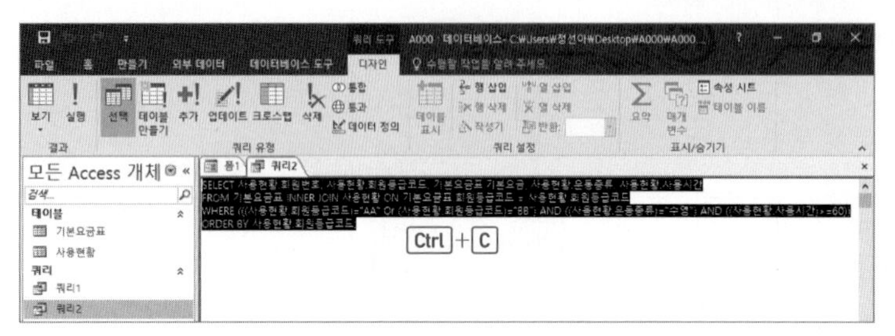

④ 폼의 하단에 만든 레이블 안을 클릭하고, Ctrl+V를 눌러 SQL 식을 붙여 넣는다.

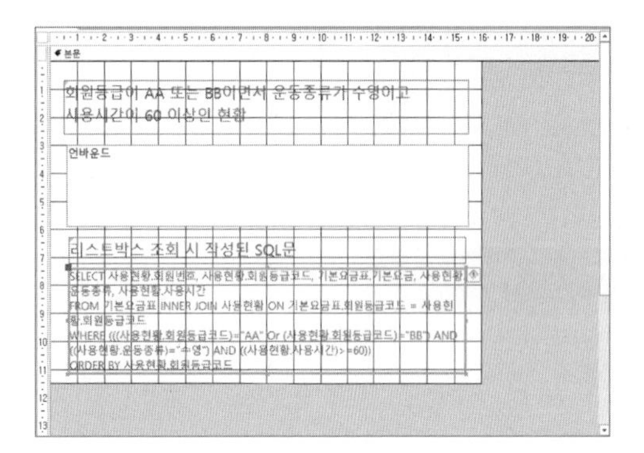

⑤ 레이블 테두리를 더블 클릭하여 [속성 시트]의 [형식] 탭에서 [테두리 스타일]-파선, [테두리 두께]-1pt로 지정한다.

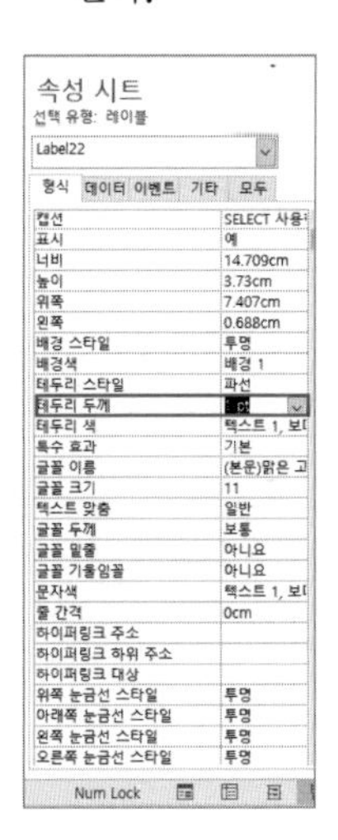

⑥ 폼에서 목록 상자를 선택하고 [속성 시트]의 [모두] 탭에서 [특수 효과]–그림자를 적용한다.

⑦ 폼에서 Ctrl+A를 이용하여 폼의 모든 컨트롤을 선택하고, [홈] 탭에서 글꼴 색을 [자동]으로 변경한다.

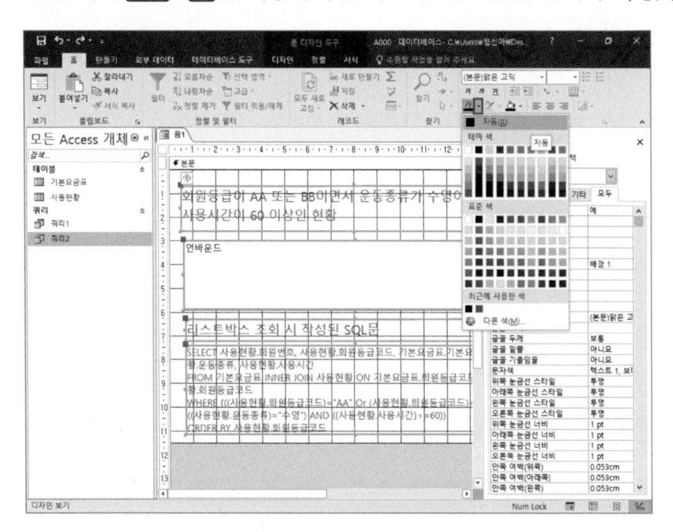

⑧ [정렬] 탭– [크기 및 순서 조정] 그룹–[맞춤]을 클릭하여 왼쪽 맞춤을 지정한다.

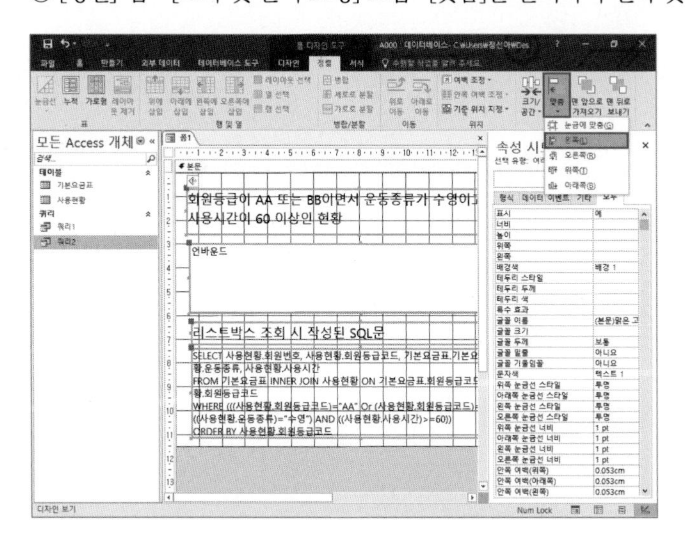

⑨ 폼 디자인 창 우측 상단의 ['테이블1' 닫기(×)]를 클릭하여 폼 디자인을 종료하면서 표시되는 저장 여부 대화상자에서 [예]를 클릭하여, 폼을 저장한다.

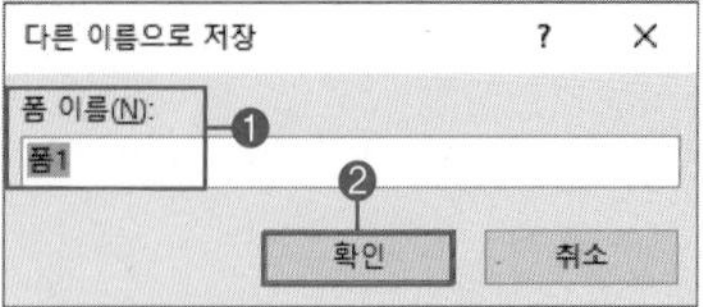

⑩ 개체 탐색 창에서 새로 만들어진 폼을 더블 클릭하여 정상적으로 열리는지와 데이터 값을 확인한다.

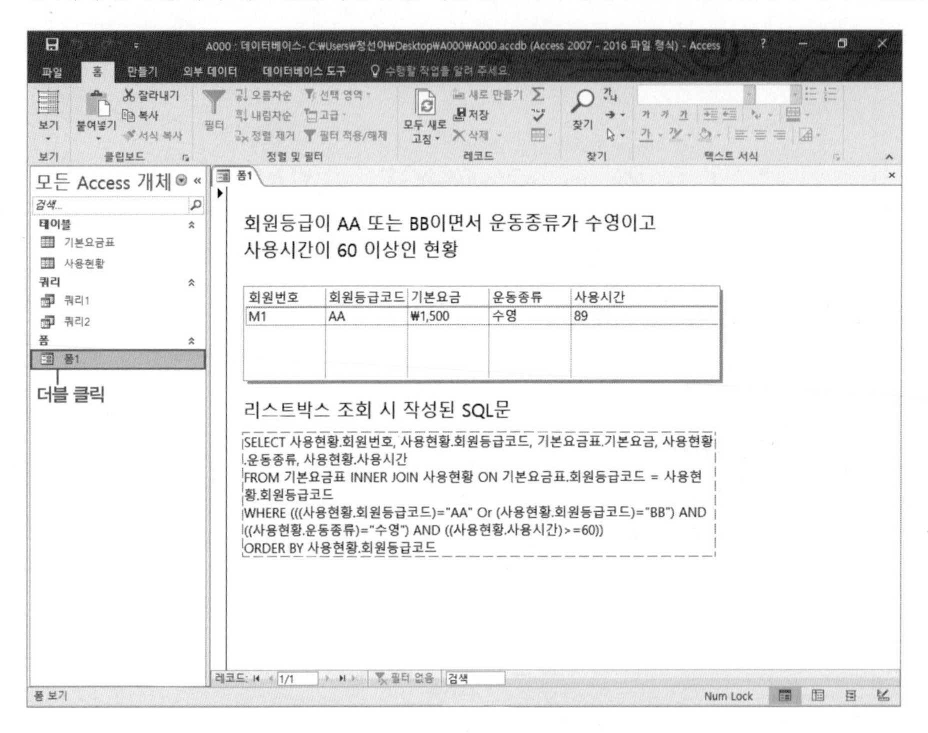

기적의 Tip

SQL 식은 테이블 이름이나 작성 방법에 따라 약간씩 차이가 있을 수 있어 실기 채점 시 WHERE 절을 보고 조건을 잘 작성했는지를 확인하므로 쿼리 이름이나 필드 이름의 순서 등은 상이해도 괜찮습니다.

08 폼 페이지 설정하기

① 폼을 실행한 상태에서 빠른 실행 도구에서 [인쇄 미리 보기]를 클릭하여 인쇄 미리 보기 상태로 전환한다. 인쇄 미리 보기 창에서 [페이지 설정]을 클릭하여 [페이지 설정] 대화상자를 실행한다.

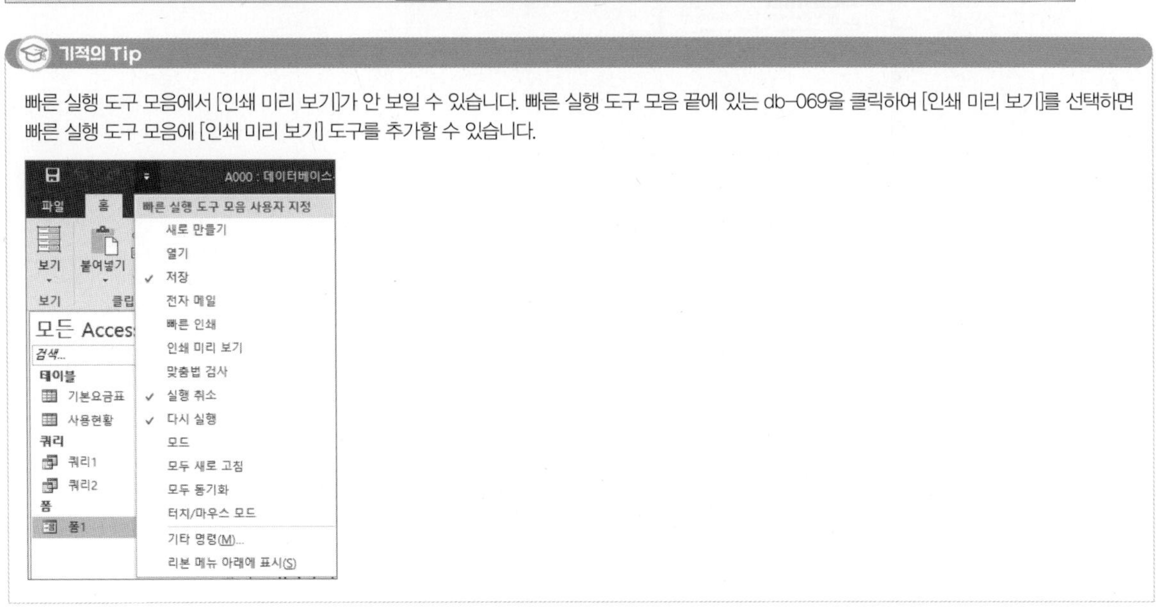

기적의 Tip

빠른 실행 도구 모음에서 [인쇄 미리 보기]가 안 보일 수 있습니다. 빠른 실행 도구 모음 끝에 있는 db-069을 클릭하여 [인쇄 미리 보기]를 선택하면 빠른 실행 도구 모음에 [인쇄 미리 보기] 도구를 추가할 수 있습니다.

② 페이지 설정 대화상자에서 여백을 아래와 같이 설정한다.

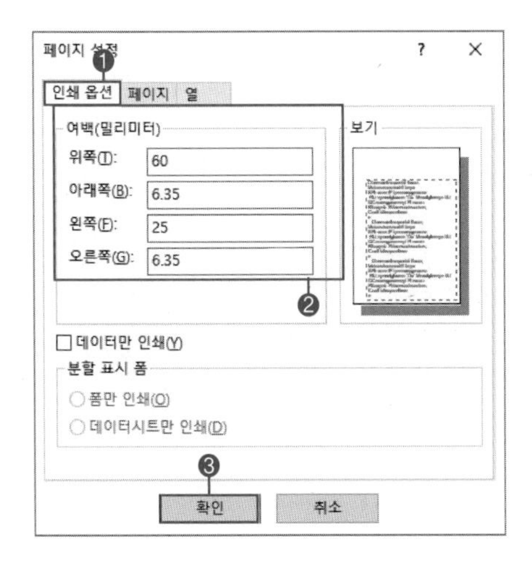

위쪽	60
왼쪽	20~25
아래, 오른쪽	기본값

③ 여백이 잘 적용되었는지 확인하고 [인쇄 미리 보기 닫기]를 클릭하여 설정을 마무리한다.

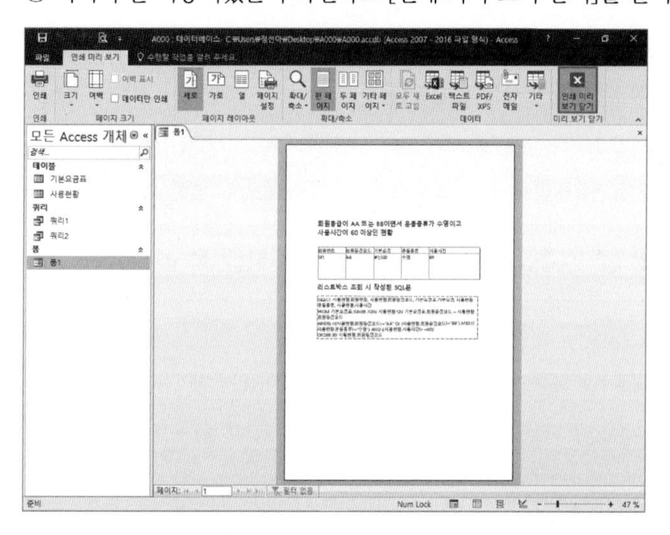

09 보고서 만들기

1. 새 보고서 작성

① [만들기] 탭–[보고서] 그룹–[보고서 마법사]를 차례로 선택한다.

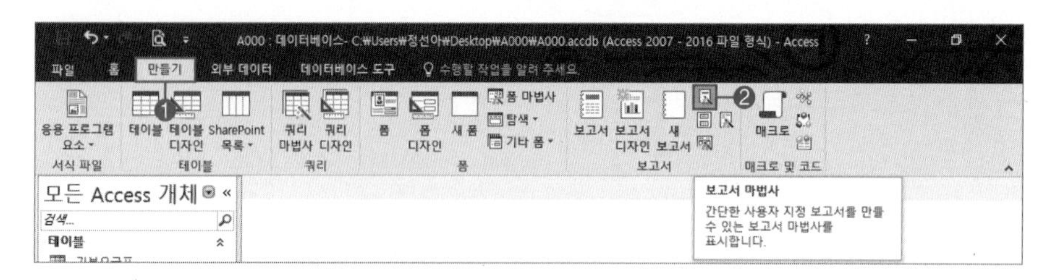

② '테이블/쿼리'에서 '쿼리: 쿼리1'을 선택하고, 사용 가능한 필드에서 보고서에 나타날 필드 순서대로 더블 클릭하여 선택한 필드로 이동시킨다. 필드 선택이 끝나면 [Next]를 클릭한다.

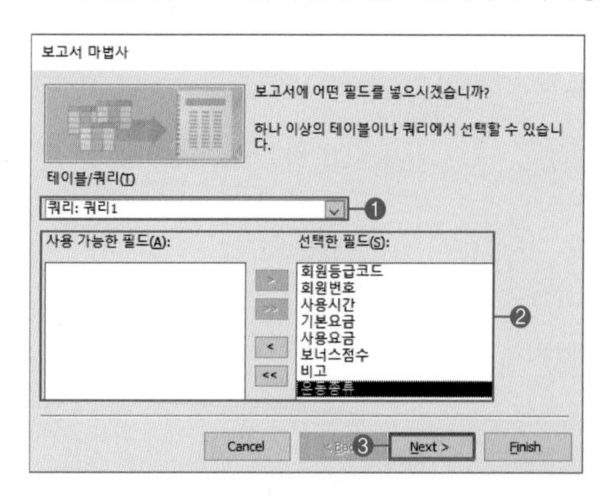

기적의 Tip

보고서에 운동종류 필드는 표시되지 않지만, 운동종류 필드를 기준으로 그룹을 지정해야 하므로, 운동종류 필드도 선택한 필드로 이동시켜야 합니다.

③ '그룹 수준을 지정하시겠습니까?'에서 '운동종류' 필드를 더블 클릭하고 [Next]를 클릭한다.

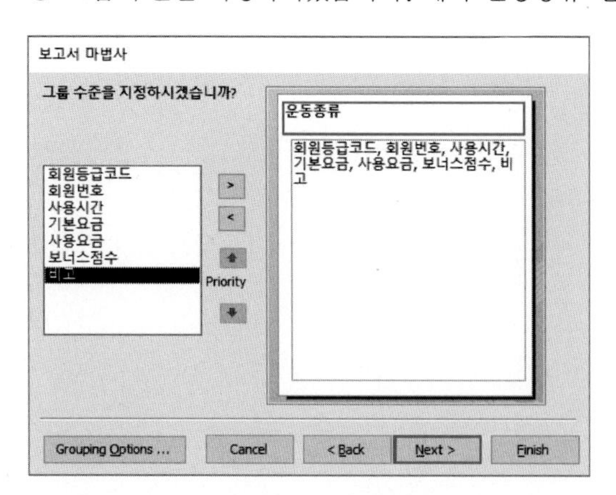

④ 정렬 순서로 '회원등급코드'를 선택하고, [요약 옵션(Summary Options)]을 클릭한다.

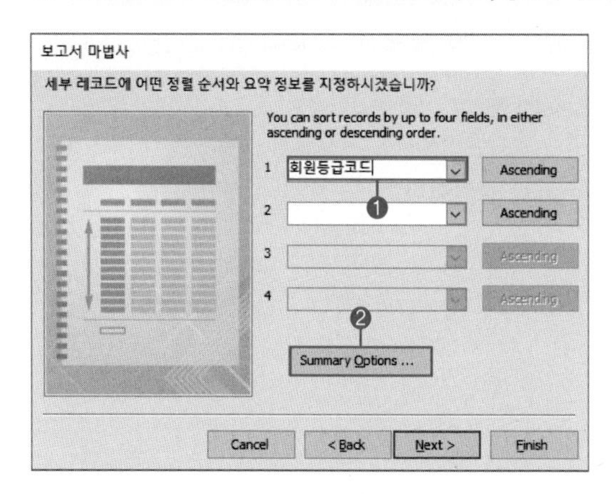

해결 Tip

요약 옵션(Summary Options) 버튼이 나타나지 않는 경우

테이블이나 쿼리에 숫자 데이터 형식의 필드가 없거나, 보고서 마법사에서 그룹 수준이 잘못 지정된 경우에는 요약 옵션 버튼이 나타나지 않습니다. [뒤로] 단추를 클릭하여 그룹 수준을 다시 지정하거나, 테이블(쿼리)을 디자인 보기로 열어서 숫자 데이터 형식을 지정해야 합니다.

⑤ 사용시간, 사용요금, 보너스점수의 합계(Sum)와 평균(Avg)을 선택하고, [OK]를 클릭한 후, [Next]를 클릭한다.

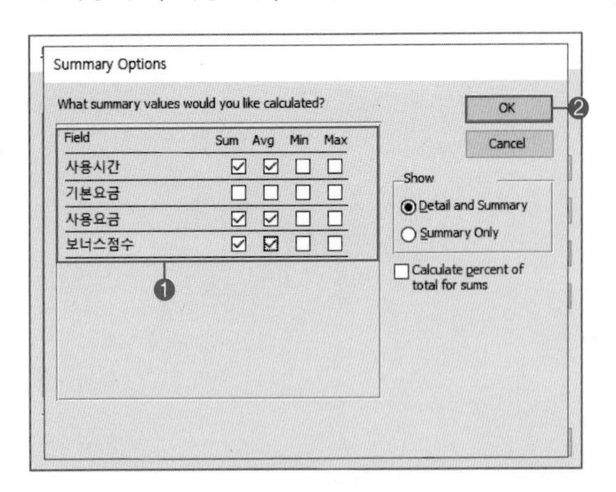

기적의 Tip

- 숫자 데이터 형식 필드의 합계나 평균 등을 구할 경우 [Summary Options]을 이용하면 텍스트 상자를 별도로 추가해서 작업하지 않아도 되므로 편리합니다.
- 인원 수나 개수는 요약 옵션에서 추가할 수 없으므로 나중에 따로 텍스트 상자를 추가해야 합니다.

⑥ 보고서의 레이아웃을 지정하는 화면에서는 기본값으로 두고, [Next]를 클릭한다.

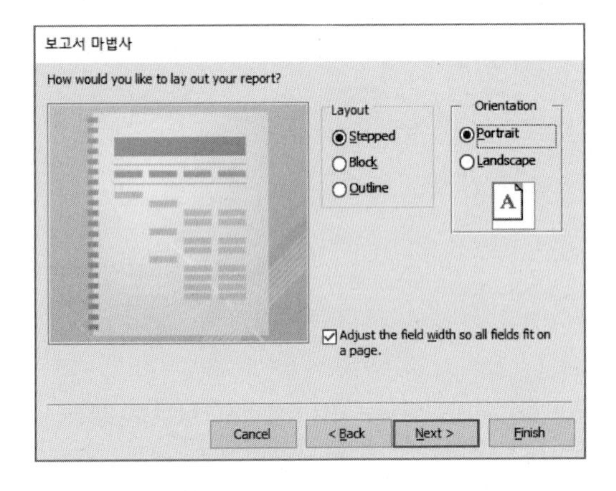

해결 Tip

오피스 2007 사용자

2007 버전에서는 보고서 스타일 옵션에서 Access 2003을 선택합니다.

⑦ 보고서 제목으로 '쿼리1'이 입력된 것을 확인하고, '보고서 디자인 수정'을 선택한 후 [Finish]를 클릭한다.

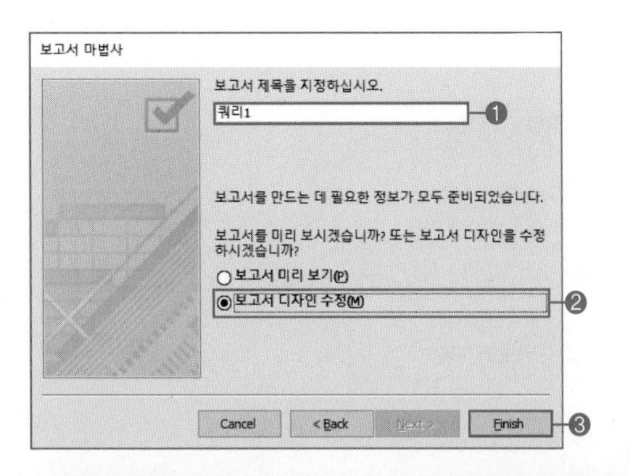

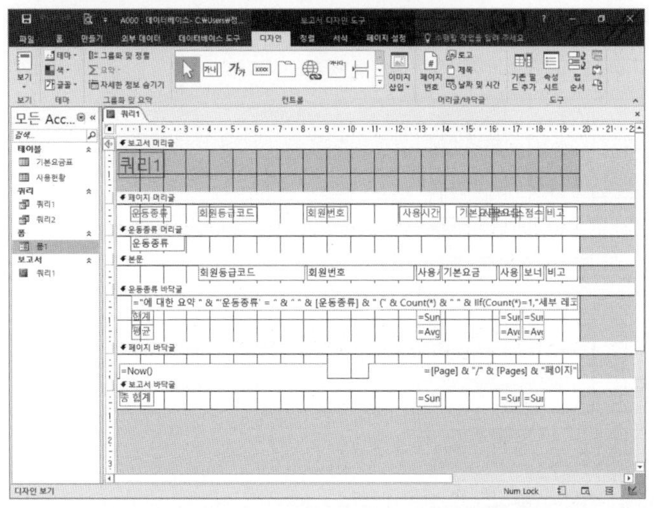

기적의 Tip

보고서 이름으로 문제에서 주어진 보고서 제목을 사용하면 제목 작업을 다시 할 필요가 없어 편리합니다. 시험장에서는 보고서 이름은 따로 정해주지 않기 때문에 수험생이 임의로 지정하면 됩니다.

⑧ 보고서 머리글 영역을 더블 클릭하여 [속성 시트]를 열고, [모두] 탭에서 [배경색]을 자동으로 지정합니다.

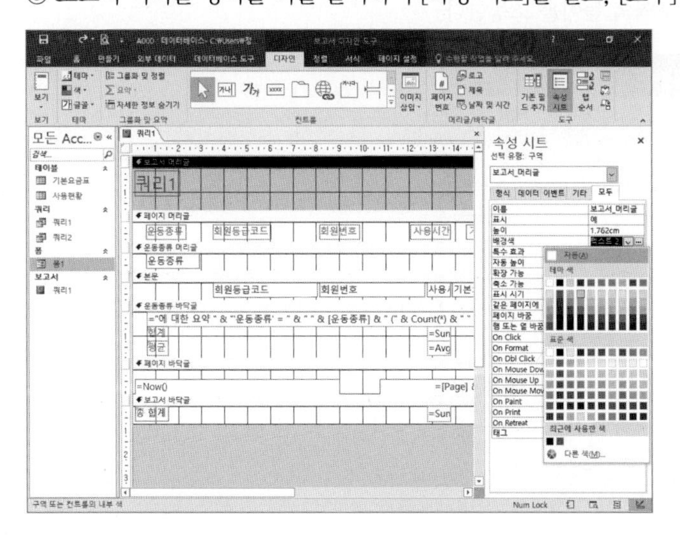

10 보고서 디자인 조정

① 컨트롤 추가 및 삭제

구역	작업
보고서 머리글	'쿼리1'이 입력된 레이블을 '스포츠센터 사용 현황'으로 수정
페이지 머리글	'운동종류' 레이블 삭제
운동종류 머리글	'운동종류' 텍스트 상자를 [운동종류 바닥글] 구역으로 이동
운동종류 바닥글	• [='에 대한 …]으로 표시되는 텍스트 상자 삭제 • 평균을 표시하는 레이블과 텍스트 상자를 [보고서 바닥글] 구역으로 이동
페이지 바닥글	레이블 모두 삭제
보고서 바닥글	총합계를 표시하는 레이블과 텍스트 상자 모두 삭제

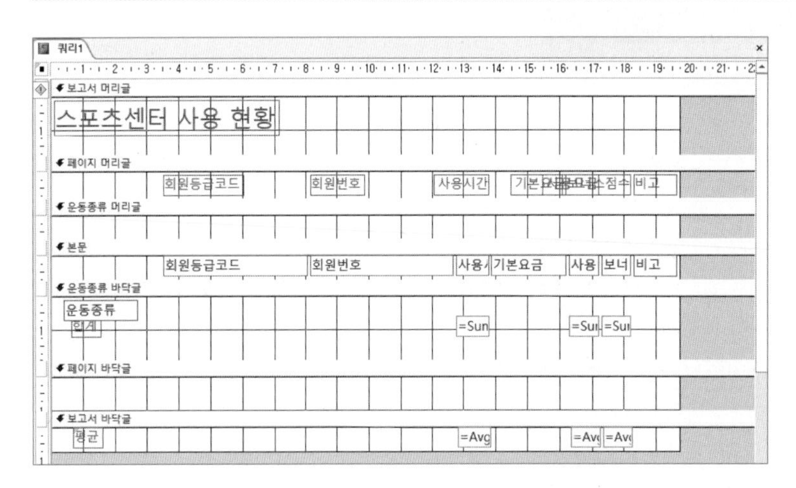

기적의 Tip

각 구역 간에 컨트롤을 이동할 때는 컨트롤을 선택한 후 [잘라내기]-[붙여넣기]를 하면 됩니다.

② 구역 높이 조정

구역 선택기 윗부분에 마우스 포인터를 이동시켜서 마우스 포인터가 바뀌면 드래그하여 [운동종류 머리글], [운동종류 바닥글], [페이지 바닥글], [보고서 바닥글] 구역의 높이를 조정한다.

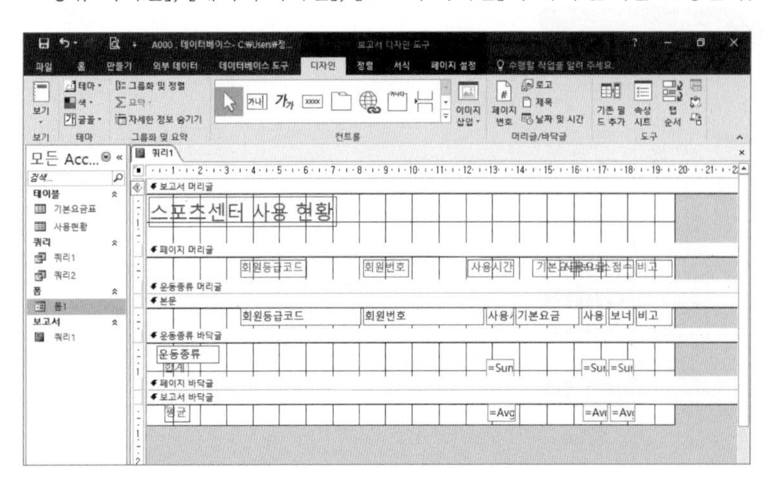

③ 컨트롤의 크기 조정

- 보고서 머리글 구역을 제외한 다른 구역의 컨트롤 전체를 선택한다.
- [정렬] 탭-[크기 및 순서 조정] 그룹에서 [가장 좁은 너비에]를 선택하여, 선택한 컨트롤의 크기를 일정한 크기로 맞춘다.
- 폭이 좁은 컨트롤들은 오른쪽 경계선을 드래그하여 크기를 적당하게 키운다.

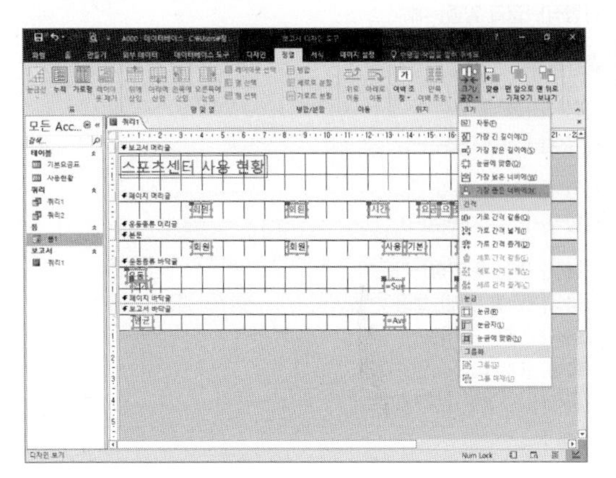

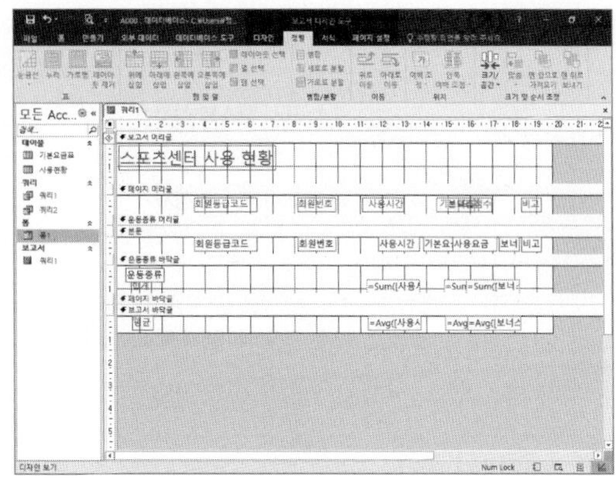

④ 컨트롤의 위치 조정

- 컨트롤들을 각각 드래그하여 적당한 위치로 조절한다. 이때 컨트롤이 눈금자의 '16'을 넘지 않도록 주의한다.
- [정렬] 탭-[크기 및 순서 조정] 그룹-[맞춤] 속성과, [크기/공간] 속성을 적절히 이용하여 컨트롤들의 크기와 위치, 높낮이 간격들을 조절한다.

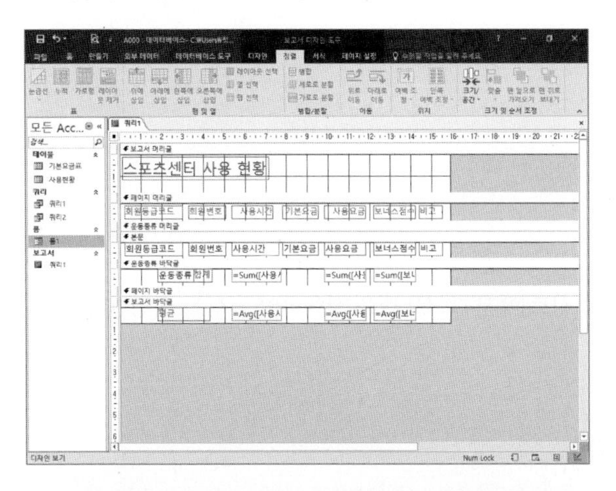

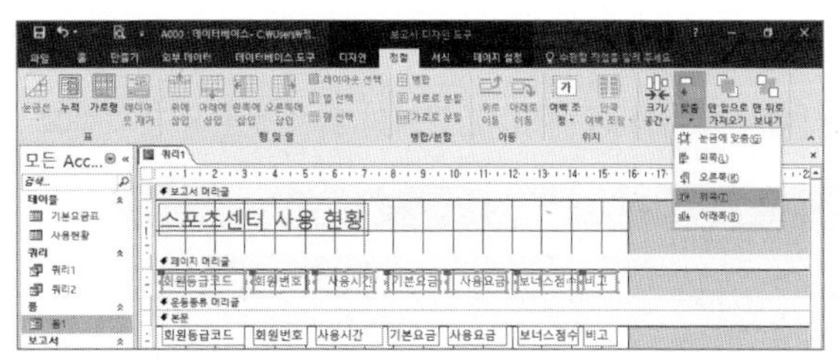

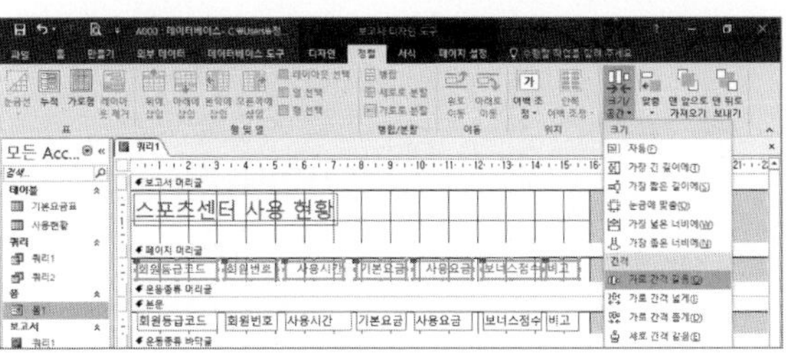

⑤ 속성의 조정

구역	해당 컨트롤	속성 설정값
보고서 머리글	보고서 제목 레이블	• [형식]-[글꼴 크기]-16 • [형식]-[텍스트 맞춤]-가운데 • [형식]-[글꼴 두께]-굵게 • [형식]-[글꼴 밑줄]-예
보고서 바닥글	'평균' 레이블	'총평균'으로 수정
전체	수치 표시 텍스트 상자	• [형식]-[형식]-표준 • [형식]-[소수 자릿수]-0
	금액 표시 텍스트 상자	• [형식]-[형식]-통화 • [형식]-[소수 자릿수]-0
	제목을 제외한 모든 레이블과 텍스트 상자	• [형식]-[텍스트 맞춤]-가운데 • [형식]-[글꼴 두께]-보통 • [형식]-[글꼴 크기]-9 • [형식]-[테두리 스타일]-투명 • [형식]-[문자색]-검정텍스트

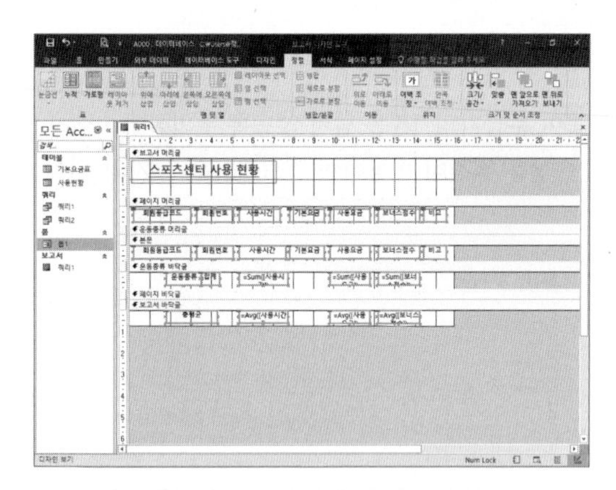

⑥ 선 그리기

• [페이지 머리글] 구역 내 임의의 위치에 선을 추가하고 [속성 시트]에서 [형식] 탭을 선택하여 속성을 설정한다.

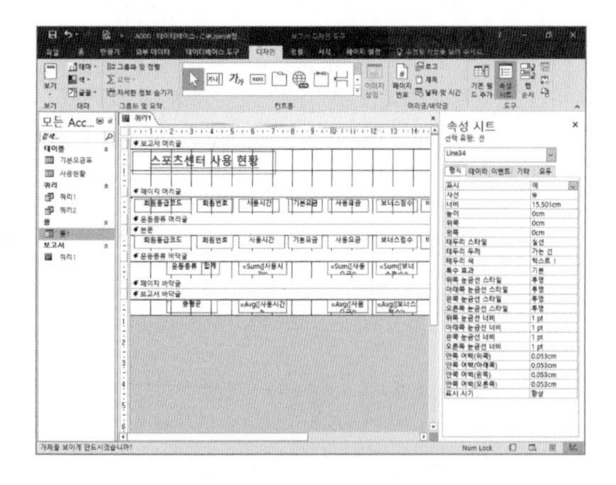

기적의 Tip

보고서에 선을 추가할 때 Shift를 누른 채 드래그하면 직선을 그릴 수 있습니다. 그러나 임의로 선을 추가한 후 [속성 시트]를 수정하는 것이 더 편하고 빨리할 수 있습니다.

• 선이 선택된 상태에서 [복사]-[붙여넣기]를 하고 위치를 조절한다.

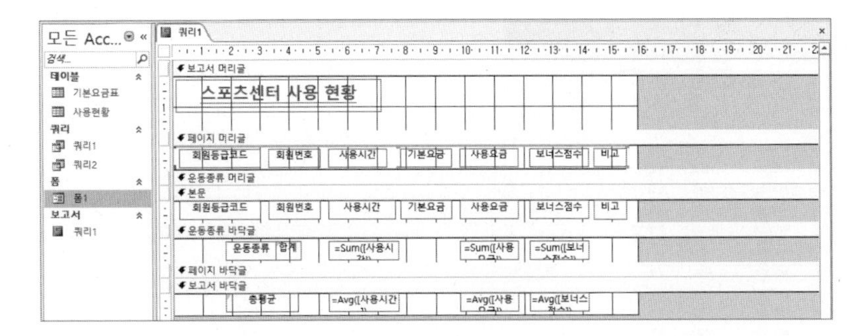

• [운동종류 바닥글] 구역에 2개의 선을 붙여넣기하고 위치를 조절한다.
• [보고서 바닥글] 구역에는 1개의 실선을 붙여넣기하고 위치를 조절한다.

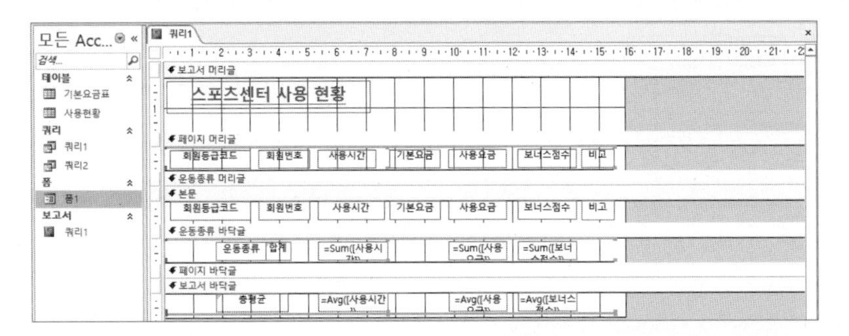

기적의 Tip

보고서 디자인 창 오른쪽 부분 경계 부분을 마우스로 드래그하면 보고서의 너비를 조절할 수 있습니다. 보고서의 너비가 줄어들어 사라지게 될 부분에 컨트롤이 있으면 보고서 너비가 줄어들지 않으니, 먼저 컨트롤의 위치나 크기를 조절해야 합니다.

⑦ 보고서 제목을 가운데로 위치시킨다.

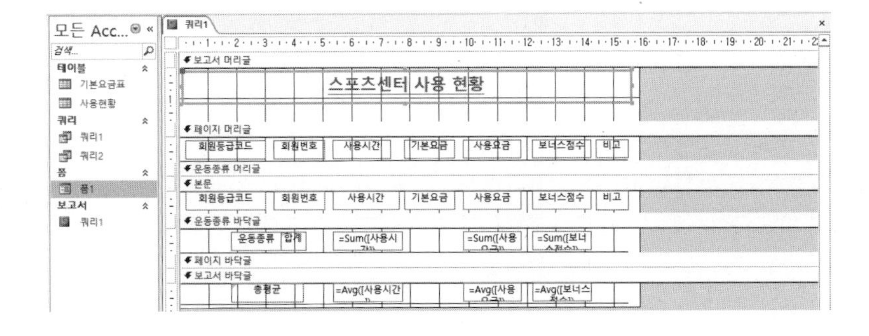

11 보고서 마무리하기

① 보고서의 너비가 '16'을 초과하면 A4용지 한 장에 인쇄가 안 될 수 있으므로 보고서의 너비를 '16' 이하로 조절한다.
② [인쇄 미리 보기]를 선택한다.
• 컨트롤의 표시영역이 글꼴 크기에 비해 작아서 글자가 잘리는지 확인하고, 글자가 잘리는 경우 해당 컨트롤의 크기를 다시 조정한다.
• 컨트롤의 위치나 간격이 적당한지 확인한다.

• 하단의 페이지 이동 단추를 클릭하여 두 번째 페이지가 있는지 반드시 확인한다.

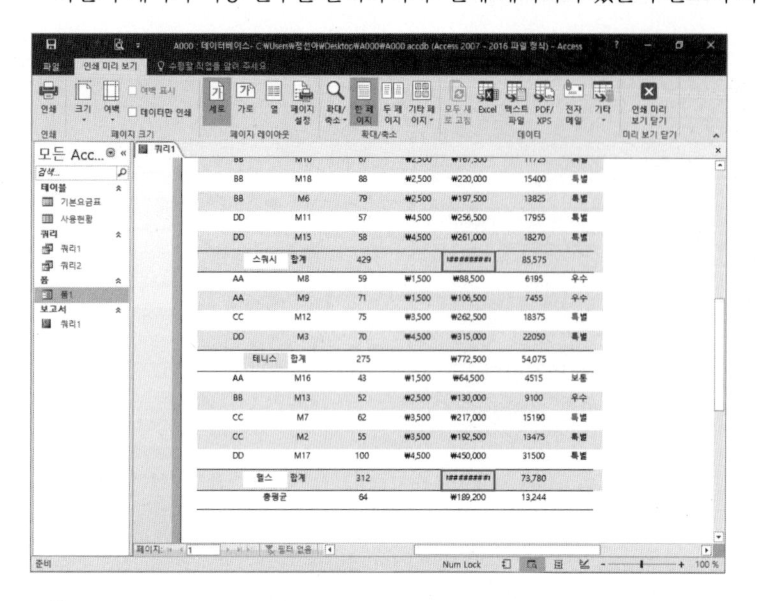

기적의 Tip

'###'이 표시되는 컨트롤은 보고서 디자인에서 텍스트 상자 폭을 다른 텍스트 상자와 겹치지 않는 선에서 충분히 늘리도록 합니다.

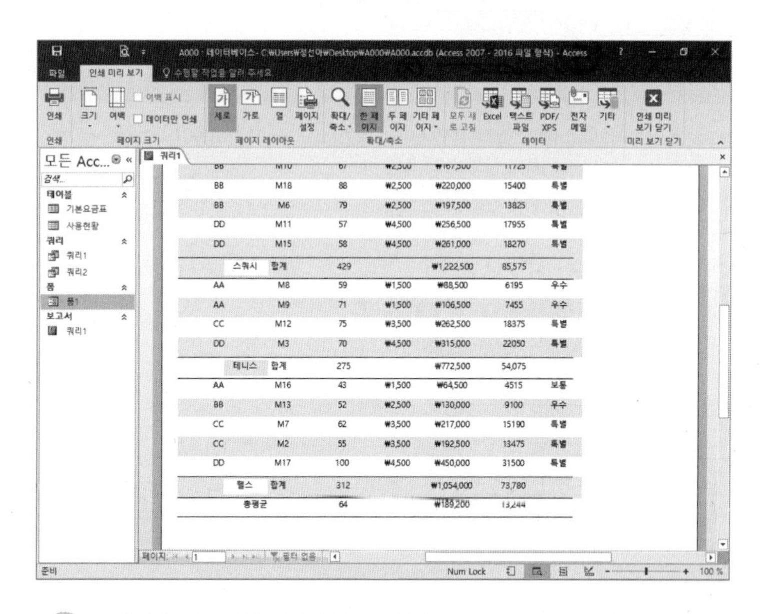

기적의 Tip

보고서는 [디자인 보기] 상태와 [인쇄 미리 보기] 상태를 수시로 전환하면서 컨트롤의 위치와 간격, 크기 등을 조정해야 합니다.

더 알기 Tip

보고서 디자인 마무리하기

각 그룹별 음영이나 테두리 선이 아래 그림과 같이 표시가 되는데 이 부분을 변경해야 하는 번거로움이 있습니다.

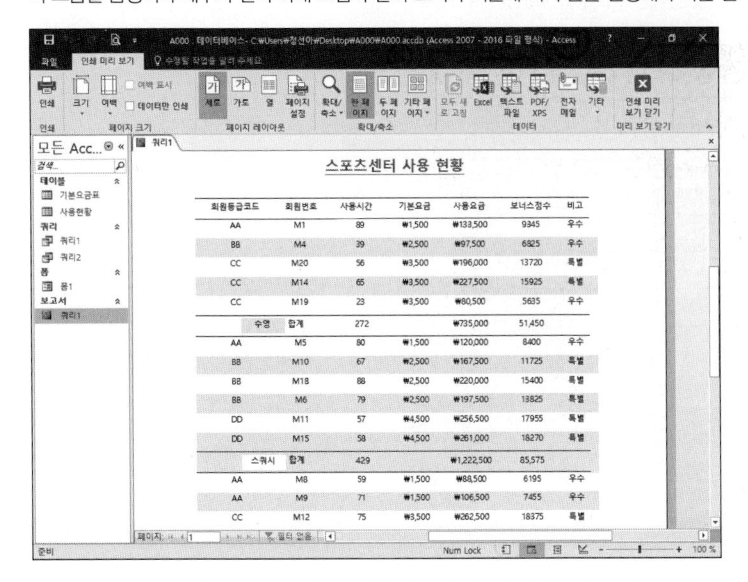

① 보고서 디자인에서 [보고서 머리글]을 선택한 뒤 속성 시트에서 [배경색–배경]으로 변경합니다.
② 그룹 바닥글과 보고서 바닥글의 레이블과 텍스트 상자에 테두리가 있을 경우 마우스로 블록을 설정하고 속성 시트에서 [테두리 스타일–투명]으로 변경합니다.
③ 기본 글꼴 색이 검은색이 아닐 경우 Ctrl+A를 눌러 전체 선택한 뒤 글꼴 색을 검은색으로 변경합니다.
④ 앞선 보고서 작업을 저장한 뒤 보고서를 더블 클릭하여 열어서 음영, 테두리, 글꼴 색이 적용되었는지 확인합니다.

③ [인쇄 미리 보기] 상태에서 [페이지 설정]을 클릭하여 위쪽 여백을 '60', 왼쪽 '25'로 지정하고 [확인]을 클릭한다.

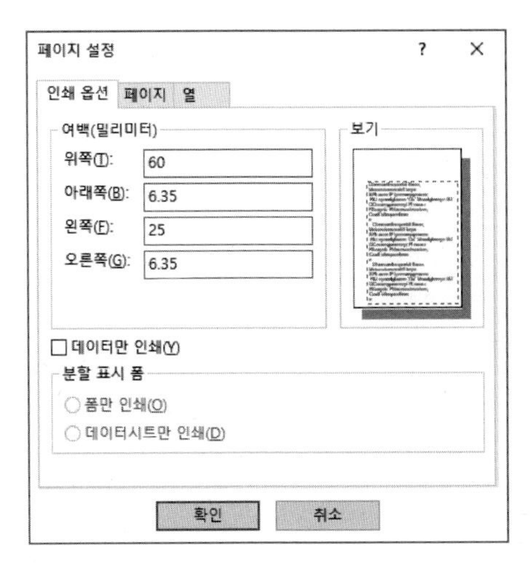

④ [인쇄 미리 보기 닫기]를 클릭하고, ['쿼리1' 닫기(×)]를 클릭하여 변경된 내용을 저장한다.

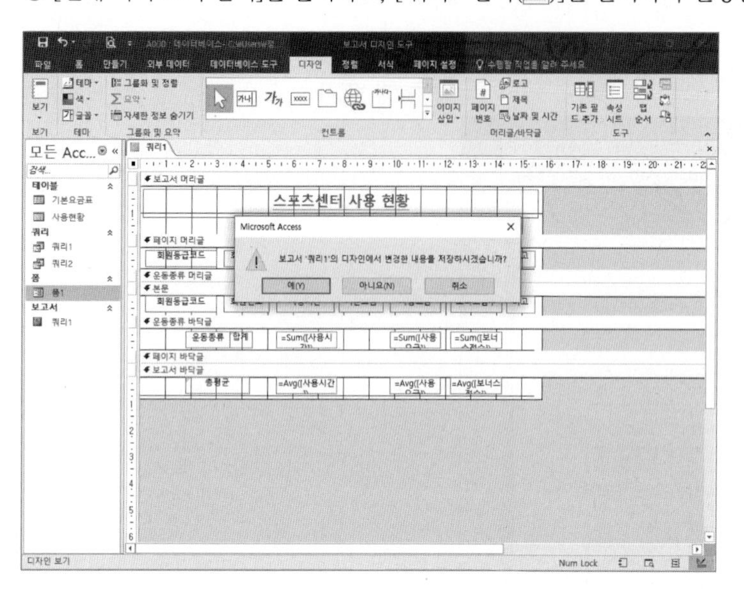

12 인쇄

1. 폼 – 조회 화면 인쇄

① 탐색 창에서 [폼1]을 더블 클릭하여 [폼 보기] 상태로 연다.

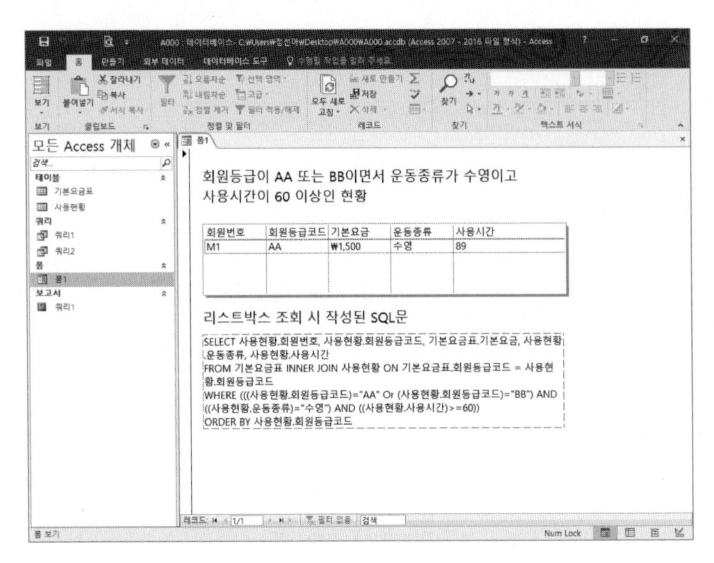

② [인쇄 미리 보기]를 선택한다.
③ [페이지 설정]을 선택하여 위쪽 여백이 '60'으로 지정되어 있는지 확인한다.
④ [인쇄]를 클릭하여 조회 화면을 인쇄한다.

2. 보고서 – 자료 처리 양식 인쇄

① 탐색 창의 보고서 영역에서 [쿼리1]을 더블 클릭하여 [보고서 보기] 상태로 연다.

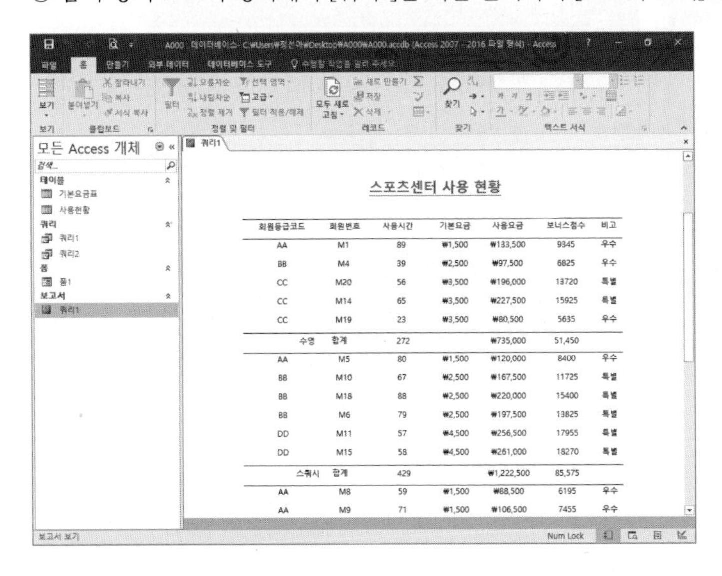

회원등급코드	회원번호	사용시간	기본요금	사용요금	보너스점수	비고
AA	M1	89	₩1,500	₩133,500	9345	우수
BB	M4	39	₩2,500	₩97,500	6825	우수
CC	M20	56	₩3,500	₩196,000	13720	특별
CC	M14	65	₩3,500	₩227,500	15925	특별
CC	M19	23	₩3,500	₩80,500	5635	우수
수영	합계	272		₩735,000	51,450	
AA	M5	80	₩1,500	₩120,000	8400	우수
BB	M10	67	₩2,500	₩167,500	11725	특별
BB	M18	88	₩2,500	₩220,000	15400	특별
BB	M6	79	₩2,500	₩197,500	13825	특별
DD	M11	57	₩4,500	₩256,500	17955	특별
DD	M15	58	₩4,500	₩261,000	18270	특별
스쿼시	합계	429		₩1,222,500	85,575	
AA	M8	59	₩1,500	₩88,500	6195	우수
AA	M9	71	₩1,500	₩106,500	7455	우수

② [인쇄 미리 보기]를 선택한다.
③ [페이지 설정]을 선택하여 위쪽 여백이 '60'으로 지정되어 있는지 확인한다.
④ [인쇄]를 클릭하여 조회 화면을 인쇄한다.

3. 마무리 – 출력물 제출

① 인쇄된 2장의 출력물에 비번호, 수험번호와 성명을 위쪽 여백에 기재한다.

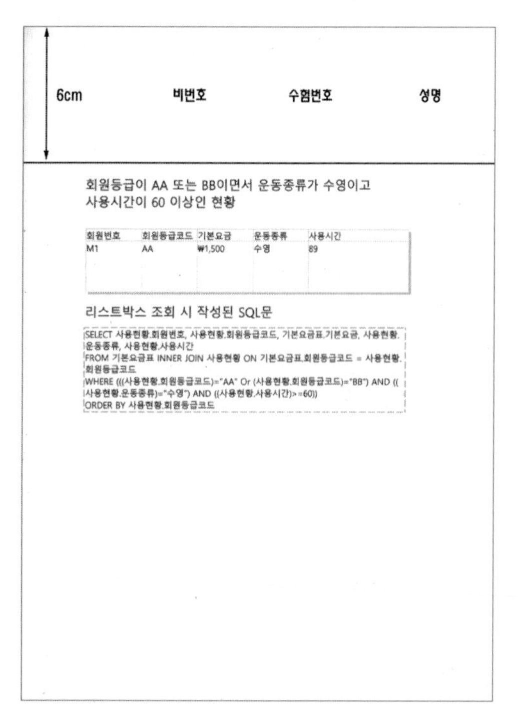

6cm　비번호　수험번호　성명

회원등급이 AA 또는 BB이면서 운동종류가 수영이고
사용시간이 60 이상인 현황

회원번호	회원등급코드	기본요금	운동종류	사용시간
M1	AA	₩1,500	수영	89

리스트박스 조회 시 작성된 SQL문

```
SELECT 사용현황.회원번호, 사용현황.회원등급코드, 기본요금표.기본요금, 사용현황.
운동종류, 사용현황.사용시간
FROM 기본요금표 INNER JOIN 사용현황 ON 기본요금표.회원등급코드 = 사용현황.
회원등급코드
WHERE (((사용현황.회원등급코드)="AA" Or (사용현황.회원등급코드)="BB") AND ((
사용현황.운동종류)="수영") AND ((사용현황.사용시간)>=60))
ORDER BY 사용현황.회원등급코드
```

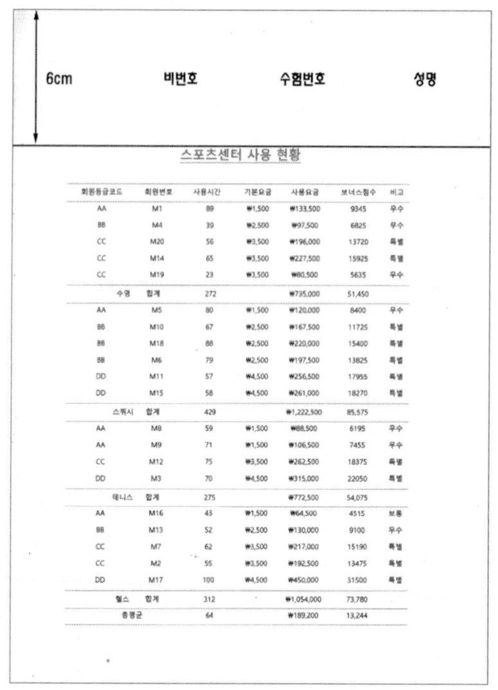

6cm　비번호　수험번호　성명

스포츠센터 사용 현황

회원등급코드	회원번호	사용시간	기본요금	사용요금	보너스점수	비고
AA	M1	89	₩1,500	₩133,500	9345	우수
BB	M4	39	₩2,500	₩97,500	6825	우수
CC	M20	56	₩3,500	₩196,000	13720	특별
CC	M14	65	₩3,500	₩227,500	15925	특별
CC	M19	23	₩3,500	₩80,500	5635	우수
수영	합계	272		₩735,000	51,450	
AA	M5	80	₩1,500	₩120,000	8400	우수
BB	M10	67	₩2,500	₩167,500	11725	특별
BB	M18	88	₩2,500	₩220,000	15400	특별
BB	M6	79	₩2,500	₩197,500	13825	특별
DD	M11	57	₩4,500	₩256,500	17955	특별
DD	M15	58	₩4,500	₩261,000	18270	특별
스쿼시	합계	429		₩1,222,500	85,575	
AA	M8	59	₩1,500	₩88,500	6195	우수
AA	M9	71	₩1,500	₩106,500	7455	우수
CC	M12	75	₩3,500	₩262,500	18375	특별
DD	M3	70	₩4,500	₩315,000	22050	특별
테니스	합계	275		₩772,500	54,075	
AA	M16	43	₩1,500	₩64,500	4515	보통
BB	M13	52	₩2,500	₩130,000	9100	우수
CC	M7	62	₩3,500	₩217,000	15190	특별
CC	M2	55	₩3,500	₩192,500	13475	특별
DD	M17	100	₩4,500	₩450,000	31500	특별
헬스	합계	312		₩1,054,000	73,780	
총평균		64		₩189,200	13,244	

더 알기 Tip

시험장에서 수험정보를 작업물에 작성 후 출력하라는 지시가 있다면 폼, 보고서 디자인 보기에서 다음과 같이 레이블로 작성한 후 출력합니다.

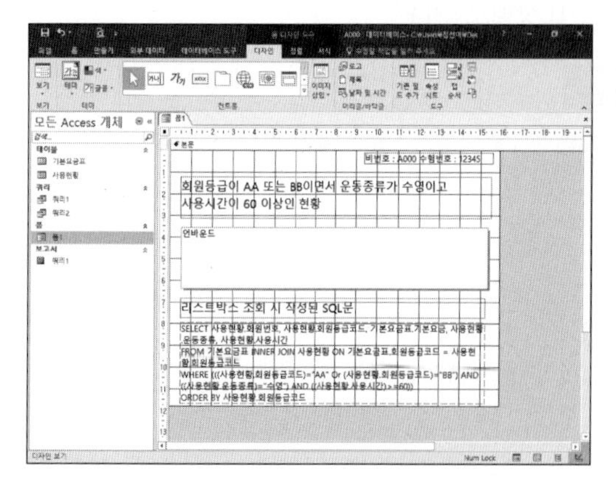

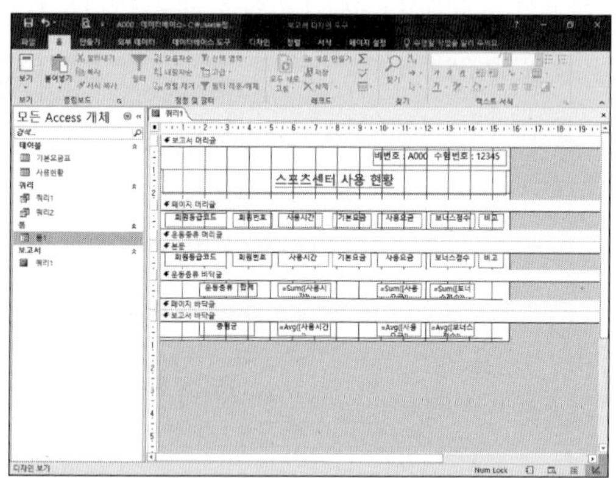

// SECTION //
03

PowerPoint 따라 하기

핵심 포인트 실제 문제풀이 과정을 차분히 따라하면서 문제풀이 방법과 과정을 습득하도록 합니다.

합격 강의

파워포인트 작업 시상(PT) 작업

주어진 2개의 슬라이드를 슬라이드 작성 조건에 따라 작업하여 인쇄합니다.

[슬라이드 작성 조건]

❶ 각 슬라이드를 문제의 슬라이드 원안과 같이 인쇄하여 제출합니다. (특히 글자, 음영, 그림자, 도형 등 인쇄된 내용 그대로 작업함을 유의하시오.)
❷ “주1)” 등 특수한 속성 지정이 되어 있는 경우 지시에 따라 작성하시오.
❸ 글꼴은 문제 원안과 같거나 유사한 형태로 작업합니다.
❹ 글자, 그림 및 도형 등의 크기와 모양은 문제 원안과 같거나 유사한 형태로 작업합니다.
❺ 모든 글씨, 선 등은 흑백(그레이스케일)으로 작업하되, 글상자, 그림 및 도형 등에서 색 채우기가 있는 경우 색 채우기는 회색 40% 정도, 투명도 0%를 기준으로 작업합니다.
❻ 각 슬라이드는 원안과 같이 외곽선 테두리가 인쇄되도록 인쇄합니다.
❼ 각 슬라이드 크기는 A4 용지의 1/2 범위 내에 인쇄가 가능한 크기가 되도록 조정하여, 슬라이드 2개를 A4 용지 1매 안에 모두 인쇄합니다.
❽ 비번호, 수험번호, 성명, 페이지 번호 등은 반드시 자필로 기재합니다.

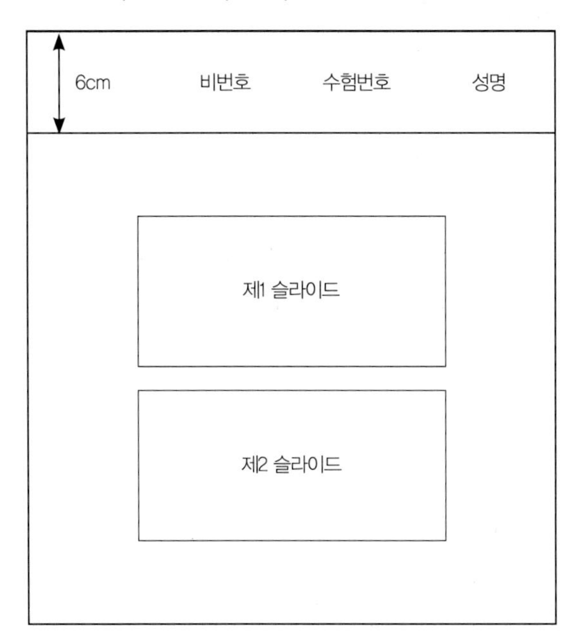

풀이 결과 시상(PT) 작업 정답

01 제1 슬라이드

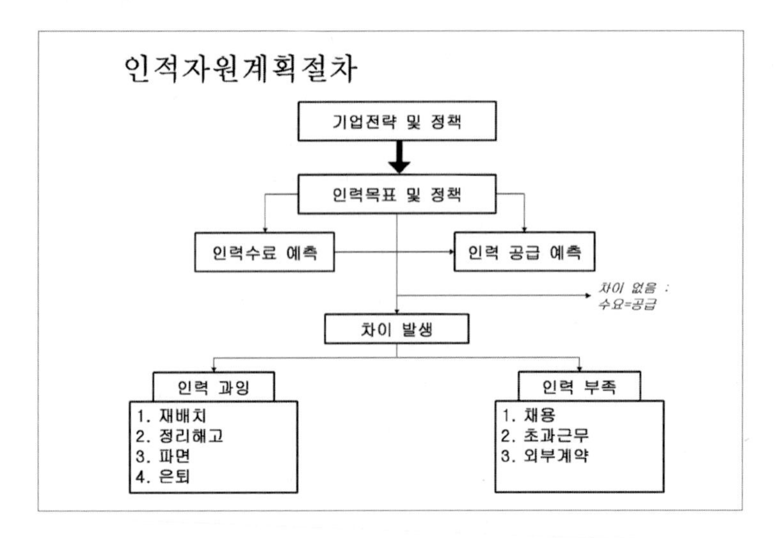

02 제2 슬라이드

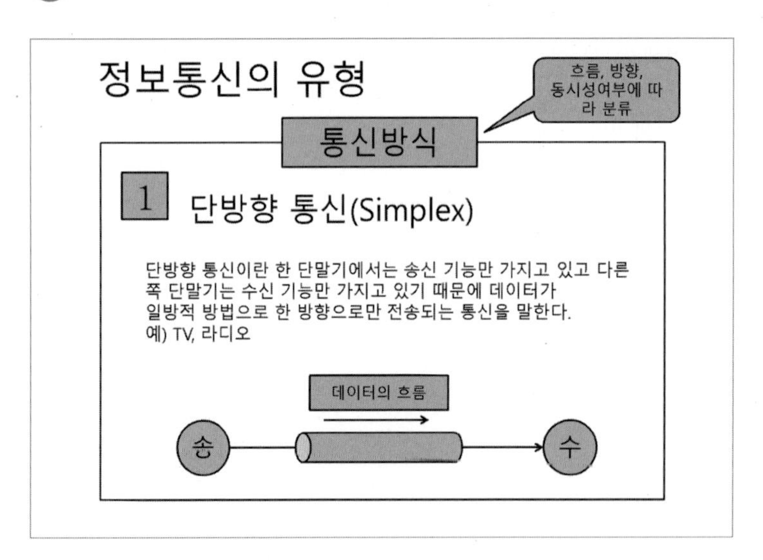

풀이 방법	시상(PT) 작업 풀이

01 슬라이드 작성 준비

▶ 실행 및 저장

① [Microsoft PowerPoint]을 실행한다.

② [저장]( )을 클릭하여 시험 위원이 지정한 폴더와 파일 이름으로 저장한다.

02 작업 순서

[제1 슬라이드]

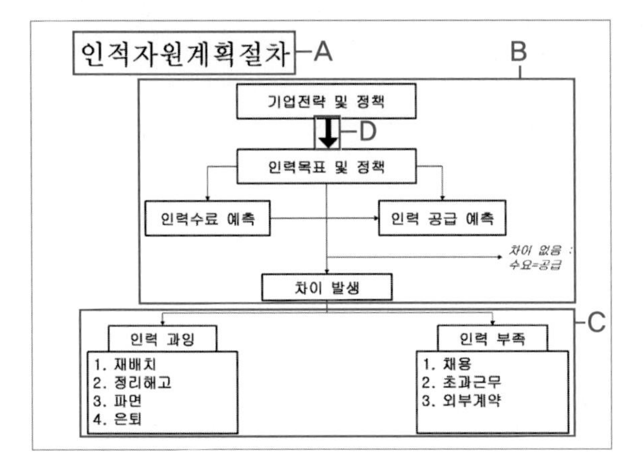

[제2 슬라이드]

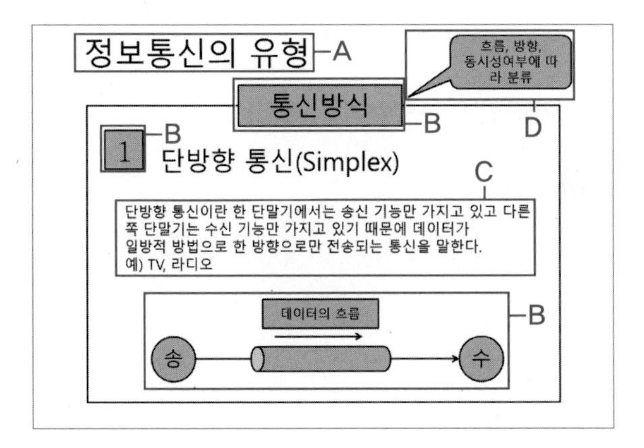

03 제1 슬라이드

[저장하기]

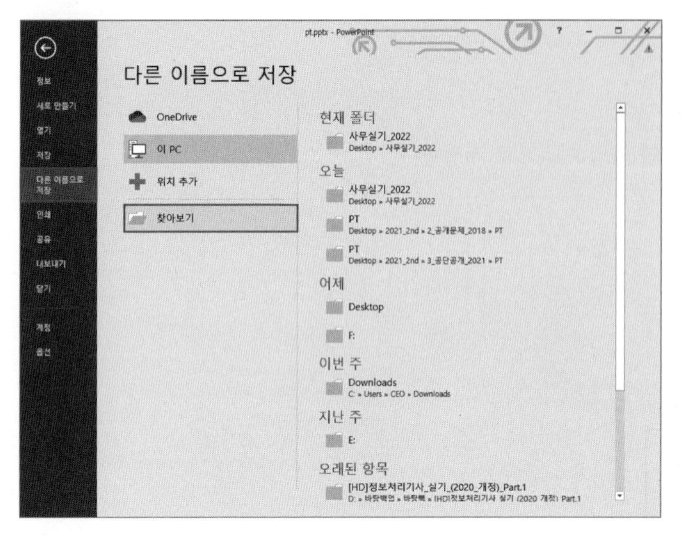

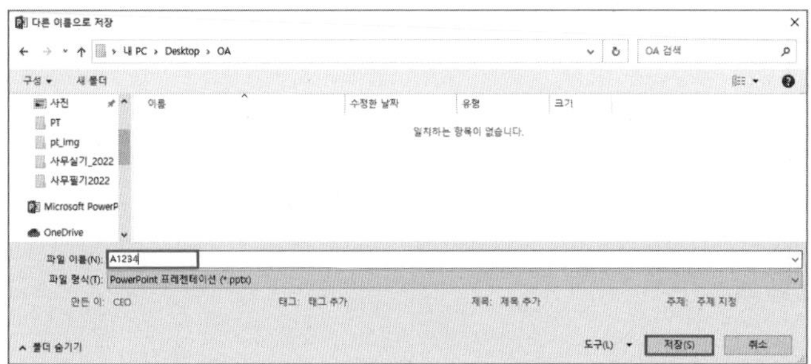

[A]

① 좌측 요약 창에서 슬라이드 선택 – 마우스 우클릭–[레이아웃]–[빈 화면]을 선택한다.

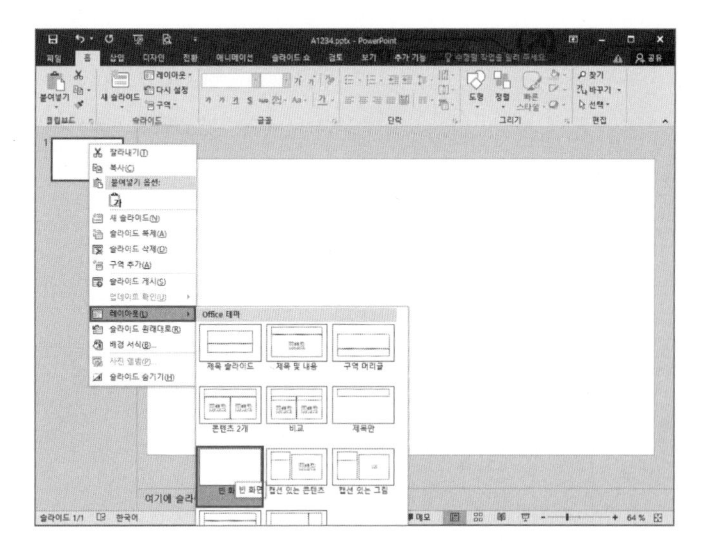

② [삽입]–[텍스트 상자]–[가로 텍스트 상자]를 선택한다.

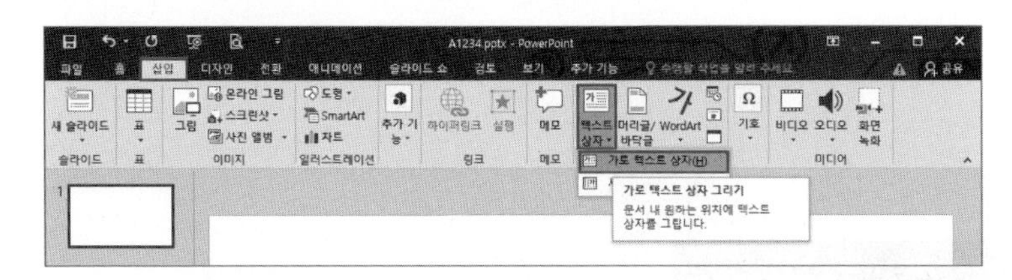

③ [디자인]–[슬라이드 크기]–[표준]으로 변경합니다.

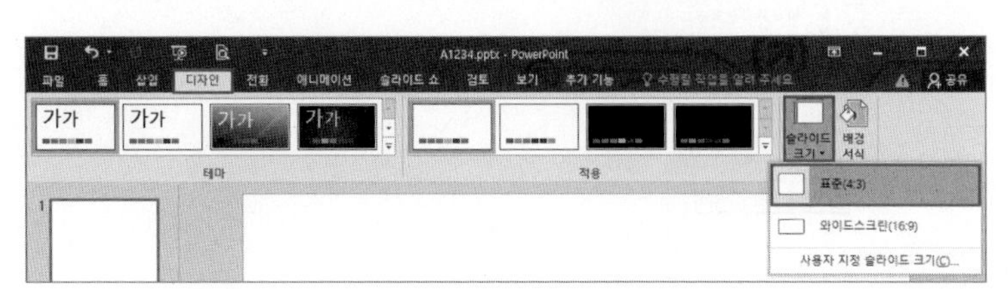

기적의 Tip

공개문제 회차마다 슬라이드 크기에 차이가 있습니다. 답안 파일을 열어 해당 비율을 참고하여 연습합니다. 본 슬라이드의 경우 세로 높이 값이 커야 해서 4:3으로 합니다. 만약 가로 폭 값이 많이 필요한 경우 와이드스크린으로 설정합니다.

④ '인적자원계획절차' 입력–[홈]–[글꼴]–바탕체, 36 크기로 변경한다.

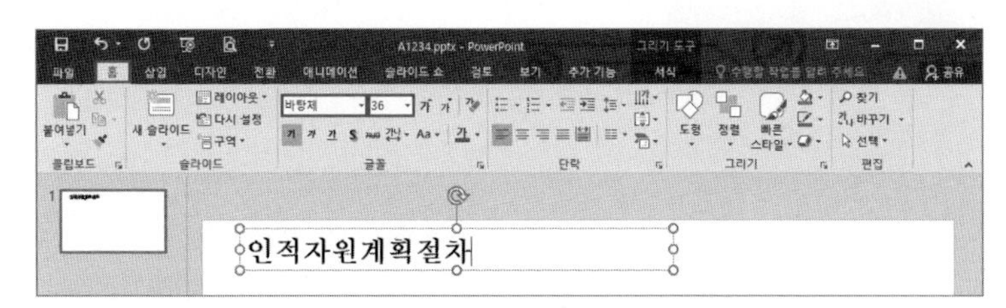

⑤ [보기]–[표시]–[눈금자], [안내선]을 체크하여 활성화한다.

[B]

① [홈]–[도형]–[사각형]–[사각형]을 클릭한다.

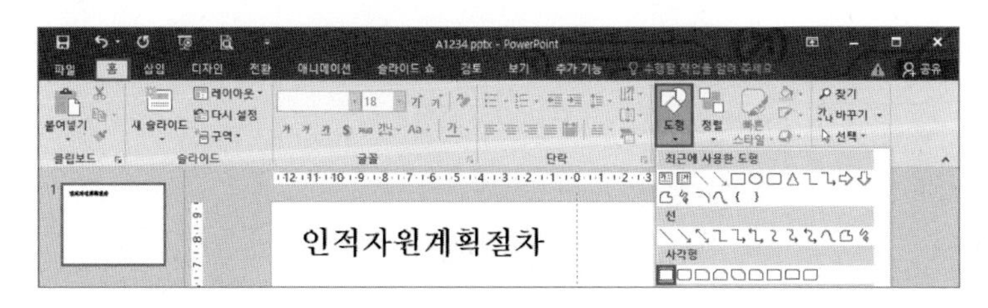

② 슬라이드에 도형을 삽입한다.

항목	값
채우기	흰색
윤곽선	검정, 두께 –2 1/4

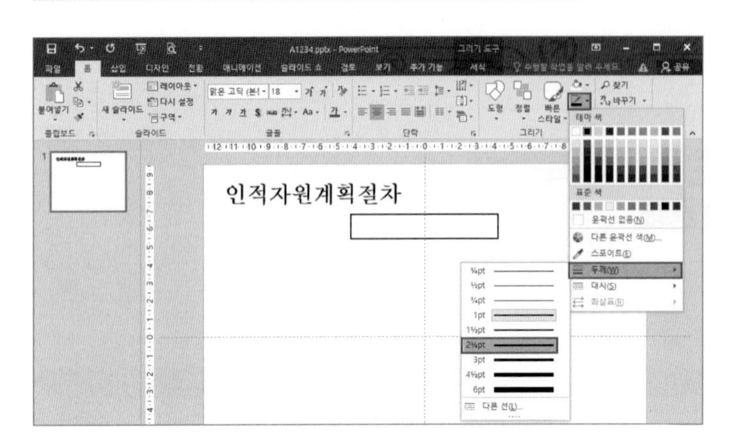

③ 첫 번째 도형 테두리를 선택한 후 Ctrl+Shift를 누른 채로 아래쪽으로 드래그하여 도형을 복사한다. 좌 도형은 Ctrl을 누른 채 드래그하여 복사하고, 다시 Ctrl+Shift를 누른 채 우측으로 복사하여 배치한다.

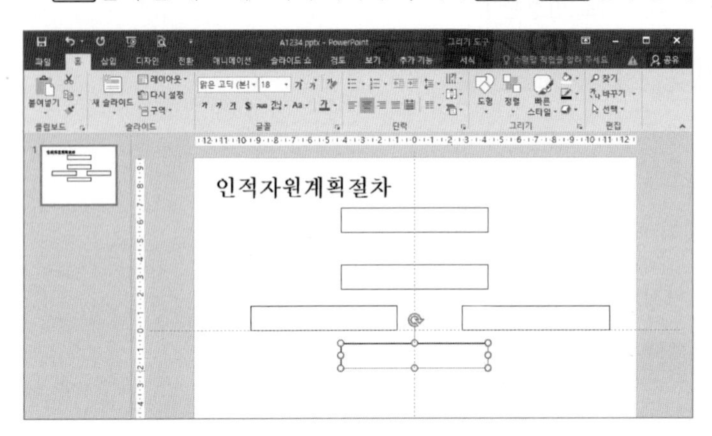

④ 좌/우 도형을 Shift를 누른 채로 연속 선택하고 우측도형의 크기 조절점을 드래그하여 도형 폭을 동시에 변경한다.

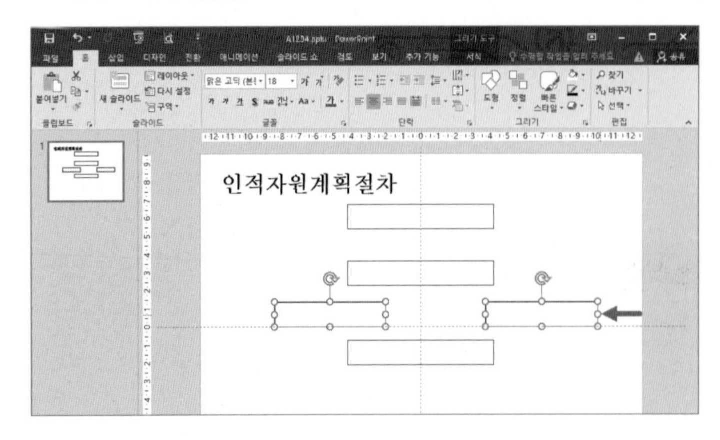

[C]

① 다음 도형도 같은 방법으로 위에서 세 번째 줄 도형을 Ctrl+Shift를 누른 채 아래쪽으로 드래그하여 복사하고, Ctrl을 누른 채로 크기 조절 도구를 드래그하여 크기를 줄인다.

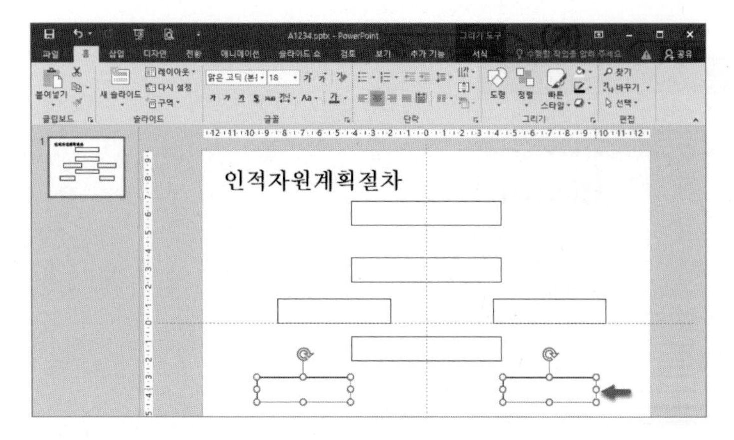

② 5번째 줄 도형을 Shift로 연속 선택하고 Ctrl+Shift를 누른 채 아래쪽으로 드래그하여 복사한 뒤 높이를 조절하고, Ctrl을 누른 채로 앞선 방법과 동일하게 크기 폭을 늘린다.

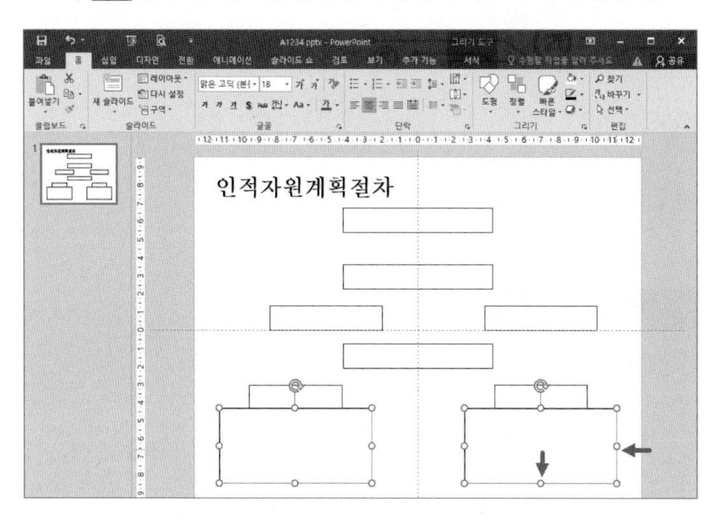

[D]

① [홈]–[도형]–[화살표] 마우스 우클릭–[그리기 잠금 모드]를 선택한다.

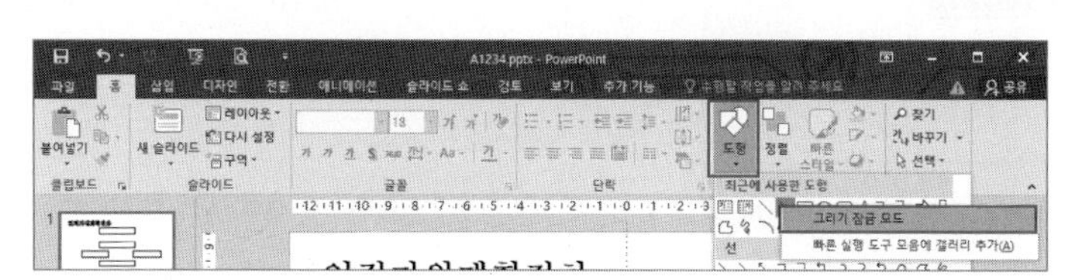

② 그림과 같이 선을 각각 그리고, 아래쪽 선을 Shift를 이용해 연속 선택한 뒤 아래와 같이 설정한다.

항목	값
윤곽선	검정, 두께-1

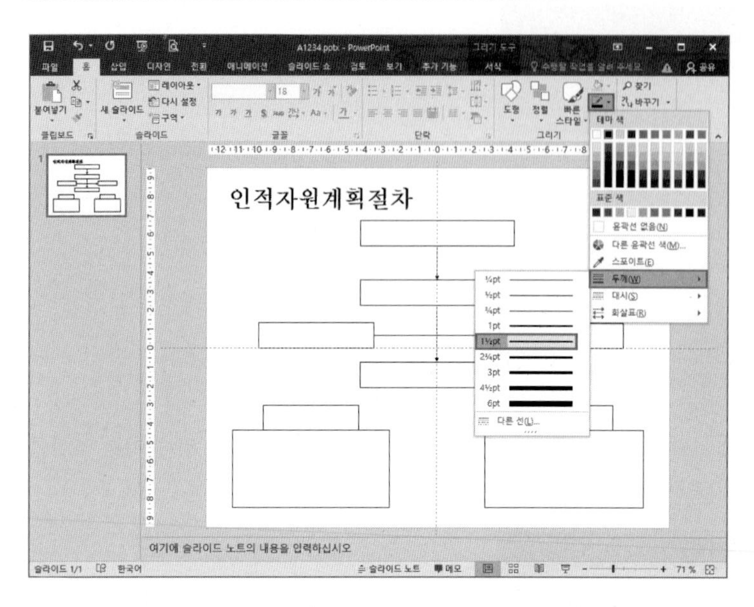

③ 가장 위쪽 화살표를 선택하고 아래와 같이 변경한다.

항목	값
윤곽선	검정, 두께-6

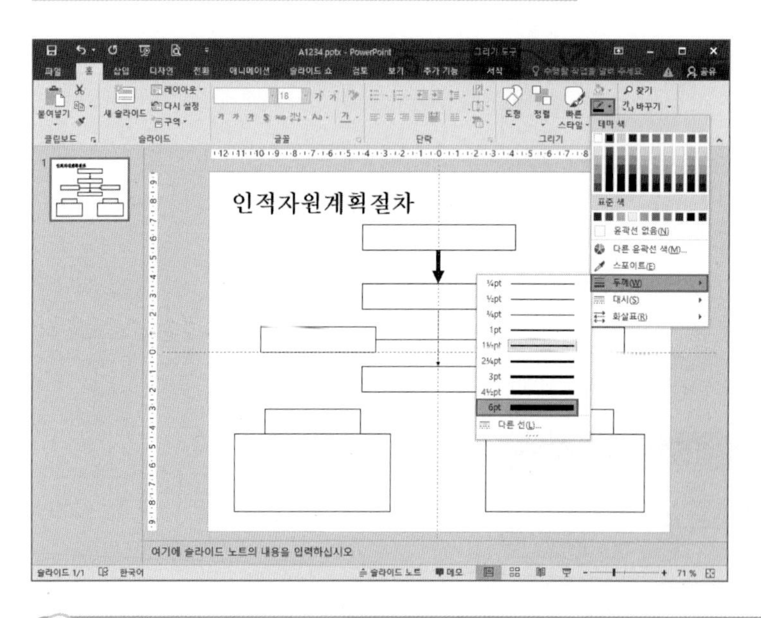

기적의 Tip

도형을 모두 그린 뒤 한번에 테두리 색을 변경해도 됩니다.

④ [홈]-[도형]-[꺾인 화살표 연결선]을 마우스 우클릭하고 [그리기 잠금 모드]를 선택하여 꺾인 화살표 부분에 선을 연결한다.

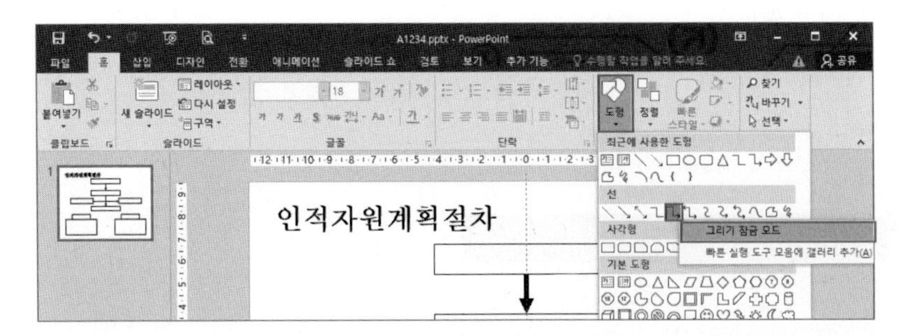

기적의 Tip

기본선으로 설정하고 작업해도 됩니다.

⑤ 꺾인 화살표 연결선을 Shift를 이용해 연속 선택한 뒤 다음과 같이 속성을 변경한다.

항목	값
윤곽선	검정, 두께-1

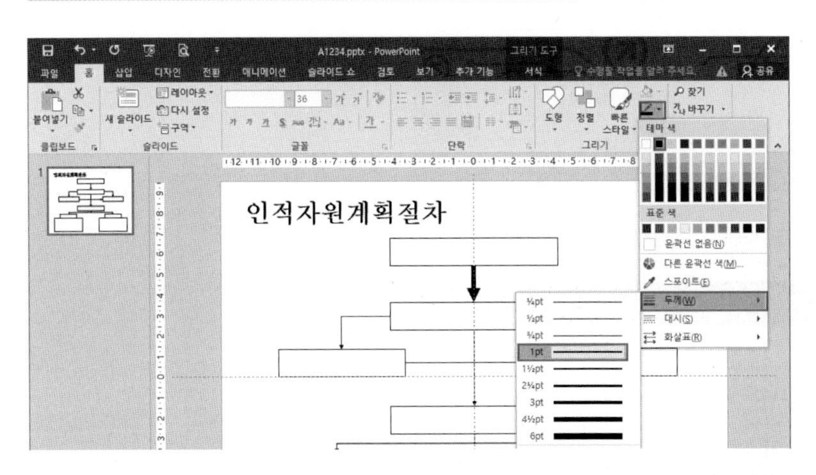

기적의 Tip

기본선 설정하기

선 그리기 - 선 선택 - 마우스 우클릭-[기본선으로 설정]을 적용합니다.

[E]

① 문제에서 제시된 텍스트를 입력한다.

항목	값
글꼴 크기	22
글꼴 종류	굴림체

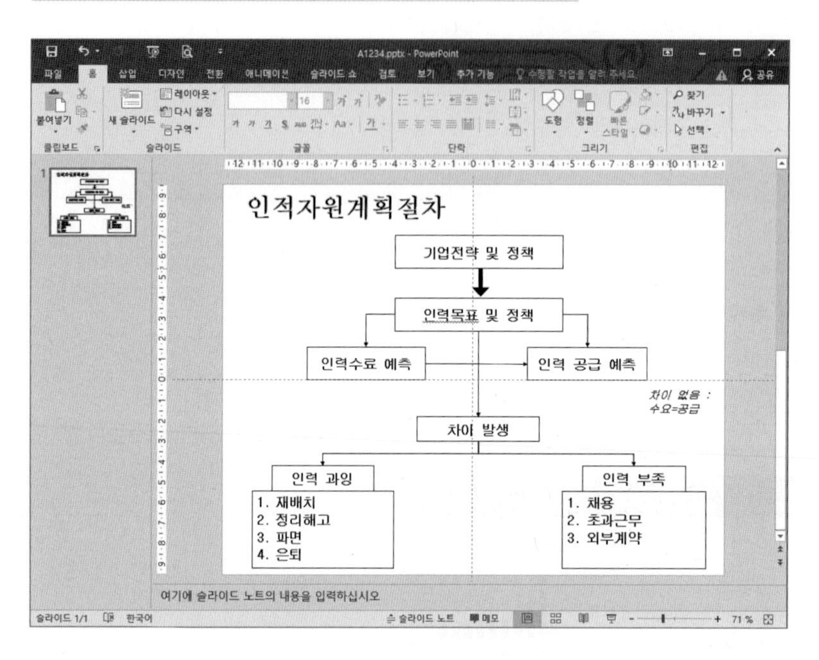

② '차이 없음 …' 텍스트 상자의 화살표를 Shift를 누르고 드래그하여 수평 연결한다.

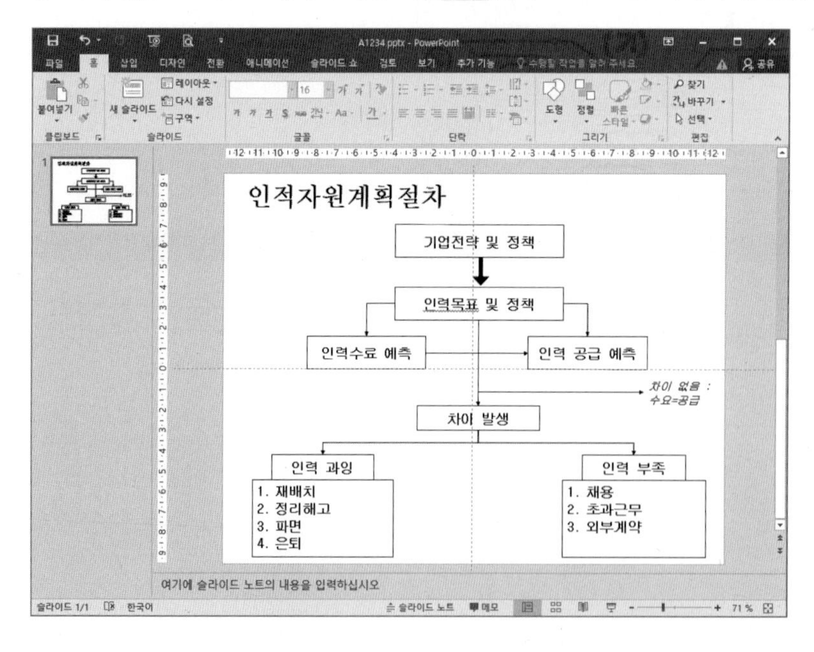

04 제2슬라이드

[A]

① [홈] 탭–[슬라이드] 그룹–[새 슬라이드]–[빈 화면]을 클릭하여 두 번째 슬라이드를 추가한다.

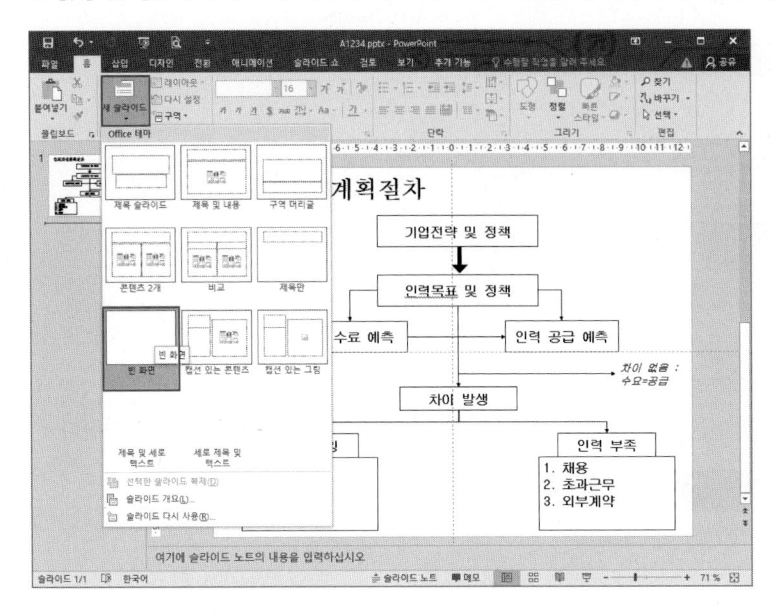

② 슬라이드 상단에 '정보통신의 유형' 텍스트 상자를 이용하여 입력하고 아래와 같이 설정한다.

항목	값
글꼴 크기	44
글꼴 종류	맑은고딕 (본문)

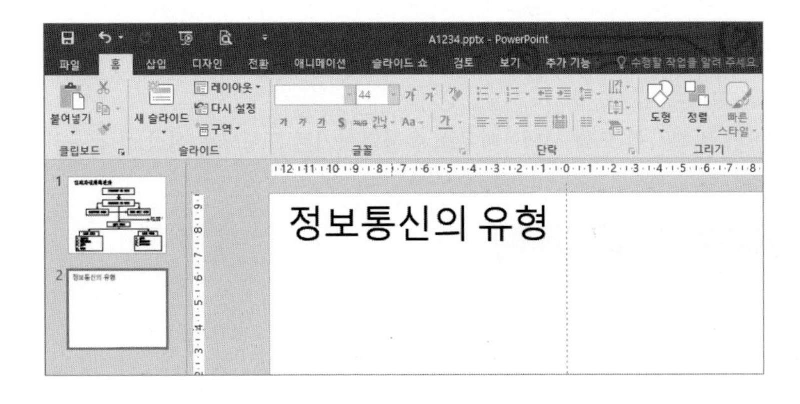

[B]

① [홈]–[도형]–[사각형] 선택 후 슬라이드 바탕에 큰 도형을 다음과 같이 삽입한다.

항목	값
채우기	흰색
테두리	검정, 두께 – 1

② [홈]–[도형]–[사각형] 선택 후 그림과 같이 작은 사각형을 삽입한다.

항목	값
채우기	흰색, 배경1, 25%

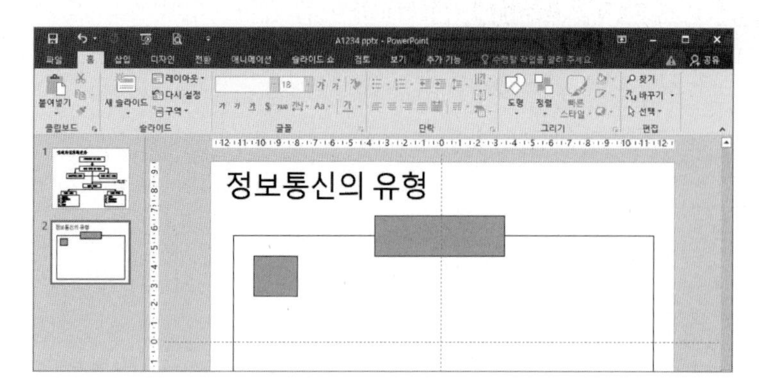

③ 상단 회색 도형을 선택하고 Ctrl+Shift를 누른 채로 아래쪽으로 드래그하여 복사한 뒤 적당한 크기로 변경한다.

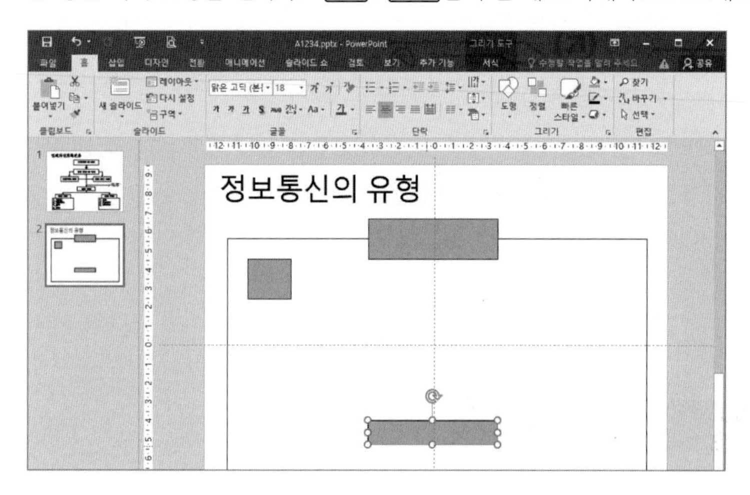

④ 이후 삽입할 도형의 채우기, 윤곽선이 같으므로 복사한 도형 선택 – 마우스 우클릭–[기본 도형으로 설정]을 적용하여 기본 도형을 설정한다.

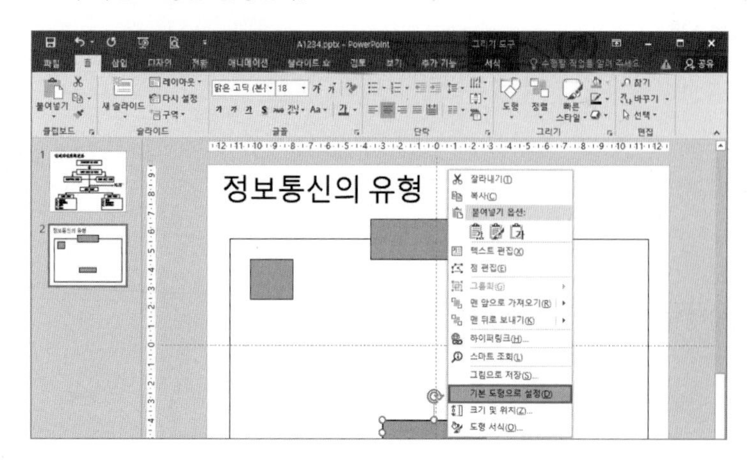

⑤ [홈]-[도형]-[기본 도형]-[원통]을 선택하고 슬라이드 바탕에 삽입한다.

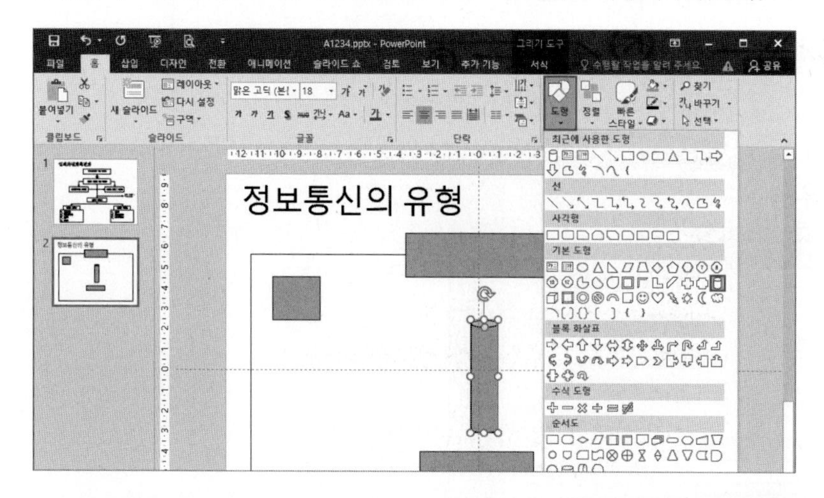

⑥ 원통 도형을 선택하고 상단 회전 도구를 Shift를 누른 채로 드래그하여 회전한다.

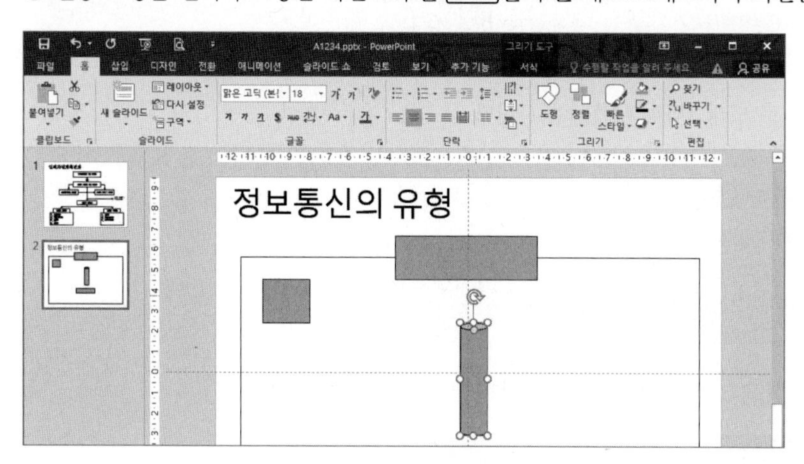

⑦ 문제 제시된 위치에 배치하고 크기를 조절한다.

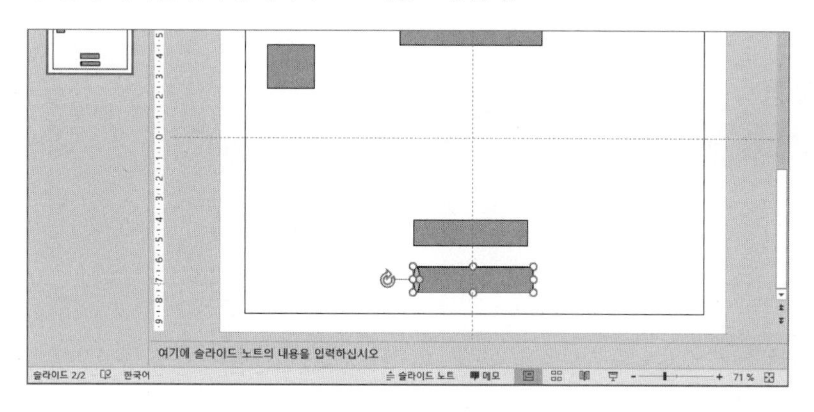

⑧ [홈]–[도형]–[기본 도형]–[타원]을 선택하고 문제 위치에 Shift를 누르고 드래그하여 정원을 삽입한다.

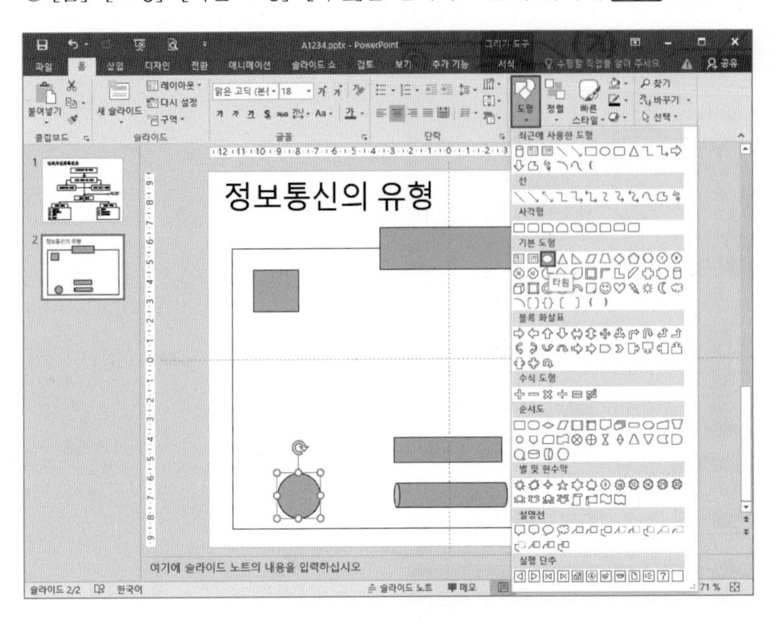

⑨ 좌측 원 선택–Ctrl+Shift를 누른 채로 드래그하여 우측에 복사한다.

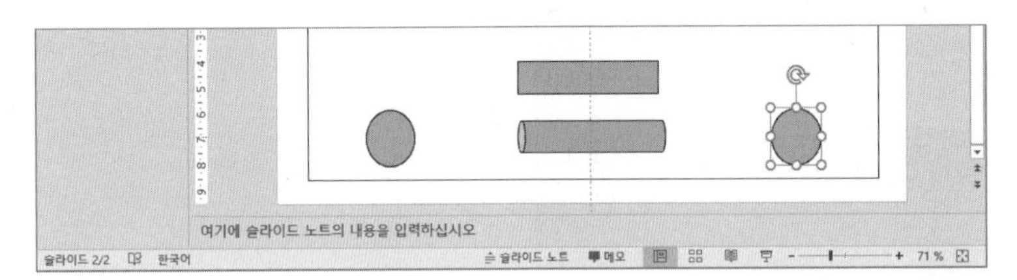

⑩ [홈]–[선]–[화살표]를 마우스 우클릭하고 [그리기 잠금 모드]를 이용하여 화살표 3개를 삽입한다.

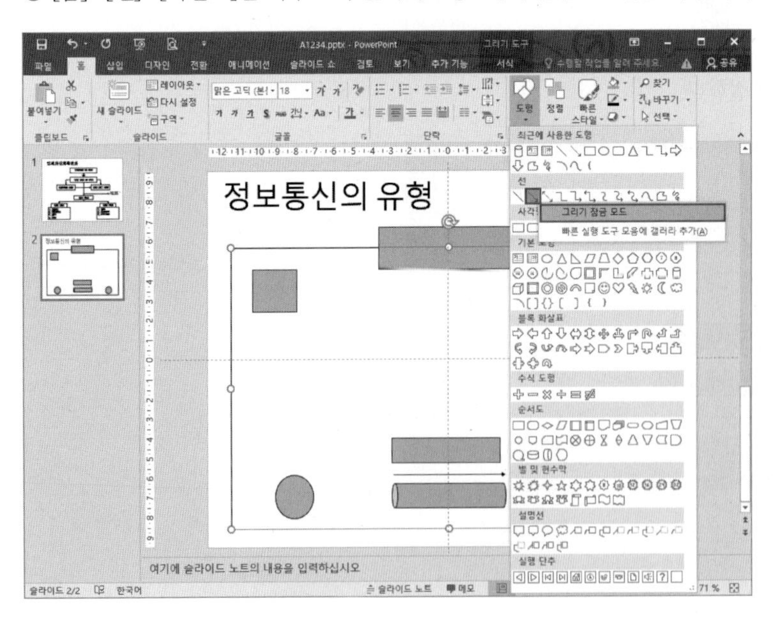

⑪ 마우스로 드래그하여 그림과 같이 도형을 선택한다.

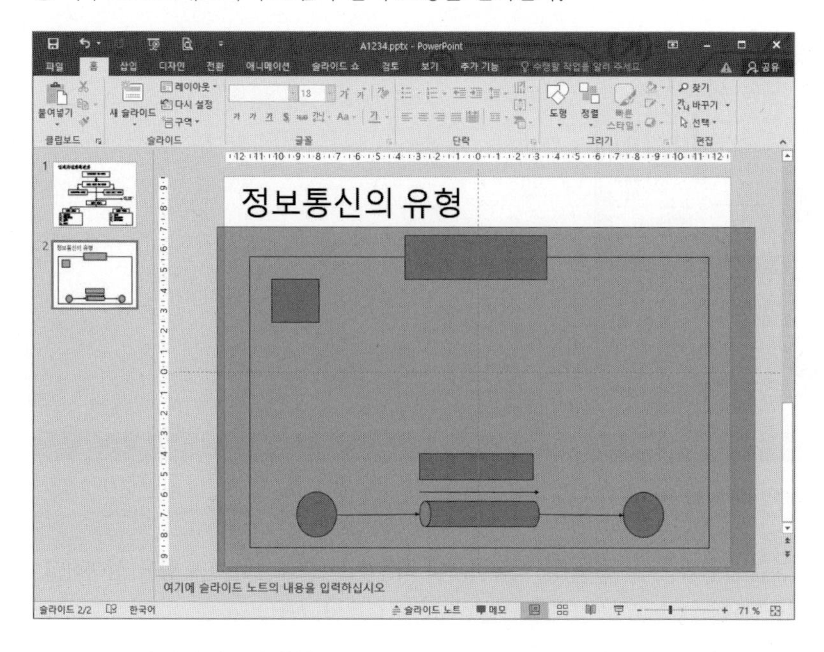

⑫ 모든 도형의 윤곽선을 [홈]-[윤곽선] 메뉴를 통해 아래와 같이 설정한다.

항목	값
테두리	검정, 두께-2 1/4

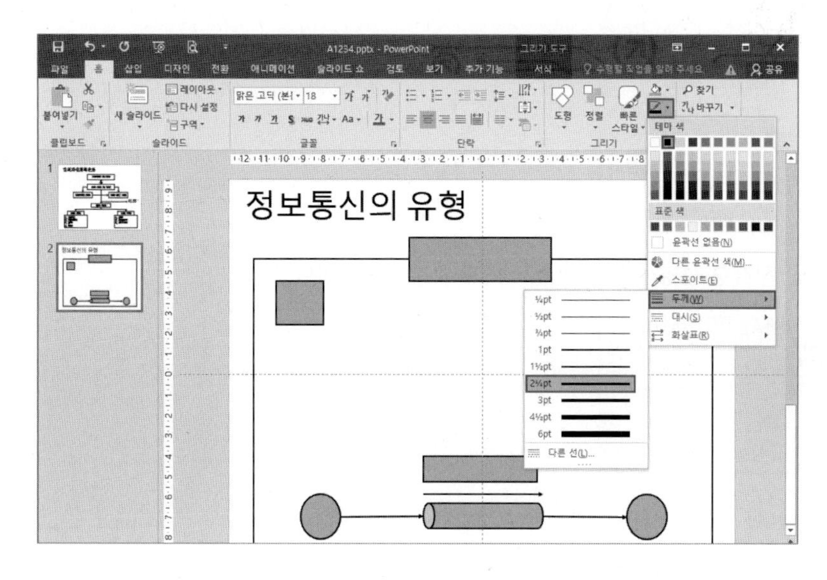

⑬ 좌측 화살표의 모양을 없애기 위해 선택하고, [홈]–[도형 윤곽선]–[화살표]–[화살표 스타일1]로 설정한다.

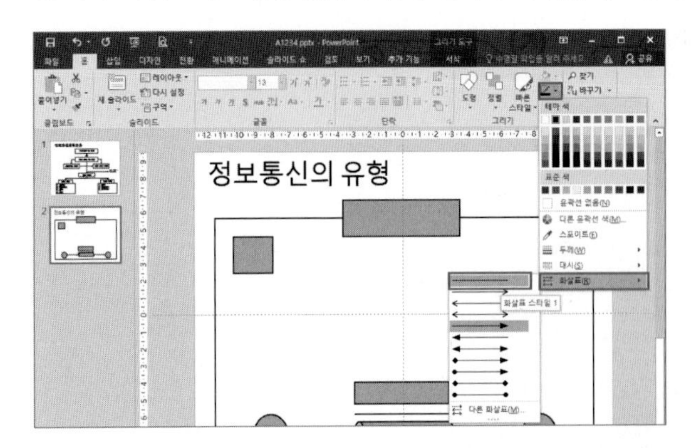

기적의 Tip

우측 선을 화살표로 미리 그리지 않고 바로 선으로 연결해도 됩니다.

⑭ 만약 도형과 선이 수평이 맞지 않는 경우 그림과 같이 Shift를 이용하거나 마우스로 드래그하여 도형을 선택하고, [홈]–[정렬]–[맞춤]–[중간 맞춤]을 적용한다.

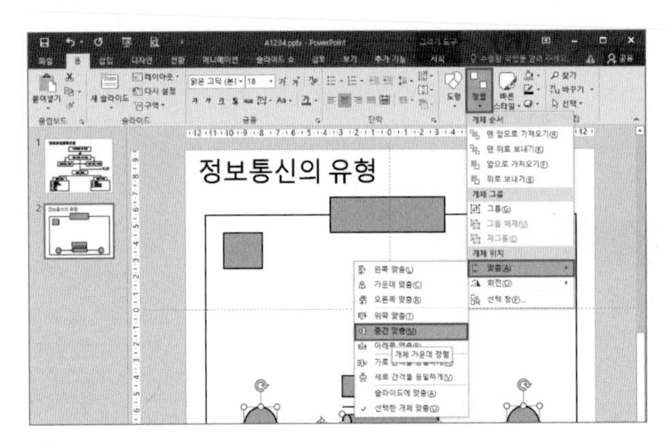

⑮ [홈]–[도형]–[설명선]–[모서리가 둥근 사각형 설명선]을 선택하고 문제 위치에 삽입한다.

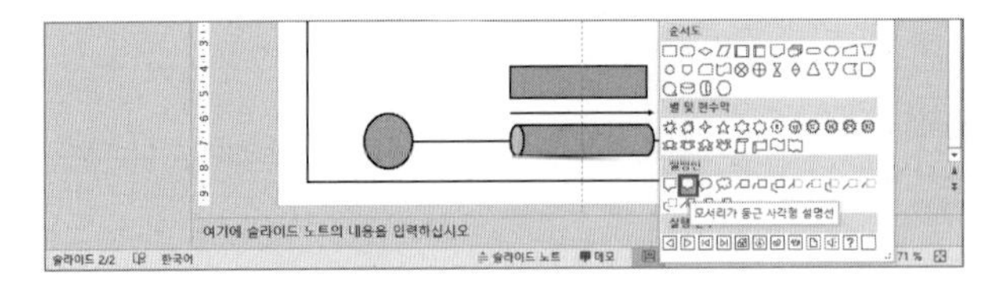

⑯ 모서리가 둥근 사각형 설명선 꼬리 부분의 노란색 점을 드래그하여 적당한 위치에 배치한다.

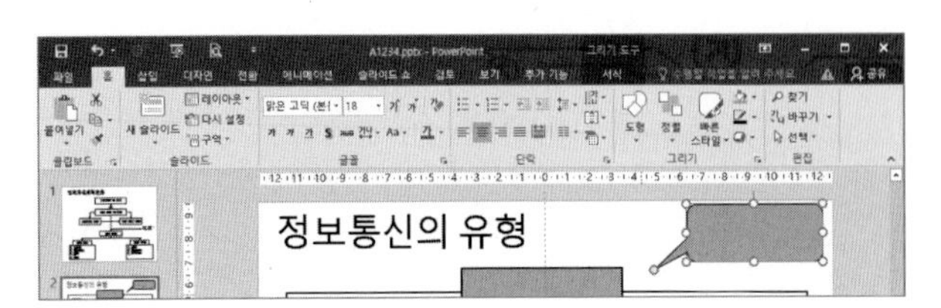

[C]

① 각 위치에 텍스트를 입력한다.

항목	값
A	바탕체, 크기-40
B	맑은고딕, 크기-36
C	맑은고딕, 크기-20
그 외	적당한 크기

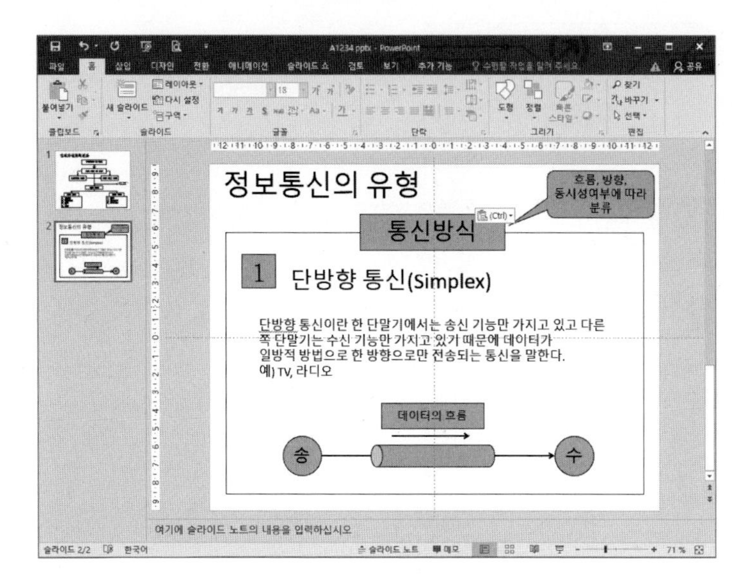

② [저장]을 클릭하여 완성된 부분까지 저장한다.

05 인쇄 설정 및 저장

① [빠른 실행 도구 모음 사용자 지정] 클릭–[인쇄 미리 보기 및 인쇄]를 선택하여 [인쇄 미리 보기 및 인쇄]를 활성화 한다.

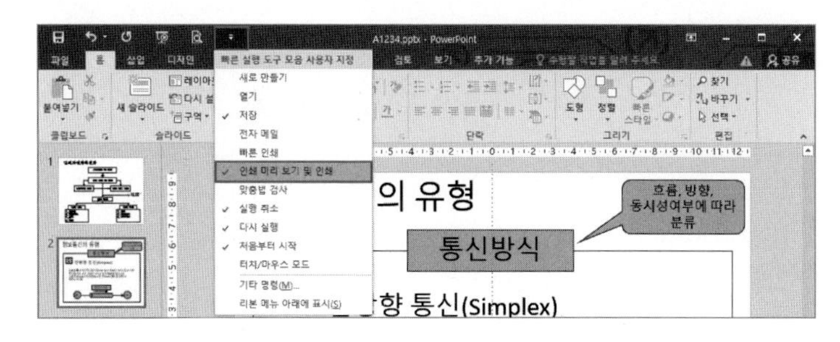

② [빠른 실행 도구]–[인쇄 미리 보기 및 인쇄]를 클릭한다.

③ 인쇄 창에서 다음과 같이 설정한다.

항목	값
프린터	시험장에서 지정된 프린터
인쇄모양	2슬라이드
	고품질
인쇄방향	세로 방향
색상	컬러

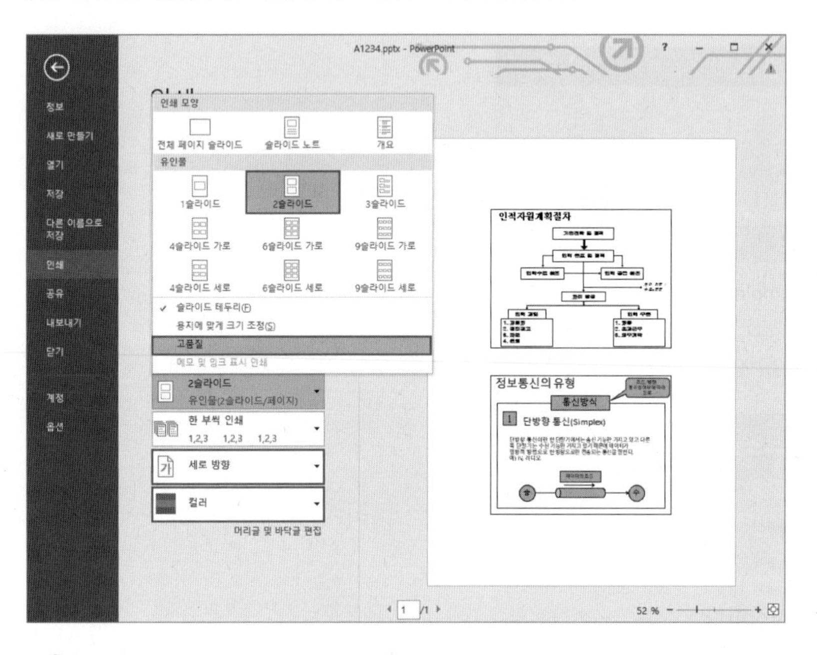

기적의 Tip

연습 시 프린터는 본인 프린터나, 가상프린터(PDF 출력기)를 선택하고 인쇄합니다.

④ 인쇄를 클릭하여 인쇄한다.

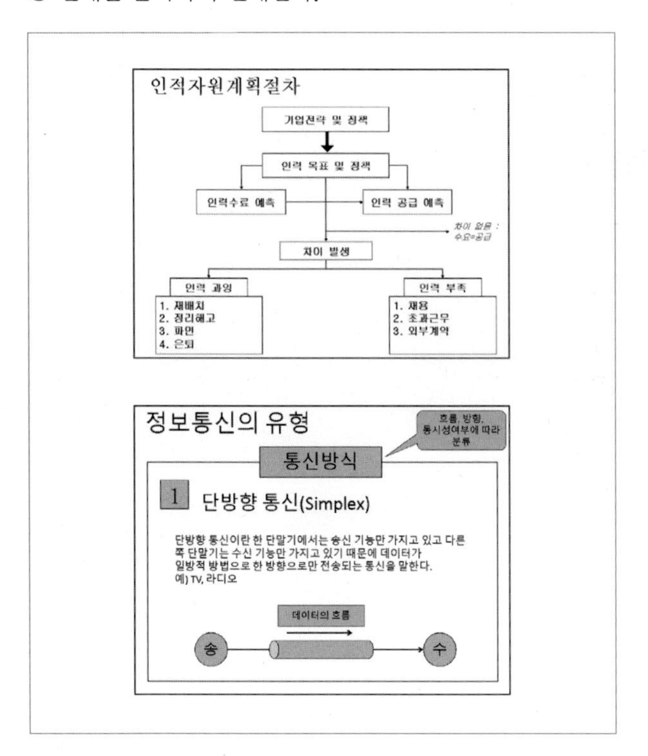

⑤ 인쇄 후 본인 출력물에 본인 수험정보를 펜으로 작성한다.

더 알기 Tip

인쇄 시 상단 날짜, 하단 페이지 번호가 출력될 때에는

[보기] 탭-[마스터 보기] 그룹-[유인물 마스터], 유인물 마스터에서 머리글/바닥글 영역을 모두 삭제하고 [마스터 보기 닫기]를 눌러 유인물 마스터를 설정하고 인쇄합니다.

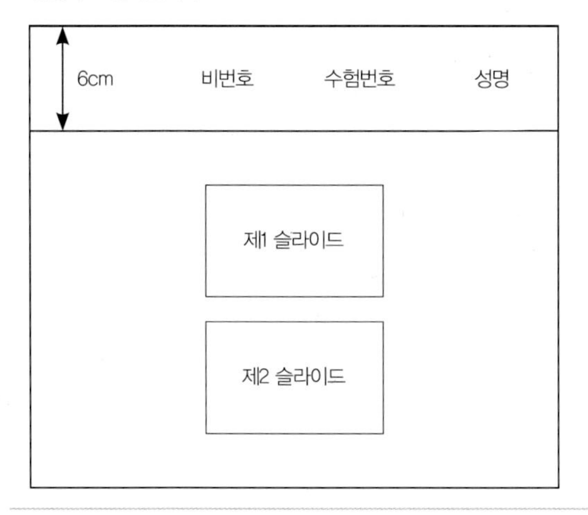

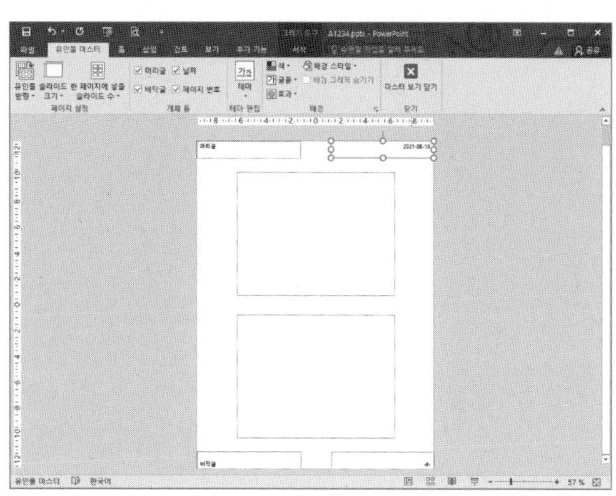

더 알기 Tip

수험 정보를 작업물에 입력해서 출력하라는 지시가 있다면

[보기] 탭-[마스터 보기] 그룹-[유인물 마스터], 유인물 마스터 위/아래 영역에 수험정보 및 출력 페이지 번호를 작성한 후 [마스터 보기 닫기]를 눌러 유인물 마스터를 설정하고 인쇄합니다.

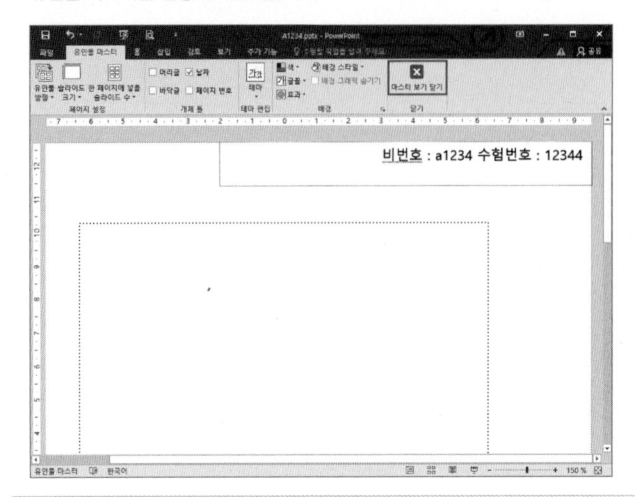

PART

02

공단 공개문제

사무자동화산업기사 실기 시험은 시행처인 한국산업인력공단의 공개문제에서 출제됩니다. PART 02에는 2023년 제1회 실기 시험부터 적용된 최신 공개문제 총 6회분을 수록하였습니다. 실제 시험을 보는 것처럼 시간을 재며 문제를 풀어 보도록 합니다. 반복해서 연습하다 보면 합격의 길에 한층 가까워질 것입니다.

국가 기술 자격 실기 시험 문제

자격 종목	사무자동화산업기사	과제명	사무자동화 실무

※ 문제지는 시험종료 후 본인이 가져갈 수 있습니다.

비번호		시험 일시		시험장명	

※ 시험 시간 : 2시간(단, 인쇄 작업 : 별도 10분 이내, S/W 지참 수험자에 한해 설치 시간 : 30분)

1. 요구 사항

※ 다음에 제시된 요구 사항에 맞도록 사무자동화 실무 작업을 수행하시오.

가. 표 계산(SP) 작업

1) 작업 표 작성 : 자료(DATA)를 이용하여 작업 표를 작성합니다.
2) 그래프 작성 : 그래프 작성 조건에 따라 그래프를 작성합니다.
3) 작성한 작업 표와 그래프를 인쇄용지 **1장에 인쇄합니다.**

나. 자료 처리(DBMS) 작업

1) 조회 화면(SCREEN) 설계 : 처리 결과에 따라 조회 화면을 설계하고 **인쇄합니다.**
2) 자료 처리 보고서를 작성하여 **인쇄합니다.**

다. 시상(PT) 작업

1) 제1 슬라이드 작성 : 문제지에 제시된 제1 슬라이드를 작성합니다.
2) 제2 슬라이드 작성 : 문제지에 제시된 제2 슬라이드를 작성합니다.
3) 작성한 제1, 제2 슬라이드를 인쇄용지 **1장에 인쇄합니다.**

2. 수험자 유의 사항

가. 수험자는 **지정된 장소**에서, **지정된 시설과 용구만 사용**하여 시험에 임해야 하며, 수험자 임의 이동이 금지됨을 반드시 유의하시기 바랍니다.

나. 수험자 인적 사항은 반드시 **검은색** 필기구만 사용하여야 하며, 그 외 연필류, 유색 필기구, 지워지는 펜 등을 사용한 답안은 채점하지 않으며 0점 처리됩니다.

다. 수험자 PC의 바탕화면에 비번호로 폴더를 생성하고 시험 위원이 지정한 각 과제(SP, DB, PT)의 파일명을 준수하여 **수시로 저장하시기 바랍니다. (단, 시험 위원이 지정한 사항을 위반하여 수험자 임의로 작업하여 파일 입출력 문제가 발생될 경우 관계되는 제반되는 문제점 일체는 수험자의 귀책 사유에 귀속됩니다.)**

라. 작업의 순서는 3개 작업(SP, DB, PT) 중 수험자가 직접 임의 선택하여 시작할 수 있으나 각 작업의 세부 작업은 주어진 항목 순서에 따라 수행하도록 합니다.

마. 각 작업별 출력물의 상단 여백은 반드시 **6cm(60mm)로 조정**하시기 바랍니다.

바. 인쇄용지는 A4 기준 **총 4매**가 되게 하고, 인쇄 방향은 세로(좁게)로 선택하여 출력합니다.

사. 인쇄는 **반드시 수험자 본인**이 하여야 하며, 작업을 완료한 수험자는 시험 위원이 지정하는 프린터에서 파일의 인쇄 작업을 위한 제반 설정, 미리보기 및 여백 등에 한하여 수정할 수 있으나, **출력 작업은 단 1회를 원칙으로 합니다. (단, 기계적 결함은 예외로 하고, 각 작업에서 화면상의 표시와 인쇄 출력물의 결과가 상이한 경우에 한하여 수험자가 원하는 경우 추가로 1회 출력을 할 수 있습니다.)**

아. 인쇄물은 A4 각 장마다 중앙 상단(위쪽 여백 내에 인적 사항 (비번호/수험 번호/성명)과 중앙 하단에 **쪽 번호를 반드시 자필로 기입**한 후 1) ~ 4) 순으로 편철하여 제출합니다.

1) 개인별 답안 표지

2) 표 계산(SP) 작업 : 작업 표와 그래프 출력**(A4용지 1매)**

3) 자료 처리(DBMS) 작업 : 조회 화면(SCREEN) 설계 출력**(A4용지 1매)**
자료 처리 보고서 출력**(A4용지 1매)**

4) 시상(PT) 작업 : 슬라이드 2개 출력**(A4용지 1매)**

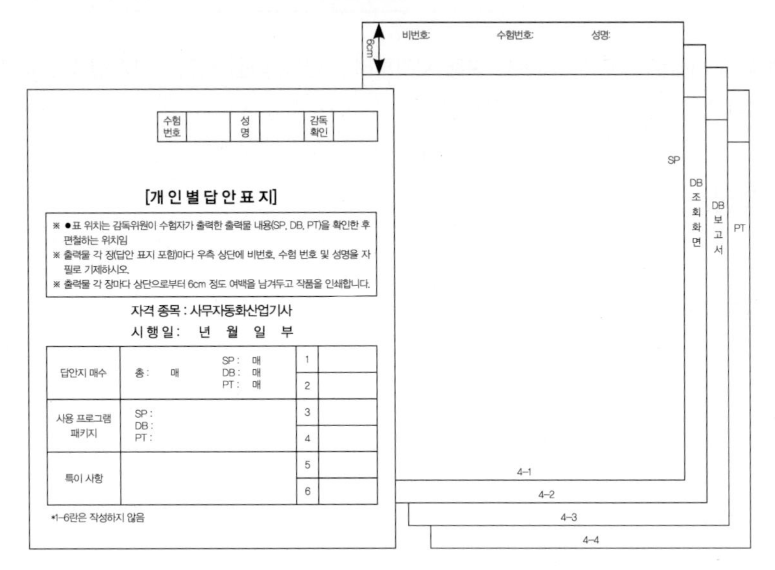

자. 수험자는 작업 전에 간단한 몸 풀기 운동을 실시 후에 시험에 임합니다.

차. 다음 사항은 실격에 해당하여 채점 대상에서 제외됩니다.

가) 시험시간 내에 요구 사항을 완성하지 못한 경우(최종 출력물 4장 미만인 경우)

나) 3개 작업(SP, DB, PT)에서 요구 사항에 제시된 세부 작업**(작업 표, 그래프, 조회 화면, 보고서, 제1 슬라이드, 제2 슬라이드) 중 어느 하나라도 누락된 경우**

다) SP : 작업 표 또는 그래프에서 그 득점이 0점인 경우

라) SP : 작업 표에서 수식을 작성치 않은 경우

마) SP : 그래프에서 데이터 영역(범위) 설정 오류로 요구 사항과 맞지 않는 경우

바) DB : 조회 화면 또는 보고서에서 그 득점이 0점인 경우

사) DB : 조회 화면에서 SQL문을 작성치 않은 경우(공란인 경우)

아) DB : 보고서에서 중간, 결과행 동시 오류로 0점 처리된 경우

자) PT : 1 슬라이드에서 그 득점이 0점인 경우

차) PT : 2 슬라이드에서 그 득점이 0점인 경우

카) 기타 각 작업에서 지정한 요구 사항과 맞지 않은 경우

타) 기능이 해당 등급 수준에 전혀 도달하지 못한 것으로 시험 위원이 판단할 경우 또는 시험 중 시설 장비의 조작 취급이 미숙하여 위해를 일으킨 것으로 예상되어 시험 위원 전원이 합의한 경우

파) 제출한 파일 내용과 출력물의 내용이 상이한 경우

하) 수험자 본인이 수험 도중 시험에 대한 포기 의사를 표시하는 경우

카. **사무자동화산업기사 종목 실기시험은 출력물을 기준으로 채점**하며, 답안지 및 채점 기준은 **공개하지 않습니다.**

※ 수험자 유의 사항 미준수로 인한 모든 채점상의 불이익은 수험자 본인에게 책임이 있습니다.

// SECTION //

01 공단 공개문제 01회

01 EXCEL 표 계산(SP) 작업

한국대학 사무자동화과에서는 학생 성적 처리를 스프레드시트를 통해 처리하려고 한다. 다음 자료(DATA)를 이용하여 작성 조건에 따라 작업 표와 그래프를 작성하고, 그 인쇄 출력물을 제출하시오.

01 작업 표(WORK SHEET) 작성

1. 자료(DATA)

학생별 성적자료

행 \ 열	A	B	C	D
2	학생이름	과제등급	중간	기말
3	김기찬	C	70	73
4	김수진	C	50	49
5	김정현	A	45	60
6	김찬진	C	69	82
7	박찬호	B	54	58
8	박현정	C	77	78
9	신명훈	A	85	74
10	이소라	B	84	65
11	이재민	C	57	80
12	최종혁	C	48	50
13	최진현	B	58	68
14	홍길동	A	70	72
15	송대관	A	62	80
16	송수정	B	65	88
17	송경관	A	62	92
18	김춘봉	B	82	48
19	임현식	A	55	64
20	임경철	C	76	60
21	신기한	A	54	60
22	김경태	B	50	45

※ 자료(DATA)부분에서 음영 처리 표시된 부분은 행/열의 기준을 나타내며 이는 작성(입력)하지 않음을 반드시 유의하시오.

2. 작업 표 형식

학생 성적 현황

행 \ 열	A	B	C	D	E	F	G	H	I	J
2	학생이름	과제등급	중간	기말	과제점수	총점	조정점수	최종점수	총점순위	평가
3 ⋮ 22	–	–	–	–	❶	❷	❸	❹	❺	❻
23	평균		❼	❼	❼	❼	❼	❼	╳	
24	85점 이상인 학생수							❽		
25	과제등급이 A 또는 B인 학생들의 최종점수의 합							❾		
26	❿									
27	총점순위가 10 이상 15 이하인 합						⓫	⓫	╳	
28	이씨이면서 과제등급이 B 또는 C인 합						⓬	⓬		
29	⓭									

※ 음영 처리 표시된 부분은 작성하지 않습니다.

3. 작성 조건

가) 작성 시 유의 사항

Ⓐ 작업 표의 작성은 "나)~라)" 항에 제시된 내용을 따르고 반드시 제시된 조건(함수 적용, 단서 조항 등)에 따라 처리하시오.

Ⓑ 제시된 작성 조건을 따르지 아니하고 여타의 방법 일체(제시된 함수 이외 다른 함수 적용, 함수 미적용, 별도 전자계산기 사용 등)를 사용하여 도출된 결과는 그 답이 맞더라도 정답으로 인정되지 않음을 반드시 유의하시오.

나) 작업 표의 구성 및 서식

Ⓐ "작업 표 형식"에서 행과 열에 관계된 음영 처리 표시된 부분은 작성하지 않음을 유의하고 반드시 제시된 행/열에 맞추도록 하시오.

Ⓑ 제목 서식 : 16포인트 크기로 하시오.

Ⓒ 글꼴 서체 : 임의 선정하시오.

다) 원문자가 표시된 셀은 아래의 방법을 이용하여 처리하시오.

❶ 과제점수 : 과제등급이 "A"이면 20, "B"이면 15, "C"이면 10으로 하시오.

❷ 총점 = 과제점수 + ((중간+기말) × 40%)

❸ 조정점수 : 기말이 중간보다 크거나 같으면 조정점수는 기말 × 20%, 기말이 중간보다 작으면 조정점수는 중간 × 10%

❹ 최종점수 = 총점 + 조정점수

❺ 총점순위 : 최종점수를 기준으로 순위를 산정하시오. (단, 최종점수가 가장 높은 경우 순위를 1로 한다.)

❻ 평가 : 최종점수가 90 이상이면 "최우수", 80 이상 90 미만이면 "우수", 60 미만이면 "미달", 그 외는 "보통"

❼ 각 항목의 평균을 계산하시오.

❽ 최종점수가 85점 이상인 학생 수를 계산하시오.

❾ 과제등급이 A 또는 B인 학생들의 최종점수의 합을 산출하시오. (단, 소수 첫 번째 자리에서 반올림하여 정수로 표시하는 ROUND 함수와 SUMPRODUCT, ISNUMBER, FIND 함수를 모두 사용한 수식을 작성하시오.)

❿ ❾에 적용된 수식(함수)을 기재하시오. ("="는 생략)

⓫ 총점순위가 10 이상 15 이하인 조정점수, 최종점수의 합을 각각 산출하시오.

⓬ 성이 이씨이면서 과제등급이 B 또는 C인 조정점수, 최종점수의 합을 각각 산출하시오.

⓭ 작성 조건 ⓬에 사용된 수식을 기재하시오.
 – 단, 조정점수 기준으로
 – 수식에 SUMPRODUCT, LEFT 함수 반드시 포함

※ 함수식을 기재하는 셀과 연관된 지정 함수 조건(함수 지정)이 있을 경우 제시된 함수만을 사용해 함수식을 구성 및 작업하여야 하며, 작성 조건을 위배하여 임의로 작성할 시 해당 답이 맞더라도 틀린 항목으로 채점됨을 유의하시오. 만약, 구체적인 함수가 제시되지 않을 경우 수험자가 스스로 적합한 함수를 선정하여 작업하시오.
※ 또한 함수식을 작성할 때는 "라) 작업 표의 정렬 순서(SORT)"에 따라 조건에 맞게 정렬 후 도출된 결과에 의한 함수식을 기재하시오.

라) 작업 표의 정렬 순서(SORT)는 최종점수의 내림차순으로 하고, 최종점수가 같으면 과제등급의 오름차순으로 한다.

마) 기타

(1) 금액에 대한 수치는 원화(₩) 표시를 하고 천 단위마다 ','(Comma)를 표시하시오. (단, 금액 이외의 수치는 ','(Comma)를 표시하지 않도록 하시오.)

(2) 모든 수치(숫자, 통화, 회계, 백분율 등)는 셀 서식의 속성을 설정하는 과정에서 소수 자릿수를 "0"으로 지정하여 정수로 표시되도록 하시오.

(3) 음수는 "–"가 표시되도록 하시오.

(4) 숫자 셀은 우측을 수직으로 맞추고, 문자 셀은 수평 중앙으로 맞추며 이외 사항은 작업 표 형식에 따르도록 하시오. 특히, 단서 조항이 있을 경우는 단서 조항을 우선으로 하고, 인쇄 출력 시 판독 불가능이 발생되지 않도록 인쇄 미리보기 등을 통하여 셀의 크기를 적당히 조정하시오.

02 그래프(GRAPH) 작성

작성한 "학생 성적 현황"에서 최종점수가 85점 이상인 학생이름별 총점과 조정점수를 나타내는 그래프를 작성하시오.

[작성 조건]

1) 그래프 형태 : 혼합형 단일축 그래프
 총점(묶은 세로 막대형), 조정점수(데이터 표식이 있는 꺾은 선형)
 (단, 총점만 데이터 레이블의 값이 표시된 혼합형 단일축 그래프로 하시오.)
2) 그래프 제목 : 학생별 성적현황 ---- (확대 출력)
3) X축 제목 : 학생이름
4) Y축 제목 : 점수
5) X축 항목 단위 : 해당 문자열
6) Y축 눈금 단위 : 임의
7) 범례 : 총점, 조정점수
8) 출력물 크기 : A4용지 1/2장 범위 내

9) 기타 : 작성 조건에 없는 형식이나 모양은 기본 설정 값에 따르며, 그래프 너비는 작업 표 너비에 맞추도록 하시오.

※ 그래프는 반드시 작성된 작업 표와 연동하여 작업하여야 하며, 그래프의 영역(범위) 설정 오류로 인한 불이익은 전적으로 수험자 본인에게 있습니다.

02 ACCESS 자료 처리(DBMS) 작업

외식 프랜차이즈 암소가든에서는 판매 관리를 전산화하려고 한다. 다음 입력 자료를 이용하여 DB를 설계하고 작성 조건에 따라 처리파일을 작성하고, 그 인쇄 출력물을 제출하시오.

01 자료 처리(DBMS) 작업 작성 조건

1) 자료 처리(DBMS) 작업은 조회 화면(SCREEN) 설계와 자료 처리 보고서의 2가지 작업을 수행하여야 하며, 그 결과물은 수험자 유의 사항 [3) 자료 처리(DBMS) 작업]을 참고하여 작업하시오.
2) 반드시 인쇄 작업 수행 전 미리보기 등을 통해 여백을 조정하고, 수치, 문자 등 구성 요소가 누락되지 않도록 주의하시오. 구성 요소가 누락되어 인쇄되지 않은 결과로 인한 모든 책임은 전적으로 수험자 본인에게 있음을 반드시 유의하시오.
3) 문제지에 기재된 작성 조건에 따라 처리하고, 조회 화면 및 자료 처리 보고서의 서식이 작성 조건과 상이할 경우에는 시험 위원의 지시에 따라 작업하시오.

02 입력 자료

판매 실적 현황

일자	업소명	품목코드	판매수량
2015-05-06	한사랑	AA	100
2015-05-06	한우네	AA	15
2015-05-06	강남촌	BB	20
2015-05-06	멋사랑	CC	50
2015-06-01	한사랑	AA	200
2015-06-01	한우네	CC	25
2015-06-01	멋사랑	DD	100
2015-10-05	한사랑	BB	30
2015-10-05	강남촌	DD	25
2015-10-05	멋사랑	AA	100
2015-11-10	강남촌	AA	20
2015-11-10	한우네	BB	30
2015-11-10	한사랑	CC	200
2015-12-05	강남촌	CC	75
2015-12-05	멋사랑	AA	35

제품마스터

품목코드	제품명	단가
AA	자켓	15,000
BB	바지	25,000
CC	셔츠	10,000
DD	치마	30,000

03 조회 화면(SCREEN) 설계

※ 다음 조건에 따라 업소명이 "강남촌"또는 "멋사랑"이면서, 판매수량이 50개 이상인 현황을 조회할 수 있는 화면을 설계하고 해당 데이터를 출력하시오.

1) 해당 현황은 목록 상자(리스트박스)에서 필드명 "일자"의 내림차순으로 출력하고, 화면 아래에 조회 시 작성한 SQL문을 복사하시오.
   - WHERE 조건절에 업소명, 판매수량 반드시 포함
   - INNER JOIN, ORDER BY 구문 반드시 포함
   ※ SQL문에 상기 내용 미포함 시 SQL 작성 부분 0점 처리
2) 리스트박스 조회 시 작성된 SQL문이 작성되지 않을 경우에는 "03 조회 화면(SCREEN) 설계" 과제가 0점 처리됨을 반드시 유의하시오.
3) 목록 상자에 표시되어야 할 필수적인 필드명은 다음과 같습니다.
   - 제품명, 단가, 일자, 업소명, 판매수량
4) 폼 서식에 제반되는 폰트, 점선 등은 아래 [조회 화면 서식]에 보이는 대로 기재하시오.
5) 기타 사항은 "04 자료 처리 파일(FILE) 작성"의 [기타 조건]을 따르시오.

[조회 화면 서식]

업소명이 "강남촌" 또는 "멋사랑"이면서 판매 수량이 50개
이상인 현황

제품명	단가	일자	업소명	판매수량

리스트박스 조회 시 작성된 SQL문

04 자료 처리 파일(FILE) 작성

※ 다음 조건에 따라 아래 양식과 같이 작성하시오.

[처리 조건]

1) 업소명(강남촌, 멋사랑, 한사랑, 한우네)별로 정리한 후, 같은 업소명 안에서는 제품명의 오름차순으로 정렬(SORT)한다.
2) 판매금액 = 판매수량 × 단가
3) 비고는 판매금액이 ₩1,000,000 이상인 경우 "히트상품"으로 표시하고, 그 외는 공란으로 한다.
4) 업소명별 합계 : 판매수량, 판매금액의 합 산출
5) 총합계 : 판매수량, 판매금액의 총합 산출

[기타 조건]

1) 입력 화면 및 보고서의 제목은 16 정도의 임의 서체로 하시오.
2) 금액에 대한 수치는 원화(₩) 표시를 하고 천 단위마다 ,(Comma)를 표시하시오. (단, 금액 이외의 수치는 ,(Comma)를 표시하지 않도록 하시오.)
3) 모든 수치(숫자, 통화, 백분율 등)는 컨트롤의 속성을 설정하는 과정에서 소수 자릿수를 "0"으로 지정하여 정수로 표시하시오.
4) 데이터의 열과 간격은 일정하게 맞추도록 하시오.
5) 작성일자는 수험일자로 하시오.

업소별 제품 판매 현황

작성일자 : YYYY-MM-DD

업소명	제품명	일자	판매수량	단가	판매금액	비고
XXXX	XXXX	XX/XX/XX	XXXX	₩X,XXX	₩X,XXX	XXXX
	-	-	-	-	-	
합계			XXXX		₩X,XXX	
-	-	-	-	-	-	-
합계			XXXX		₩X,XXX	
총합계			XXXX		₩X,XXX	

03 POWERPOINT 시상(PT) 작업

주어진 2개의 슬라이드를 슬라이드 작성 조건에 따라 작업하여 인쇄합니다.

[슬라이드 작성 조건]

1) 각 슬라이드를 문제의 슬라이드 원안과 같이 인쇄하여 제출합니다.
   (특히 글자, 음영, 그림자, 도형 등 인쇄된 내용 그대로 작업함을 유의하시오.)
2) "주1)" 등 특수한 속성 지정이 되어 있는 경우 지시에 따라 작성하시오.
3) 글꼴은 문제 원안과 같거나 유사한 형태로 작업합니다.
4) 글자, 그림 및 도형 등의 크기와 모양은 문제 원안과 같거나 유사한 형태로 작업합니다.
5) 모든 글씨, 선 등은 흑백(그레이스케일)으로 작업하되, 글상자, 그림 및 도형 등에서 색 채우기가 있는 경우 색 채우기는 회색 40% 정도, 투명도 0%를 기준으로 작업합니다.
6) 각 슬라이드는 원안과 같이 외곽선 테두리가 인쇄되도록 인쇄합니다.
7) 각 슬라이드 크기는 A4 용지의 1/2 범위 내에 인쇄가 가능한 크기가 되도록 조정하여, 슬라이드 2개를 A4 용지 1매 안에 모두 인쇄합니다.
8) 비번호, 수험번호, 성명, 페이지 번호 등은 반드시 자필로 기재합니다.

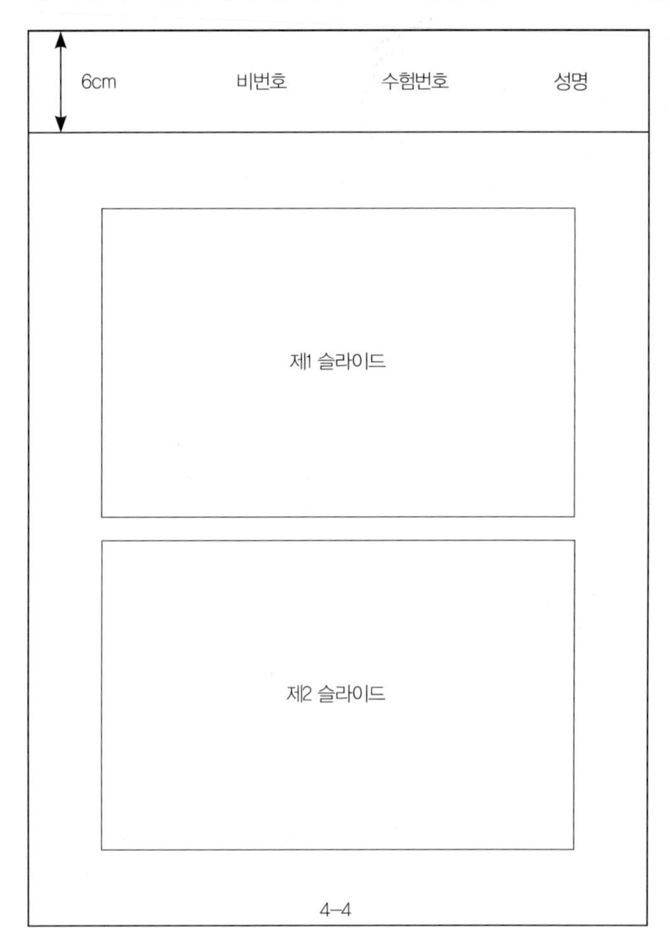

01 제1 슬라이드

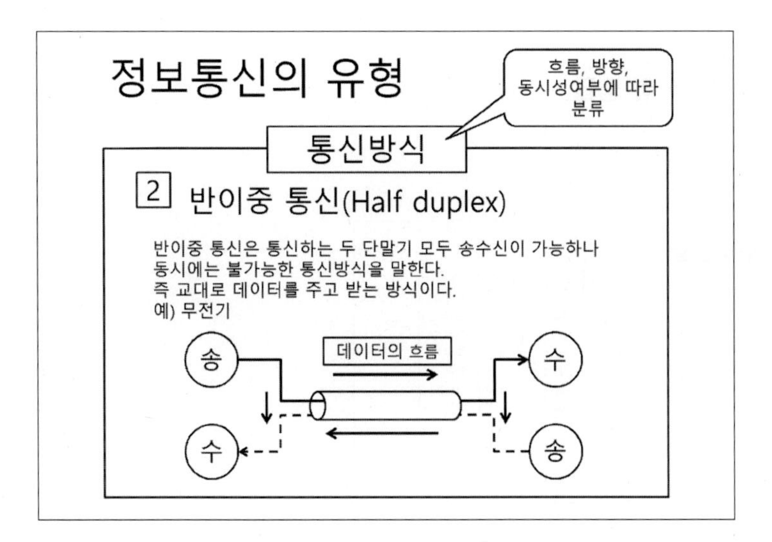

02 제2 슬라이드

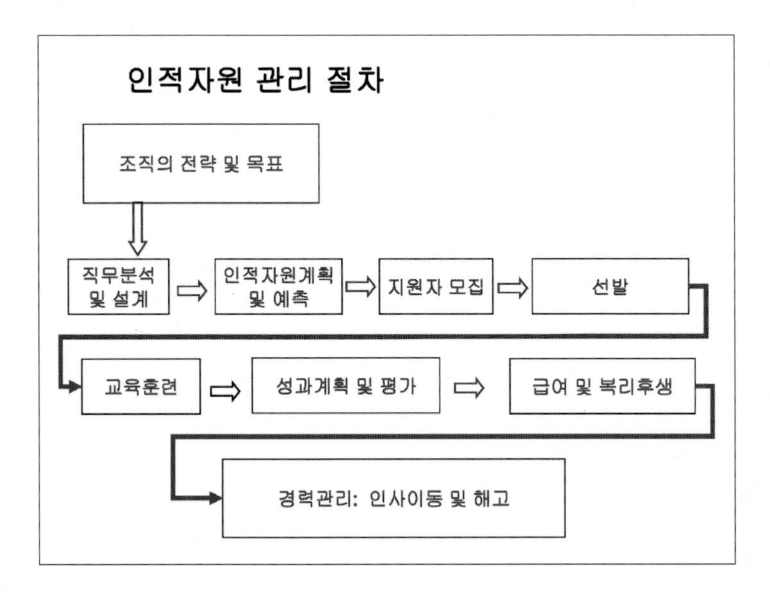

엑셀 작업 EXCEL 표 계산(SP) 작업 정답

작업 표(WORK SHEET) 작성

학생 성적 현황

학생이름	과제등급	중간	기말	과제점수	총점	조정점수	최종점수	총점순위	평가
송경관	A	62	92	20	82	18	100	1	최우수
송수정	B	65	88	15	76	18	94	2	최우수
송대관	A	62	80	20	77	16	93	3	최우수
신명훈	A	85	74	20	84	9	92	4	최우수
홍길동	A	70	72	20	77	14	91	5	최우수
박현정	C	77	78	10	72	16	88	6	우수
김찬진	C	69	82	10	70	16	87	7	우수
이소라	B	84	65	15	75	8	83	8	우수
김기찬	C	70	73	10	67	15	82	9	우수
이재민	C	57	80	10	65	16	81	10	우수
임현식	A	55	64	20	68	13	80	11	우수
최진현	B	58	68	15	65	14	79	12	보통
신기한	A	54	60	20	66	12	78	13	보통
김춘봉	B	82	48	15	67	8	75	14	보통
김정현	A	45	60	20	62	12	74	15	보통
임경철	C	76	60	10	64	8	72	16	보통
박찬호	B	54	58	15	60	12	71	17	보통
최종혁	C	48	50	10	49	10	59	18	미달
김경태	B	50	45	15	53	5	58	19	미달
김수진	C	50	49	10	50	5	55	20	미달
평균		64	67	15	67	12	80		
85점 이상인 학생수							7		
과제등급이 A 또는 B인 학생들의 최종점수의 합							1069		
ROUND(SUMPRODUCT(ISNUMBER(FIND("A",B3:B22))+ISNUMBER(FIND("B",B3:B22)),H3:H22),0)									
총점순위가 10 이상 15 이하인 합						75	467		
이씨이면서 과제등급이 B 또는 C인 합						24	164		
=SUMPRODUCT((($B$3:$B$22="B")+($B$3:$B$22="C"))*(LEFT($A$3:$A$22,1)="이"),G3:G22)									

그래프(GRAPH) 작성

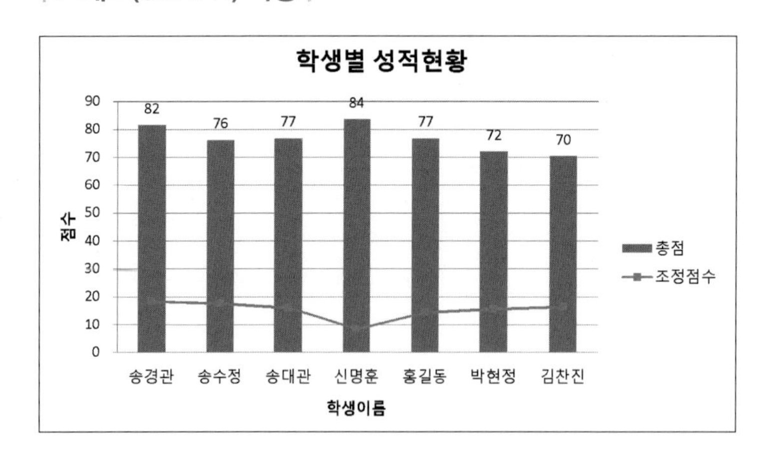

액세스 작업 **ACCESS 자료 처리(DBMS) 작업 정답**

조회 화면 설계

업소명이 "강남촌" 또는 "멋사랑"이면서 판매 수량이 50개 이상인 현황

제품명	단가	일자	업소명	판매수량
셔츠	₩10,000	2015-12-05	강남촌	75.00
자켓	₩15,000	2015-10-05	멋사랑	100.00
치마	₩30,000	2015-06-01	멋사랑	100.00
셔츠	₩10,000	2015-05-06	멋사랑	50.00

리스트박스 조회 시 작성된 SQL문

```
SELECT 테이블2.제품명, 테이블2.단가, 테이블1.일자, 테이블1.업소명, 테이블1.판매수
량
FROM 테이블1 INNER JOIN 테이블2 ON 테이블1.품목코드 = 테이블2.품목코드
WHERE (((테이블1.업소명)="강남촌" Or (테이블1.업소명)="멋사랑") AND ((테이블1.판
매수량)>=50))
ORDER BY 테이블1.일자 DESC;
```

자료 처리 파일

업소별 제품 판매 현황

작성일자 : 2021-12-06

업소명	제품명	일자	판매수량	단가	판매금액	비고
강남촌	바지	15/05/06	20	₩25,000	₩500,000	
	셔츠	15/12/05	75	₩10,000	₩750,000	
	자켓	15/11/10	20	₩15,000	₩300,000	
	치마	15/10/05	25	₩30,000	₩750,000	
	합계		140		₩2,300,000	
멋사랑	셔츠	15/05/06	50	₩10,000	₩500,000	
	자켓	15/12/05	35	₩15,000	₩525,000	
	자켓	15/10/05	100	₩15,000	₩1,500,000	히트상품
	치마	15/06/01	100	₩30,000	₩3,000,000	히트상품
	합계		285		₩5,525,000	
한사랑	바지	15/10/05	30	₩25,000	₩750,000	
	셔츠	15/11/10	200	₩10,000	₩2,000,000	히트상품
	자켓	15/06/01	200	₩15,000	₩3,000,000	히트상품
	자켓	15/05/06	100	₩15,000	₩1,500,000	히트상품
	합계		530		₩7,250,000	
한우네	바지	15/11/10	30	₩25,000	₩750,000	
	셔츠	15/06/01	25	₩10,000	₩250,000	
	자켓	15/05/06	15	₩15,000	₩225,000	
	합계		70		₩1,225,000	
	총 합계		1025		₩16,300,000	

파워포인트 작업 **POWERPOINT 시상(PT) 작업 정답**

01 제1 슬라이드

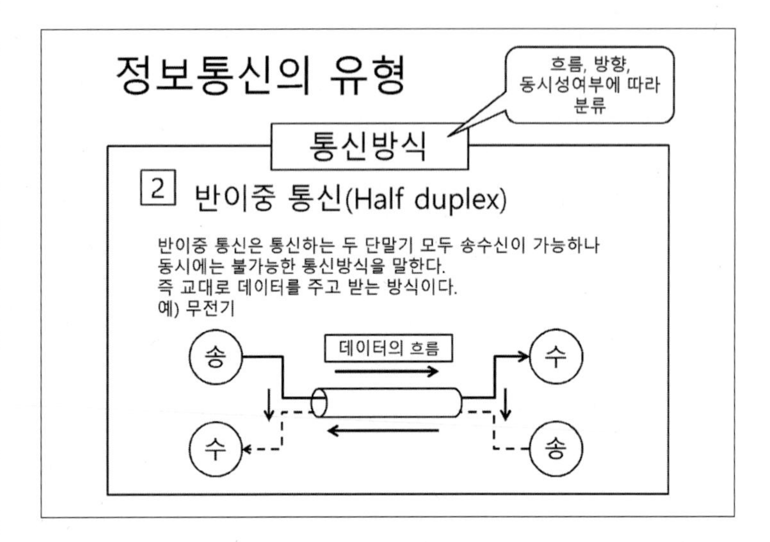

02 제2 슬라이드

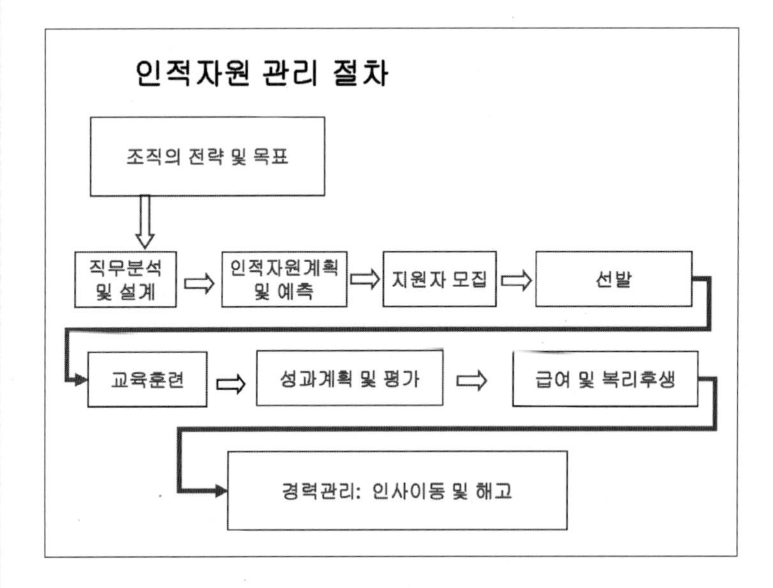

01 EXCEL 표 계산(SP) 작업 풀이

※ 해설은 'PART 01 MS 오피스 따라 하기'에서 언급된 순서로 진행하며, 앞서 설명한 부분은 자세한 해설을 생략하였습니다. 함수식의 작성 순서 등의 설명이 제외되므로, 'PART 03 함수 사전'을 먼저 확인하시기 바랍니다.

01 자료(DATA) 입력 및 작성 조건 처리하기

① Excel을 실행한다.

> Ⓐ "작업 표 형식"에서 행과 열에 관계된 음영 처리 표시된 부분은 작성하지 않음을 유의하고 반드시 제시된 행/열에 맞추도록 하시오.
> Ⓑ 제목 서식 : 16포인트 크기로 하시오.
> Ⓒ 글꼴 서체 : 임의 선정하시오.

② 1. 자료(DATA)를 참고하여 [A2] 셀부터 [I22] 셀까지 문제에 제시된 행/열에 맞게 자료를 입력한다.

③ 2. 작업 표 형식을 참고하여 [A1] 셀에 "학생 성적 현황" 제목을 작성한다.

④ [A1]~[J1] 셀까지 블록 선택한 뒤 [홈] 탭–[병합하고 가운데 맞춤](▦ ▾)과 글꼴 크기 16을 차례대로 적용한다.

⑤ 2. 작업 표 형식을 참고하여 나머지 계산결과 항목을 제시된 해당 열에 입력하고, 하단의 23행~29행에 제시된 자료를 입력하고, 병합하여야 할 셀은 [홈] 탭–[병합하고 가운데 맞춤](▦ ▾)을 이용하여 병합해 준다.

	A	B	C	D	E	F	G	H	I	J
1	학생 성적 현황									
2	학생이름	과제등급	중간	기말	과제점수	총점	조정점수	최종점수	총점순위	평가
3	김기찬	C	70	73	①	②	③	④	⑤	⑥
4	김수진	C	50	49						
5	김정현	A	45	60						
6	김찬진	C	69	82						
7	박찬호	B	54	58						
8	박현정	C	77	78						
9	신명훈	A	85	74						
10	이소라	B	84	65						
11	이재민	C	57	80						
12	최종혁	C	48	50						
13	최진현	B	58	68						
14	홍길동	A	70	72						
15	송대관	A	62	80						
16	송수정	B	65	88						
17	송경관	A	62	92						
18	김춘봉	B	82	48						
19	임현식	A	55	64						
20	임경철	C	76	60						
21	신기한	A	54	60						
22	김경태	B	50	45						
23	평균		⑦	⑦	⑦	⑦	⑦	⑦		
24	85점 이상인 학생수							⑧		
25	과제등급이 A 또는 B인 학생들의 최종점수의 합							⑨		
26	⑩									
27	총점순위가 10 이상 15 이하인 합						⑪	⑪		
28	이씨이면서 과제등급이 B 또는 C인 합						⑫	⑫		
29	⑬									

⑥ 입력 범위에 [홈] 탭–[글꼴] 그룹–[모든 테두리](田)를 적용한 뒤, 2행~29행까지 행 머리글을 선택하고 [홈] 탭–[글꼴] 그룹–글꼴 크기를 9로 변경하여 행 높이와 글꼴 크기를 동시에 줄여준다.

02 원문자(함수) 작성 조건 처리하기

함수식 작성 시에는 아래 문제에 제시된 조건에 맞게 식을 작성 한다.

> ※ 함수식을 기재하는 셀과 연관된 지정 함수 조건(함수 지정)이 있을 경우 제시된 함수만을 사용해 함수식을 구성 및 작업하여야 하며, 작성 조건을 위배하여 임의로 작성할 시 해당 답이 맞더라도 틀린 항목으로 채점됨을 유의하시오. 만약, 구체적인 함수가 제시되지 않을 경우 수험자가 스스로 적합한 함수를 선정하여 작업하시오.
> ※ 또한 함수식을 작성할 때는 "라) 작업 표의 정렬 순서(SORT)"에 따라 조건에 맞게 정렬 후 도출된 결과에 의한 함수식을 기재하시오.

❶ 과제점수 : 과제등급이 "A"이면 20, "B"이면 15, "C"이면 10으로 하시오.

=IF(B3="A",20,IF(B3="B",15,IF(B3="C",10)))

❷ 총점 = 과제점수 + ((중간+기말) × 40%)

=E3+((C3+D3)*40%)

❸ 조정점수 : 기말이 중간보다 크거나 같으면 조정점수는 기말 × 20%, 기말이 중간보다 작으면 조정점수는 중간 × 10%

=IF(D3>=C3,D3*20%,C3*10%)

❹ 최종점수 = 총점 + 조정점수

=F3+G3

❺ 총점순위 : 최종점수를 기준으로 순위를 산정하시오. (단, 최종점수가 가장 높은 경우 순위를 1로 한다.)

=RANK(H3,$H$3:$H$22)

❻ 평가 : 최종점수가 90 이상이면 "최우수", 80 이상 90 미만이면 "우수", 60 미만이면 "미달", 그 외는 "보통"

=IF(H3>=90,"최우수",IF(H3>=80,"우수",IF(H3<60,"미달","보통")))

각 식을 입력하고 자동 채우기를 하여 답을 완성한다.

❼ 각 항목의 평균을 계산하시오.

=AVERAGE(C3:C22)

❽ 최종점수가 85점 이상인 학생 수를 계산하시오.

=COUNTIF($H$3:$H$22,">=85")

❾ 과제등급이 A 또는 B인 학생들의 최종점수의 합을 산출하시오. (단, 소수 첫 번째 자리에서 반올림하여 정수로 표시하는 ROUND 함수와 SUMPRODUCT, ISNUMBER, FIND 함수를 모두 사용한 수식을 작성하시오.)

=ROUND(SUMPRODUCT(ISNUMBER(FIND("A",$B$3:$B$22))+ISNUMBER(FIND("B",$B$3:$B$22)),H3:H22),0)

⑩ ⑨에 적용된 수식(함수)을 기재하시오. ("="는 생략)

[H25] 셀의 함수식을 = 을 빼고 붙여 넣는다.
ROUND(SUMPRODUCT(ISNUMBER(FIND("A",$B$3:$B$22))+ISNUMBER(FIND("B",$B$3:$B$22)),H3:H22),0)

⑪ 총점순위가 10 이상 15 이하인 조정점수, 최종점수의 합을 각각 산출하시오.

=SUMIFS(G3:G22,$I$3:$I$22,">=10",$I$3:$I$22,"<=15")

⑫ 성이 이씨이면서 과제등급이 B 또는 C인 조정점수, 최종점수의 합을 각각 산출하시오.

=SUMPRODUCT((($B$3:$B$22="B")+($B$3:$B$22="C")) *(LEFT($A$3:$A$22,1)="이"),G3:G22)

⑬ 작성 조건 ⑫에 사용된 수식을 기재하시오. (단, 조정점수를 기준으로 하고, 수식에 SUMPRODUCT, LEFT 함수를 반드시 포함한다.)

[G28] 셀의 함수식을 붙여 넣는다.
SUMPRODUCT((($B$3:$B$22="B")+($B$3:$B$22="C")) *(LEFT($A$3:$A$22,1)="이"),G3:G22)

각 식을 입력하고 자동 채우기하여 답을 완성한다.

03 작업 표 정렬하기

라) 작업 표의 정렬 순서(SORT)는 최종점수의 내림차순으로 하고, 최종점수가 같으면 과제등급의 오름차순으로 한다.

① [A3:J22] 범위를 선택한다.
② [데이터] 탭-[정렬]을 클릭하고 지시사항과 같이 정렬 기준을 설정한다.

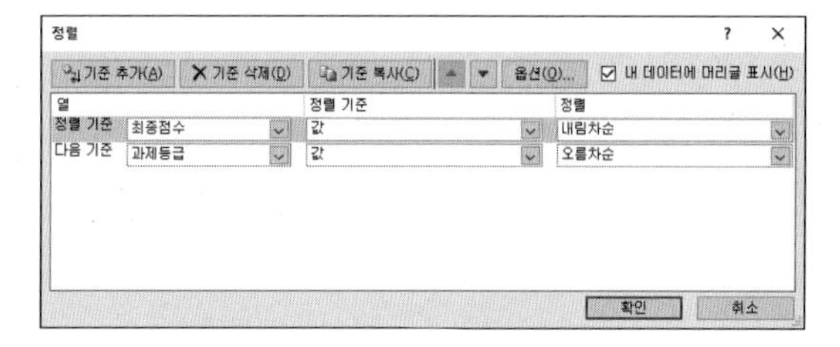

04 기타 작업으로 형식 적용하기

(1) 금액에 대한 수치는 원화(₩) 표시를 하고 천 단위마다 ','(Comma)를 표시하시오. (단, 금액 이외의 수치는 ','(Comma)를 표시하지 않도록 하시오.)
(2) 모든 수치(숫자, 통화, 회계, 백분율 등)는 셀 서식의 속성을 설정하는 과정에서 소수 자릿수를 "0"으로 지정하여 정수로 표시되도록 하시오.
(3) 음수는 "-"가 표시되도록 하시오.
(4) 숫자 셀은 우측을 수직으로 맞추고, 문자 셀은 수평 중앙으로 맞추며 이외 사항은 작업 표 형식에 따르도록 하시오. 특히, 단서조항이 있을 경우는 단서 조항을 우선으로 하고, 인쇄 출력 시 판독 불가능이 발생되지 않도록 인쇄 미리 보기 등을 통하여 셀의 크기를 적당히 조정하시오.

[형식 지정하기]

정수(숫자)	[B3:I22], [C23:H23], [H24:H25], [G27:H28]
가운데 정렬	문자열인 A열, B열, J열, 2행, 하단 지시사항
테두리	• [A2:J29] : 모든 테두리 • [A3:J22] : 가운데 테두리 해제

05 페이지 설정하기

① 빠른 실행 도구-[인쇄 미리보기 및 인쇄]( ) 클릭-[페이지 설정] 클릭 후 여백을 설정한다. 위쪽 : 6, 아래쪽 : 1, 왼쪽 : 1, 오른쪽 : 1, 페이지 가운데 맞춤 : [가로]에 체크한다.
② [페이지 설정] 대화상자-[머리글/바닥글] 탭을 클릭하고 [머리글 편집]을 클릭하고 오른쪽 구역에 수험번호, 입실 시 발급받은 비번호를 입력한 후 [확인]을 클릭한다.

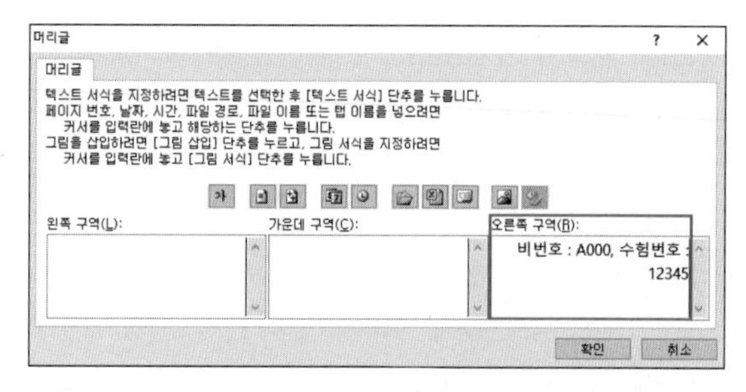

기적의 Tip

• 비번호와 수험번호는 출력 후 수기로 작성해도 됩니다.
• 페이지 번호는 엑셀 4-1, 액세스 4-2, 4-3, 파워포인트 4-4로 문제에 제시되고 이 기준에 맞게 입력합니다.

③ [바닥글 편집]을 클릭하고 가운데 구역에 인쇄물 페이지 번호 "4-1"을 입력한 뒤 [확인]을 클릭한다.

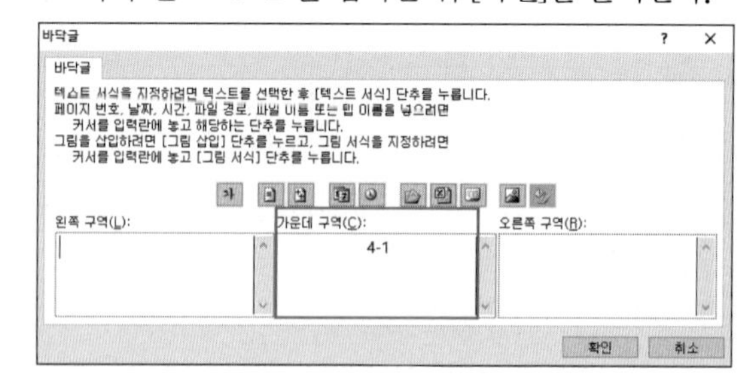

④ [홈] 탭을 눌러 워크시트로 되돌아 온 뒤 열 폭을 조절하여 인쇄 경계에 작업 표 마지막 열이 포함되도록 설정한다.

I	J
항로폐쇄여부	순위
	7
	10
	12
	8
	10
	14

기적의 Tip

인쇄 경계선은 작업에 따라 다른 열에 표시될 수 있습니다. 꼭 그림처럼 J열에 맞추는 것이 아니라 작업 표 마지막 열이 경계선에 닿도록 해야 합니다. 넘어가면 2페이지에 출력되고 부족하면 작업 표가 좌측으로 쏠리게 됩니다.

06 그래프 작성하기

02 그래프(GRAPH) 작성

작성한 "학생 성적 현황"에서 최종점수가 85점 이상인 학생 이름별 총점과 조정점수를 나타내는 그래프를 작성하시오.

[작성 조건]

1) 그래프 형태 : 혼합형 단일축 그래프
총점(묶은 세로 막대형), 조정점수(데이터 표식이 있는 꺾은 선형) (단, 총점만 데이터 레이블의 값이 표시된 혼합형 단일축 그래프로 하시오.)
2) 그래프 제목 : 학생별 성적현황 ---- (확대 출력)
3) X축 제목 : 학생이름
4) Y축 제목 : 점수
5) X축 항목 단위 : 해당 문자열
6) Y축 눈금 단위 : 임의
7) 범례 : 총점, 조정점수
8) 출력물 크기 : A4 용지 1/2장 범위 내
9) 기타 : 작성 조건에 없는 형식이나 모양은 기본 설정 값에 따르며, 그래프 너비는 작업 표 너비에 맞추도록 하시오.

① 작성 조건에 해당하는 범위를 Ctrl를 이용하여 그림과 같이 연속 선택한다.

학생이름	과제등급	중간	기말	과제점수	총점	조정점수
송경관	A	62	92	20	82	18
송수정	B	65	88	15	76	18
송대관	A	62	80	20	77	16
신명훈	A	85	74	20	84	9
홍길동	A	70	72	20	77	14
박현정	C	77	78	10	72	16
김찬진	C	69	82	10	70	16

② [삽입] 탭-[세로 막대형]-[묶은 세로 막대형]( )을 클릭하여 차트를 워크시트에 삽입한다.

③ 차트를 선택하고 [디자인] 탭-[차트 레이아웃]-[레이아웃 9]( )를 적용한다.

④ 범례 클릭 후 시간차를 두고 [수익] 계열을 클릭하고 마우스 우클릭을 눌러 [계열 차트 종류 변경]을 클릭하여 [차트 종류 변경] 대화상자에서 [표식이 있는 꺾은 선형]( )을 선택하고 [확인]을 클릭하여 [수익]계열의 차트 종류를 [표식이 있는 꺾은 선형]으로 변경한다.

⑤ 차트를 그림과 같이 인쇄 경계선 안쪽, 작업 표 하단에 배치하고 차트 제목(글꼴 크기 : 16), 가로축, 세로축 이름을 입력한다. 인쇄 시 차트가 잘리는 것을 방지하기 위하여 인쇄 경계선과 약 1행 정도 여백을 두고 배치하도록 한다.

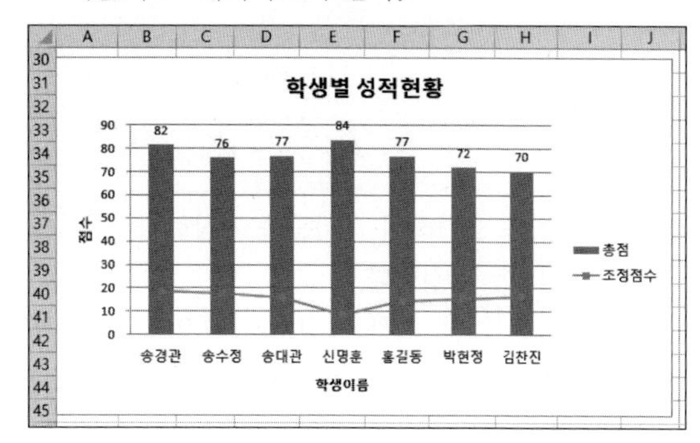

07 인쇄 영역 설정하기

① 인쇄 경계선을 기준으로 범위를 선택한다. (마지막 행은 글꼴 크기 행 높이에 따라 상이하므로 답안 파일과 작업자 파일이 상이할 수 있다.)

② [A1] 셀부터 오른쪽 아래 인쇄 영역까지 범위를 선택하고 [페이지 레이아웃]-[인쇄 영역]-[인쇄 영역 설정]을 클릭하여 인쇄 영역을 설정한다. 인쇄 영역을 설정하면 인쇄 시 불필요한 영역을 제외할 수 있다.

02 ACCESS 자료 처리(DBMS) 작업 풀이

01 테이블1 만들기

① [만들기]-[테이블 디자인] 클릭하여 새로운 [테이블 디자인 보기] 창을 실행한다.
② 테이블의 필드와 형식을 다음과 같이 설정한다.

필드 이름	데이터 형식	일반
일자	날짜/시간	yyyy-mm-dd
업소명	텍스트	
품목코드	텍스트	
판매수량	숫자	• 필드크기 : 정수(Long) • 형식 : 0 • 소수 자릿수 : 0

③ [닫기](×)를 클릭하여 테이블을 저장한다. 테이블 이름은 임의로 지정한다.
④ 테이블1에는 기본 키를 지정하지 않으므로, '기본 키를 정의하지 않았습니다.' 대화상자에서 [아니오]를 클릭한다.

02 테이블2 만들기

① [만들기]-[테이블 디자인] 클릭하여 새로운 [테이블 디자인 보기] 창을 선택한다.
② 테이블의 필드와 형식을 다음과 같이 설정한다.

필드 이름	데이터 형식	일반
품목코드	텍스트	기본 키
제품명	텍스트	
단가	통화	소수 자릿수 : 0

③ 품목코드 필드의 [필드 선택기]를 클릭하고 [디자인] 탭-[기본 키]를 클릭하여 기본 키를 적용한다.
④ [닫기](×)를 클릭하여 테이블을 저장한다. 테이블 이름은 임의로 지정한다.

03 테이블에 데이터 입력

① Access 개체 창에서 테이블1, 테이블2를 각각 더블클릭하여 실행한 뒤 문제의 '02 입력 자료'를 참고하여 데이터를 입력한다.

일자	업소명	품목코드	판매수량
2015-05-06	한사랑	AA	100
2015-05-06	한우네	AA	15
2015-05-06	강남촌	BB	20
2015-05-06	멋사랑	CC	50
2015-06-01	한사랑	AA	200
2015-06-01	한우네	CC	25
2015-06-01	멋사랑	DD	100
2015-10-05	한사랑	BB	30
2015-10-05	강남촌	DD	25
2015-10-05	멋사랑	AA	100
2015-11-10	강남촌	AA	20
2015-11-10	한우네	BB	30
2015-11-10	한사랑	CC	200
2015-12-05	강남촌	CC	75
2015-12-05	멋사랑	AA	35

품목코드	제품명	단가	추가하려면 클릭
AA	자켓	₩15,000	
BB	바지	₩25,000	
CC	셔츠	₩10,000	
DD	치마	₩30,000	

04 전체 쿼리 만들기

① [만들기] 탭-[쿼리] 그룹-[쿼리 디자인]을 클릭한다.
② [테이블 표시] 대화상자에서 테이블1, 테이블2를 각각 더블 클릭하여 쿼리 디자인 영역에 추가한다.
③ 테이블2의 전체 필드를 추가하기 위하여 테이블2의 '*'를 더블 클릭하여 아래 필드 구성에 추가한다. (테이블1의 '*'를 추가해도 된다.)
④ 테이블2에 중복되지 않는 테이블1의 나머지 필드 더블 클릭하여 필드 구성에 추가한다.
⑤ '04 자료 처리 파일(FILE) 작성'의 [처리 조건]에 따라 나머지 필드에 식을 입력한다. 또한 새로 추가되는 식 필드의 경우 필드 선택-마우스 우클릭-[속성]을 클릭하고, [속성] 시트-[형식]에 다음과 같이 설정하도록 한다.

> [처리 조건]
> 2) 판매금액 = 판매수량 × 단가
> 3) 비고는 판매금액이 ₩1,000,000 이상인 경우 "히트상품"으로 표시하고, 그 외는 공란으로 한다.

구분	필드	형식
테이블2	*	
테이블1	일자	
	업소명	
	판매수량	
식	판매금액 : [판매수량]*[단가]	통화
	비고 : IIf([판매금액]>=1000000,"히트상품","")	

⑥ '쿼리1 닫기'(×)를 클릭하여 쿼리1을 저장한다.

테이블1의 *를 삽입하고 테이블2의 필드를 가져다 사용해도 됩니다.

05 폼용 조건 검색 쿼리 만들기

① [만들기] 탭–[쿼리] 그룹–[쿼리 디자인]을 클릭한다.

② [테이블 표시] 대화 상자에서 테이블1, 테이블 2를 더블 클릭하여 쿼리 디자인 영역에 추가한다.

③ '03 조회 화면(SCREEN) 설계'의 [조회 화면 서식] 그림을 보고 폼에 추가될 필드를 '쿼리1'에서 더블 클릭하여 추가한다.

④ '03 조회 화면(SCREEN) 설계'의 조건에 따라 아래와 같이 조건을 입력한다.

※ 다음 조건에 따라 업소명이 "강남촌"또는 "멋사랑"이면서, 판매수량이 50개 이상인 현황을 조회할 수 있는 화면을 설계하고 해당 데이터를 출력하시오.

1) 해당 현황은 목록 상자(리스트박스)에서 필드명 "일자"의 내림차순으로 출력하고, 화면 아래에 조회 시 작성한 SQL문을 복사하시오.
 – WHERE 조건절에 업소명, 판매수량 반드시 포함
 – INNER JOIN, ORDER BY 구문 반드시 포함
 ※ SQL문에 상기 내용 미포함 시 SQL 작성 부분 0점 처리

2) 리스트박스 조회 시 작성된 SQL문이 작성되지 않을 경우에는 "03 조회 화면(SCREEN) 설계" 과제가 0점 처리됨을 반드시 유의하시오.

3) 목록 상자에 표시되어야 할 필수적인 필드명은 다음과 같습니다.
 – 제품명, 단가, 일자, 업소명, 판매수량

4) 폼 서식에 제반되는 폰트, 점선 등은 아래 [조회 화면 서식]에 보이는 대로 기재하시오.

5) 기타 사항은 "04 자료 처리 파일(FILE) 작성"의 [기타 조건]을 따르시오.

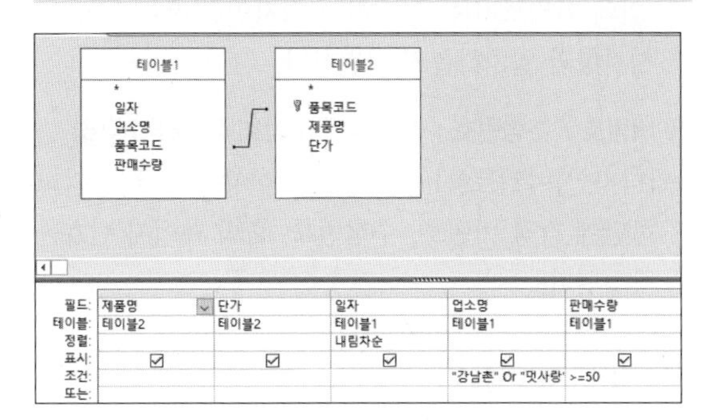

필드	조건/정렬
제품명	
단가	
일자	내림차순
업소명	"강남촌" Or "멋사랑"
판매수량	>=50

⑤ [쿼리2 닫기](×)를 클릭하여 쿼리2를 저장한다.

⑥ [개체] 창에서 쿼리2를 더블 클릭하여 실행한 뒤 검색 결과와 각 필드의 형식을 검토한다.

제품명	단가	일자	업소명	판매수량
셔츠	₩10,000	2015-12-05	강남촌	75
자켓	₩15,000	2015-10-05	멋사랑	100
치마	₩30,000	2015-06-01	멋사랑	100
셔츠	₩10,000	2015-05-06	멋사랑	50
*				

⑦ [닫기](×)를 클릭하여 쿼리2를 닫는다. 만약 검토 결과 오류가 발견되었다면 [개체] 창에서 쿼리2 선택–마우스 우클릭–[디자인 보기]를 선택하여 오류를 수정하도록 한다.

06 03 조회 화면(SCREEN) 설계 작업하기

(1) 폼 만들고 제목 입력하기

① [만들기] 탭–[폼] 그룹–[폼 디자인]을 클릭한다.

② 본문의 너비를 약 '15' cm 정도로 늘려준다.

③ [디자인] 탭–[컨트롤] 그룹–[레이블](가)을 순서대로 클릭하여 문제 지시와 같이 제목 위치에 그려 넣는다.

④ 레이블에 "업소명이 "강남촌" 또는 "멋사랑"이면서 판매 수량이 50개 이상인 현황"을 입력한 뒤 글꼴 크기 : 16 으로 변경한다.

(2) 목록 상자 추가하기

① [디자인] 탭–[컨트롤]–[목록 상자]()를 클릭하고 폼 본문 제목 아래 그려 넣는다.

② [목록 상자 마법사]에서 "목록 상자에 다른 테이블이나 쿼리에 있는 값을 가져옵니다."를 선택하고 [다음]을 클릭한다.

③ [보기]에서 [쿼리]를 선택하고 [쿼리: 쿼리2]를 선택한 뒤 [다음]을 클릭한다.

④ [사용가능한 필드]에서 문제에 제시된 필드를 [선택한 필드]에 추가한다.

⑤ 앞서 쿼리 디자인에서 정렬을 지정했으므로 바로 [다음]을 클릭한다.

⑥ 목록 상자의 열 너비 조정 창에서 필드 간 간격을 맞추고 마지막 필드의 오른쪽 경계가 넘어가 스크롤이 생기지 않도록 설정하고 [마침]을 클릭한다.

⑦ 목록 상자와 함께 추가된 레이블을 선택하고 Delete 를 눌러 삭제한다.

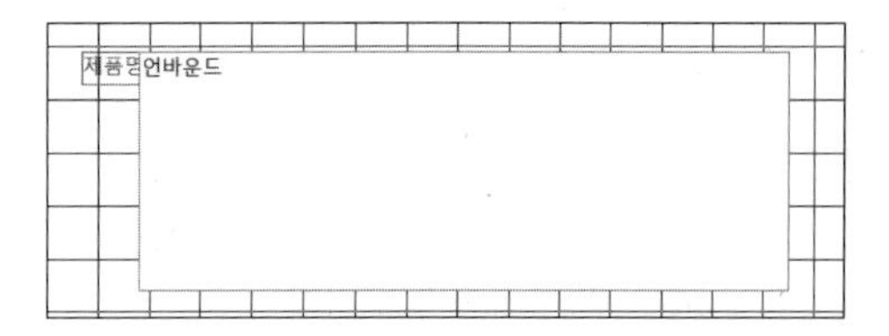

⑧ 목록 상자의 너비를 약 16cm 정도로 조절한 뒤 목록상자 선택–마우스 우클릭–[속성]을 선택하고 [속성] 시트–[형식] 탭–[열 이름]–[예]로 변경한다.

형식	데이터 이벤트 기타 모두
표시	예
열 개수	5
열 너비	2.54cm;2.778cm;2.7
열 이름	예

⑨ [디자인] 탭 – [컨트롤]에서 선을 선택하고 Shift 를 누르고 목록 상자 하단 너비에 맞게 선을 그려 넣는다.

⑩ 선을 선택하고 [속성] 시트–[형식]–[테두리 두께]를 3pt로 변경한 뒤 목록 상자 아래에 방향키를 이용해서 적당히 배치한다.

⑪ 마우스로 드래그하여 목록 상자와 선을 같이 선택하고 [정렬] 탭–[크기 및 순서지정] 그룹–[크기/공간]–[가장 넓은 너비에]를 선택해 목록 상자와 선의 너비를 맞춰준다.

⑫ [정렬] 탭–[크기 및 순서지정] 그룹–[맞춤]–[왼쪽]을 선택하여 선과 목록 상자의 위치를 맞춰 준다.

(3) SQL 식 복사하기

① 목록 상자 하단에 레이블을 삽입하고 "리스트박스 조회 시 작성된 SQL문" 입력한다.

② 개체 창에서 [쿼리2]를 더블 클릭하여 실행하고 [홈] 탭–[보기] 그룹–[SQL보기]를 클릭한다.

③ SQL 보기 창에 표시된 식을 Ctrl+C로 복사하고 [쿼리2. 닫기](×)를 클릭해 창을 닫는다.

④ "리스트박스 조회 시 작성된 SQL문" 하단에 레이블을 삽입하고 Ctrl+V를 눌러 앞서 복사한 SQL 식을 붙여 넣는다.

⑤ Ctrl+A를 눌러 폼 내 모든 컨트롤을 선택하고 [홈] 탭–[텍스트서식] 그룹–[글꼴 색]–[검정, 텍스트1]로 변경한다.

(4) 폼 디자인 각 컨트롤 속성 변경

① 속성 설정

컨트롤	속성
제목 레이블	글꼴 크기 : 16
목록 상자	열 이름 : 예
목록 상자 아래 선	두께 : 3pt
리스트박스 조회 시 작성된 SQL문 레이블	• 글꼴 크기 : 16 • 테두리 스타일 : 투명
SQL 식 작성 레이블	테두리 스타일 : 파선
폼 전체 글꼴 색	검정

② 폼 하단 중앙에 레이블을 삽입하고 출력 페이지 번호 "4–2"를 입력하고 [폼1. 닫기](×)를 클릭해 폼 디자인을 저장한다.

③ [인쇄 미리보기]–[페이지 설정]에서 아래와 같이 설정한다.

항목	여백
위쪽	60
아래쪽	6.35 (기본 값)
왼쪽	20~25
오른쪽	6.35 (기본 값)

④ [인쇄 미리보기]를 클릭하여 디자인한 폼이 문제 지시사항과 일치하는지 확인한다.

(5) 비번호 / 수험번호 / 출력페이지 번호 작성하기 작업

① [디자인]–[컨트롤]–[레이블]을 이용하여 폼 상단과 하단에 각각 비번호, 수험번호, 출력 페이지 번호를 작성한다.

07 보고서 만들기

(1) 보고서 마법사로 보고서 만들기

① [만들기] 탭–[보고서 마법사]를 클릭한다.

② 보고서 마법사 단계별 작업

[처리 조건]
1) 업소명(강남촌, 멋사랑, 한사랑, 한우네)별로 정리한 후, 같은 업소명 안에서는 제품명의 오름차순으로 정렬(SORT)한다.
4) 업소명별 합계 : 판매수량, 판매금액의 합 산출
5) 총합계 : 판매수량, 판매금액의 총합 산출

단계	작업
보고서에 어떤 필드를 넣으시겠습니까?	[테이블/쿼리] : 쿼리1 선택
	보고서 그림에 표시된 필드추가
그룹 수준을 지정하시겠습니까?	[처리 조건]에 따라 업소명 필드 추가
정렬 순서와 요약 정보	정렬 : 제품명, 오름차순
	요약 옵션 : 판매수량, 판매금액
보고서에 어떤 모양을 지정하시겠습니까?	모양 : 단계, 용지 방향 : 세로
보고서 제목을 지정하십시오.	쿼리1 (임의로 수정 가능)
	보고서 디자인 수정 선택

(2) 보고서 디자인에서 컨트롤 배치하기

① 보고서 디자인 흰 바탕(인쇄 영역)의 경계를 16 이하로 줄여준다.

② 문제 제시 보고서를 보고 필드의 순서를 배치한다. 배치 시 [정렬] 탭의 정렬 및 순서 조정의 [크기/공간], [맞춤]을 충분히 활용하도록 한다.

③ 보고서 머리글을 제외한 나머지 범위를 마우스로 드래그하여 선택하고 글꼴 크기 : 9, 글꼴 색 : 검정으로 변경한다.

④ 컨트롤 이동 및 수정

구역	작업
보고서 머리글	• 제목 : 업소별 제품 판매 현황 • 글꼴 : 16
	• 레이블 삽입 : 작성일자: • 텍스트상자 삽입 : =NOW() (형식 : yyyy-mm-dd)
	오른쪽 위에 비번호, 수험번호 작성
페이지 머리글	각 레이블 크기 조절 및 배치
	선 삽입 : 테두리 두께 1pt, 아래쪽 배치
그룹 머리글	[업소명] 텍스트 상자 본문 이동
	높이 : 0으로 설정하여 숨김
본문	머리글 레이블과 위치 크기 맞추어 배치
	높이 : 0.7으로 줄여준다.
그룹 바닥글	• "="에 대한 요약 " ~~" 레이블 삭제 • 그룹 머리글에서 가져온 텍스트 상자 배치 • 요약 =sum() 텍스트 상자 페이지 머리글 레이블과 위치 맞추어 배치
	선 삽입 : 테두리 두께 1pt, 위쪽/아래쪽 배치
페이지 바닥글	• "=[Page]~ " 등의 텍스트 상자 모두 삭제 • 높이 : 0 으로 설정하여 숨김
보고서 바닥글	총 합계 레이블 총 평균으로 수정하여 페이지 머리글 필드에 맞게 배치
	선 삽입 : 테두리 두께 1pt, 아래쪽 배치
	선 아래 인쇄 번호 "4-3" 레이블 삽입

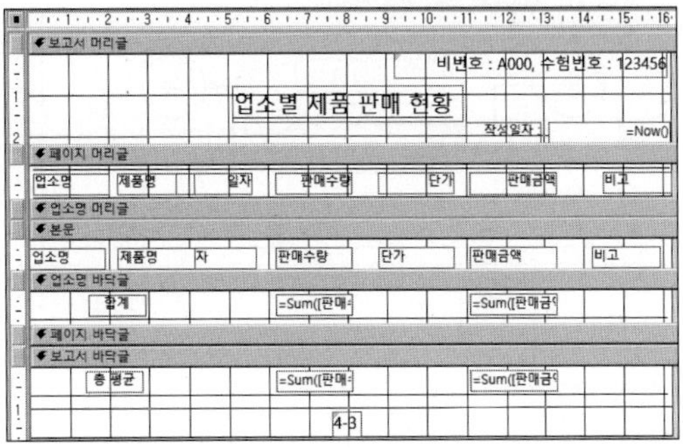

기적의 Tip

보고서 바닥글의 레이블은 총 평균이지만 [처리 조건] '5) 총합계 : 판매수량, 판매금액의 총합 산출'에 따라 합계를 계산해야 합니다.

⑤ 보고서 컨트롤 속성 조정

[보고서 디자인 보기]를 닫고(×) [인쇄 미리보기]()를 통하여 텍스트 상자의 형식에 문제가 있는 경우 속성 값을 변경한다.

해당 컨트롤	속성 설정 값
제목 레이블	• 글꼴 크기 : 16
직선	• 테두리 두께 : 1pt • 테두리 색 : 검정, 텍스트1
모든 텍스트 상자	테두리 : 투명
금액 텍스트 상자	형식 : 통화, 소수 자릿수 : 0
정수 텍스트 상자	형식 : 0
보고서 머리글	배경색 : 흰색, 배경1
본문	배경색 : 흰색, 배경1 다른 배경색 : 흰색, 배경1
그룹 바닥글	배경색 : 흰색, 배경1 다른 배경색 : 흰색, 배경1

01 전체적인 작업 순서

[제1 슬라이드]

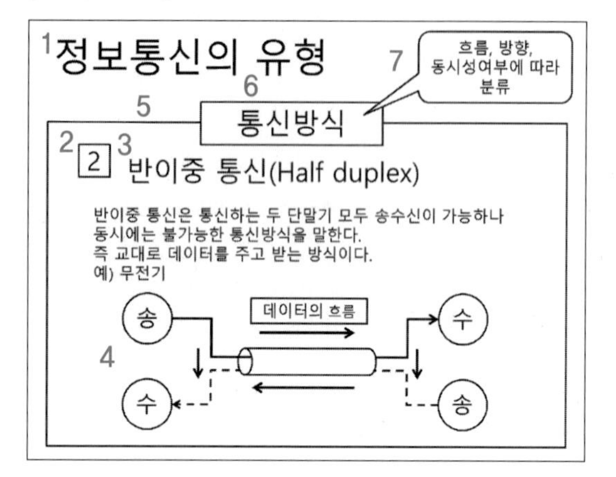

[제2 슬라이드]

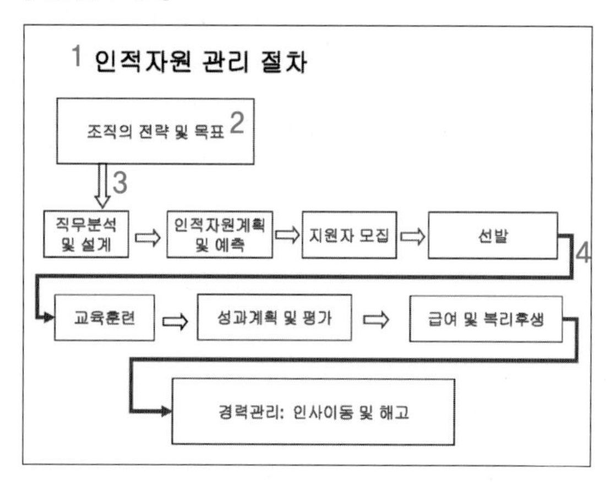

02 제1 슬라이드 작성하기

① [홈] 탭–[그리기] 그룹–[도형]–[텍스트 상자](가)를 선택하고 슬라이드 제목이 입력될 위치에 삽입한 뒤 "정보통신의 유형"을 입력하고 글꼴 크기를 40으로 변경한다.

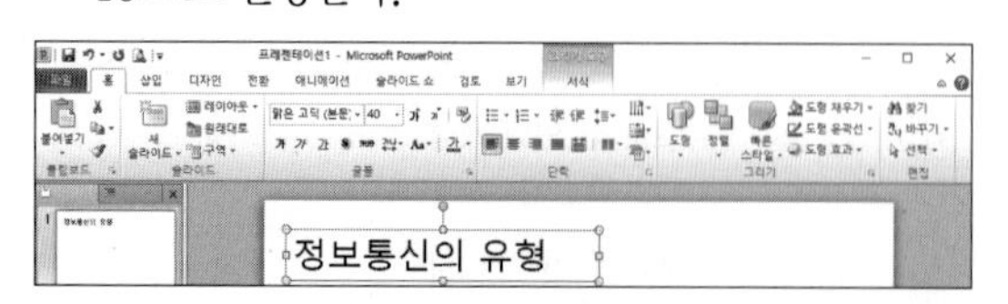

② [도형]–[직사각형](□)을 클릭하고 제목 아래 사각형을 삽입한 뒤 "2"를 입력한다. (글꼴 크기 : 32)

③ 본문에 [텍스트 상자](가) 도구를 이용하여 "반이중 통신(Half duplex)"을 입력한다. (글꼴 크기 : 36)

④ 본문에 [텍스트 상자](가) 도구를 이용하여 텍스트를 입력한다. (글꼴 크기 : 20)

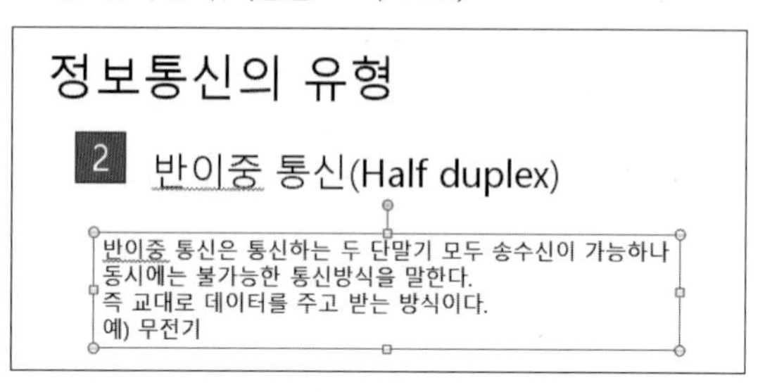

⑤ 슬라이드 하단 중앙에 [도형]–[기본도형]–2행 끝의[원통](⌸)을 삽입하고 도형 회전도구를 Shift를 누른 채 왼쪽으로 드래그하여 회전한다.

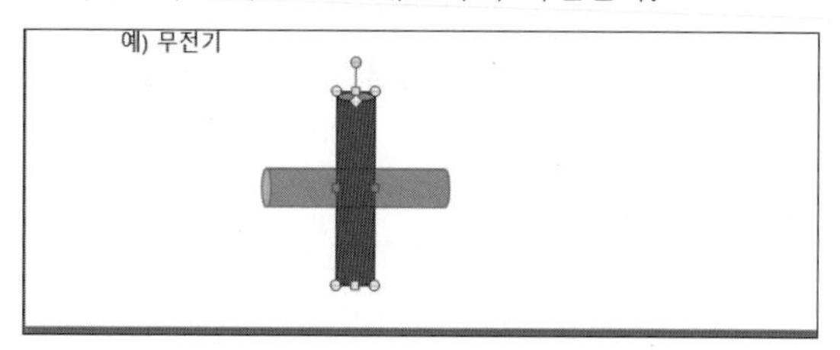

⑥ 원통의 노란 점을 마우스로 누른 채 오른쪽으로 드래그하여 원 크기를 문제와 비슷하게 변경한다.

⑦ [도형]–[기본도형]–[타원](◯)을 이용하여 Shift를 누르고 정원을 왼쪽에 삽입한다. 이어서 원을 선택하고 Shift+Ctrl를 누른 채 아래로 드래그하여 복사한다.

⑧ 복사된 2개의 원을 드래그하여 선택한 뒤 Shift+Ctrl를 누른 채 오른쪽으로 드래그하여 그림과 같이 배치한다.

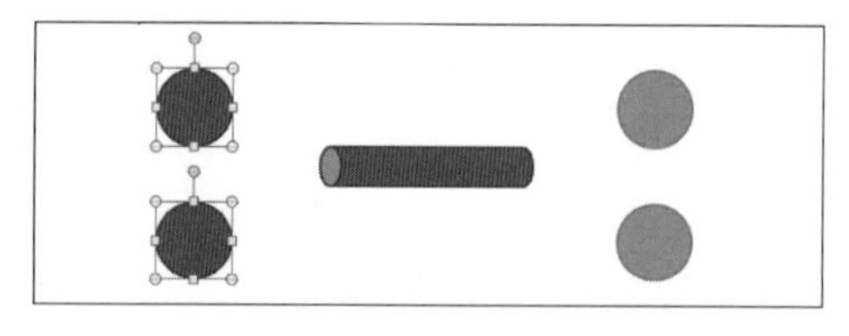

⑨ 각 원 도형을 선택하고 송, 수를 입력한다. (글꼴 크기 : 28)

⑩ [도형]-[선]-[꺾인 화살표 연결선]을 이용하여 그림과 같이 각각 연결선을 그려 넣고 노란 점을 이용하여 위아래 선이 일치하도록 변경한다.

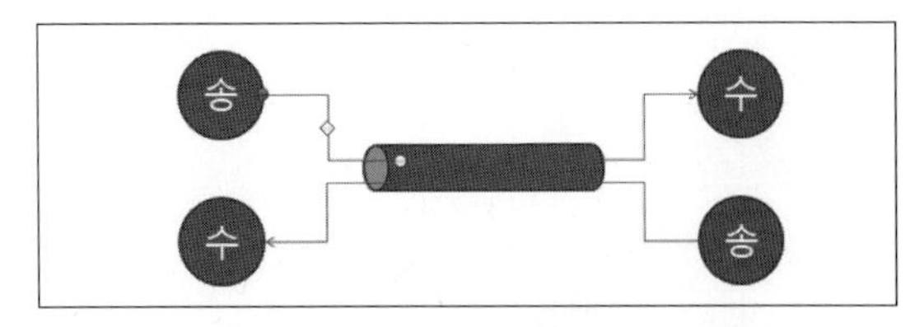

⑪ 4개 선을 Ctrl를 이용하여 연속 선택한 뒤 [홈] 탭-[그리기]-[도형 윤곽선]-[두께]-3pt로 변경한다.

⑫ 아래쪽 두 개 선을 연속 선택하고 [도형 윤곽선]-[대시]-[파선]으로 변경한다.

⑬ 나머지 선을 그려 넣고 두께를 3pt로 변경한다. 이어서 원통 위에 [직사각형] 도형 삽입 후 "데이터의 흐름"을 입력한다.

⑭ [기본도형]-[직사각형]을 이용하여 본문을 감싸는 큰 직사각형을 슬라이드에 삽입한다. (도형 채우기 : 채우기 없음)

⑮ [기본도형]-[직사각형]을 이용하여 제목아래 사각형을 삽입하고 "통신방식"을 입력한다.

⑯ [도형]-[설명선]-[모서리가 둥근 설명선]( )을 슬라이드 오른쪽 위쪽에 삽입하고 텍스트를 입력한다.

⑰ 설명선 하단의 노란 점을 마우스로 끌어 배치한다.

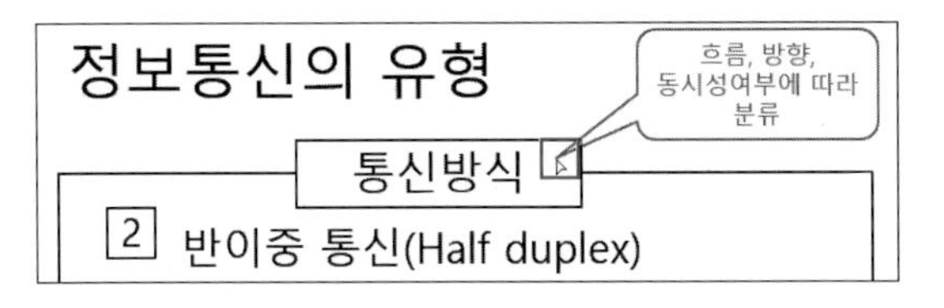

⑱ 채우기 색이 지정된 도형을 Shift를 누르고 연속 선택한 뒤 [도형 채우기]-[흰색, 배경1]을 적용한다.

⑲ 모든 도형과 선을 같은 방식으로 선택하고 [도형 윤곽선]-[검정, 텍스트1]로 한다.

03 제2 슬라이드 작성하기

① [홈] 탭-[새 슬라이드]-[빈 화면]을 클릭하여 2번 슬라이드를 추가한다.

② [도형]-[텍스트 상자]( )를 이용하여 "인적자원 관리절차"를 슬라이드에 삽입한다. (글꼴 크기 : 40, 글꼴 : 바탕체)

③ [도형]-[기본도형]-[직사각형]을 이용하여 슬라이드에 직사각형을 9개를 모두 그려 넣는다.

④ 2번째 행의 도형 4개를 연속 선택한 뒤 [홈] 탭-[정렬]-[맞춤]-[가로 간격을 동일하게]와 [중간 맞춤]을 각각 적용하여 도형을 배치한다.

⑤ 3번째 행의 도형 3개도 같은 방법으로 도형을 배치한다.

⑥ 각 도형에 텍스트를 입력한다. 마우스로 드래그하여 도형을 선택하고 글꼴 크기 : 18, 글꼴 : 새 굴림, 굵게로 변경한다.

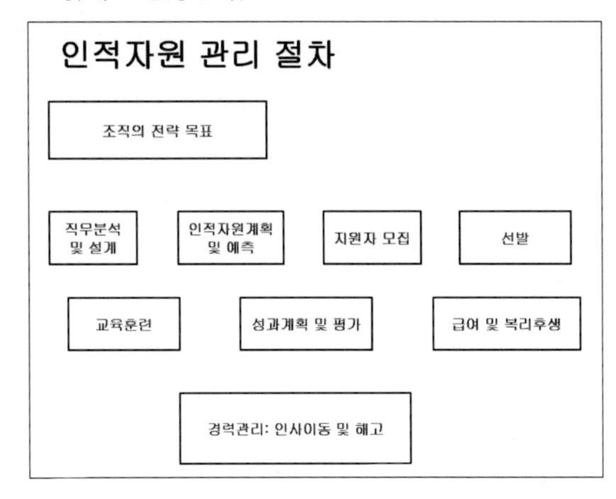

⑦ [도형]-[블록 화살표]-[오른쪽 화살표], [아래쪽 화살표]를 각각 선택하여 슬라이드에 삽입한다. [오른쪽 화살표]의 경우 1개를 그려 넣고 Ctrl를 누른 채로 드래그하여 각 위치에 화살표 도형을 복사한다.

⑧ [도형]-[선]-[꺾인 화살표 연결선]을 이용하여 2행 → 3행 → 4행 도형을 연결한 뒤, [도형 윤곽선] 도구를 이용하여 두께 : 4 1/2pt, 화살표 : 화살표 스타일5로 변경한다. 선의 꺾임 정도에 따라 선을 선택하고 노란 점을 이용하여 적당히 조절한다.

⑨ 도형을 모두 선택하고 [도형 채우기]-[채우기 없음], [도형 윤곽선]-[검정, 텍스트1], 글꼴 색 : [검정, 텍스트1]로 변경한다.

04 비번호와 출력 페이지 번호 작성하기

① [보기] 탭-[유인물 마스터]를 클릭한다.

② 오른쪽 상단 머리글에 비번호, 수험번호를 작성한다.

③ 왼쪽 바닥글 텍스트 상자를 삭제하고 오른쪽 텍스트 상자를 페이지 가운데로 배치한 뒤 '4-4'를 입력한다. [홈] 탭-[단락]-[가운데 정렬]( )을 클릭한다.

④ [유인물 마스터] 탭-[마스터 보기 닫기]( )를 클릭하여 마스터를 종료한다.

05 인쇄하기

① 엑셀, 액세스, 파워포인트 작업을 모두 완료 후 시험 위원 지시에 따라 답안 파일을 전송하고 출력하도록 한다. 파워포인트는 페이지 설정 사항이 파일에 저장되지 않으므로 출력할 때마다 설정해 주어야 하니 주의하도록 한다.

② [빠른 실행 도구]-[인쇄 미리보기 및 인쇄]( ) 도구를 클릭하고, 그림과 같이 설정한다.

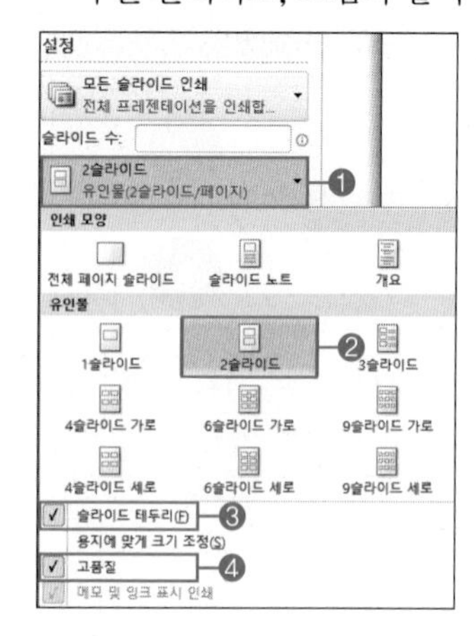

// SECTION //

02 공단 공개문제 02회

01 EXCEL 표 계산(SP) 작업

한국산업인력금융지주에서는 고객의 예금 및 대출 계산을 분석하고자 한다. 다음 자료(DATA)를 이용하여 작성 조건에 따라 작업 표와 그래프를 작성하고, 그 인쇄 출력물을 제출하시오.

01 작업 표(WORK SHEET) 작성

1. 자료(DATA)

고객 예금 및 대출 현황

[단위: 원(KRW)]

행 \ 열	B	C	D	E	F	G
4	은행명	고객명	성별	예금	지출	대출금액
5	전자은행	김종남	1	2,200,000	1,200,000	300,000
6	학교은행	박철수	1	1,775,000	270,000	560,000
7	비자은행	남민종	1	1,850,000	250,000	520,000
8	전자은행	곽수지	0	3,500,000	2,600,000	900,000
9	비자은행	편영표	1	2,180,000	580,000	500,000
10	학교은행	황귀영	0	1,087,000	387,000	550,000
11	전자은행	하석태	1	2,040,000	300,000	570,000
12	전자은행	박종식	1	2,750,000	800,000	850,000
13	학교은행	심수미	0	1,580,000	640,000	420,000
14	비자은행	김지수	0	5,200,000	1,500,000	2,800,000
15	학교은행	이남석	1	1,175,000	800,000	290,000
16	전자은행	임지영	0	3,570,000	210,000	2,360,000
17	비자은행	강승헌	1	2,000,000	320,000	9,000,000
18	전자은행	정연수	1	2,540,000	280,000	1,500,000
19	학교은행	이인용	0	1,600,000	270,000	1,800,000
20	전자은행	송춘석	1	1,800,000	420,000	620,000
21	비자은행	심남숙	0	2,200,000	530,000	870,000
22	전자은행	전은미	1	3,100,000	440,000	1,040,000
23	학교은행	함미경	0	2,440,000	170,000	380,000
24	비자은행	이철희	1	2,640,000	220,000	640,000

※ 자료(DATA) 부분에서 음영 처리 표시된 부분은 행/열의 기준을 나타내며 이는 작성(입력)하지 않음을 반드시 유의하시오.

2. 작업 표 형식

은행별 고객 대출 계산

행 \ 열	B	C	H	I	J	K	L
4	은행명	고객명	성별	잔액	대출이자	대출가능액	비고
5 ⋮ 24	–	–	❶	❷	❸	❹	❺
25	평균			❻	❻	❻	
26	전자은행 또는 비자은행의 합					❼	
27	❽						
28	여성이고 이씨이면서 학교은행인 고객들의 합				❾	❾	
29	이씨이면서 우수고객인 고객들의 합				❿	❿	
30	잔액이 1500000 이상 2000000 미만인 합				⓫	⓫	
31	⓬						

※ 음영 처리 표시된 부분은 작성하지 않습니다.

3. 작성 조건

가) 작성 시 유의 사항

Ⓐ 작업 표의 작성은 "나)~라)" 항에 제시된 내용을 따르고 반드시 제시된 조건(지정 함수 사용, 문제 내 제시된 단서 조항 등)에 따라 처리하시오.

Ⓑ 제시된 작성 조건을 따르지 아니하고 여타의 방법 일체(제시된 함수 이외 다른 함수 적용, 함수 미적용, 별도 전자계산기 사용 등)를 사용하여 도출된 결과는 그 답이 맞더라도 정답으로 인정되지 않음을 반드시 유의하시오.

나) 작업 표의 구성 및 서식

Ⓐ "작업 표 형식"에서 행과 열에 관계된 음영 처리 표시된 부분은 작성하지 않음을 유의하고 반드시 제시된 행/열에 맞추도록 하시오.

Ⓑ 제목 서식 : 16포인트 크기로 하시오.

Ⓒ 글꼴 서체 : 임의 선정하시오.

다) 원문자가 표시된 셀은 아래의 방법을 이용하여 처리하시오.

❶ 성별 : "남성"과 "여성"으로 표기한다. (단, 주어진 자료의 성별에서 남성은 "1", 여성은 "0"으로 표기되어 있음)

❷ 잔액 : 예금 – 지출

❸ 대출이자 : 대출금액 × 10%

❹ 대출가능액 = 잔액 – 대출금액

❺ 비고 : 대출가능액 〉 1,000,000이면 "우수고객", 대출가능액 〈 500,000이면 "불량고객"으로 표시하고, 나머지는 공란으로 한다.

❻ 평균 : 각 항목별 평균 산출

❼ 전자은행 또는 비자은행을 거래하는 고객들의 대출가능액의 합을 산출하시오.

❽ 항목 ❼ 산정 시 사용한 함수식을 기재하시오. (단, SUMPRODUCT, ISNUMBER, FIND 함수 모두 사용한 함수식 기재)

❾ 여성이고 성이 이씨이면서 학교은행을 거래하는 고객들의 대출이자, 대출가능액 합을 각각 산출하시오.

❿ 성이 이씨이면서 우수고객인 고객들의 대출이자, 대출가능액 합을 각각 산출하시오. (단, SUMPRODUCT 함수를 사용하시오.)

⓫ 잔액이 1500000 이상 2000000 미만인 고객들의 대출이자, 대출가능액 합을 산출하시오.

⓬ 항목 ❿ 산정 시 사용한 함수식 기재 (단, 대출가능액을 기준으로, 수식에 SUMPRODUCT, LEFT 함수 반드시 포함)

※ 함수식을 기재하는 셀과 연관된 지정 함수 조건(함수 지정)이 있을 경우 제시된 함수만을 사용해 함수식을 구성 및 작업하여야 하며, 작성 조건을 위배하여 임의로 작성할 시 해당 답이 맞더라도 틀린 항목으로 채점됨을 유의하시오. 만약, 구체적인 함수가 제시되지 않을 경우 수험자가 스스로 적합한 함수를 선정하여 작업하시오.

※ 또한 함수식을 작성할 때는 "라) 작업 표의 정렬 순서(SORT)에 따라 조건에 맞게 정렬 후 도출된 결과에 의한 함수식을 기재하시오.

라) 작업 표의 정렬 순서(SORT)는 은행명의 오름차순으로 정렬하고, 은행명이 같으면 대출가능액의 오름차순으로 정렬한다.

마) 기타

(1) 금액에 대한 수치는 원화(₩) 표시를 하고 천 단위마다 ',' (Comma)를 표시하시오. (단, 금액 이외의 수치는 ','(Comma)를 표시하지 않도록 하시오.)

(2) 모든 수치(숫자, 통화, 회계, 백분율 등)는 셀 서식의 속성을 설정하는 과정에서 소수 자릿수를 "0"으로 지정하여 정수로 표시토록 하시오.

(3) 음수는 "−"가 표시되도록 하시오.

(4) 숫자 셀은 우측을 수직으로 맞추고, 문자 셀은 수평 중앙으로 맞추며 이외 사항은 작업 표 형식에 따르도록 하시오. 특히, 단서 조항이 있을 경우는 단서 조항을 우선으로 하고, 인쇄 출력 시 판독 불가능이 발생되지 않도록 인쇄 미리보기 등을 통하여 셀의 크기를 적당히 조정하시오.

02 그래프(GRAPH) 작성

작성한 작업 표에서 전자은행에 대한 고객명별 잔액과 대출가능액을 나타내는 그래프를 작성하시오.

[작성 조건]

1) 그래프 형태 : 혼합형 단일축 그래프
 − 잔액(묶은 세로 막대형), 대출가능액(데이터 표식이 있는 꺾은 선형)
 (단, 잔액만 데이터 레이블의 값이 포함된 혼합형 단일축 그래프로 하시오.)

2) 그래프 제목 : 전자은행 고객 대출 금액 −−−− (확대 출력)

3) X축 제목 : 고객명

4) Y축 제목 : 금액

5) X축 항목 단위 : 해당 문자열

6) Y축 눈금 단위 : 임의

7) 범례 : 잔액, 대출가능액

8) 출력물 크기 : A4용지 1/2장 범위 내

9) 기타 : 작성 조건에 없는 형식이나 모양 등은 기본 설정 값에 따르며, 그래프 너비는 작업 표 너비에 맞춘다.

※ 그래프는 반드시 작성된 작업 표와 연동하여 작업하여야 하며, 그래프의 영역(범위) 설정 오류로 인한 불이익은 전적으로 수험자 본인에게 있습니다.

02 ACCESS 자료 처리(DBMS) 작업

XX 스포츠센터에서는 센터 사용현황을 전산화하려고 한다. 다음의 입력 자료를 이용하여 DB를 설계 하고 작성 조건에 따라 처리파일을 작성하고, 그 인쇄 출력물을 제출하시오.

01 자료 처리(DBMS) 작업 작성 조건

1) 자료 처리(DBMS) 작업은 조회 화면(SCREEN) 설계와 자료 처리 보고서의 2가지 작업을 수행하여야 하며, 그 결과물은 수험자 유의사항 [3) 자료 처리(DBMS) 작업]을 참고하여 작업하시오.
2) 반드시 인쇄 작업 수행 전 미리보기 등을 통해 여백을 조정하고, 수치, 문자 등 구성 요소가 누락되지 않도록 주의하시오. 구성 요소가 누락되어 인쇄되지 않은 결과로 인한 모든 책임은 전적으로 수험자 본인에게 있음을 반드시 유의하시오.
3) 문제지에 기재된 작성 조건에 따라 처리하고, 조회 화면 및 자료 처리 보고서의 서식이 작성 조건과 상이할 경우에는 시험 위원의 지시에 따라 작업하시오.

02 입력 자료

스포츠센터 사용현황

회원번호	회원등급코드	운동종류	사용시간
M8	AA	테니스	59
M1	AA	수영	89
M6	BB	스쿼시	79
M2	CC	헬스	55
M3	DD	테니스	70
M5	AA	스쿼시	80
M4	BB	수영	39
M7	CC	헬스	62
M11	DD	스쿼시	57
M9	AA	테니스	71
M10	BB	스쿼시	67
M12	CC	테니스	75
M13	BB	헬스	52
M14	CC	수영	65
M15	DD	스쿼시	58
M16	AA	헬스	43
M20	CC	수영	56
M18	BB	스쿼시	88
M17	DD	헬스	100
M19	CC	수영	23

기본요금표

회원등급코드	기본요금
AA	1,500
BB	2,500
CC	3,500
DD	4,500

03 조회 화면(SCREEN) 설계

※ 다음 조건에 따라 회원등급이 AA 또는 BB이면서 운동종류가 수영이고 사용시간이 60 이상인 현황을 조회할 수 있는 화면을 설계하고 해당 데이터를 출력하시오.

1) 해당 현황은 목록 상자(리스트박스)에서 회원등급코드 오름차순으로 출력하고, 화면 아래에 조회 시 작성한 SQL 문을 복사하시오.
   - WHERE 조건절에 회원등급코드, 운동종류, 사용시간 반드시 포함
   - ORDER BY 구문 반드시 포함

   ※ SQL문에 상기 내용 미포함 시 SQL 작성 부분 0점 처리
2) 리스트박스 조회 시 작성된 SQL문이 작성되지 않을 경우에는 "03 조회 화면(SCREEN) 설계" 과제가 0점 처리됨을 반드시 유의하시오.
3) 목록 상자에 표시되어야 할 필수적인 필드명은 다음과 같습니다.
   - 회원번호, 회원등급코드, 기본요금, 운동종류, 사용시간
4) 폼 서식에 제반되는 폰트, 점선 등은 아래 [조회 화면 서식]에 보이는 대로 기재하시오.
5) 기타 사항은 "04 자료 처리 파일(FILE) 작성"의 [기타 조건]을 따르시오.

[조회 화면 서식]

회원등급이 AA 또는 BB이면서 운동종류가 수영이고
사용시간이 60 이상인 현황

회원번호	회원등급코드	기본요금	운동종류	사용시간

리스트박스 조회 시 작성된 SQL문

04 자료 처리 파일(FILE) 작성

※ 다음 조건에 따라 아래 양식과 같이 작성하시오.

[처리 조건]

1) 운동종류(수영, 스쿼시, 테니스, 헬스)별로 정리한 후, 같은 운동종류 안에서는 회원등급코드의 오름차순으로 정렬(SORT)한다.
2) 사용요금 : 사용시간 × 기본요금
3) 보너스점수 : 사용요금의 7%
4) 비고 : 보너스점수가 10,000 이상은 "특별", 보너스점수가 10,000 미만에서 5,000 이상은 "우수", 보너스점수가 5,000 미만은 "보통"으로 표시한다.
5) 운동종류별 합계 : 사용시간, 사용요금, 보너스점수의 합 산출
6) 총평균 : 사용시간, 사용요금, 보너스점수의 전체 평균 산출

[기타 조건]

1) 입력 화면 및 보고서의 제목은 16 정도의 임의 서체로 한다.
2) 금액에 대한 수치는 원화(₩) 혹은 달러($) 표시를 하고 천 단위마다 ,(Comma)를 표시한다. (단, 금액 이외의 수치는 ,(Comma)를 표시하지 않는다.)
3) 모든 수치(숫자, 통화, 백분율 등)는 컨트롤의 속성을 설정하는 과정에서 소수 자릿수를 "0"으로 지정하여 정수로 표시한다.
4) 데이터의 열과 간격은 일정하게 맞춘다.

스포츠센터 사용 현황

회원등급코드	회원번호	사용시간	기본요금	사용요금	보너스점수	비고
XXXX	XXXX	XXXX	₩X,XXX	₩X,XXX	XXXX	XXXX
–	–	–	–	–	–	–
수영 합계				₩X,XXX	XXXX	
XXXX	XXXX	XXXX	₩X,XXX	₩X,XXX	XXXX	XXXX
–	–	–	–	–	–	–
스쿼시 합계		XXXX		₩X,XXX	XXXX	
–	–	–	–	–	–	–
테니스 합계		XXXX		₩X,XXX	XXXX	
–	–	–	–	–	–	–
헬스 합계		XXXX		₩X,XXX	XXXX	
총평균		XXXX		₩X,XXX	XXXX	

03 POWERPOINT 시상(PT) 작업

주어진 2개의 슬라이드를 슬라이드 작성 조건에 따라 작업하여 인쇄합니다.

[슬라이드 작성 조건]

1) 각 슬라이드를 문제의 슬라이드 원안과 같이 인쇄하여 제출합니다.
   (특히 글자, 음영, 그림자, 도형 등 인쇄된 내용 그대로 작업함을 유의하시오.)
2) "주1)" 등 특수한 속성 지정이 되어 있는 경우 지시에 따라 작성하시오.
3) 글꼴은 문제 원안과 같거나 유사한 형태로 작업합니다.
4) 글자, 그림 및 도형 등의 크기와 모양은 문제 원안과 같거나 유사한 형태로 작업합니다.
5) 모든 글씨, 선 등은 흑백(그레이스케일)으로 작업하되, 글상자, 그림 및 도형 등에서 색 채우기가 있는 경우 색 채우기는 회색 40% 정도, 투명도 0%를 기준으로 작업합니다.
6) 각 슬라이드는 원안과 같이 외곽선 테두리가 인쇄되도록 인쇄합니다.
7) 각 슬라이드 크기는 A4 용지의 1/2 범위 내에 인쇄가 가능한 크기가 되도록 조정하여, 슬라이드 2개를 A4 용지 1매 안에 모두 인쇄합니다.
8) 비번호, 수험번호, 성명, 페이지 번호 등은 반드시 자필로 기재합니다.

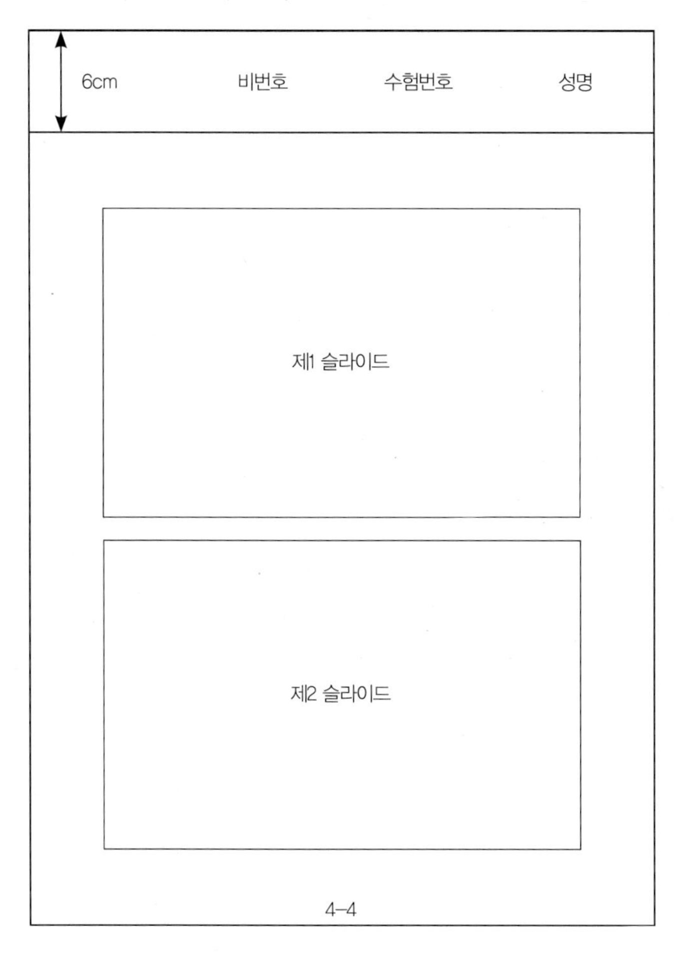

01 제1 슬라이드

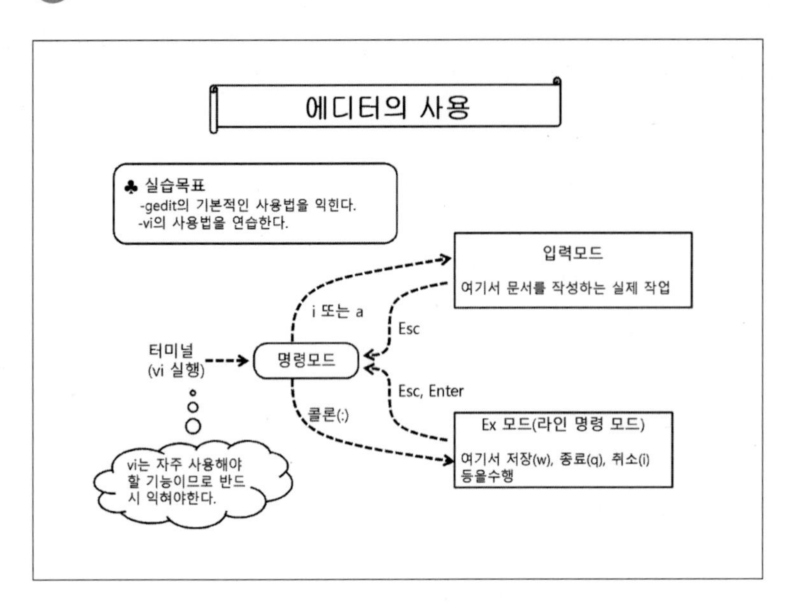

02 제2 슬라이드

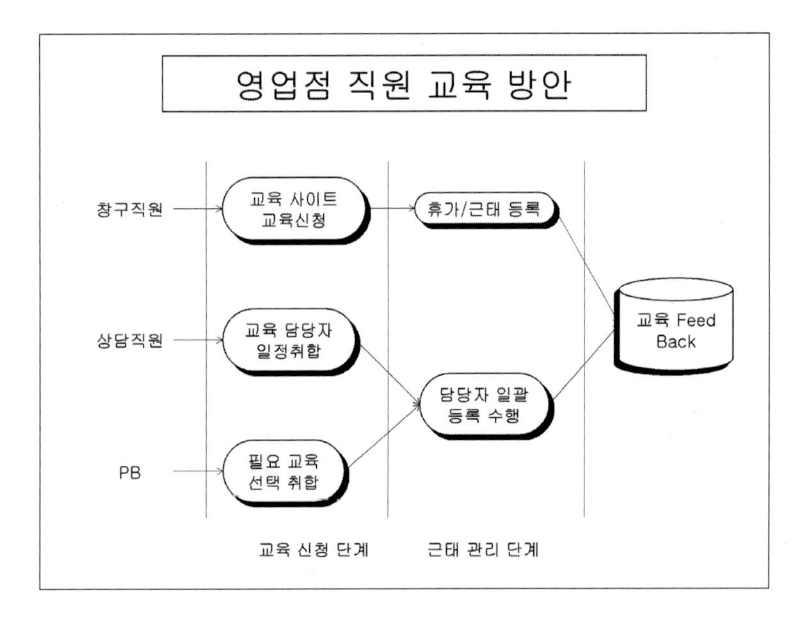

엑셀 작업 EXCEL 표 계산(SP) 작업 정답

작업 표(WORK SHEET) 작성

은행별 고객 대출 계산

은행명	고객명	성별	잔액	대출이자	대출가능액	비고
비자은행	강승헌	남성	₩1,680,000	₩900,000	-₩7,320,000	불량고객
비자은행	심남숙	여성	₩1,670,000	₩87,000	₩800,000	
비자은행	김지수	여성	₩3,700,000	₩280,000	₩900,000	
비자은행	남민종	남성	₩1,600,000	₩52,000	₩1,080,000	우수고객
비자은행	편영표	남성	₩1,600,000	₩50,000	₩1,100,000	우수고객
비자은행	이철희	남성	₩2,420,000	₩64,000	₩1,780,000	우수고객
전자은행	곽수지	여성	₩900,000	₩90,000	₩0	불량고객
전자은행	김종남	남성	₩1,000,000	₩30,000	₩700,000	
전자은행	정연수	남성	₩2,260,000	₩150,000	₩760,000	
전자은행	송춘석	남성	₩1,380,000	₩62,000	₩760,000	
전자은행	임지영	여성	₩3,360,000	₩236,000	₩1,000,000	
전자은행	박종식	남성	₩1,950,000	₩85,000	₩1,100,000	우수고객
전자은행	하석태	남성	₩1,740,000	₩57,000	₩1,170,000	우수고객
전자은행	전은미	남성	₩2,660,000	₩104,000	₩1,620,000	우수고객
학교은행	이인용	여성	₩1,330,000	₩180,000	-₩470,000	불량고객
학교은행	이남석	남성	₩375,000	₩29,000	₩85,000	불량고객
학교은행	황귀영	여성	₩700,000	₩55,000	₩150,000	불량고객
학교은행	심수미	여성	₩940,000	₩42,000	₩520,000	
학교은행	박철수	남성	₩1,505,000	₩56,000	₩945,000	
학교은행	함미경	여성	₩2,270,000	₩38,000	₩1,890,000	우수고객
평균			₩1,752,000	₩132,350	₩428,500	
전자은행 또는 비자은행의 합					₩5,450,000	
=SUMPRODUCT(ISNUMBER(FIND("전자은행",B5:B24))+ISNUMBER(FIND("비자은행",B5:B24)),K5:K24)						
여성이고 이씨이면서 학교은행인 고객들의 합				₩180,000	-₩470,000	
이씨이면서 우수고객인 고객들의 합				₩64,000	₩1,780,000	
잔액이 1500000 이상 2000000 미만인 합				₩1,287,000	-₩1,125,000	
=SUMPRODUCT((LEFT($C$5:$C$24,1)="이")*($L$5:$L$24="우수고객"),K5:K24)						

그래프(GRAPH) 작성

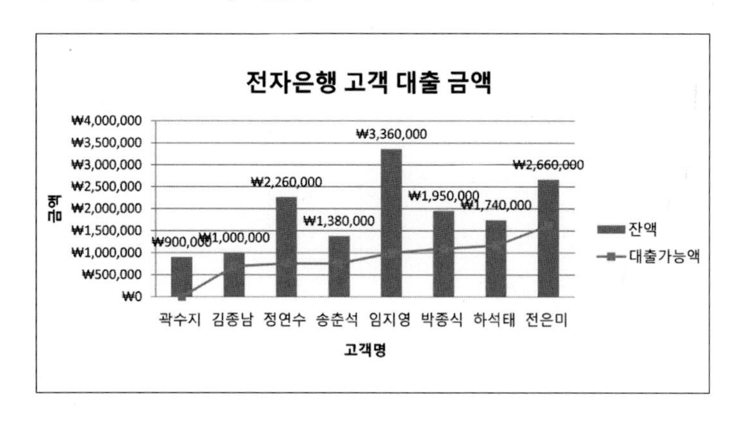

액세스 작업	ACCESS 자료 처리(DBMS) 작업 정답

조회 화면 설계

회원등급이 AA 또는 BB이면서 운동종류가 수영이고
사용시간이 60 이상인 현황

회원번호	회원등급코드	기본요금	운동종류	사용시간
M1	AA	₩1,500	수영	89

리스트박스 조회 시 작성된 SQL문

```
SELECT 테이블1.회원번호, 테이블1.회원등급코드, 테이블2.기본요금, 테이블1.운동종류,
테이블1.사용시간
FROM 테이블1 INNER JOIN 테이블2 ON (테이블2.회원등급코드 = 테이블1.회원등급코
드) AND (테이블1.회원등급코드 = 테이블2.회원등급코드)
WHERE (((테이블1.회원등급코드)="AA" Or (테이블1.회원등급코드)="BB") AND ((테이블
1.운동종류)="수영") AND ((테이블1.사용시간)>=60))
ORDER BY 테이블1.회원등급코드;
```

자료 처리 파일

스포츠센터 사용 현황

회원등급코드	회원번호	사용시간	기본요금	사용요금	보너스점수	비고
AA	M1	89	₩1,500	₩133,500	9345	우수
BB	M4	39	₩2,500	₩97,500	6825	우수
CC	M20	56	₩3,500	₩196,000	13720	특별
CC	M14	65	₩3,500	₩227,500	15925	특별
CC	M19	23	₩3,500	₩80,500	5635	우수
수영	합계	272		₩735,000	51450	
AA	M5	80	₩1,500	₩120,000	8400	우수
BB	M10	67	₩2,500	₩167,500	11725	특별
BB	M18	88	₩2,500	₩220,000	15400	특별
BB	M6	79	₩2,500	₩197,500	13825	특별
DD	M11	57	₩4,500	₩256,500	17955	특별
DD	M15	58	₩4,500	₩261,000	18270	특별
스쿼시	합계	429		₩1,222,500	85575	
AA	M8	59	₩1,500	₩88,500	6195	우수
AA	M9	71	₩1,500	₩106,500	7455	우수
CC	M12	75	₩3,500	₩262,500	18375	특별
DD	M3	70	₩4,500	₩315,000	22050	특별
테니스	합계	275		₩772,500	54075	
AA	M16	43	₩1,500	₩64,500	4515	보통
BB	M13	52	₩2,500	₩130,000	9100	우수
CC	M7	62	₩3,500	₩217,000	15190	특별
CC	M2	55	₩3,500	₩192,500	13475	특별
DD	M17	100	₩4,500	₩450,000	31500	특별
헬스	합계	312		₩1,054,000	73780	
	총평균	64		₩189,200	13244	

파워포인트 작업 **POWERPOINT 시상(PT) 작업 정답**

01 제1 슬라이드

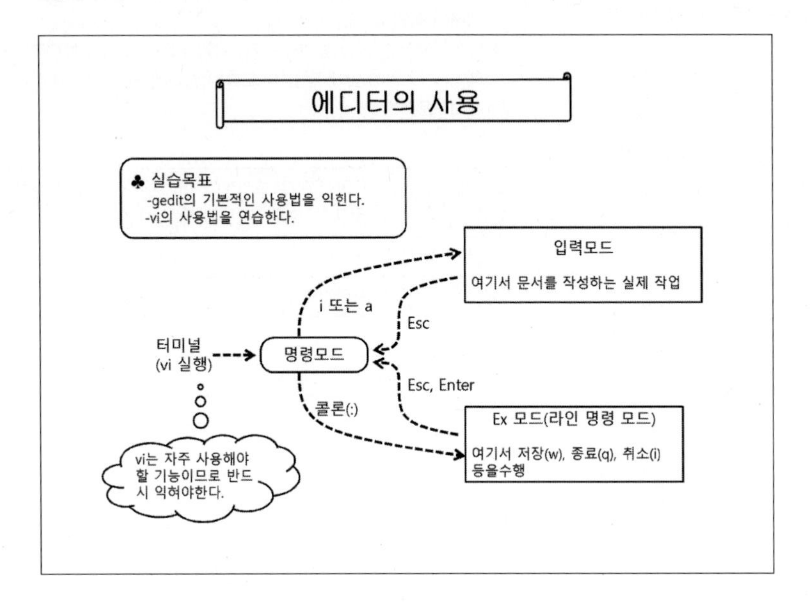

02 제2 슬라이드

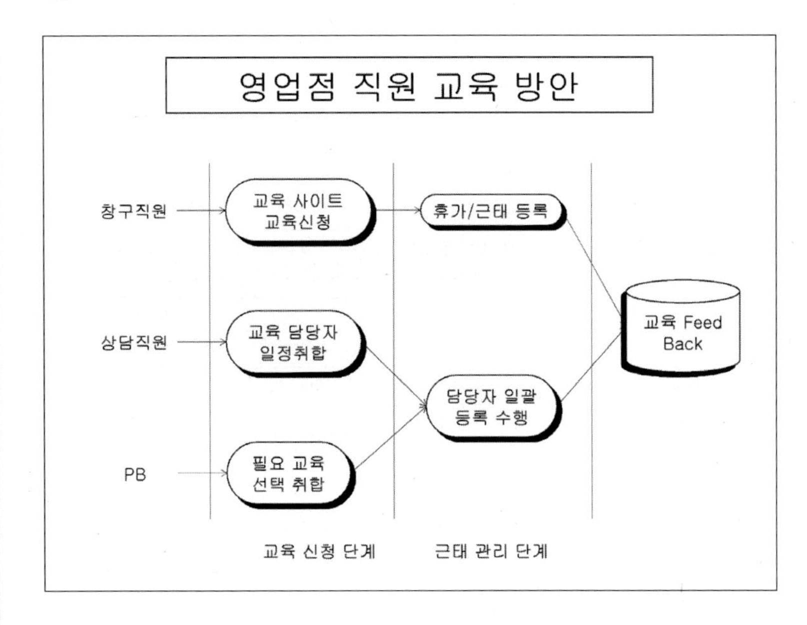

01 EXCEL 표 계산(SP) 작업 풀이

01 자료(DATA) 입력 및 작성 조건 처리하기

① Excel을 실행한다.

> Ⓐ "작업 표 형식"에서 행과 열에 관계된 음영 처리 표시된 부분은 작성하지 않음을 유의하고 반드시 제시된 행/열에 맞추도록 하시오.
> Ⓑ 제목 서식 : 16포인트 크기로 하시오.
> Ⓒ 글꼴 서체 : 임의 선정하시오.

② 1. 자료(DATA)를 참고하여 [B4] 셀부터 [I31] 셀까지 문제에 제시된 행/열에 맞게 자료를 입력한다.

③ 2. 작업 표 형식을 참고하여 [A3] 셀에 "은행별 고객 대출 계산" 제목을 작성한다.

④ [B3]~[L3] 셀까지 블록 선택한 뒤 [홈] 탭-[병합하고 가운데 맞춤](▾)과 글꼴 크기 16을 차례대로 적용한다. 상단의 1:2 행 머리글을 선택하고 우클릭-[숨기기]를 적용해 숨겨준다.

> **기적의 Tip**
>
> 1:2행을 숨겨도 되지만 1:3행을 병합해도 됩니다.

⑤ 2. 작업 표 형식을 참고하여 나머지 계산 결과 항목을 제시된 해당 열에 입력하고, 하단의 25행~31행에 제시된 자료를 입력한다.

⑥ 2행~31행까지 행 머리글을 선택하고 [홈] 탭-[글꼴] 그룹-글꼴 크기를 9로 변경하여 행 높이와 글꼴 크기를 동시에 줄여준다.

⑦ 자료 입력을 완료한 다음 [빠른 실행 도구 모음]의 [저장]( )을 클릭하여 시험 위원이 지정한 폴더에 지정된 파일명으로 저장한다. (예 : A019)

02 원문자(함수) 작성 조건 처리하기

함수식 작성 시에는 아래 문제에 제시된 조건에 맞게 식을 작성하도록 한다.

> ※ 함수식을 기재하는 셀과 연관된 지정 함수 조건(함수 지정)이 있을 경우 제시된 함수만을 사용해 함수식을 구성 및 작업하여야 하며, 작성 조건을 위배하여 임의로 작성할 시 해당 답이 맞더라도 틀린 항목으로 채점됨을 유의하시오. 만약, 구체적인 함수가 제시되지 않을 경우 수험자가 스스로 적합한 함수를 선정하여 작업하시오.
> ※ 또한 함수식을 작성할 때는 "라) 작업 표의 정렬 순서(SORT)"에 따라 조건에 맞게 정렬 후 도출된 결과에 의한 함수식을 기재하시오.

❶ 성별 : "남성"과 "여성"으로 표기한다. (단, 주어진 자료의 성별에서 남성은 "1", 여성은 "0"으로 표기되어 있음)

=IF(D5=1,"남성","여성")

❷ 잔액 : 예금 − 지출

=E5-F5

❸ 대출이자 : 대출금액 × 10%

=G5*10%

❹ 대출가능액 = 잔액 − 대출금액

=I5-G5

❺ 비고 : 대출가능액 〉 1,000,000이면 "우수고객", 대출가능액 〈 500,000이면 "불량고객"으로 표시하고, 나머지는 공란으로 한다.

=IF(K5>1000000,"우수고객",IF(K5<500000,"불량고객",""))

각 식을 입력하고 자동 채우기를 하여 답을 완성한다.

❻ 평균 : 각 항목별 평균 산출

=AVERAGE(I5:I24)

❼ 전자은행 또는 비자은행을 거래하는 고객들의 대출가능액의 합을 산출하시오.

=SUMPRODUCT(ISNUMBER(FIND("전자은행",$B$5:$B$24))+ISNUMBER(FIND("비자은행",$B$5:$B$24)),K5:K24)

❽ 항목 ❼ 산정 시 사용한 함수식을 기재하시오. (단, SUMPRODUCT, ISNUMBER, FIND 함수 모두 사용한 함수식 기재)

'=SUMPRODUCT(ISNUMBER(FIND("전자은행",$B$5:$B$24))+ISNUMBER(FIND("비자은행",$B$5:$B$24)),K5:K24)

❾ 여성이고 성이 이씨이면서 학교은행을 거래하는 고객들의 대출이자, 대출가능액 합을 각각 산출하시오.

=SUMIFS(J5:J24,$H$5:$H$24,"여성",$C$5:$C$24,"이*",$B$5:$B$24,"학교은행")

❿ 성이 이씨이면서 우수고객인 고객들의 대출이자, 대출가능액 합을 각각 산출하시오. (단, SUMPRODUCT 함수를 사용하시오.)

=SUMPRODUCT((LEFT($C$5:$C$24,1)="이")*($L$5:$L$24="우수고객"),J5:J24)

⑪ 잔액이 1500000 이상 2000000 미만인 고객들의 대출이자, 대출가능액 합을 산출하시오.

=SUMIFS(J5:J24,$I$5:$I$24,">=1500000",$I$5:$I$24,"<2000000")

⑫ 항목 ⑩ 산정 시 사용한 함수식 기재 (단, 대출가능액을 기준으로, 수식에 SUMPRODUCT, LEFT 함수 반드시 포함)

'=SUMPRODUCT((LEFT($C$5:$C$24,1)="이")*($L$5:$L$24="우수고객"),K5:K24)

각 식을 입력하고 자동 채우기를 하여 답을 완성한다.

03 작업 표 정렬하기

라) 작업 표의 정렬 순서(SORT)는 은행명의 오름차순으로 정렬하고, 은행명이 같으면 대출가능액의 오름차순으로 정렬한다.

① 작업 표 형식에 따라 A열 머리글을 선택하고 마우스 오른쪽 버튼–[숨기기]를 클릭하여 A열을 숨기기 한다.

② D, E, F, G 열도 같은 방법으로 열 숨기기 한다.
③ [B4:L24] 범위를 선택한다.
④ [데이터] 탭–[정렬]을 클릭하고 지시 사항과 같이 정렬 기준을 설정한다.

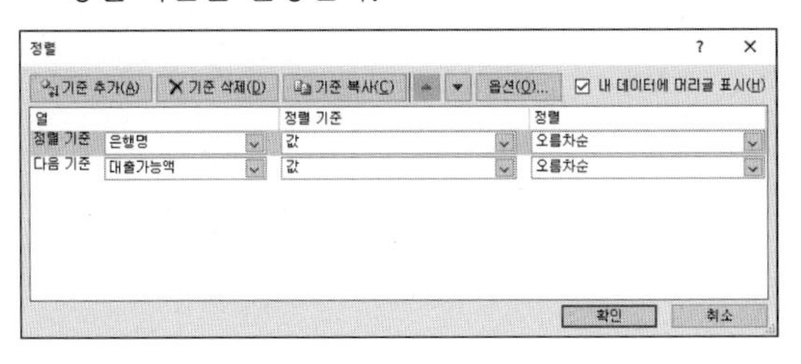

04 기타 작업으로 형식 적용하기

(1) 금액에 대한 수치는 원화(₩) 표시를 하고 천 단위마다 ','(Comma)를 표시하시오. (단, 금액 이외의 수치는 ','(Comma)를 표시하지 않도록 하시오.)
(2) 모든 수치(숫자, 통화, 회계, 백분율 등)는 셀 서식의 속성을 설정하는 과정에서 소수 자릿수를 "0"으로 지정하여 정수로 표시토록 하시오.
(3) 음수는 "–"가 표시되도록 하시오.
(4) 숫자 셀은 우측을 수직으로 맞추고, 문자 셀은 수평 중앙으로 맞추며 이외 사항은 작업 표 형식에 따르도록 하시오. 특히, 단서조항이 있을 경우는 단서 조항을 우선으로 하고, 인쇄 출력 시 판독 불가능이 발생되지 않도록 인쇄 미리 보기 등을 통하여 셀의 크기를 적당히 조정하시오.

[형식 지정하기]

통화	I, J, K 열
가운데 정렬	문자열인 B열, C열, H열 2행, 하단 지시사항
테두리	• [B4:L31] : 모든 테두리 • [B5:L24] : 가운데 테두리 해제

기적의 Tip

중간선 위/아래 셀 내용이 선에 겹쳐서 출력되는 문제를 방지하기 위해서 선을 해제합니다. 하지만 겹치는 문제가 없다면 작업 표 본문의 중간선을 적용해도 감점사항이 아닙니다.

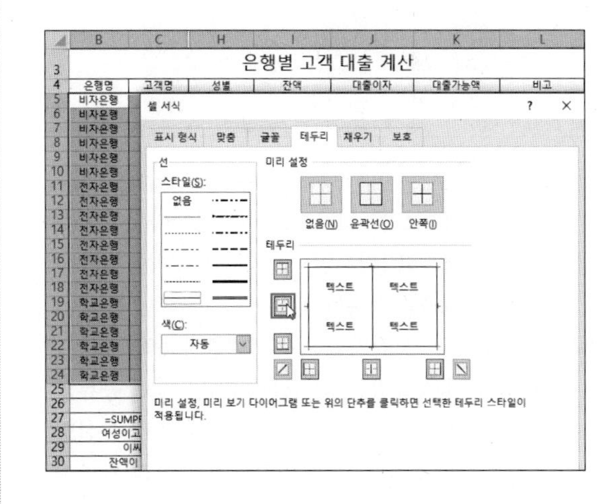

05 페이지 설정하기

페이지 설정은 모든 문제를 같은 방식으로 작업하므로 공단 공개문제 01회 해설을 참고한다.

06 그래프 작성하기

02 그래프(GRAPH) 작성

> 작성한 작업 표에서 전자은행에 대한 고객명별 잔액과 대출가능액을 나타내는 그래프를 작성하시오.

[작성 조건]

1) 그래프 형태 : 혼합형 단일축 그래프
   - 잔액(묶은 세로 막대형), 대출가능액(데이터 표식이 있는 꺾은 선형)
   (단, 잔액만 데이터 레이블의 값이 포함된 혼합형 단일축 그래프로 하시오.)
2) 그래프 제목 : 전자은행 고객 대출 금액 ---- (확대 출력)
3) X축 제목 : 고객명
4) Y축 제목 : 금액
5) X축 항목 단위 : 해당 문자열
6) Y축 눈금 단위 : 임의
7) 범례 : 잔액, 대출가능액
8) 출력물 크기 : A4용지 1/2장 범위 내
9) 기타 : 작성 조건에 없는 형식이나 모양 등은 기본 설정 값에 따르며, 그래프 너비는 작업 표 너비에 맞춘다.

① 작성 조건에 해당하는 범위를 Ctrl를 이용하여 그림과 같이 연속 선택한다.

	B	C	H	I	J	K	L
3	은행별 고객 대출 계산						
4	은행명	고객명	성별	잔액	대출이자	대출가능액	비고
5	비자은행	강승헌	남성	₩1,680,000	₩900,000	-₩7,320,000	불량고객
6	비자은행	심남숙	여성	₩1,670,000	₩87,000	₩800,000	
7	비자은행	김지수	여성	₩3,700,000	₩280,000	₩900,000	
8	비자은행	남민종	남성	₩1,600,000	₩52,000	₩1,080,000	우수고객
9	비자은행	편영표	남성	₩1,600,000	₩50,000	₩1,100,000	우수고객
10	비자은행	이철희	남성	₩2,420,000	₩64,000	₩1,780,000	우수고객
11	전자은행	곽수지	여성	₩900,000	₩90,000	₩0	불량고객
12	전자은행	김종남	남성	₩1,000,000	₩30,000	₩700,000	
13	전자은행	정연수	남성	₩2,260,000	₩150,000	₩760,000	
14	전자은행	송춘석	남성	₩1,380,000	₩62,000	₩760,000	
15	전자은행	임지영	여성	₩3,360,000	₩236,000	₩1,000,000	
16	전자은행	박종식	남성	₩1,950,000	₩85,000	₩1,100,000	우수고객
17	전자은행	하석태	남성	₩1,740,000	₩57,000	₩1,170,000	우수고객
18	전자은행	전은미	남성	₩2,660,000	₩104,000	₩1,620,000	우수고객
19	학교은행	이인용	여성	₩1,330,000	₩180,000	-₩470,000	불량고객

② [삽입] 탭–[세로 막대형]–[묶은 세로 막대형]( )을 클릭하여 차트를 워크시트에 삽입한다.

③ 차트를 선택하고 [디자인] 탭–[차트 레이아웃]–[레이아웃 9]( )를 적용한다.

④ 범례 클릭 후 시간차를 두고 [대출가능액] 계열을 클릭하고 마우스 우클릭을 눌러 [계열 차트 종류 변경] → [차트 종류 변경] → [표식이 있는 꺾은 선형]( )을 선택하고 [확인]을 클릭하여 계열의 차트 종류를 [표식이 있는 선형]으로 변경한다.

⑤ 그림 영역의 [잔액] 임의 계열을 클릭하여 선택한 뒤 [마우스 우클릭]–[데이터 레이블 추가]를 선택한다.

⑥ 차트를 그림과 같이 인쇄 경계선 안쪽, 작업 표 하단에 배치하고 차트 제목(글꼴 크기 : 16), 가로축, 세로축 이름을 입력한다. 인쇄 시 차트가 잘리는 것을 방지하기 위하여 인쇄 경계선과 약 1행 정도 여백을 두고 배치하도록 한다.

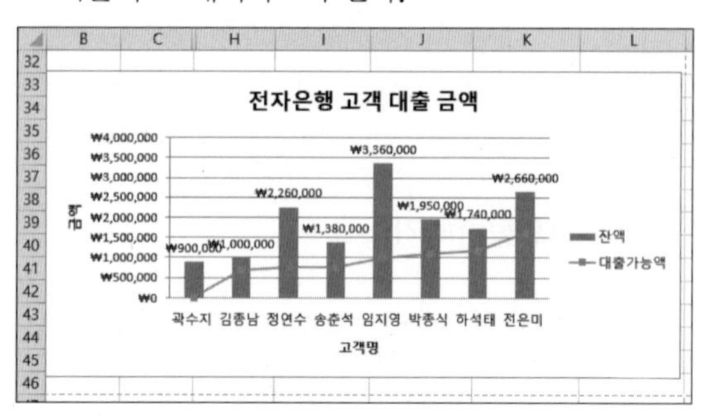

07 인쇄 영역 설정하기

① 인쇄 경계선을 기준으로 범위를 선택한다. (마지막 행은 글꼴 크기 행 높이에 따라 상이하므로 답안 파일과 작업자 파일과 상이할 수 있다.)

② [A1] 셀부터 오른쪽 아래 인쇄 영역까지 범위를 선택하고 [페이지 레이아웃]–[인쇄 영역]–[인쇄 영역 설정]를 클릭하여 인쇄 영역을 설정한다. 인쇄 영역을 설정하면 인쇄 시 불필요한 영역을 제외할 수 있다.

③ [빠른 실행 도구]–[인쇄 및 인쇄 미리보기]를 클릭하여 인쇄 범위가 한 페이지에 모두 표시되는지 확인한다.

02 ACCESS 자료 처리(DBMS) 작업 풀이

01 테이블1 만들기

① [만들기]–[테이블 디자인] 클릭하여 새로운 [테이블 디자인 보기] 창을 실행한다.

② 테이블의 필드와 형식을 다음과 같이 설정한다.

필드 이름	데이터 형식	일반
회원번호	텍스트	
회원등급코드	텍스트	
운동종류	텍스트	
사용시간	숫자	• 필드크기 : 정수(Long) • 형식 : 0 • 소수 자릿수 : 0

③ [닫기](×)를 클릭하여 테이블을 저장한다. 테이블 이름은 임의로 지정한다.

④ 테이블1에는 기본 키를 지정하지 않으므로, '기본 키를 정의하지 않았습니다.' 대화상자에서 [아니오]를 클릭한다.

02 테이블2 만들기

① [만들기]–[테이블 디자인] 클릭하여 새로운 [테이블 디자인 보기] 창을 실행한다.

② 테이블의 필드와 형식을 다음과 같이 설정한다.

필드 이름	데이터 형식	일반
회원등급코드	텍스트	기본 키
기본요금	통화	

③ 회원등급코드 필드의 [필드 선택기]를 클릭하고 [디자인] 탭–[기본 키]를 클릭하여 기본 키를 적용한다.

④ [닫기](×)를 클릭하여 테이블을 저장한다. 테이블 이름은 임의로 지정한다.

03 테이블에 데이터 입력

① Access 개체 창에서 테이블1, 테이블2를 각각 더블 클릭하여 실행한 뒤 문제의 '02 입력 자료'를 참고하여 데이터를 입력한다.

회원번호	회원등급코드	운동종류	사용시간
M8	AA	테니스	59
M1	AA	수영	89
M6	BB	스쿼시	79
M2	CC	헬스	55
M3	DD	테니스	70
M5	AA	스쿼시	80
M4	BB	수영	39
M7	CC	헬스	62
M11	DD	스쿼시	57
M9	AA	테니스	71
M10	BB	스쿼시	67
M12	CC	테니스	75
M13	BB	헬스	52
M14	CC	수영	65
M15	DD	스쿼시	58
M16	AA	헬스	43
M20	CC	수영	56
M18	BB	스쿼시	88
M17	DD	헬스	100
M19	CC	수영	23

회원등급코드	기본요금
AA	₩1,500
BB	₩2,500
CC	₩3,500
DD	₩4,500

04 전체 쿼리 만들기

① [만들기] 탭–[쿼리] 그룹–[쿼리 디자인]을 클릭한다.

② [테이블 표시] 대화상자에서 테이블1을 더블 클릭하여 쿼리 디자인 영역에 추가한다.

③ 테이블1의 전체 필드를 추가하기 위하여 테이블1의 '*'를 더블 클릭하여 아래 필드 구성에 추가한다.

④ '04 자료 처리 파일(FILE) 작성'의 [처리 조건]에 따라 나머지 필드에 식을 입력한다. 또한 새로 추가되는 식 필드의 경우 필드 선택–마우스 우클릭–속성을 클릭하고, [속성] 시트–[형식]에 다음과 같이 설정하도록 한다.

[처리 조건]
2) 사용요금 : 사용시간 × 기본요금
3) 보너스점수 : 사용요금의 7%
4) 비고 : 보너스점수가 10,000 이상은 "특별",
보너스점수가 10,000 미만에서 5,000 이상은 "우수",
보너스점수가 5,000 미만은 "보통"으로 표시한다.

구분	필드	형식
테이블1	*	
테이블2	기본요금	
식	사용요금 : [사용시간]*[기본요금]	통화
	보너스점수 : [사용요금]*0.07	0
	비고 : IIf([보너스점수]>=10000,"특별",IIf([보너스점수]>=5000,"우수","보통"))	

⑤ '쿼리1 닫기'(×)를 클릭하여 쿼리1을 저장한다.

05 폼용 조건 검색 쿼리 만들기

① [만들기] 탭–[쿼리] 그룹–[쿼리 디자인]을 클릭한다.

② [테이블 표시] 대화 상자에서 테이블1, 테이블 2를 더블 클릭하여 쿼리 디자인 영역에 추가한다.

③ '03 조회 화면(SCREEN) 설계'의 [조회 화면 서식] 그림을 보고 폼에 추가될 필드를 '쿼리1'에서 더블 클릭하여 추가한다.

④ '03 조회 화면(SCREEN) 설계'의 조건에 따라 아래와 같이 조건을 입력한다.

※ 다음 조건에 따라 회원등급이 AA 또는 BB이면서 운동종류가 수영이고 사용시간이 60 이상인 현황을 조회할 수 있는 화면을 설계하고 해당 데이터를 출력하시오.

1) 해당 현황은 목록 상자(리스트박스)에서 회원등급코드 오름차순으로 출력하고, 화면 아래에 조회 시 작성한 SQL문을 복사하시오.
  – WHERE 조건절에 회원등급코드, 운동종류, 사용시간 반드시 포함
  – ORDER BY 구문 반드시 포함
  ※ SQL문에 상기 내용 미포함 시 SQL 작성 부분 0점 처리

2) 리스트박스 조회 시 작성된 SQL문이 작성되지 않을 경우에는 "03 조회 화면(SCREEN) 설계" 과제가 0점 처리됨을 반드시 유의하시오.

3) 목록 상자에 표시되어야 할 필수적인 필드명은 다음과 같습니다.
  – 회원번호, 회원등급코드, 기본요금, 운동종류, 사용시간

4) 폼 서식에 제반되는 폰트, 점선 등은 아래 [조회 화면 서식]에 보이는 대로 기재하시오.

5) 기타 사항은 "04 자료 처리 파일(FILE) 작성"의 [기타 조건]을 따르시오.

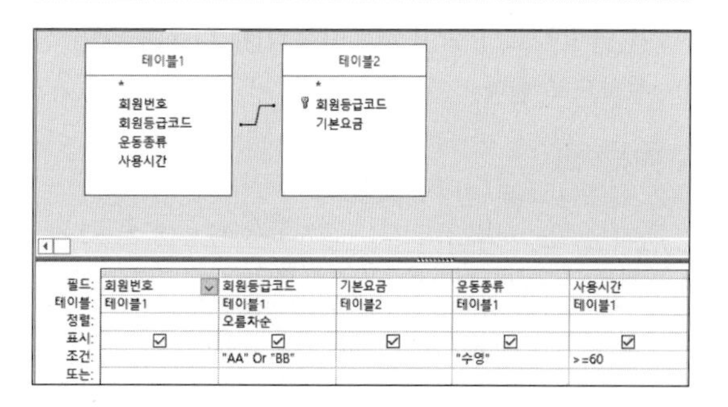

필드	조건/정렬
회원번호	
회원등급코드	"aa" Or "bb", 오름차순
기본요금	
운동종류	"수영"
사용시간	>=60

⑤ [쿼리2 닫기](×)를 클릭하여 '쿼리2'를 저장한다.

⑥ [개체] 창 '쿼리2'를 더블 클릭하여 실행한 뒤 검색 결과와 각 필드의 형식을 검토한다.

회원번호	회원등급코	기본요금	운동종류	사용시간
M1	AA	₩1,500	수영	89
*				

⑦ [닫기](×)를 클릭하여 '쿼리2'를 닫는다. 만약 검토 결과 오류가 발견되었다면 [개체] 창에서 '쿼리2' 선택–마우스 우클릭–[디자인보기]를 선택하여 오류를 수정하도록 한다.

06 03 조회 화면(SCREEN) 설계 작업하기

(1) 폼 만들고 제목 입력하기

① [만들기] 탭–[폼] 그룹–[폼 디자인]을 클릭한다.

② 본문의 너비를 약 '16'cm 정도로 늘려준다.

③ [디자인] 탭–[컨트롤] 그룹–[레이블](가)을 순서대로 클릭하여 문제 지시와 같이 제목 위치에 그려 넣고 레이블에 "회원등급이 AA 또는 BB이면서 운동종류가 수영이고 사용시간이 60 이상인 현황"을 입력 한 뒤 글꼴 크기 : 16으로 변경한다.

(2) 목록 상자 추가하기

① [디자인] 탭–[컨트롤]–[목록 상자]( )를 클릭하고 폼 본문 제목 아래 그려 넣는다.

② [목록 상자 마법사]에서 "목록 상자에 다른 테이블이나 쿼리에 있는 값을 가져옵니다."를 선택하고 [다음]을 클릭한다.

③ [보기]에서 [쿼리]를 선택하고 [쿼리: 쿼리2]를 선택한 뒤 [다음]을 클릭한다.

④ [사용가능한 필드]에서 문제에 제시된 필드를 [선택한 필드]에 추가한다.

⑤ 앞서 쿼리 디자인에서 정렬을 지정했으므로 정렬 탭에서는 바로 [다음]을 클릭한다.

⑥ 목록 상자의 열 너비 조정 창에서 필드 간 간격을 맞추고 마지막 필드의 오른쪽 경계가 넘어가 스크롤이 생기지 않도록 설정하고 [마침]을 클릭한다.

⑦ 목록 상자와 함께 추가된 레이블을 선택하고 Delete 를 눌러 삭제한다.

⑧ 목록 상자의 너비를 약 16cm 정도로 조절한 뒤 목록 상자 선택-마우스 우클릭 클릭-[속성]을 선택하고 [속성]시트-[형식] 탭-[열 이름]-[예]로 변경한다.

형식 | 데이터 | 이벤트 | 기타 | 모두

표시	예
열 개수	5
열 너비	2.54cm;2.778cm;2.7
열 이름	예

⑨ [디자인] 탭-[컨트롤]에서 선을 선택하고 Shift를 누르고 목록 상자 하단 너비에 맞게 선을 그려 넣는다.

⑩ 선을 선택하고 [속성] 시트-[형식]-[테두리두께]를 3pt로 변경한 뒤 목록 상자 아래에 방향키를 이용해서 적당히 배치한다.

⑪ 마우스로 드래그하여 목록 상자와 선을 같이 선택하고 [정렬] 탭-[크기 및 순서지정] 그룹-[크기/공간]-[가장 넓은 너비에]를 선택해 목록 상자와 선의 너비를 맞춰준다.

⑫ [정렬] 탭-[크기 및 순서지정] 그룹-[맞춤]-[왼쪽]을 선택하여 선과 목록 상자의 위치를 맞춰 준다.

(3) SQL 식 복사하기

① 목록 상자 하단에 레이블을 삽입하고 "리스트박스 조회 시 작성된 SQL문" 입력한다.

② 개체 창에서 [쿼리2]를 더블 클릭하여 실행하고 [홈] 탭-[보기] 그룹-[SQL 보기]를 클릭한다.

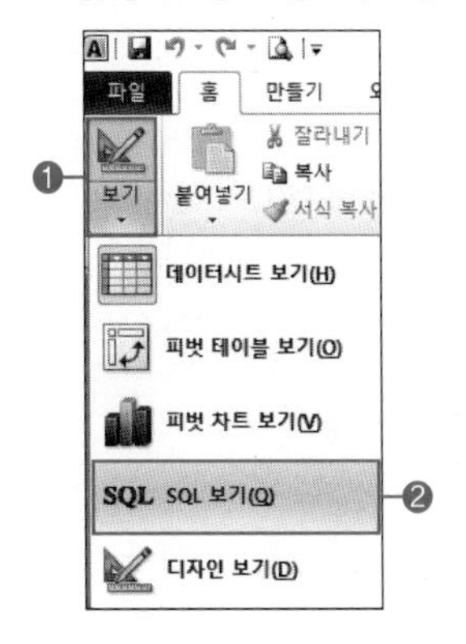

③ SQL 보기 창에 표시된 식을 Ctrl+C로 복사하고 [쿼리2. 닫기](×)를 클릭해 창을 닫는다.

④ "리스트박스 조회 시 작성된 SQL문" 하단에 레이블을 삽입하고 Ctrl+V를 눌러 앞서 복사한 SQL 식을 붙여 넣는다.

⑤ Ctrl+A를 눌러 폼 내 모든 컨트롤을 선택하고 [홈] 탭-[텍스트 서식] 그룹-[글꼴 색]-[검정, 텍스트1]로 변경한다.

(4) 폼 디자인 각 컨트롤 속성 변경

① 속성 설정

컨트롤	속성
제목 레이블	글꼴 크기 : 16
목록 상자	열 이름 : 예
목록 상자 아래 선	두께 : 3pt
리스트박스 조회 시 작성된 SQL문 레이블	• 글꼴 크기 : 16 • 테두리 스타일 : 투명
SQL 식 작성 레이블	테두리 스타일 : 파선
폼 전체 글꼴 색	검정

② 폼 하단 중앙에 레이블을 삽입하고 출력 페이지 번호 "4-2"를 입력하고 [폼1. 닫기](×)를 클릭해 폼 디자인을 저장한다.

③ [인쇄 미리보기]-[페이지 설정]에서 아래와 같이 설정한다.

항목	여백
위쪽	60
아래쪽	6.35 (기본 값)
왼쪽	20~25
오른쪽	6.35 (기본 값)

④ [인쇄 미리보기]를 클릭하여 디자인한 폼이 문제 지시사항과 일치하는지 확인한다.

(5) 비번호 / 수험번호 / 출력페이지 번호 작성하기 작업은 모든 문제가 같은 방식으로 작업하므로 1회 해설로 대신한다.

07 보고서 만들기

(1) 보고서 마법사로 보고서 만들기

① [만들기] 탭–[보고서 마법사]를 클릭한다.

② 보고서 마법사 단계별 작업

[처리 조건]
1) 운동종류(수영, 스쿼시, 테니스, 헬스)별로 정리한 후, 같은 운동종류 안에서는 회원등급코드의 오름차순으로 정렬(SORT)한다.
5) 운동종류별 합계 : 사용시간, 사용요금, 보너스점수의 합 산출
6) 총평균 : 사용시간, 사용요금, 보너스점수의 전체 평균 산출

단계	작업
보고서에 어떤 필드를 넣으시겠습니까?	[테이블/쿼리] : 쿼리1 선택
	보고서 그림에 표시된 필드 추가
그룹 수준을 지정하시겠습니까?	[처리 조건]에 따라 [운동종류] 필드 추가
정렬 순서와 요약 정보	정렬 : 회원등급코드, 오름차순
	요약 옵션 : 사용시간, 사용요금, 보너스점수
보고서에 어떤 모양을 지정하시겠습니까?	모양 : 단계, 용지 방향 : 세로
보고서 제목을 지정하십시오.	쿼리1 (임의로 수정 가능)
	보고서 디자인 수정 선택

(2) 보고서 디자인에서 컨트롤하기

① 보고서 디자인 흰 바탕(인쇄 영역)의 경계를 16 이하로 줄여준다.

② 문제 제시 보고서를 보고 필드의 순서를 배치한다. 배치 시 [정렬] 탭의 정렬 및 순서 조정의 [크기/공간], [맞춤]을 충분히 활용하도록 한다.

③ 보고서 머리글을 제외한 나머지 범위를 마우스로 드래그하여 선택하고 글꼴 크기 : 9, 글꼴 색 : 검정으로 변경한다.

④ 컨트롤 이동 및 수정

구역	작업
보고서 머리글	• 제목 : 스포츠센터 사용 현황 • 글꼴 : 16
	오른쪽 위에 비번호, 수험번호 작성
페이지 머리글	각 레이블 크기 조절 및 배치
	선 삽입 : 테두리 두께 1pt, 아래쪽 배치
그룹 머리글	[운동종류] 텍스트 상자 그룹 바닥글 이동 및 '합계' 레이블 뒤에 붙임
	높이 : 0으로 설정하여 숨김
본문	페이지 머리글 레이블과 위치 크기 맞추어 배치
	높이 : 0.7으로 최소한으로 줄여준다.
그룹 바닥글	• "="에 대한 요약 " ~~" 레이블 삭제 • 그룹 머리글에서 가져온 텍스트 상자 배치 • 요약 =SUM() 텍스트 상자 페이지 머리글 레이블과 세로 방향 열에 맞추어 배치
	선 삽입 : 테두리 두께 1pt, 위쪽/아래쪽 배치
페이지 바닥글	• "=[Page]~ " 등의 텍스트 상자 모두 삭제 • 높이 : 0으로 설정하여 숨김
보고서 바닥글	• 총 합계 레이블 '총 평균'으로 수정하여 필드별 세로 정렬 맞춤 • SUM → AVG 로 함수명 변경
	선 삽입 : 테두리 두께 1pt, 아래쪽 배치
	선 아래 인쇄 번호 "4–3" 레이블 삽입

⑤ 보고서 컨트롤 속성 조정

[보고서 디자인 보기]를 닫고(×) [인쇄 미리보기]()를 통하여 텍스트 상자의 형식에 문제가 있는 경우 속성 값을 변경한다.

해당 컨트롤	속성 설정 값
제목 레이블	글꼴 크기 : 16
직선	• 테두리 두께 : 1pt • 테두리 색 : 검정, 텍스트1
모든 텍스트 상자	테두리 : 투명
금액 텍스트 상자	형식 : 통화, 소수 자릿수 : 0
정수 텍스트 상자	형식 : 0
보고서 머리글	배경색 : 흰색, 배경1
본문	• 배경색 : 흰색, 배경1 • 다른 배경색 : 흰색, 배경1
그룹 바닥글	• 배경색 : 흰색, 배경1 • 다른 배경색 : 흰색, 배경1

03 POWERPOINT 시상(PT) 작업 풀이

01 전체적인 작업 순서

[제1 슬라이드]

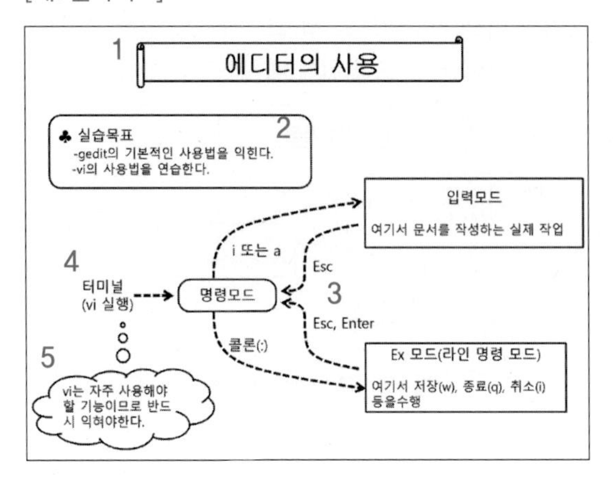

[제2 슬라이드]

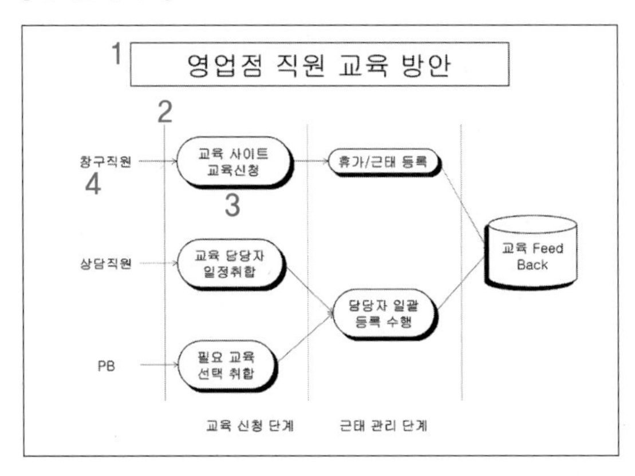

02 제1 슬라이드 작성하기

① [홈] 탭–[그리기] 그룹–[도형]–[별 및 현수막]–[가로로 말린 두루마리 모양](▭)을 선택하고 슬라이드 제목이 입력될 위치에 삽입한 뒤 "에디터의 사용"을 입력하고 글꼴 크기를 24로 변경한다.

기적의 Tip

작업 시간 단축을 위하여 도형 채우기 색과 글꼴은 슬라이드를 모두 작성한 뒤 일괄 변경하도록 합니다.

② [도형]–[기본 도형]–[모서리가 둥근 직사각형](▢)을 슬라이드에 삽입하고 텍스트를 입력한다.

③ 한글 'ㅁ' 입력 후 [한자] 키를 눌러 특수문자에서 '♣' 선택하여 입력한다.

1행 글꼴 크기	18pt
나머지 글꼴 크기	16pt
문자열 정렬	왼쪽 맞춤

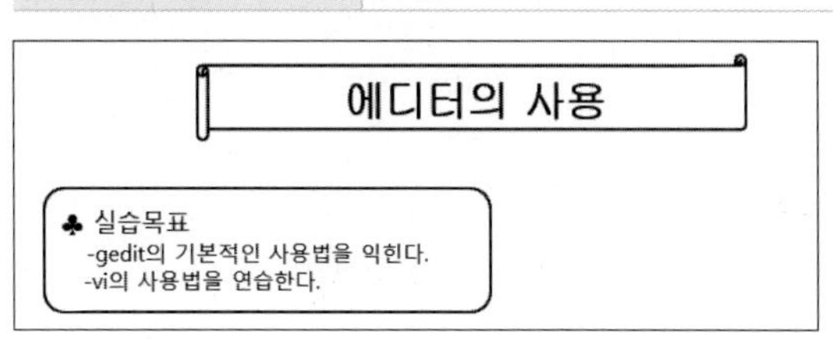

④ [도형]–[기본 도형]–[모서리가 둥근 직사각형](▢)을 슬라이드 중앙쯤에 삽입하고 '명령모드'를 입력한 뒤 도형을 선택하고 노란 점을 드래그하여 모서리 곡률을 완만하게 변경한다.

⑤ [도형]–[기본 도형]–[직사각형](▭)을 슬라이드 우측에 2개 삽입하고 텍스트를 입력한다.

명령모드 글꼴	18pt
우측도형 1행 글꼴	
우측도형 2행 글꼴	16pt

⑥ [도형]–[선]–[곡선](⌒)을 선택하고 '명령모드' 도형 위쪽을 클릭하고 마우스를 그림과 같은 위치까지 이동 → 클릭 → '입력모드' 도형 위치에 마우스 이동 → 클릭 → 곡선 곡률을 확인하고 Esc를 눌러 곡선을 삽입을 완료한다.

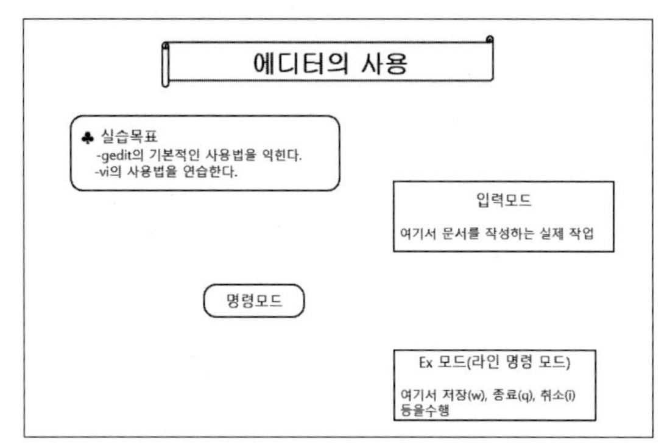

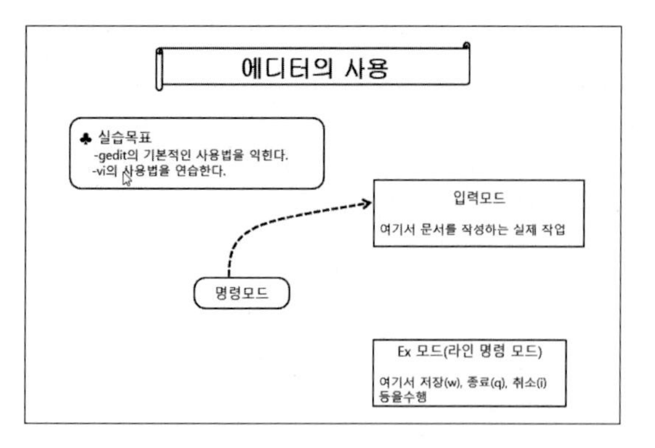

⑦ 삽입한 곡선을 선택하고 도형 윤곽선을 다음과 같이 변경한다.

두께	3pt
대시	사각점선
화살표	화살표 스타일 2

기적의 Tip

곡선을 그릴 경우에 마지막 [Esc]를 누를 때 선의 연장 방향으로 좀 더 이동한 상태에서 [Esc]를 눌러야 곡선 끝의 선이 휘어지지 않습니다.

⑧ 곡선을 선택하고 [Ctrl]+[Shift]를 누른 채로 아래쪽으로 끌어 복사한 뒤 [정렬]-[회전]-[상하 대칭]을 선택하여 회전한 뒤 배치한다.

⑨ 안쪽 곡선도 같은 방식으로 그려 넣는다.

⑩ 문제에 제시된 텍스트와 화살표를 입력한다.

기적의 Tip

파워포인트의 도형은 제시된 문제와 80% 이상 일치하면 됩니다. 화살표의 곡률을 똑같이 맞추기 어렵다면 적당한 선에서 타협하는 것이 좋습니다.

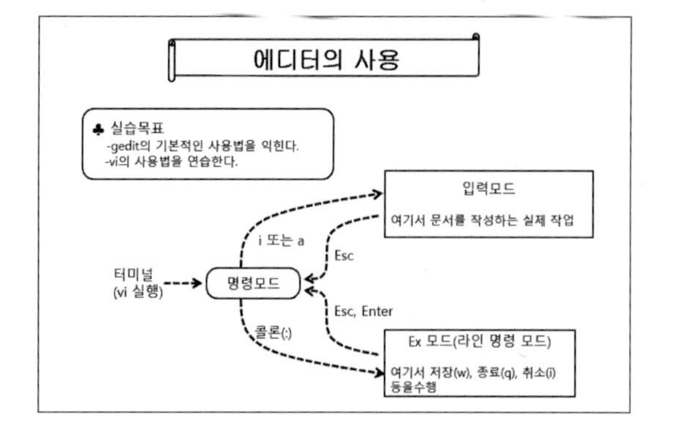

⑪ [도형]-[설명선]-[구름모양 설명선]( )을 삽입하고 노란 점을 마우스로 끌어 위쪽으로 방향을 이동하고 크기 조절점을 이용하여 구름모양의 세로 폭을 조금 줄여준다.

⑫ 텍스트를 바로 도형에 입력하면 문제와 같이 맞춰지지 않으므로 별도로 텍스트 상자를 옆에 그려 문자를 입력한 뒤 도형 위에 배치하도록 한다.

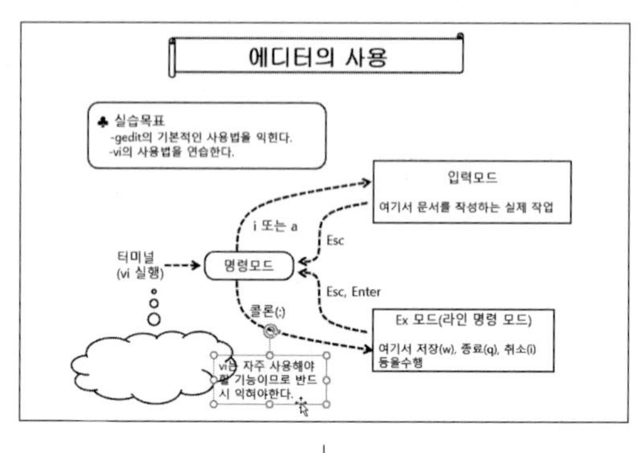

↓

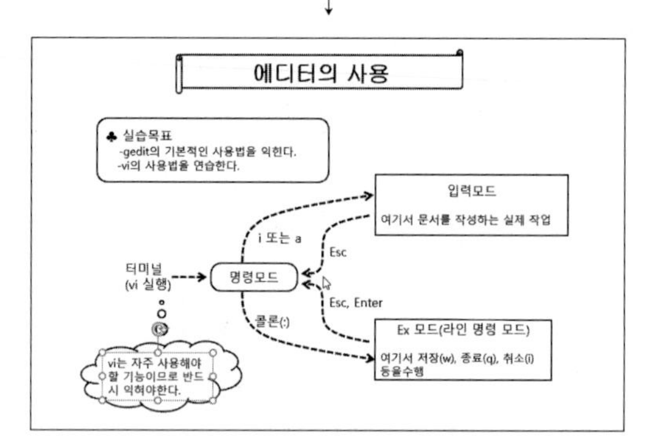

⑬ 채우기 색이 지정된 도형을 [Shift]를 누르고 연속 선택한 뒤 [도형 채우기]-[흰색, 배경1]을 적용한다.

⑭ 채우기 색이 없는 도형을 [Shift]를 누르고 연속 선택한 뒤 [도형 채우기]-[채우기 없음]을 적용한다.

⑮ 모든 도형과 선을 같은 방식으로 선택하고 [도형 윤곽선]-[검정, 텍스트1]로 변경한다.

⑯ [Ctrl]+[A]를 이용해 전체 선택 후 글꼴을 굴림체로 변경한다.

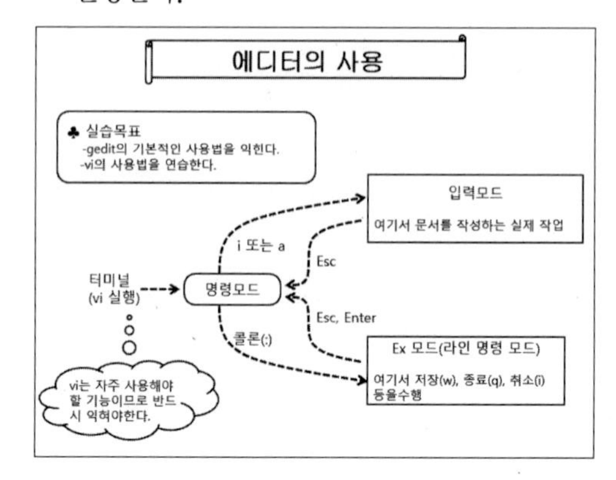

03 제2 슬라이드 작성하기

① [홈] 탭–[그리기] 그룹–[도형]–[사각형]–[직사각형](▭)을 선택하고 슬라이드 제목이 입력될 위치에 삽입한 뒤 "영업점 직원 교육 방안"를 입력하고 글꼴 크기를 36으로 변경한다.

② [홈] 탭–[그리기] 그룹–[선]–[선]을 이용하여 세로선 3개를 그려 넣는다. 정 중앙에 선을 먼저 그리고 Ctrl+Shift를 누른 채로 좌/우로 드래그하여 복사한다. 좌우 선은 눈금선을 기준으로 좌 : 7.5cm, 우 : 7cm 위치에 배치한다. 선을 모두 선택하고 [도형 윤곽선]–[검정, 텍스트1]로 색을 변경한다.

> **기적의 Tip**
> [보기] 탭에서 눈금자를 활성화하고 세로선 위치를 결정하면 좀 더 효율적으로 그릴 수 있습니다.

③ [홈] 탭–[그리기] 그룹–[기본도형]–[모서리가 둥근 직사각형](▭)을 이용하여 왼쪽 상단에 그려 넣은 뒤 노란 점을 이용하여 곡률을 변경한다.

④ 도형 선택 → 마우스 오른쪽 버튼 → [개체 서식] → [도형 서식] 대화상자에서 아래와 같이 그림자를 설정한다.

항목	속성
미리 설정	오프셋 대각선 오른쪽아래
색	검정, 텍스트1
투명도	0%
흐리게	0pt
간격	7pt

⑤ [모서리가 둥근 직사각형](▭)을 선택하고 Ctrl을 누른 채로 드래그하고 복사하여, 나머지 도형도 그려 넣은 뒤 제시된 문제의 비율과 비슷하게 도형 크기를 변경한다.

⑥ [홈] 탭–[그리기] 그룹–[도형]–[기본도형]–[원통](⌸)을 그려 넣은 뒤 아래와 같이 그림자를 설정한다.

항목	속성
미리 설정	오프셋 대각선 왼쪽 아래
색	검정, 텍스트1
투명도	0%
흐리게	0pt
간격	7pt

⑦ [모서리가 둥근 직사각형]과 [원통]을 Shift를 이용하여 연속 선택하고 아래와 같이 도형 속성을 변경한다.

항목	속성
도형 채우기	흰색, 배경1
도형 윤곽선	검정, 텍스트1
글꼴 색	검정, 텍스트1

⑧ 제목 직사각형을 선택하고 아래와 같이 도형 속성을 변경한다.

항목	속성
도형 채우기	채우기 없음
도형 윤곽선	검정, 텍스트1
글꼴 색	검정, 텍스트1

⑨ 도형에 텍스트를 입력하고, [홈] 탭–[그리기] 그룹–[도형]–[기본 도형]–[텍스트 상자]를 이용하여 좌측과 하단의 나머지 텍스트를 입력한다.

⑩ [홈] 탭–[그리기] 그룹–[도형]–[선]–[화살표](↘)를 마우스 우클릭으로 클릭 [그리기 잠금 모드]로 설정하고 화살표를 그려 넣는다.

⑪ Ctrl+A를 눌러 모든 개체를 선택하고 글꼴 : 굴림으로 변경한다.

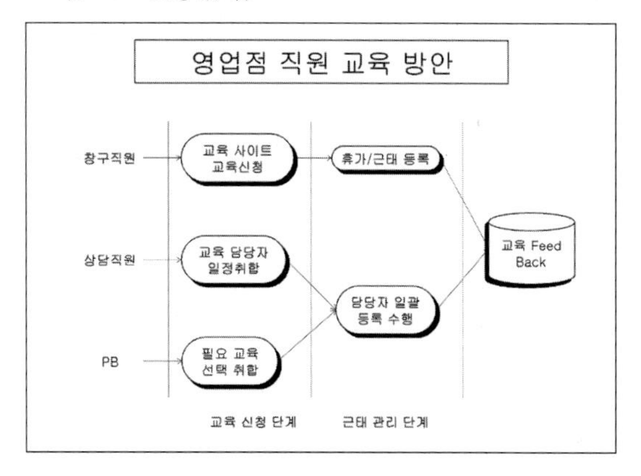

04 비번호와 출력 페이지 번호 작성하기

① [보기] 탭–[유인물 마스터]를 클릭한다.

② 오른쪽 상단 머리글에 비번호, 수험번호를 작성한다.

③ 왼쪽 바닥글 텍스트 상자를 삭제하고 오른쪽 텍스트 상자를 페이지 가운데로 배치한 뒤 '4–4'를 입력한다. [홈] 탭–[단락]–[가운데 정렬](≡)을 클릭한다.

④ [유인물 마스터] 탭–[마스터 보기 닫기](×)를 클릭하여 마스터를 종료한다.

05 인쇄하기

① 엑셀, 액세스, 파워포인트 작업을 모두 완료 후 시험 위원 지시에 따라 답안 파일을 전송하고 출력하도록 한다. 파워포인트는 페이지 설정 사항이 파일에 저장되지 않으므로 출력할 때마다 설정해 주어야 하니 주의하도록 한다.

② [빠른 실행 도구]–[인쇄 미리보기 및 인쇄]() 도구를 클릭하고, 그림과 같이 설정한다.

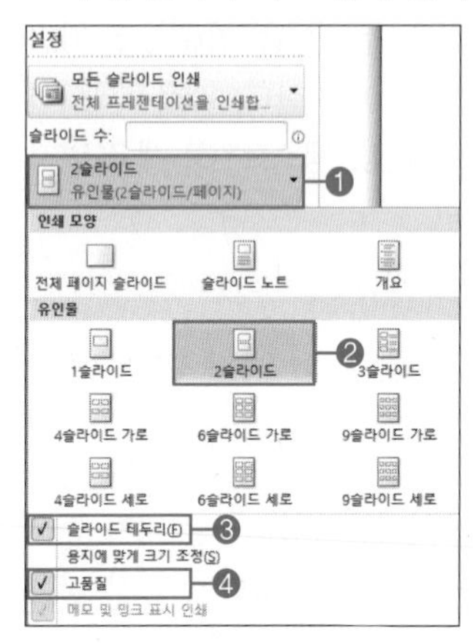

// SECTION //

03 공단 공개문제 03회

01 EXCEL 표 계산(SP) 작업

JA 렌터카에서는 NCS 기반 사무자동화시스템을 기반으로 자동차별 렌트현황을 분석하고자 한다. 다음 자료(DATA)를 이용하여 작성 조건에 따라 작업 표와 그래프를 작성하고, 그 인쇄 출력물을 제출하시오.

01 작업 표(WORK SHEET) 작성

1. 자료(DATA)

자동차 렌트 현황

행 \ 열	A	B	D	E
3	대여자	코드	대여일자	반납일자
4	권은경	A-4	5월 9일	5월 28일
5	김명호	C-3	10월 6일	10월 14일
6	이나요	C-1	7월 8일	7월 28일
7	서영준	C-2	5월 20일	6월 29일
8	원미경	B-1	4월 24일	4월 29일
9	윤나영	B-4	5월 16일	5월 25일
10	이경호	B-2	3월 11일	3월 19일
11	이수현	B-3	4월 4일	4월 15일
12	조성진	A-2	8월 18일	9월 29일
13	이수경	A-1	9월 16일	9월 30일
14	김종서	A-5	8월 13일	8월 14일
15	박호호	C-4	9월 7일	9월 28일
16	김동렬	C-5	8월 17일	8월 23일
17	이승엽	B-1	9월 16일	9월 18일
18	이종범	A-6	9월 24일	9월 27일
19	박세리	C-6	7월 6일	7월 13일
20	최경주	C-7	7월 7일	7월 7일
21	이봉주	B-6	9월 16일	9월 29일
22	유남규	A-7	6월 7일	6월 11일
23	한기주	B-7	6월 16일	6월 28일

(단, 대여일자 및 반납일자의 년도는 수험년도를 의미함)

※ 자료(DATA) 부분에서 음영 처리 표시된 부분은 행/열의 기준을 나타내며 이는 작성(입력)하지 않음을 반드시 유의하시오.

2. 작업 표 형식

자동차 렌트 관리

행 \ 열	A	B	C	F	G	H	I	J
3	대여자	코드	차종	대여일	기본요금	부가요금	합계금액	종합
4 ⋮ 23	–	–	❶	❷	❸	❹	❺	❻
24	요금합계		승용차	❼	❼	❼	❼	
25			승합차	❽	❽	❽	❽	
26			버스	❾	❾	❾	❾	
27	"이"씨 성이면서 코드에 "1"을 포함한 합					❿	❿	
28	"김"씨 성이면서 코드에 "5"를 포함한 합					⓫	⓫	
29	종합 열에 사용된 함수식(조성진 기준)					⓬		
30	⓭							

※ 음영 처리 표시된 부분은 작성하지 않습니다.

3. 작성 조건

가) 작성 시 유의 사항

Ⓐ 작업 표의 작성은 "나)~라)" 항에 제시된 내용을 따르고 반드시 제시된 조건(함수 적용, 기재된 단서 조항 등)에 따라 처리하시오.

Ⓑ 제시된 작성 조건을 따르지 아니하고 여타의 방법 일체(제시된 함수 이외 다른 함수 적용, 함수 미적용, 별도 전자계산기 사용 등)를 사용하여 도출된 결과는 그 답이 맞더라도 정답으로 인정되지 않음을 반드시 유의하시오.

Ⓒ 작업 표상 텍스트 레이블과 작성 조건이 서로 다를 경우에는 작성 조건을 기준으로 수정하여 작업하시오.

나) 작업 표의 구성 및 서식

Ⓐ "작업 표 형식"에서 행과 열에 관계된 음영 처리 표시된 부분은 작성하지 않음을 유의하고 반드시 제시된 행/열에 맞추도록 하시오.

Ⓑ 제목 서식 : 20포인트 크기로 하고 가운데 표시, 임의 글꼴

Ⓒ 글꼴 서식 : 임의 선정하시오.

다) 원문자가 표시된 셀은 아래의 방법을 이용함

❶ 차종 : 코드의 첫문자가 "A"이면 "버스", "B"이면 "승합차", "C"이면 "승용차"로 표시하시오.

❷ 대여일 : 반납일자 – 대여일자 + 1

❸ 기본요금 : 차종이 승용차이면 150,000원, 승합차이면 200,000원, 버스이면 400,000원으로 하시오.

❹ 부가요금 : 대여일 ×부가세(단, 부가세 : 승용차이면 10,000원, 승합차이면 50,000원, 버스이면 80,000원이다.)

❺ 합계금액 = 기본요금 + 부가요금

❻ 종합 : 대여자, 코드 맨 앞 1자리, 대여일을 CONCATENATE, LEFT 함수를 사용하여 예와 같이 표시하시오. (예 : 이나요:C:21일 형태로 하시오.)

❼ 승용차의 요금합계 : 차종이 승용차인 각 항목별 합계를 산출하시오. (단, SUMIF 또는 SUMIFS 함수 사용)
❽ 승합차의 요금합계 : 차종이 승합차인 각 항목별 합계를 산출하시오. (단, SUMIF 또는 SUMIFS 함수 사용)
❾ 버스의 요금합계 : 차종이 버스인 각 항목별 합계를 산출하시오. (단, SUMIF 또는 SUMIFS 함수 사용)
❿ "이"씨 성이면서 코드에 "1"을 포함한 각 항목별 합계를 산출하시오. (단, SUMPRODUCT 함수 사용)
⓫ "김"씨 성이면서 코드에 "5"를 포함한 각 항목별 합계를 산출하시오. (단, SUMPRODUCT 함수 사용)
⓬ 항목 ❻에 사용된 함수식을 기재하시오. (단, 조성진을 기준으로 하십시오.)
⓭ 항목 ❾에 사용된 함수식을 기재하시오. (단, 합계금액을 기준으로 하십시오.)

※ **함수식을 기재하는 ⓬~⓭란은 반드시 해당 항목에 제시된 함수의 작성 조건에 따라 도출된 함수식을 기재하여야 하며, 작성 조건을 위배하여 임의로 작성할 시 해당 답이 맞더라도 틀린 항목으로 채점됨을 유의하시오. 또한 함수식을 작성할 때는 라) 작업 표의 정렬 순서(SORT)에 따른 조건에 맞게 정렬 후 도출된 결과에 따른 함수식을 기재하시오**

라) 작업 표의 정렬 순서(SORT)는 대여일 오름차순으로 정렬하고, 대여일이 같으면 합계금액의 오름차순으로 정렬한다.

마) 기타

(1) 금액에 대한 수치는 원화(₩) 표시를 하고 천 단위마다 ,(Comma)를 표시한다. (단, 금액 이외의 수치는 ,(Comma)를 표시하지 않는다.)
(2) 모든 수치(숫자, 통화, 회계, 백분율 등)는 셀 서식의 속성을 설정하는 과정에서 소수 자릿수를 "0"으로 지정하여 정수로 표시한다.
(3) 음수는 "−"가 나타나도록 한다.
(4) 숫자 셀은 우측을 수직으로 맞추고, 문자 셀은 수평 중앙으로 맞추며 기타는 작업 표 형식에 따른다. 특히, 인쇄 출력시 판독 불가능이 발생되지 않도록 인쇄 미리보기 등을 통하여 셀의 크기를 적당히 조정하시오.

02 그래프(GRAPH) 작성

작성한 작업 표에서 대여일이 10일 이상인 경우의 대여자별 부가요금과 합계금액을 나타내는 그래프를 작성하시오.

[작성 조건]

1) 그래프 형태
부가요금(묶은 세로 막대형), 합계금액(데이터 표식이 있는 꺾은 선형) : 혼합형 단일축 그래프
(단, 합계금액만 데이터 레이블의 값이 표시된 혼합형 단일축 그래프로 하시오.)
2) 그래프 제목 : 렌트 현황 분석 ---- (확대 출력)
3) X축 제목 : 대여자
4) Y축 제목 : 금액
5) X축 항목 단위 : 해당 문자열
6) Y축 눈금 단위 : 임의
7) 범례 : 부가요금, 합계금액
8) 출력물 크기 : A4용지 1/2장 범위 내
9) 기타 : 작성 조건에 없는 형식이나 모양은 기본 설정값에 따르며, 그래프 너비는 작업 표 너비에 맞추도록 하십시오.

※ **그래프는 반드시 작성된 작업 표와 연동하여 작업하여야 하며, 그래프의 영역(범위) 설정 오류로 인한 불이익은 전적으로 수험자 본인에게 있습니다.**

02 ACCESS 자료 처리(DBMS) 작업

다포문구도매점에서는 소매점별 판매관리를 전산화하려고 한다. 다음의 입력 자료를 이용하여 DB를 설계하고 작성 조건에 따라 처리 파일을 작성하고, 그 인쇄 출력물을 제출하시오.

01 자료 처리(DBMS) 작업 작성 조건

1) 자료 처리(DBMS) 작업은 조회 화면(SCREEN) 설계와 자료 처리 보고서의 2가지 작업을 수행하여야 하며, 그 결과물은 수험자 유의사항 [3) 자료 처리(DBMS) 작업]을 참고하여 작업하시오.
2) 반드시 인쇄 작업 수행 전 미리보기 등을 통해 여백을 조정하고, 수치, 문자 등 구성 요소가 누락되지 않도록 주의하시오. 구성 요소가 누락되어 인쇄되지 않은 결과로 인한 모든 책임은 전적으로 수험자 본인에게 있음을 반드시 유의하시오.
3) 문제지에 기재된 작성 조건에 따라 처리하고, 조회 화면 및 자료 처리 보고서의 서식이 작성 조건과 상이할 경우에는 작성 조건을 기준으로 변경하여 작업하시오.

02 입력 자료

테이블1 : 소매점별판매현황

문구코드	소매점	구매수량	반품수량
101	서울문구	99	26
101	대전문구	9	0
201	제주문구	17	9
201	서울문구	20	3
201	대전문구	15	10
301	제주문구	50	20
301	서울문구	10	5
301	대전문구	87	15
401	제주문구	70	7
401	서울문구	66	25
401	대전문구	35	13
101	제주문구	23	0

테이블2 : 문구코드표

문구코드	문구명	단가
101	노트	700
201	볼펜	500
301	스케치북	1,000
401	지우개	300

03 조회 화면(SCREEN) 설계

※ 다음 조건에 따라 문구코드가 "101" 또는 "401"이면서 소매점이 "서울문구"인 현황을 조회할 수 있는 화면을 설계하고 해당 데이터를 출력하시오.

1) 해당 현황은 목록 상자(리스트박스)에서 반품 수량 오름차순으로 출력하고, 화면 아래에 조회 시 작성한 SQL문을 복사하시오.
   - WHERE 조건절에 문구코드, 소매점 반드시 포함
   - INNER JOIN, ORDER BY 구문 반드시 포함
   ※ SQL문에 상기 내용 미포함 시 SQL 작성 부분 0점 처리
2) 리스트박스 조회 시 작성된 SQL문이 작성되지 않을 경우에는 "03 조회 화면(SCREEN) 설계" 과제가 0점 처리됨을 반드시 유의하시오.
3) 목록 상자에 표시되어야 할 필수적인 필드명은 다음과 같다.
   - 문구코드, 문구명, 단가, 소매점, 구매수량, 반품수량
4) 폼 서식에 제반되는 폰트, 점선 등은 아래 [조회 화면 서식]에 보이는 대로 기재하시오.
5) 기타 사항은 "04 자료 처리 파일(FILE) 작성"의 [기타 조건]을 따르시오.

[조회 화면 서식]

문구코드가 "101"또는 "401"이면서 소매점이 "서울문구"
인 현황

문구코드	문구명	단가	소매점	구매수량	반품수량

리스트박스 조회 시 작성된 SQL문

04 자료 처리 파일(FILE) 작성

※ 다음 조건에 따라 아래 양식과 같이 작성하시오.

[처리 조건]

1) 소매점(대전문구, 서울문구, 제주문구)별로 정리한 후 같은 소매점 안에서는 문구명의 오름차순으로 정렬(SORT)하시오.
2) 구매금액 : 구매수량 × 단가
3) 반품금액 : 반품수량 × 단가
4) 포인트적립액 : (구매수량 – 반품수량) × (단가의 1%)
5) 비고 : 포인트적립액이 80 이하인 경우 "관리요"로 표시하고, 그 외는 공란으로 처리
6) 합계 : 각 소매점별 구매금액, 반품금액, 포인트적립액의 합 산출
7) 총평균 : 구매금액, 반품금액, 포인트적립액의 전체 평균 산출
8) 작성일자는 수험일자로 하시오.

[기타 조건]

1) 입력 화면 및 보고서의 제목은 16 정도의 임의 서체로 하시오.
2) 금액에 대한 수치는 원화(₩) 표시를 하고 천 단위마다 ,(Comma)를 표시하시오. (단, 금액 이외의 수치는 ,(Comma)를 표시하지 않도록 하시오.)
3) 모든 수치(숫자, 통화, 백분율 등)는 컨트롤의 속성을 설정하는 과정에서 소수 자릿수를 "0"으로 지정하여 정수로 표시하시오.
4) 데이터의 열과 간격은 일정하게 맞추도록 하시오.

소매점별 문구 판매 현황

작성일자 : YYYY–MM–DD

문구명	문구코드	단가	구매금액	반품금액	포인트적립액	비고
XXXX	XXXX	₩X,XXX	₩X,XXX	₩X,XXX	₩X,XXX	XXXX
–	–	–	–	–	–	–
대전문구 합계			₩X,XXX	₩X,XXX	₩X,XXX	
–	–	–	–	–	–	–
서울문구 합계			₩X,XXX	₩X,XXX	₩X,XXX	
–	–	–	–	–	–	–
제주문구 합계			₩X,XXX	₩X,XXX	₩X,XXX	
총평균			₩X,XXX	₩X,XXX	₩X,XXX	

03 POWERPOINT 시상(PT) 작업

주어진 2개의 슬라이드를 슬라이드 작성 조건에 따라 작업하여 인쇄합니다.

[슬라이드 작성 조건]

1) 각 슬라이드를 문제의 슬라이드 원안과 같이 인쇄하여 제출합니다.
   (특히 글자, 음영, 그림자, 도형 등 인쇄된 내용 그대로 작업함을 유의하시오.)
2) "주1)" 등 특수한 속성 지정이 되어 있는 경우 지시에 따라 작성하시오.
3) 글꼴은 문제 원안과 같거나 유사한 형태로 작업합니다.
4) 글자, 그림 및 도형 등의 크기와 모양은 문제 원안과 같거나 유사한 형태로 작업합니다.
5) 모든 글씨, 선 등은 흑백(그레이스케일)으로 작업하되, 글상자, 그림 및 도형 등에서 색 채우기가 있는 경우 색 채우기는 회색 40% 정도, 투명도 0%를 기준으로 작업합니다.
6) 각 슬라이드는 원안과 같이 외곽선 테두리가 인쇄되도록 인쇄합니다.
7) 각 슬라이드 크기는 A4 용지의 1/2 범위 내에 인쇄가 가능한 크기가 되도록 조정하여, 슬라이드 2개를 A4 용지 1매 안에 모두 인쇄합니다.
8) 비번호, 수험번호, 성명, 페이지 번호 등은 반드시 자필로 기재합니다.

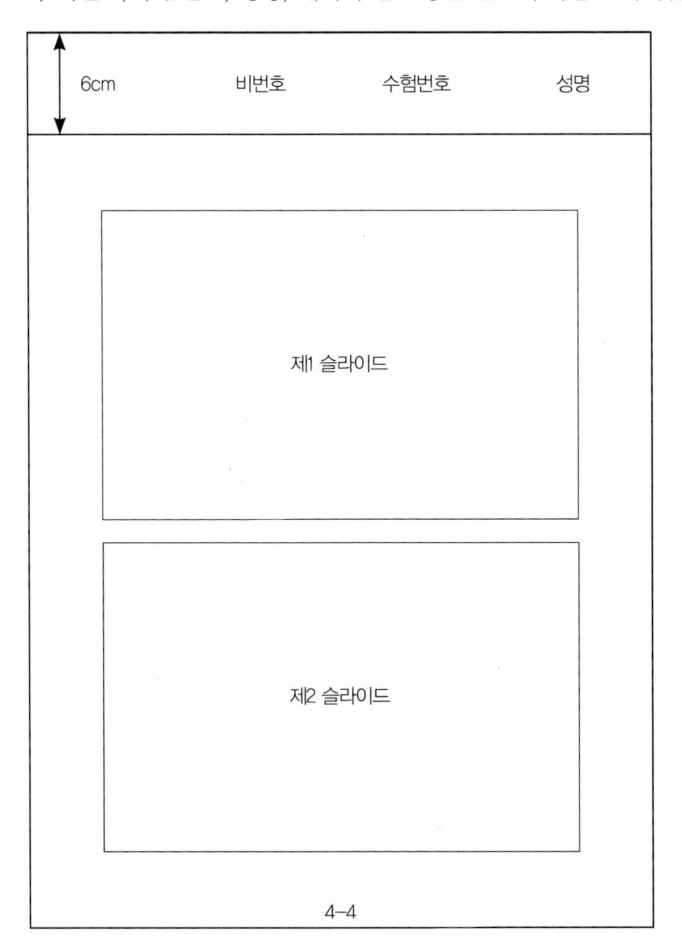

01 제1 슬라이드

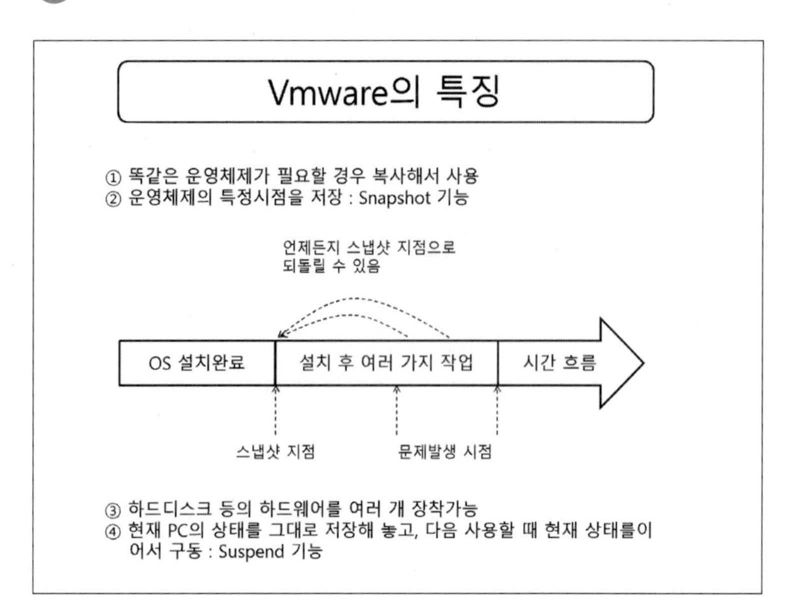

02 제2 슬라이드

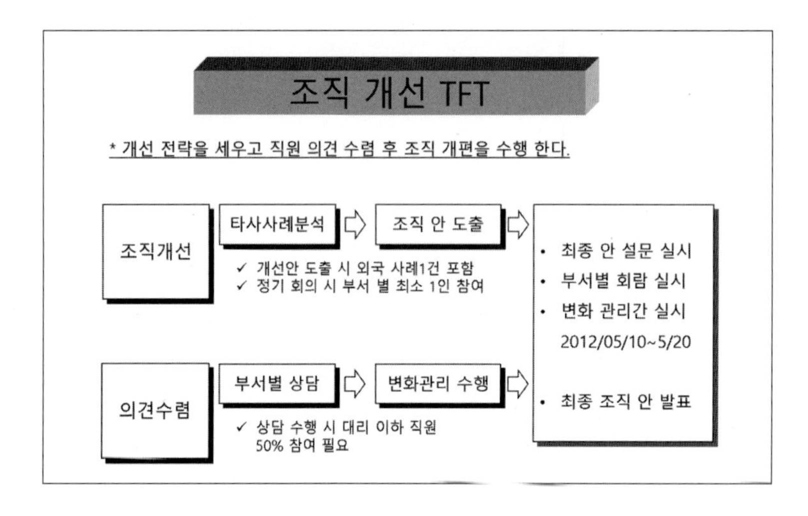

엑셀 작업 | EXCEL 표 계산(SP) 작업 정답

작업 표(WORK SHEET) 작성

자동차 렌트 관리

대여자	코드	차종	대여일	기본요금	부가요금	합계금액	종합
최경주	C-7	승용차	1	₩150,000	₩10,000	₩160,000	최경주:C:1일
김종서	A-5	버스	2	₩400,000	₩160,000	₩560,000	김종서:A:2일
이승엽	B-1	승합차	3	₩200,000	₩150,000	₩350,000	이승엽:B:3일
이종범	A-6	버스	4	₩400,000	₩320,000	₩720,000	이종범:A:4일
유남규	A-7	버스	5	₩400,000	₩400,000	₩800,000	유남규:A:5일
원미경	B-1	승합차	6	₩200,000	₩300,000	₩500,000	원미경:B:6일
김동렬	C-5	승용차	7	₩150,000	₩70,000	₩220,000	김동렬:C:7일
박세리	C-6	승용차	8	₩150,000	₩80,000	₩230,000	박세리:C:8일
김명호	C-3	승용차	9	₩150,000	₩90,000	₩240,000	김명호:C:9일
이경호	B-2	승합차	9	₩200,000	₩450,000	₩650,000	이경호:B:9일
윤나영	B-4	승합차	10	₩200,000	₩500,000	₩700,000	윤나영:B:10일
이수현	B-3	승합차	12	₩200,000	₩600,000	₩800,000	이수현:B:12일
한기주	B-7	승합차	13	₩200,000	₩650,000	₩850,000	한기주:B:13일
이봉주	B-6	승합차	14	₩200,000	₩700,000	₩900,000	이봉주:B:14일
이수경	A-1	버스	15	₩400,000	₩1,200,000	₩1,600,000	이수경:A:15일
권은경	A-4	버스	20	₩400,000	₩1,600,000	₩2,000,000	권은경:A:20일
이나요	C-1	승용차	21	₩150,000	₩210,000	₩360,000	이나요:C:21일
박호호	C-4	승용차	22	₩150,000	₩220,000	₩370,000	박호호:C:22일
서영준	C-2	승용차	41	₩150,000	₩410,000	₩560,000	서영준:C:41일
조성진	A-2	버스	43	₩400,000	₩3,440,000	₩3,840,000	조성진:A:43일
요금합계		승용차	109	₩1,050,000	₩1,090,000	₩2,140,000	
		승합차	67	₩1,400,000	₩3,350,000	₩4,750,000	
		버스	89	₩2,400,000	₩7,120,000	₩9,520,000	
"이"씨 성이면서 코드에 "1"을 포함한 합					₩1,560,000	₩2,310,000	
"김"씨 성이면서 코드에 "5"를 포함한 합					₩230,000	₩780,000	
종합 열에 사용된 함수식(조성진 기준)					=CONCATENATE(A23,":",LEFT(B23,1),":",F23,"일")		
=SUMIF($C$4:$C$23,$C26,I$4:I$23)							

그래프(GRAPH) 작성

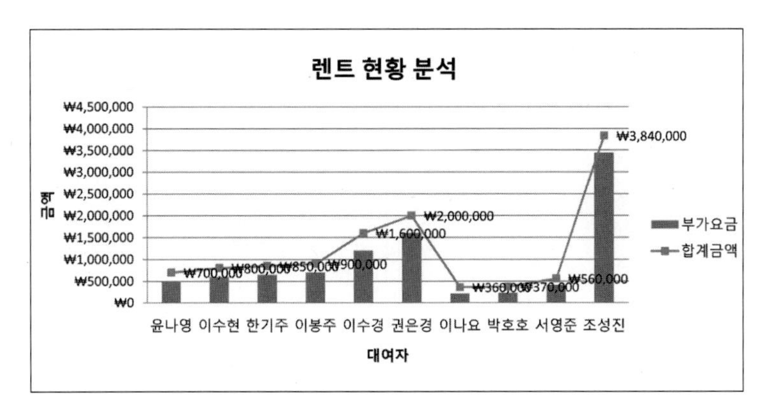

액세스 작업 **ACCESS 자료 처리(DBMS) 작업 정답**

조회 화면 설계

문구코드가 "101"또는 "401"이면서 소매점이 "서울문구"
인 현황

문구코드	문구명	단가	소매점	구매수량	반품수량
401	지우개	₩300	서울문구	66	25
101	노트	₩700	서울문구	99	26

리스트박스 조회 시 작성된 SQL문

```
SELECT 테이블2.문구코드, 테이블2.문구명, 테이블2.단가, 테이블1.구매수량, 테이블1.반품수량, 테이블1.소매점
FROM 테이블1 INNER JOIN 테이블2 ON 테이블1.문구코드 = 테이블2.문구코드
WHERE (((테이블2.문구코드)=101 Or (테이블2.문구코드)=401) AND ((테이블1.소매점)="서울문구"))
ORDER BY 테이블1.반품수량;
```

자료 처리 파일

소매점별 문구 판매 현황

작성일자 : 2021-12-06

문구명	문구코드	단가	구매금액	반품금액	포인트적립액	비고
노트	101	₩700	₩6,300	₩0	₩63	관리요
볼펜	201	₩500	₩7,500	₩5,000	₩25	관리요
스케치	301	₩1,000	₩87,000	₩15,000	₩720	
지우개	401	₩300	₩10,500	₩3,900	₩66	관리요
대전문구 합계			₩111,300	₩23,900	₩874	
노트	101	₩700	₩69,300	₩18,200	₩511	
볼펜	201	₩500	₩10,000	₩1,500	₩85	
스케치	301	₩1,000	₩10,000	₩5,000	₩50	관리요
지우개	401	₩300	₩19,800	₩7,500	₩123	
서울문구 합계			₩109,100	₩32,200	₩769	
노트	101	₩700	₩16,100	₩0	₩161	
볼펜	201	₩500	₩8,500	₩4,500	₩40	관리요
스케치	301	₩1,000	₩50,000	₩20,000	₩300	
지우개	401	₩300	₩21,000	₩2,100	₩189	
제주문구 합계			₩95,600	₩26,600	₩690	
총평균			₩26,333	₩6,892	₩194	

파워포인트 작업 **POWERPOINT 시상(PT) 작업 정답**

01 제1 슬라이드

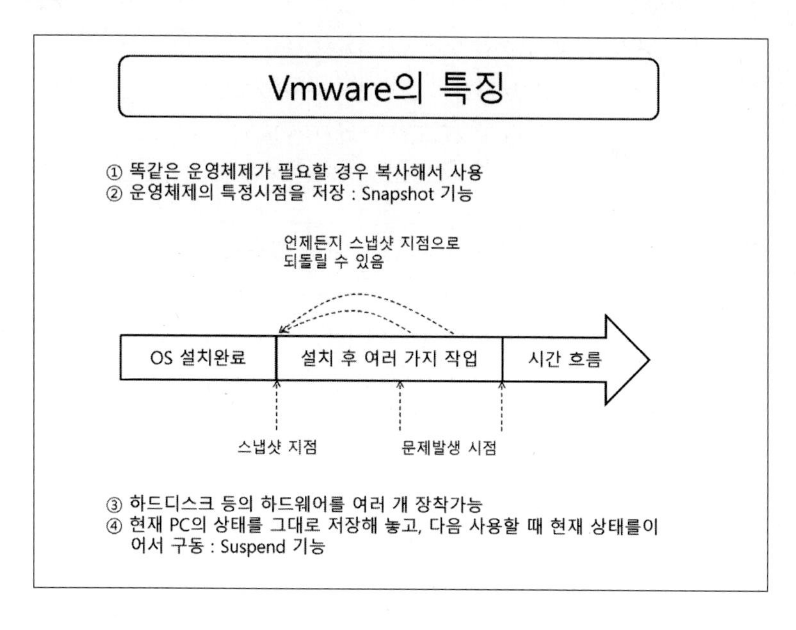

02 제2 슬라이드

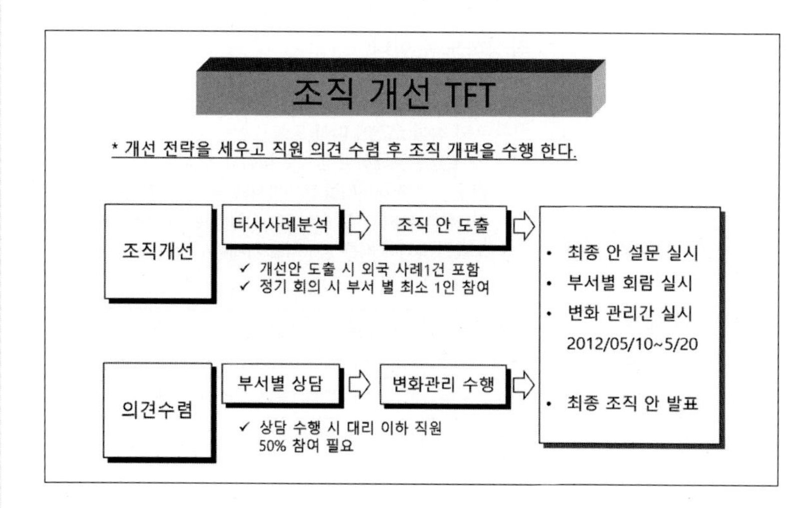

01 EXCEL 표 계산(SP) 작업 풀이

01 자료(DATA) 입력 및 작성 조건 처리하기

① Excel을 실행한다.

> Ⓐ "작업 표 형식"에서 행과 열에 관계된 음영 처리 표시된 부분은 작성하지 않음을 유의하고 반드시 제시된 행/열에 맞추도록 하시오.
> Ⓑ 제목 서식 : 20포인트 크기로 하고 가운데 표시, 임의 글꼴
> Ⓒ 글꼴 서식 : 임의 선정하시오.

② 1. 자료(DATA)를 참고하여 [A3] 셀부터 [E23] 셀까지 문제에 제시된 행/열에 맞게 자료를 입력한다.

	A	B	C	D	E	F	G
1							
2							
3	대여자	코드		대여일자	반납일자		
4	권은경	A-4		05월 09일	05월 28일		
5	김명호	C-3		10월 06일	10월 14일		
6	이명진	C-1		07월 08일	07월 28일		
7	서영준	C-2		05월 20일	05월 29일		
8	원미경	B-1		04월 24일	04월 29일		
9	윤나영	B-4		05월 16일	05월 25일		
10	이경호	B-2		03월 11일	03월 19일		
11	이수현	B-3		04월 04일	04월 15일		
12	조성진	A-2		08월 18일	08월 29일		
13	이수경	A-1		09월 16일	09월 20일		
14	김재해	A-5		08월 13일	08월 15일		
15	박한상	C-4		09월 17일	09월 25일		
16	김동렬	C-5		08월 17일	08월 23일		
17	이승엽	B-1		09월 16일	09월 18일		
18	이종범	A-6		09월 24일	09월 27일		
19	박세리	C-6		07월 06일	07월 13일		
20	최경주	C-7		07월 07일	07월 10일		
21	이봉주	B-6		09월 16일	09월 20일		
22	유남규	A-7		06월 07일	06월 11일		
23	한기주	B-7		06월 16일	06월 21일		
24							

③ 2. 작업 표 형식을 참고하여 [A2] 셀에 "자동차 렌트 관리" 제목을 작성한다.

④ [A2]~[J2] 셀까지 블록 선택한 뒤 [홈] 탭–[병합하고 가운데 맞춤]( )과 글꼴 크기 20을 차례대로 적용한다. 1행 머리글을 선택하고 마우스 우클릭을 눌러 [숨기기]를 적용한다.

⑤ 2. 작업 표 형식을 참고하여 나머지 계산 결과 항목을 제시된 해당 열에 입력하고, 하단 제시된 자료를 입력하고, 병합하여야 할 셀은 [홈] 탭–[병합하고 가운데 맞춤]( )을 이용하여 작업 표 형식과 같이 작성한다.

	A	B	C	D	E	F	G	H	I	J	K
1											
2	자동차 렌트 관리										
3	대여자	코드	차종	대여일자	반납일자	대여일	기본요금	부가요금	합계금액	종합	
4	권은경	A-4	①	05월 09일	05월 28일	②	③	④	⑤	⑥	
5	김명호	C-3		10월 06일	10월 14일						
6	이명진	C-1		07월 08일	07월 28일						
7	서영준	C-2		05월 20일	05월 29일						
8	원미경	B-1		04월 24일	04월 29일						
9	윤나영	B-4		05월 16일	05월 25일						
10	이경호	B-2		03월 11일	03월 19일						
11	이수현	B-3		04월 04일	04월 15일						
12	조성진	A-2		08월 18일	08월 29일						
13	이수경	A-1		09월 16일	09월 20일						
14	김재해	A-5		08월 13일	08월 15일						
15	박한상	C-4		09월 17일	09월 25일						
16	김동렬	C-5		08월 17일	08월 23일						
17	이승엽	B-1		09월 16일	09월 18일						
18	이종범	A-6		09월 24일	09월 27일						
19	박세리	C-6		07월 06일	07월 13일						
20	최경주	C-7		07월 07일	07월 10일						
21	이봉주	B-6		09월 16일	09월 20일						
22	유남규	A-7		06월 07일	06월 11일						
23	한기주	B-7		06월 16일	06월 21일						
24	요금합계		승용차			⑦	⑦	⑦	⑦		
25			승합차			⑦	⑦	⑦	⑦		
26			버스			⑦	⑦	⑦	⑦		
27	"이"씨 성이면서 코드에 "1"을 포함한 합							⑩	⑩		
28	"김"씨 성이면서 코드에 "5"를 포함한 합							⑪	⑪		
29	종합 열에 사용된 함수식(이명진 기준)							⑫			
30	⑬										

⑥ 입력 범위에 [홈] 탭–[글꼴] 그룹–[모든 테두리](田)를 적용한 뒤, 3행~30행까지 행 머리글을 선택하고 [홈] 탭–[글꼴] 그룹–글꼴 크기를 9로 변경하여 행 높이와 글꼴 크기를 동시에 줄여준다.

⑦ 자료 입력을 완료한 다음 [빠른 실행 도구 모음]의 [저장]( )을 클릭하여 시험 위원이 지정한 폴더에 지정된 파일명으로 저장한다. (예 : A019)

02 원문자(함수) 작성 조건 처리하기

함수식 작성 시에는 아래 문제에 제시건에 맞게 식을 작성하도록 한다.

> ※ 함수식을 기재하는 ⑫~⑬란은 반드시 해당 항목에 제시된 함수의 작성 조건에 따라 도출된 함수식을 기재하여야 하며, 작성 조건을 위배하여 임의로 작성할 시 해당 답이 맞더라도 틀린 항목으로 채점됨을 유의하시오. 또한 함수식을 작성할 때는 라) 작업 표의 정렬 순서(SORT)에 따른 조건에 맞게 정렬 후 도출된 결과에 따른 함수식을 기재하시오.

❶ 차종 : 코드의 첫문자가 "A"이면 "버스", "B"이면 "승합차", "C"이면 "승용차"로 표시하시오.

=IF(LEFT(B4,1)="A","버스",IF(LEFT(B4,1)="B","승합차","승용차"))

❷ 대여일 : 반납일자 – 대여일자 + 1

=E4–D4+1

❸ 기본요금 : 차종이 승용차이면 150,000원, 승합차이면 200,000원, 버스이면 400,000원으로 하시오.

=IF(C4="승용차",150000,IF(C4="승합차",200000,400000))

❹ 부가요금 : 대여일 × 부가세(단, 부가세 : 승용차이면 10,000원, 승합차이면 50,000원, 버스이면 80,000원이다.)

=F4*IF(C4="승용차",10000,IF(C4="승합차",50000,80000))

❺ 합계금액 = 기본요금 + 부가요금

=G4+H4

❻ 종합 : 대여자, 코드 맨 앞 1자리, 대여일을 CONCATENATE, LEFT 함수를 사용하여 예와 같이 표시하시오. (예 : 이나요:C:21일 형태로 하시오.)

=CONCATENATE(A4,":",LEFT(B4,1),":",F4,"일")

각 식을 입력하고 자동 채우기를 하여 답을 완성한다.

❼ 승용차의 요금합계 : 차종이 승용차인 각 항목별 합계를 산출하시오. (단, SUMIF 또는 SUMIFS 함수 사용)
❽ 승합차의 요금합계 : 차종이 승합차인 각 항목별 합계를 산출하시오. (단, SUMIF 또는 SUMIFS 함수 사용)
❾ 버스의 요금합계 : 차종이 버스인 각 항목별 합계를 산출하시오. (단, SUMIF 또는 SUMIFS 함수 사용)

=SUMIF($C$4:$C$23,$C24,F$4:F$23)

❿ "이"씨 성이면서 코드에 "1"을 포함한 각 항목별 합계를 산출하시오. (단, SUMPRODUCT 함수 사용)

=SUMPRODUCT((LEFT($A$4:$A$23,1)="이")*(RIGHT($B$4:$B$23,1)="1"),H4:H23)

⓫ "김"씨 성이면서 코드에 "5"를 포함한 각 항목별 합계를 산출하시오. (단, SUMPRODUCT 함수 사용)

=SUMPRODUCT((LEFT($A$4:$A$23,1)="김")*(RIGHT($B$4:$B$23,1)="5"),H4:H23)

⓬ 항목 ❻에 사용된 함수식을 기재하시오. (단, 조성진을 기준으로 하십시오.)

'=CONCATENATE(A23,":",LEFT(B23,1),":",F23,"일")

⓭ 항목 ❾에 사용된 함수식을 기재하시오. (단, 합계금액을 기준으로 하십시오.)

'=SUMIF($C$4:$C$23,$C26,I$4:I$23)

각 식을 입력하고 자동 채우기를 하여 답을 완성한다.

기적의 Tip

⓬번처럼 함수식 작성 대상이 명시된 경우 정렬 후 식을 작성하도록 합니다. 다음 단계에서 정렬 작업을 하고 나서 식을 붙여 넣어도 됩니다.

03 작업 표 정렬하기

라) 작업 표의 정렬 순서(SORT)는 대여일 오름차순으로 정렬하고, 대여일이 같으면 합계금액의 오름차순으로 정렬한다.

① [A3:J23] 셀 범위를 마우스로 블록 선택한다.
② [데이터] 탭–[정렬]을 클릭하고 지시사항과 같이 정렬 기준을 설정한다.
③ D:E 열머리글을 선택하고 마우스 우클릭–[숨기기]를 적용한다.

04 기타 작업으로 형식 적용하기

(1) 금액에 대한 수치는 원화(₩) 표시를 하고 천 단위마다 ','(Comma)를 표시한다. (단, 금액 이외의 수치는 ','(Comma)를 표시하지 않는다.)
(2) 모든 수치(숫자, 통화, 회계, 백분율 등)는 셀 서식의 속성을 설정하는 과정에서 소수 자릿수를 "0"으로 지정하여 정수로 표시한다.
(3) 음수는 "–"가 나타나도록 한다.
(4) 숫자 셀은 우측을 수직으로 맞추고, 문자 셀은 수평 중앙으로 맞추며 이외 사항은 작업 표 형식에 따른다. 특히, 단서 조항이 있을 경우는 단서 조항을 우선으로 하고, 인쇄 출력 시 판독 불가능이 발생되지 않도록 인쇄 미리 보기 등을 통하여 셀의 크기를 적당히 조정하시오.

[형식 지정하기]

통화	G열, H열, I열
정수	F열
가운데 정렬	모든 문자열
테두리	• 모든 테두리 : [A3:J30] • 중간 선 해제 : [A4:J23]

05 그래프 작성하기

02 그래프(GRAPH) 작성

작성한 작업 표에서 대여일이 10일 이상인 경우의 대여자별 부가요금과 합계금액을 나타내는 그래프를 작성하시오.

[작성 조건]
1) 그래프 형태
부가요금(묶은 세로 막대형), 합계금액(데이터 표식이 있는 꺾은선형) : 혼합형 단일축 그래프
(단, 합계금액만 데이터 레이블의 값이 표시된 혼합형 단일축 그래프로 하시오.)
2) 그래프 제목 : 렌트 현황 분석 ---- (확대 출력)
3) X축 제목 : 대여자
4) Y축 제목 : 금액
5) X축 항목 단위 : 해당 문자열
6) Y축 눈금 단위 : 임의
7) 범례 : 부가요금, 합계금액
8) 출력물 크기 : A4용지 1/2장 범위 내
9) 기타 : 작성 조건에 없는 형식이나 모양은 기본 설정 값에 따르며, 그래프 너비는 작업 표 너비에 맞추도록 하십시오.

① 문제에서 요구한 데이터 범위를 Ctrl을 이용하여 연속 선택한다.

	A	B	C	F	G	H	I	J
2	자동차 렌트 관리							
3	대여자	코드	차종	대여일	기본요금	부가요금	합계금액	종합
4	이승엽	B-1	승합차	3	₩200,000	₩150,000	₩350,000	이승엽 :B:3일
5	김재해	A-5	버스	3	₩400,000	₩240,000	₩640,000	김재해 :A:3일
6	최경주	C-7	승용차	4	₩150,000	₩40,000	₩190,000	최경주 :C:4일
7	이종범	A-6	버스	4	₩400,000	₩320,000	₩720,000	이종범 :A:4일
8	이봉주	B-6	승합차	5	₩200,000	₩250,000	₩450,000	이봉주 :B:5일
9	유남규	A-7	버스	5	₩400,000	₩400,000	₩800,000	유남규 :A:5일
10	이수경	A-1	버스	5	₩400,000	₩400,000	₩800,000	이수경 :A:5일
11	원미경	B-1	승합차	6	₩200,000	₩300,000	₩500,000	원미경 :B:6일
12	한기주	B-7	승합차	6	₩200,000	₩300,000	₩500,000	한기주 :B:6일
13	김동렬	C-5	승용차	7	₩150,000	₩70,000	₩220,000	김동렬 :C:7일
14	박세리	C-6	승용차	8	₩150,000	₩80,000	₩230,000	박세리 :C:8일
15	박한상	C-4	승용차	9	₩150,000	₩90,000	₩240,000	박한상 :C:9일
16	김명호	C-3	승용차	9	₩150,000	₩90,000	₩240,000	김명호 :C:9일
17	이경호	B-2	승합차	9	₩200,000	₩450,000	₩650,000	이경호 :B:9일
18	서영준	C-2	승용차	10	₩150,000	₩100,000	₩250,000	서영준 :C:10일
19	윤나영	B-4	승합차	10	₩200,000	₩500,000	₩700,000	윤나영 :B:10일
20	이수현	B-3	승합차	12	₩200,000	₩600,000	₩800,000	이수현 :B:12일
21	조성진	A-2	버스	12	₩400,000	₩960,000	₩1,360,000	조성진 :A:12일
22	권은경	A-4	버스	20	₩400,000	₩1,600,000	₩2,000,000	권은경 :A:20일
23	이명진	C-1	승용차	21	₩150,000	₩210,000	₩360,000	이명진 :C:21일
24	요금합계		승용차	68	₩1,050,000	₩680,000	₩1,730,000	
25			승합차	51	₩1,400,000	₩2,550,000	₩3,950,000	
26			버스	49	₩2,400,000	₩3,920,000	₩6,320,000	
27	"이"씨 성이면서 코드에 "1"를 포함한 합					₩760,000	₩1,510,000	
28	"김"씨 성이면서 코드에 "5"를 포함한 합					₩310,000	₩860,000	
29	종합 열에 사용된 함수식(이명진 기준)					=CONCATENATE(A23,":",LEFT(B23,1),":",F23,"일")		
30	=SUMIF($C$4:$C$23,$C26,I$4:I$23)							
31								
32	렌트 현황 분석							

② [삽입] 탭-[세로 막대형]-[묶은 세로 막대형]() 을 클릭하여 차트를 워크시트에 삽입한다.

③ 차트를 선택하고 [디자인] 탭-[차트 레이아웃]-[레이아웃 9]()를 적용한다.

④ 그림 영역의 [합계금액] 임의 계열을 클릭하여 선택한 뒤 마우스 우클릭-[데이터 레이블 추가]를 선택한다.

⑤ 범례 클릭 후 시간차를 두고 [합계금액] 계열을 클릭하고 마우스 우클릭을 눌러 [계열 차트 종류 변경]-[차트 종류 변경]-[표식이 있는 꺾은 선형]()을 선택하고 [확인]을 클릭하여 계열의 차트 종류를 [표식이 있는 꺾은 선형]으로 변경한다.

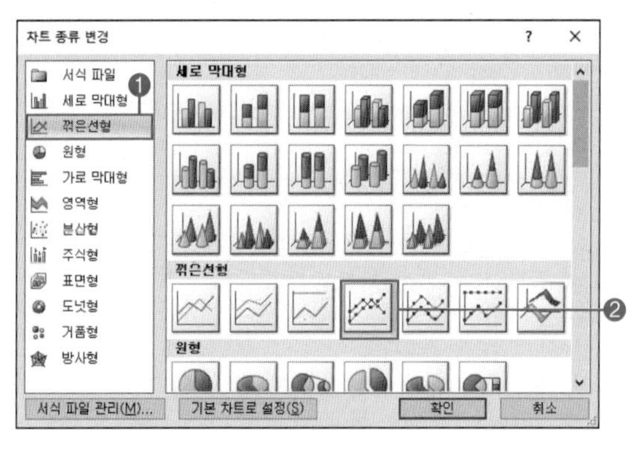

⑥ 인쇄 경계선이 표시되지 않는 경우 [빠른 실행 도구]- [인쇄 및 인쇄 미리보기]() 도구를 한 번 눌렀다가 [홈] 탭을 클릭하여 인쇄 경계선을 활성화한다.

⑦ 차트를 인쇄 경계선 안쪽 작업 표 하단에 배치하고 차트 제목(글꼴 크기 : 16), 가로축, 세로축 이름을 문제 제시대로 입력한다. 인쇄 시 차트가 잘리는 것을 방지하기 위하여 인쇄 경계선과 약 1행 정도 여백을 배치하도록 한다.

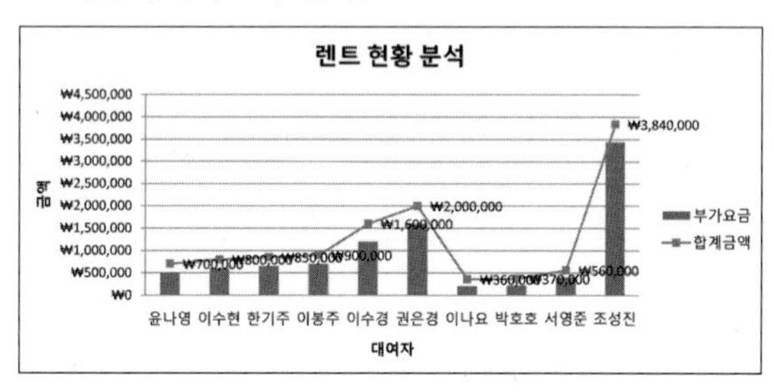

02 ACCESS 자료 처리(DBMS) 작업 풀이

01 Access 파일 만들기

Access 파일 만들기 단계는 모든 문제가 같은 방식으로 작업한다. 따라서 앞 회의 해설로 대신한다.

02 테이블1 만들기

① [만들기]–[테이블 디자인] 클릭하여 새로운 [테이블 디자인 보기] 창을 실행한다.

② 테이블의 필드와 형식을 다음과 같이 설정한다.

필드 이름	데이터 형식	일반
문구코드	숫자	
소매점	텍스트	
구매수량	숫자	• 필드크기 : 정수(Long) • 형식 : 0 • 소수 자릿수 : 0
반품수량	숫자	• 필드크기 : 정수(Long) • 형식 : 0 • 소수 자릿수 : 0

③ [닫기](×)를 클릭하여 테이블을 저장한다. 테이블 이름은 임의로 지정한다.

④ 테이블1에는 기본 키를 지정하지 않으므로, '기본 키를 정의하지 않았습니다.' 대화상자에서 [아니오]를 클릭한다.

03 테이블2 만들기

① [만들기]–[테이블 디자인] 클릭하여 새로운 [테이블 디자인 보기] 창을 실행한다.

② 테이블의 필드와 형식을 다음과 같이 설정한다.

필드 이름	데이터 형식	일반
문구코드	숫자	기본 키
문구명	텍스트	
단가	통화	소수 자리수 : 0

③ 문구코드 필드의 [필드 선택기]를 클릭하고 [디자인] 탭–[기본 키]를 클릭하여 문구코드 필드에 기본 키를 적용한다.

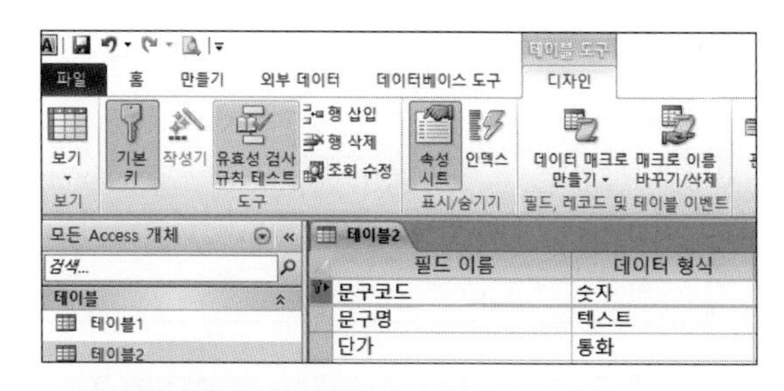

④ [닫기](×)를 클릭하여 테이블을 저장한다. 테이블 이름은 임의로 지정한다.

04 테이블에 데이터 입력

① Access 개체 창에서 테이블1, 테이블2를 각각 더블 클릭하여 실행한 뒤 문제의 '02 입력 자료'를 참고하여 데이터를 입력한다.

테이블1

문구코드	소매점	구매수량	반품수량
101	서울문구	99	26
101	대전문구	9	0
201	제주문구	17	9
201	서울문구	20	3
201	대전문구	15	10
301	제주문구	50	20
301	서울문구	10	5
301	대전문구	87	15
401	제주문구	70	7
401	서울문구	66	25
401	대전문구	35	13
101	제주문구	23	0

테이블2

문구코드	문구명	단가
101	노트	₩700
201	볼펜	₩500
301	스케치북	₩1,000
401	지우개	₩300

05 전체 쿼리 만들기

① [만들기] 탭–[쿼리] 그룹–[쿼리 디자인]을 클릭한다.

② [테이블 표시] 대화상자에서 테이블1, 테이블2를 각각 더블 클릭하여 쿼리 디자인 영역에 추가한다.

③ 테이블2의 전체 필드를 추가하기 위하여 테이블2의 '*'를 더블 클릭하여 아래 필드 구성에 추가한다. (테이블1의 '*'를 추가해도 된다.)

④ 테이블2에 중복되지 않는 테이블1의 나머지 필드를 더블 클릭하여 필드 구성에 추가한다.

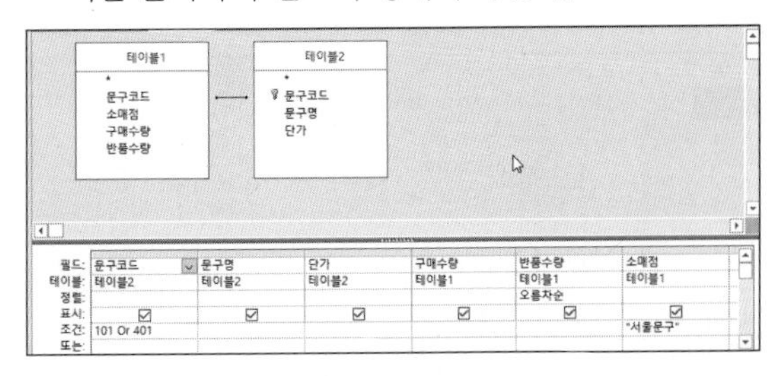

기적의 Tip

* 는 테이블 내에 포함된 모든 필드란 의미입니다.

⑤ '04 자료 처리 파일(FILE) 작성'의 [처리 조건]에 따라 나머지 필드에 식을 입력한다. 또한 새로 추가되는 식 필드의 경우 필드 선택–마우스 우클릭–[속성]을 클릭하고, [속성] 시트–[형식]에 다음과 같이 설정하도록 한다.

구분	필드	형식
테이블1	*	
식	구매금액 : [구매수량]*[단가]	통화
	반품금액 : [반품수량]*[단가]	통화
	포인트적립액 : ([구매수량]-[반품수량])*([단가]*0.01)	통화
	비고 : IIf([포인트적립액]<=80,"관리요","")	

⑥ '쿼리1 닫기'(×)를 클릭하여 쿼리1을 저장한다.

06 폼용 조건 검색 쿼리 만들기

① [만들기] 탭–[쿼리] 그룹–[쿼리 디자인]을 클릭한다.

② [테이블 표시] 대화상자에서 테이블1, 테이블 2를 더블 클릭하여 쿼리 디자인 영역에 추가한다.

③ '03 조회 화면(SCREEN) 설계'의 [조회 화면 서식] 그림을 보고 폼에 추가될 필드를 '쿼리1'에서 더블 클릭하여 추가한다.

④ '03 조회 화면(SCREEN) 설계'에 따라 아래와 같이 조건을 입력한다.

※ 다음 조건에 따라 문구코드가 "101" 또는 "401"이면서 소매점이 "서울문구"인 현황을 조회할 수 있는 화면을 설계하고 해당 데이터를 출력하시오.

1) 해당 현황은 목록 상자(리스트박스)에 상자(리스트박스)에서 반품수량 오름차순으로 출력하고, 화면 아래에 조회 시 작성한 SQL문을 복사하시오.
   – WHERE 조건절에 문구코드, 소매점 반드시 포함
   – INNER JOIN, ORDER BY 구문 반드시 포함
   ※ SQL문에 상기 내용 미포함 시 SQL 작성 부분 0점 처리
2) 리스트박스 조회 시 작성된 SQL문이 작성되지 않을 경우에는 "03 조회 화면(SCREEN) 설계" 과제가 0점 처리됨을 반드시 유의하시오.
3) 목록 상자에 표시되어야 할 필수적인 필드명은 다음과 같다.
   – 문구코드, 문구명, 단가, 소매점, 구매수량, 반품수량
4) 폼 서식에 제반되는 폰트, 점선 등은 아래 [조회 화면 서식]에 보이는 대로 기재하시오.
5) 기타 사항은 "04 자료 처리 파일(FILE) 작성"의 [기타 조건]을 따르시오.

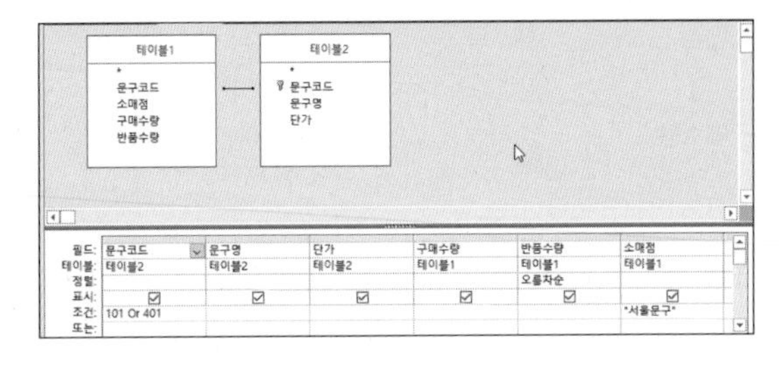

필드	조건/정렬
문구코드	101 or 401
문구명	
단가	
소매점	
구매수량	
반품수량	오름차순 정렬
소매점	"서울문구"

⑤ [쿼리2 닫기](×)를 클릭하여 쿼리2를 저장한다.

⑥ [개체] 창에서 쿼리2를 더블 클릭하여 실행한 뒤 검색 결과와 각 필드의 형식을 검토한다.

문구코드	문구명	단가	구매수량	반품수량	소매점
401	지우개	₩300	66	25	서울문구
101	노트	₩700	99	26	서울문구
*					

⑦ [닫기](×)를 클릭하여 쿼리2를 닫는다. 만약 검토 결과 오류가 발견되었다면 [개체] 창에서 쿼리2 선택–마우스 우클릭–[디자인보기]를 선택하여 오류를 수정하도록 한다.

07 03 조회 화면(SCREEN) 설계 작업하기

(1) 폼 만들고 제목 입력하기

① [만들기] 탭–[폼] 그룹–[폼 디자인]을 클릭한다.

② 본문의 너비를 약 '15' cm 정도로 늘려준다.

③ [디자인] 탭–[컨트롤] 그룹–[레이블](가)을 순서대로 클릭하여 문제 지시와 같이 제목 위치에 그려 넣는다.

④ 레이블에 "문구코드가 "101" 또는 "401"이면서 소매점이 "서울문구"인 현황"을 입력한 뒤 글꼴 크기 : 16으로 변경한다.

기적의 Tip

제목 레이블을 두 줄로 입력(강제 개행) 시에 Shift+Enter를 누릅니다.

(2) 목록 상자 추가하기

① [디자인] 탭–[컨트롤]–[목록 상자]( )를 클릭하고 폼 본문 제목 아래 그려 넣는다.

② [목록 상자 마법사]에서 "목록 상자에 다른 테이블이나 쿼리에 있는 값을 가져옵니다."를 선택하고 [다음]을 클릭한다.

③ [보기]에서 [쿼리]를 선택하고 [쿼리 : 쿼리2]를 선택한 뒤 [다음]을 클릭한다.

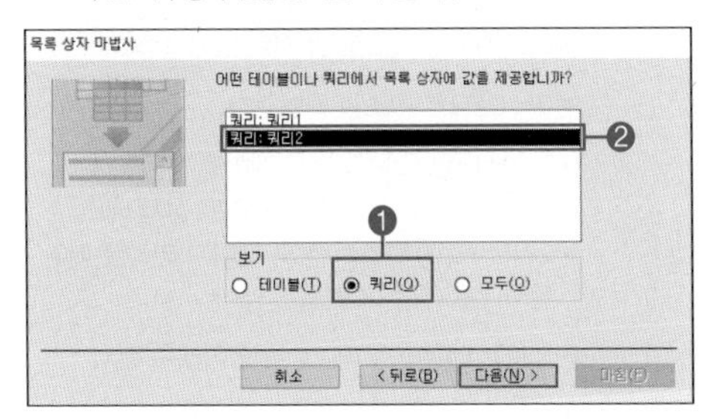

④ [사용 가능한 필드]에서 문제에 제시된 필드를 [선택한 필드]에 추가한다.

⑤ 앞서 쿼리 디자인에서 정렬을 지정했으므로 정렬 탭에서는 바로 [다음]을 클릭한다.

⑥ 목록 상자의 열 너비 조정 창에서 필드 간 간격을 맞추고 마지막 필드의 오른쪽 경계가 넘어가 스크롤이 생기지 않도록 설정하고 [마침]을 클릭한다.

⑦ 목록 상자와 함께 추가된 레이블을 선택하고 Delete를 눌러 삭제한다.

⑧ 목록 상자의 너비를 약 16cm 정도로 조절한 뒤 목록상자 선택–마우스 우클릭–[속성]을 선택하고 [속성] 시트–[형식] 탭–[열 이름]–[예]로 변경한다.

형식 | 데이터 | 이벤트 | 기타 | 모두

표시	예
열 개수	5
열 너비	2.54cm;2.778cm;2.7
열 이름	예

⑨ [디자인] 탭–[컨트롤]에서 선을 선택하고 Shift를 누르고 목록 상자 하단 너비에 맞게 선을 그려 넣는다.

⑩ 선을 선택하고 [속성] 시트–[형식]–[테두리 두께]를 3pt로 변경한 뒤 목록 상자 아래에 방향키를 이용해서 적당히 배치한다.

⑪ 마우스로 드래그하여 목록 상자와 선을 같이 선택하고 [정렬] 탭–[크기 및 순서 지정] 그룹–[크기/공간]–[가장 넓은 너비에]를 선택해 목록 상자와 선의 너비를 맞춰준다.

⑫ [정렬] 탭–[크기 및 순서 지정] 그룹–[맞춤]–[왼쪽]을 선택하여 선과 목록 상자의 위치를 맞춰 준다.

(3) SQL 식 복사하기

① 목록 상자 하단에 레이블을 삽입하고 "리스트박스 조회 시 작성된 SQL문" 입력한다.

② 개체 창에서 [쿼리2]를 더블 클릭하여 실행하고 [홈] 탭–[보기] 그룹–[SQL 보기]를 클릭한다.

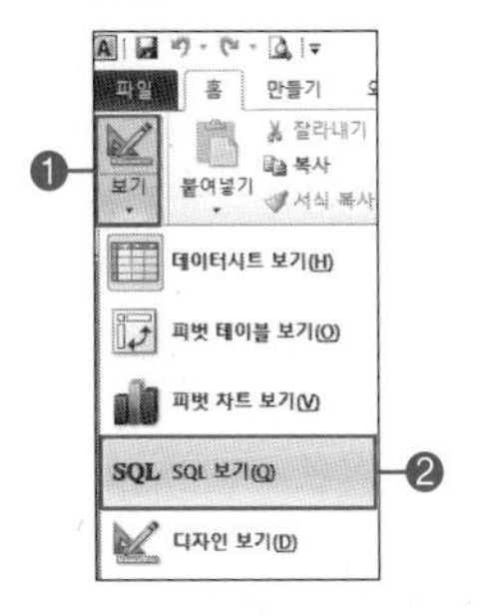

③ SQL 보기 창에 표시된 식을 Ctrl+C로 복사하고 [쿼리2. 닫기](×)를 클릭해 창을 닫는다.

④ "리스트박스 조회 시 작성된 SQL문" 하단에 레이블을 삽입하고 Ctrl+V를 눌러 앞서 복사한 SQL 식을 붙여 넣는다.

⑤ Ctrl+A를 눌러 폼 내 모든 컨트롤을 선택하고 [홈] 탭–[텍스트 서식] 그룹–[글꼴 색]–[검정, 텍스트1]로 변경한다.

(4) 폼 디자인 각 컨트롤 속성 변경

① 속성 설정

컨트롤	속성
제목 레이블	글꼴 크기 : 16
목록 상자	열 이름 : 예
목록 상자 아래 선	두께 : 3pt
리스트박스 조회 시 작성된 SQL문 레이블	• 글꼴 크기 : 16 • 테두리 스타일 : 투명
SQL 식 작성 레이블	테두리 스타일 : 파선
폼 전체 글꼴 색	검정

② 폼 하단 중앙에 레이블을 삽입하고 출력 페이지 번호 "4–2"를 입력하고 [폼1. 닫기](×)를 클릭해 폼 디자인을 저장한다.

③ [인쇄 미리보기]–[페이지 설정]에서 아래와 같이 설정한다.

항목	여백
위쪽	60
아래쪽	6.35 (기본 값)
왼쪽	20~25
오른쪽	6.35 (기본 값)

④ [인쇄 미리보기]를 클릭하여 디자인한 폼이 문제 지시사항과 일치하는지 확인한다.

08 보고서 만들기

(1) 보고서 마법사로 보고서 만들기

① [만들기] 탭–[보고서 마법사]를 클릭한다.

② 보고서 마법사 단계별 작업

[처리 조건]
1) 소매점(대전문구, 서울문구, 제주문구)별로 정리한 후 같은 소매점 안에서는 문구명의 오름차순으로 정렬(SORT)하시오.
6) 합계 : 각 소매점별 구매금액, 반품금액, 포인트적립액의 합 산출
7) 총평균 : 구매금액, 반품금액, 포인트적립액의 전체 평균 산출
8) 작성일자는 수험일자로 하시오.

단계	작업
보고서에 어떤 필드를 넣으시겠습니까?	[테이블/쿼리] : 쿼리1 선택
	보고서 그림에 표시된 필드추가
그룹 수준을 지정하시겠습니까?	[처리 조건]에 따라 소매점 필드 추가
정렬 순서와 요약 정보	정렬 : 문구명, 오름차순
	요약 옵션 : 구입금액, 반품금액, 포인트적립액
보고서에 어떤 모양을 지정하시겠습니까?	모양 : 단계, 용지 방향 : 세로
보고서 제목을 지정하십시오.	쿼리1 (임의로 수정 가능)
	보고서 디자인 수정 선택

(2) 보고서 디자인에서 컨트롤 배치하기

① 보고서 디자인 흰 바탕(인쇄 영역)의 경계를 16 이하로 줄여준다.

② 문제 보고서를 보고 필드의 순서를 배치한다. 배치 시 [정렬] 탭의 정렬 및 순서 조정의 [크기/공간], [맞춤]을 충분히 활용하도록 한다.

③ 보고서 머리글을 제외한 나머지 범위를 마우스로 드래그하여 선택하고 글꼴 크기 : 9, 글꼴 색 : 검정으로 변경한다.

④ 컨트롤 이동 및 수정

구역	작업
보고서 머리글	• 제목 : 소매점별 문구 판매 현황 • 글꼴 : 16
	• 레이블 삽입 : 작성일자: • 텍스트 상자 삽입 : =NOW() (형식 : yyyy–mm–dd)
페이지 머리글	각 레이블 크기 조절 및 배치
	선 삽입 : 테두리 두께 1pt, 아래쪽 배치
그룹 머리글	[소매점] 텍스트 상자 그룹 바닥글로 이동
	높이 : 0으로 설정하여 숨김
본문	페이지 머리글 레이블과 위치 크기 맞추어 배치
	높이 : 0.7으로 최소한 줄여준다.
그룹 바닥글	• "="에 대한 요약 " ~~" 레이블 삭제 • 그룹 머리글에서 가져온 텍스트 상자 배치 • 요약 =sum() 텍스트 상자 페이지 머리글 레이블과 위치 맞추어 배치
	선 삽입 : 테두리 두께 1pt, 위쪽/아래쪽 배치
페이지 바닥글	• "=[Page]~ " 등의 텍스트 상자 모두 삭제 • 높이 : 0으로 설정하여 숨김

보고서 바닥글	총 합계 레이블 총 평균으로 수정하여 페이지 머리글 필드에 맞게 배치
	=SUM([필드명]) → AVG([필드명])으로 변경
	선 삽입 : 테두리 두께 1pt, 아래쪽 배치

보고서 머리글
소매점별 문구 판매 현황
작성일자 : =Now()
페이지 머리글
문구명 문구코드 단가 구매금액 반품금액 포인트적립액 비고
소매점 머리글
본문
문구명 문구코드 단가 구매금액 반품금액 포인트적립액 비고
소매점 바닥글
소매점 합계 =Sum([구매금액 =Sum([반품금 =Sum([포인트
페이지 바닥글
보고서 바닥글
총평균 =Avg([구매금액 =Avg([반품금 =Avg([포인트

⑤ 보고서 컨트롤 속성 조정

[보고서 디자인 보기]를 닫고(×) [인쇄 미리보기]( ) 를 통하여 텍스트 상자의 형식에 문제가 있는 경우 속성 값을 변경한다.

해당 컨트롤	속성 설정 값
제목 레이블	글꼴 크기 : 16
직선	• 테두리 두께 : 1pt • 테두리 색 : 검정, 텍스트1
모든 텍스트 상자	테두리 : 투명
금액 텍스트 상자	형식 : 통화, 소수 자릿수 : 0
정수 텍스트 상자	형식 : 0
보고서 머리글	배경색 : 흰색, 배경1
본문	• 배경색 : 흰색, 배경1 • 다른 배경색 : 흰색, 배경1
그룹 바닥글	• 배경색 : 흰색, 배경1 • 다른 배경색 : 흰색, 배경1

09 보고서 페이지 설정

① [인쇄 미리보기]-[페이지 설정]에서 여백을 설정한다. (위쪽 : 60, 아래쪽 : 6.35, 왼쪽 : 25, 오른쪽 : 6.35)

03 POWERPOINT 시상(PT) 작업 풀이

01 전체적인 작업 순서

[제1 슬라이드]

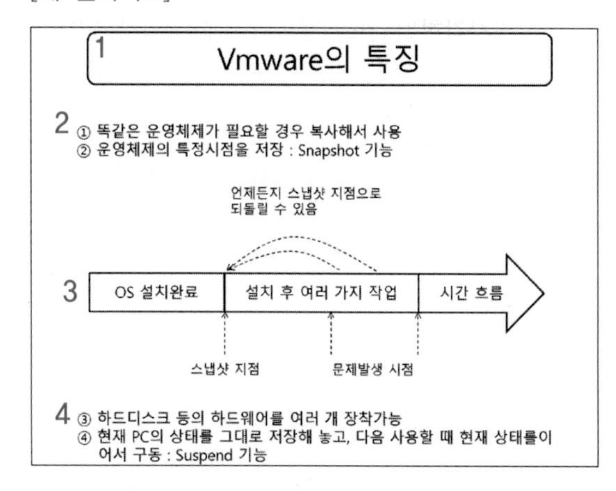

[제2 슬라이드]

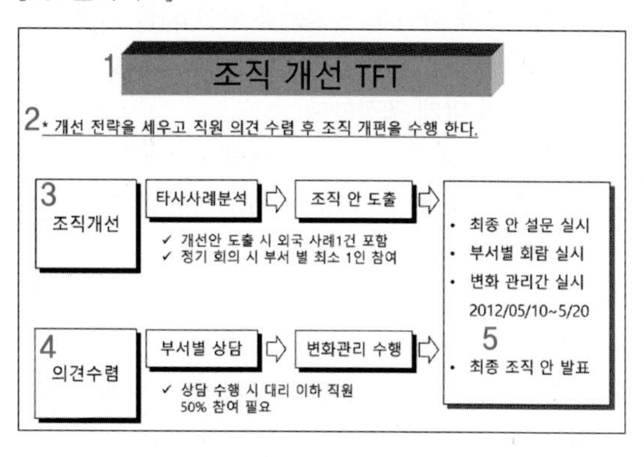

02 제1 슬라이드 작성하기

① [홈] 탭–[새 슬라이드]–[빈 화면]을 클릭하여 2번째 슬라이드를 추가한다.

② [도형]–[사각형]–[둥근 직사각형](▢)을 제목위치에 삽입하고 텍스트를 입력한다. (글꼴 크기 : 36)

③ 직사각형을 선택하고 [홈] 탭–[그리기] 그룹–[도형 채우기], [도형 윤곽선] 도구를 이용하여 아래와 같이 속성을 변경한다.

항목	속성
채우기	단색 채우기 : 흰색, 배경1
선색	검정, 텍스트1

④ [도형]–[기본 도형]–[텍스트 상자](가)를 슬라이드 상단에 삽입하고 글꼴 크기 : 18pt로 텍스트를 입력한다. '원문자'는 한글 'ㅇ' → [한자키] → 원문자 목록에서 선택하여 입력한다.

Vmware의 특징

① 똑같은 운영체제가 필요할 경우 복사해서 사용
② 운영체제의 특정시점을 저장 : Snapshot 기능

⑤ [도형]–[기본 도형]–[텍스트 상자](가)를 중간 부분에 삽입하고 글꼴 크기 : 16pt로 텍스트를 입력한다.

⑥ [도형]–[사각형]–[직사각형](▭)을 아래 삽입하고 Ctrl+Shift를 누른 상태로 오른쪽으로 끌어 도형을 복사한 뒤 도형의 폭을 문제와 같이 늘려준다.

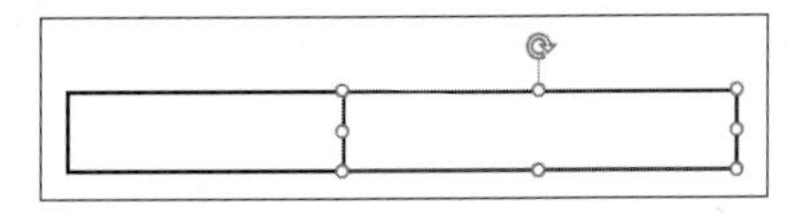

⑦ [도형]–[블록 화살표]–[오른쪽 화살표]를 직사각형 오른쪽에 붙여 그려넣는다. 화살표의 도형 높이를 직사각형과 맞게 조정한다.

⑧ 직사각형과 화살표를 모두 선택하고 [도형 채우기]–[흰색, 배경1], [도형 윤곽선]–[검정, 텍스트1]을 적용한다.

⑨ 도형에 텍스트를 입력하고 글꼴 색 : 검정, 텍스트1로 변경한다.

⑩ [도형]–[선]–[곡선](⌒)을 이용하여 위쪽 화살표 2개를 그려 넣는다. 시작점 클릭 → 꺾을 위치클릭 → 끝부분 클릭 → 방향 맞추고 Esc를 눌러 마무리한다.

⑪ [도형]–[선]–[화살표](↘)를 이용하여 아래 쪽 화살표도 그려넣는다. 왼쪽 화살표를 먼저 그리고 Ctrl+Shift를 누른 채 오른쪽으로 드래그하여 복사하면 빠르게 작업할 수 있다.

⑫ 삽입한 선을 모두 선택하고 [도형 윤곽선]–[검정, 텍스트1], [대시]–[파선], [화살표]–[화살표 스타일 2], [두께]–[1pt]를 적용한다.

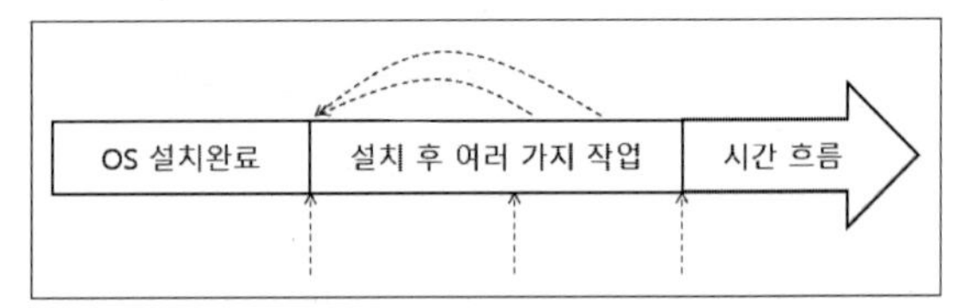

⑬ [도형]–[기본 도형]–[텍스트 상자](가)를 슬라이드 하단에 삽입하고 텍스트를 입력한다.

⑭ Ctrl+A를 눌러 전체 개체를 선택하고 글꼴 : 굴림으로 변경하고 마무리한다.

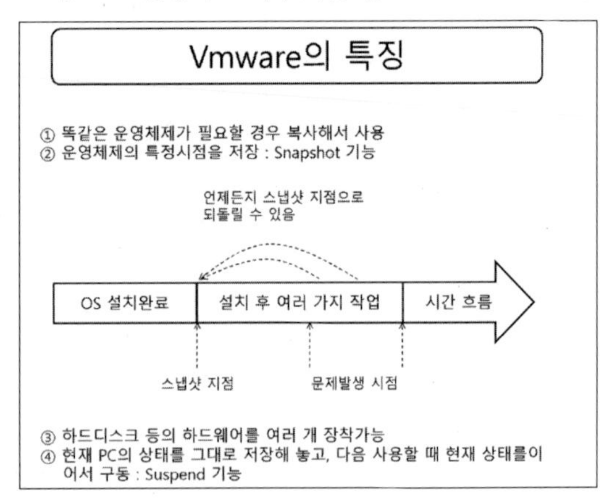

03 제2 슬라이드 작성하기

① [디자인] 탭–[페이지 설정]–[슬라이드 크기]–[화면 슬라이드 쇼 16:9]를 선택하고 [확인]을 클릭하여 슬라이드 크기를 변경한다. [홈] 탭–[도형]–[사각형]–[직사각형](▭)을 제목위치에 삽입하고 텍스트를 입력한다. (글꼴 크기 : 36, 글꼴 색 : 검정, 텍스트1)

기적의 Tip

이번 슬라이드도 앞선 슬라이드와 같이 4:3으로 작업해도 됩니다. 하지만 작업 중 좌우 공간 부족이 발생할 수 있어 16:9로 변경해서 작업하도록 합니다. 앞선 회차도 작업에 어려움이 있다면 16:9로 작성해도 됩니다.

② 직사각형을 선택하고 마우스 오른쪽 버튼[개체 서식] 클릭 후 [도형 서식] 대화상자에서 아래와 같이 속성을 변경한다.

항목	속성
채우기	단색 채우기 : 흰색, 배경1 35%
선색	선 없음
3차원 서식	• 깊이–색 : 검정, 텍스트1 35% • 깊이–깊이 : 70 • 표면–조명 : 균형 있게 • 표면–각도 : 40
3차원 회전	미리 설정 : 오른쪽 위 오블 링크

③ [도형]–[기본 도형]–[텍스트 상자](가)를 삽입하고 텍스트를 입력한다.

④ [도형]–[사각형]–[직사각형](□)을 이용하여 정사각형을 삽입하고 옆에 직사각형 2개와 큰 직사각형을 그려 넣는다.

⑤ [도형]–[블록 화살표]–[오른쪽 화살표]를 도형 사이에 그려 넣은 뒤 전체적인 도형 비율, 배치 등을 조절한다.

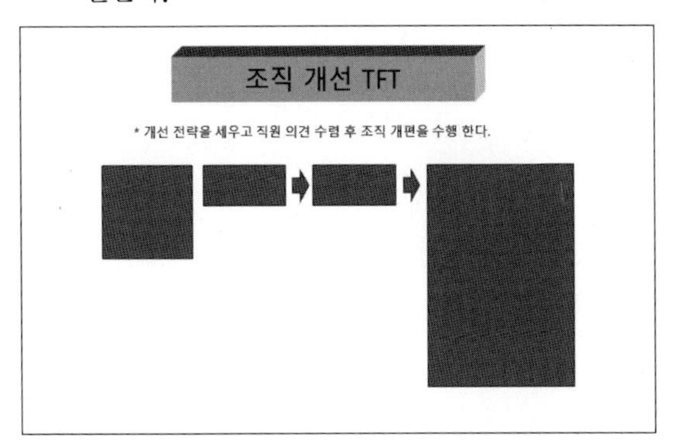

⑥ [도형]–[기본 도형]–[텍스트 상자](가)를 이용해 직사각형 아래 텍스트를 입력하고, 입력한 텍스트를 모두 선택하고 마우스 우클릭–[글머리 기호]–[대조표 글머리기호]를 적용한다.

⑦ 위 5개 도형과 텍스트 상자를 마우스로 선택하고 Ctrl+Shift를 누른 채로 아래 방향으로 드래그하여 복사한 뒤 텍스트 입력 및 텍스트 수정을 완료한다.

⑧ 오른쪽 큰 사각형의 경우 입력 후 전체 범위 선택하고 [속이 찬 둥근 글머리 기호]를 적용한다. [홈] 탭–[단락] 그룹–[줄간격](‡≡)–1.5로 변경한다.

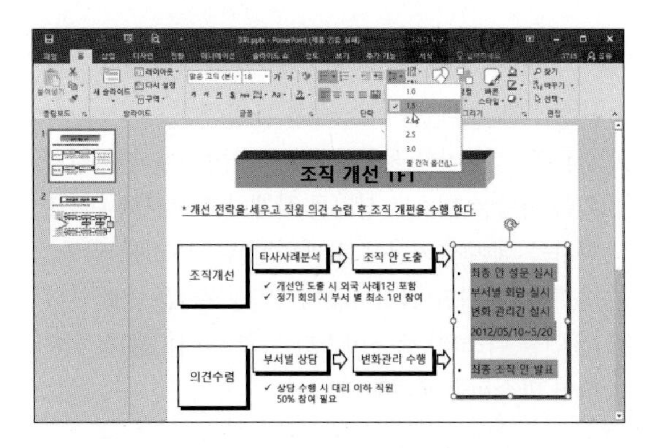

⑨ 그림자 적용할 도형 7개를 Shift를 이용하여 선택하고 마우스 우클릭–[개체 서식]–[도형 서식] 대화상자에서 아래와 같이 그림자를 적용한다.

항목	속성
미리 설정	[바깥쪽]–오프셋 대각선 오른쪽아래
색	검정, 텍스트1
투명도	0%
흐리게	0pt
간격	7pt
채우기	단색채우기–채우기색–흰색
선색	실선–색–검정, 텍스트1

⑩ 오른쪽 큰 사각형만 선택하고 [색]–[흰색, 배경1, 50%]로 그림자 색을 변경하고 [닫기]를 클릭하여 종료한다.

⑪ 도형이 선택된 상태로 글꼴 색을 [검정, 텍스트1]으로 변경한다.

⑫ 화살표를 선택하고 [도형 채우기]–[흰색], [도형 윤곽선]–[검정, 텍스트1]로 변경한다.

⑬ Ctrl+A로 모든 개체 선택 후 글꼴 : 돋움체로 변경한다.

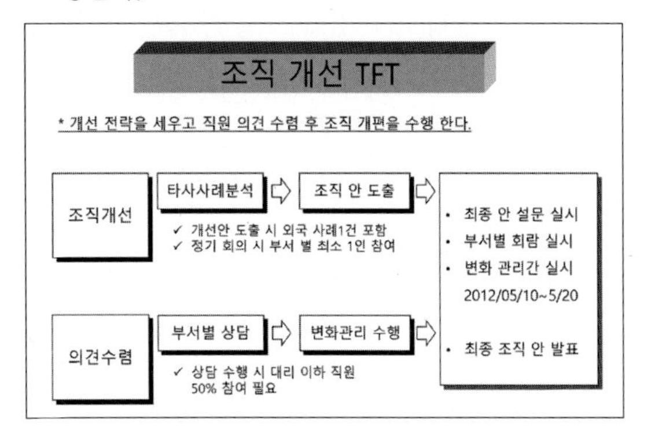

04 비번호와 출력 페이지 번호 작성하기

① [보기] 탭-[유인물 마스터]를 클릭한다.
② 오른쪽 상단 머리글에 비번호, 수험번호를 작성한다.
③ 왼쪽 바닥글 텍스트 상자를 삭제하고 오른쪽 텍스트 상자를 페이지 가운데로 배치한 뒤 '4-4'를 입력한다. [홈] 탭-[단락]-[가운데 정렬]( )을 클릭한다.
④ [유인물 마스터] 탭-[마스터 보기 닫기]( )를 클릭하여 마스터를 종료한다.

05 인쇄하기

① 엑셀, 액세스, 파워포인트 작업을 모두 완료 후 시험 위원 지시에 따라 답안 파일을 전송하고 출력하도록 한다. 파워포인트는 페이지 설정 사항이 파일에 저장되지 않으므로 출력할 때마다 설정해 주어야 하니 주의하도록 한다.
② [빠른 실행 도구]-[인쇄 미리보기 및 인쇄]( ) 도구를 클릭하고, 그림과 같이 설정한다.

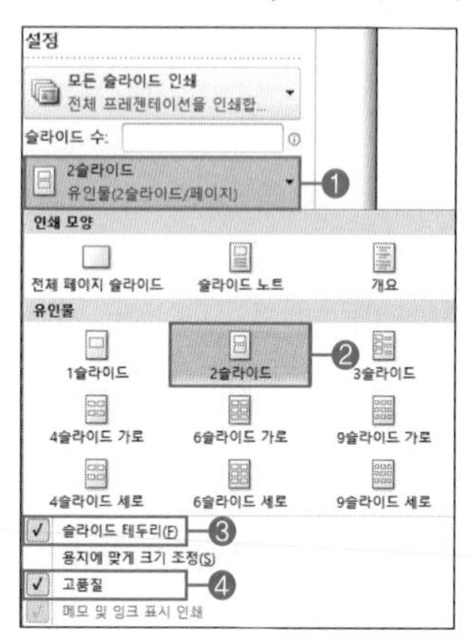

// SECTION //

04 공단 공개문제 04회

01 EXCEL 표 계산(SP) 작업

가나다정보기술에서는 컴퓨터 부품별 매출실적 현황을 분석하고자 한다. 다음 자료(DATA)를 이용하여 작성 조건에 따라 작업 표와 그래프를 작성하고, 그 인쇄 출력물을 제출하시오.

01 작업 표(WORK SHEET) 작성

1. 자료(DATA)

입출고 현황

행 \ 열	A	B	C	E
3	품목코드	품목이름	출고량	입고가
4	SS-218	스캐너	31	437,000
5	SS-219	스캐너	38	320,000
6	LM-229	모니터	68	240,000
7	PT-202	프린터	31	165,000
8	LM-227	모니터	39	150,000
9	PT-205	프린터	36	190,000
10	PT-204	프린터	48	180,000
11	LM-228	모니터	46	210,000
12	PT-203	프린터	57	170,000
13	MS-214	마우스	25	15,400
14	MS-215	마우스	43	6,800
15	SS-220	스캐너	34	480,000
16	LM-239	모니터	48	340,000
17	PT-232	프린터	21	130,000
18	LM-237	모니터	27	120,000
19	PT-235	프린터	22	210,000
20	PT-234	프린터	45	170,000
21	LM-238	모니터	23	210,000
22	PT-233	프린터	28	110,000
23	MS-234	마우스	22	6,200

※ 자료(DATA) 부분에서 음영 처리 표시된 부분은 행/열의 기준을 나타내며 이는 작성(입력)하지 않음을 반드시 유의하시오.

2. 작업 표 형식

거래 이익금 현황

행 \ 열	A	D	E	F	G	H	I	J
3	품목코드	품목명	입고가	출고가	거래금액	이익금액	평가	순위
4 ⋮ 23	–	❶	–	❷	❸	❹	❺	❻
24	품목별 합계		프린터		❼	❼		
25			모니터		❽	❽		
26	품목이름이 마우스이고 출고가가 7,000 이상인 품목들의 합					❾		
27	평가가 A급인 제품의 이익금액 합계					❿		
28	이익금액이 1,000,000 이상 2,000,000 미만 품목들의 합					⓫		
29	⓬							
30	⓭							

※ 음영 처리 표시된 부분은 작성하지 않습니다.

3. 작성 조건

가) 작성 시 유의 사항

Ⓐ 작업 표의 작성은 "나)~라)" 항에 제시된 내용을 따르고 반드시 제시된 조건(함수 적용, 기재된 단서 조항 등)에 따라 처리하시오.

Ⓑ 제시된 작성 조건을 따르지 아니하고 여타의 방법 일체(제시된 함수 이외 다른 함수 적용, 함수 미적용, 별도 전자계산기 사용 등)를 사용하여 도출된 결과는 그 답이 맞더라도 정답으로 인정되지 않음을 반드시 유의하시오.

나) 작업 표의 구성 및 서식

Ⓐ "작업 표 형식"에서 행과 열에 관계된 음영 처리 표시된 부분은 작성하지 않음을 유의하고 반드시 제시된 행/열에 맞추도록 하시오.

Ⓑ 제목 서식 : 폰트는 20포인트 크기로 하고 가운데 정렬하시오.

Ⓒ 글꼴 및 크기: 이외 기타 글꼴 및 크기는 임의 선정하시오.

다) 원문자가 표시된 셀은 아래의 방법을 이용하여 작성하시오.

❶ 품목명은 품목코드 앞 2개의 문자와 품목이름을 텍스트 함수 "CONCATENATE", 문자열 함수 LEFT 함수를 조합하여 작성하시오. (예 : 품목코드 "SS-218", 품목이름이 "스캐너" 인 경우 "SS#스캐너"로 표시)

❷ 출고가 = 입고가 + (입고가 × 28%)

❸ 거래금액 = 출고가 × 출고량

❹ 이익금액 = (출고가 − 입고가) × 출고량

❺ 평가 : 이익금액이 2,500,000 이상이면 "A급", 2,500,000 미만 1,000,000 이상이면 "B급", 그렇지 않으면 "C급"으로 표시하시오. (단, IF 함수 사용)

❻ 순위 : 거래금액을 기준으로 순위를 산정하시오. (단, RANK 함수를 사용하고 순위 산정 기준은 내림차순으로)

❼ 프린터의 품목별 합계 : 품목이름이 프린터인 각 항목별 합계를 산출하시오. (단, SUMIF 또는 SUMIFS 함수 사용)
❽ 모니터의 품목별 합계 : 품목이름이 모니터인 각 항목별 합계를 산출하시오. (단, SUMIF 또는 SUMIFS 함수 사용)
❾ 품목이름이 마우스이고 출고가가 7,000 이상인 품목들의 합계를 산출하시오. (단, SUMIFS 함수 사용)
❿ 평가가 A급에 해당하는 품목의 이익금액의 합계를 산출하시오. (단, SUMIF 또는 SUMIFS 함수 사용)
⓫ 이익금액이 1,000,000 이상 2,000,000 미만 품목들의 합계를 산출하시오. (단, SUMIF 또는 SUMIFS 함수 사용)
⓬ "⓫"에 사용된 수식을 기재하시오.
⓭ "❶"에 사용된 수식을 기재하시오. (단, 품목코드 LM-228을 기준으로)

※ 함수식을 기재하는 ⓬~⓭란은 반드시 해당 항목에 제시된 함수의 작성 조건에 따라 도출된 함수식을 기재하여야 하며, 작성 조건을 위배하여 임의로 작성할 시 해당 답이 맞더라도 틀린 항목으로 채점됨을 유의하시오. 또한 함수식을 작성할 때는 라) 작업 표의 정렬 순서(SORT)에 따른 조건에 맞게 정렬 후 도출된 결과에 따른 함수식을 기재하시오.

라) 작업 표의 정렬 순서(SORT)는 평가의 오름차순으로 정렬, 같은 평가 안에서는 이익금액의 오름차순으로 하시오.

마) 기타

(1) 금액에 대한 수치는 원화(₩) 표시를 하고 천 단위마다 ,(Comma)를 표시하시오. (단, 금액 이외의 수치는 ,(Comma)를 표시하지 않도록 하시오.)
(2) 모든 수치(숫자, 통화, 회계, 백분율 등)는 셀 서식의 속성을 설정하는 과정에서 소수 자릿수를 "0"으로 지정하여 정수로 표시하시오.
(3) 음수는 "-"가 나타나도록 하시오.
(4) 숫자 셀은 우측을 수직으로 맞추고, 문자 셀은 수평 중앙으로 맞추며 기타는 작업 표 형식에 따르도록 하시오. 특히, 인쇄 출력 시 판독 불가능이 발생되지 않도록 인쇄 미리보기 등을 통하여 셀의 크기를 적당히 조정하시오.

02 그래프(GRAPH) 작성

작성한 작업 표에서 평가가 A급인 경우의 품목코드별 입고가와 출고가를 나타내는 그래프를 작성하시오.

[작성 조건]

1) 그래프 형태 : 혼합형 단일축 그래프
입고가(묶은 세로 막대형), 출고가(데이터 표식이 있는 꺾은 선형)
(단, 입고가만 데이터 레이블의 값이 표시된 혼합형 단일축 그래프로 하시오.)
2) 그래프 제목 : 제품별 입출고가 현황 -- (글자크기 : 18, 글꼴 서체 임의)
3) X축 제목 : 품목코드
4) Y축 제목 : 금액
5) X축 항목 단위 : 해당 문자열
6) Y축 눈금 단위 : 임의
7) 범례 : 입고가, 출고가
8) 출력물 크기 : A4용지 1/2장 범위 내로 하시오.
9) 기타 : 작성 조건에 없는 형식이나 모양 등은 기본 설정 값에 따르며, 그래프 너비는 작업 표 너비에 맞추도록 하시오.

※ 그래프는 반드시 작성된 작업 표와 연동하여 작업하여야 하며, 그래프의 영역(범위) 설정 오류로 인한 불이익은 전적으로 수험자 본인에게 있습니다.

02 ACCESS 자료 처리(DBMS) 작업

한국과학연구소에서 신입 직원 교육 현황을 전산화하려고 한다. 다음의 입력 자료를 이용하여 DB를 설계하고 작성 조건에 따라 처리 파일을 작성한 후 인쇄 출력물을 제출 하시오.

01 자료 처리(DBMS) 작업 작성 조건

1) 자료 처리(DBMS) 작업은 조회 화면(SCREEN) 설계와 자료 처리 보고서의 2가지 작업을 수행하여야 하며, 그 결과물은 수험자 유의사항 [3) 자료 처리(DBMS) 작업]을 참고하여 작업하시오.
2) 반드시 인쇄 작업 수행 전 미리보기 등을 통해 여백을 조정하고, 수치, 문자 등 구성 요소가 누락되지 않도록 주의하시오. 구성 요소가 누락되어 인쇄되지 않은 결과로 인한 모든 책임은 전적으로 수험자 본인에게 있음을 반드시 유의하시오.
3) 문제지에 기재된 작성 조건에 따라 처리하고, 조회 화면 및 자료 처리 보고서의 서식이 작성 조건과 상이할 경우에는 시험 위원의 지시에 따라 작업하시오.

02 입력 자료

직원교육현황

직원번호	구분코드	교육월수	연수비
1010	C	11	200,000
1340	A	7	60,000
3674	A	7	60,000
4233	C	9	100,000
3452	S	5	130,000
5664	S	3	200,000
7355	A	4	70,000
7626	S	12	190,000
3847	S	9	200,000
9907	C	10	110,000
1102	S	5	180,000
3212	A	3	60,000
2433	C	12	220,000
3012	C	5	80,000
4310	A	10	150,000

직원구분

구분코드	종류
A	파견직
C	경력직
S	전산직

03 조회 화면(SCREEN) 설계

※ 다음 조건에 따라 구분코드가 A 또는 S이면서 연수비가 200,000원 미만인 데이터 현황을 조회할 수 있는 화면을 설계하고 해당 데이터를 출력하시오.

1) 해당 현황은 목록 상자(리스트박스)에서 필드명 "직원번호"의 오름차순으로 출력하고, 화면 아래에 조회 시 작성한 SQL문을 복사하시오.
   - WHERE 조건절에 구분코드, 연수비 반드시 포함
   - INNER JOIN, ORDER BY 구문 반드시 포함
   ※ SQL문에 상기 내용 미포함 시 SQL 작성 부분 0점 처리
2) 리스트박스 조회 시 작성된 SQL문이 작성되지 않을 경우에는 "03 조회 화면(SCREEN) 설계" 과제가 0점 처리됨을 반드시 유의하시오.
3) 목록 상자에 표시되어야 할 필수적인 필드명은 다음과 같습니다.
   - 직원번호, 구분코드, 연수비, 교육월수, 종류
4) 폼 서식에 제반되는 폰트, 점선 등은 아래 [조회 화면 서식]에 보이는 대로 기재하시오.
5) 기타 사항은 "04 자료 처리 파일(FILE) 작성"의 [기타 조건]을 따르시오.

[조회 화면 서식]

직원구분 코드가 A또는 S이면서 연수비가 200,000원
미만인 데이터 현황

직원번호	구분코드	연수비	교육월수	종류

리스트박스 조회 시 작성된 SQL문

04 자료 처리 파일(FILE) 작성

※ 다음 조건에 따라 아래 양식과 같이 작성하시오.

[처리 조건]

1) 구분코드별 오름차순으로 정렬한 후, 같은 구분코드 안에서는 직원번호 오름차순으로 정렬(SORT)한다.
2) 기본교육비는 직원종류에 따라 다르게 적용한다. (파견직은 150,000원, 경력직은 200,000원, 전산직은 300,000원)
3) 총교육비 = 기본교육비 × 교육월수 (기본 교육비는 2번 항목을 참고하여 산정한다.)
4) 교육비할인액 : 교육월수가 12개월 이상이면 300,000원 할인, 교육월수가 6개월 이상 12개월 미만이면 200,000원 할인, 교육월수가 6개월 미만이면 50,000원 할인
5) 최종 납부액 = 총교육비 – 교육비할인액 – 연수비
6) 직원 구분별 합계 : 총교육비, 교육비할인액, 최종 납부액의 합 산출 (zzzz 합계 : zzzz에는 직원구분코드에 해당하는 종류가 출력되도록 한다.)
7) 총평균 : 총교육비, 교육비할인액, 최종 납부액의 전체 평균 산출
8) 작성일자는 오늘 날짜(수험일자)로 한다.

[기타 조건]

1) 입력 화면 및 보고서의 제목은 16 정도의 임의 서체로 하시오.
2) 금액에 대한 수치는 원화(₩) 혹은 달러($) 표시를 하고 천 단위마다 ,(Comma)를 표시하시오. (단, 금액 이외의 수치는 ,(Comma)를 표시하지 않도록 하시오.)
3) 모든 수치(숫자, 통화, 백분율 등)는 컨트롤의 속성을 설정하는 과정에서 소수 자릿수를 "0"으로 지정하여 정수로 표시하시오.
4) 데이터의 열과 간격은 일정하게 맞추도록 하시오.

직원 교육비 산출 현황

작성일자 : YYYY-MM-DD

구분코드	직원번호	교육월수	연수비	총교육비	교육비할인액	최종 납부액
XXXX	XXXX	XX	₩X,XXX	₩X,XXX	₩X,XXX	₩X,XXX
	YYYY	YY	₩Y,YYY	₩Y,YYY	₩Y,YYY	₩Y,YYY
	ZZZZ 합계			₩X,XXX	₩X,XXX	₩X,XXX
–	–	–	–	–	–	–
	ZZZZ 합계			WX,XXX	₩X,XXX	₩X,XXX
–	–	–	–	–	–	–
	ZZZZ 합계			₩X,XXX	₩X,XXX	₩X,XXX
	총평균			₩X,XXX	₩X,XXX	₩X,XXX

03 POWERPOINT 시상(PT) 작업

주어진 2개의 슬라이드를 슬라이드 작성 조건에 따라 작업하여 인쇄합니다.

[슬라이드 작성 조건]

1) 각 슬라이드를 문제의 슬라이드 원안과 같이 인쇄하여 제출합니다.
   (특히 글자, 음영, 그림자, 도형 등 인쇄된 내용 그대로 작업함을 유의하시오.)
2) "주1)" 등 특수한 속성 지정이 되어 있는 경우 지시에 따라 작성하시오.
3) 글꼴은 문제 원안과 같거나 유사한 형태로 작업합니다.
4) 글자, 그림 및 도형 등의 크기와 모양은 문제 원안과 같거나 유사한 형태로 작업합니다.
5) 모든 글씨, 선 등은 흑백(그레이스케일)으로 작업하되, 글상자, 그림 및 도형 등에서 색 채우기가 있는 경우 색 채우기는 회색 40% 정도, 투명도 0%를 기준으로 작업합니다.
6) 각 슬라이드는 원안과 같이 외곽선 테두리가 인쇄되도록 인쇄합니다.
7) 각 슬라이드 크기는 A4 용지의 1/2 범위 내에 인쇄가 가능한 크기가 되도록 조정하여, 슬라이드 2개를 A4 용지 1매 안에 모두 인쇄합니다.
8) 비번호, 수험번호, 성명, 페이지 번호 등은 반드시 자필로 기재합니다.

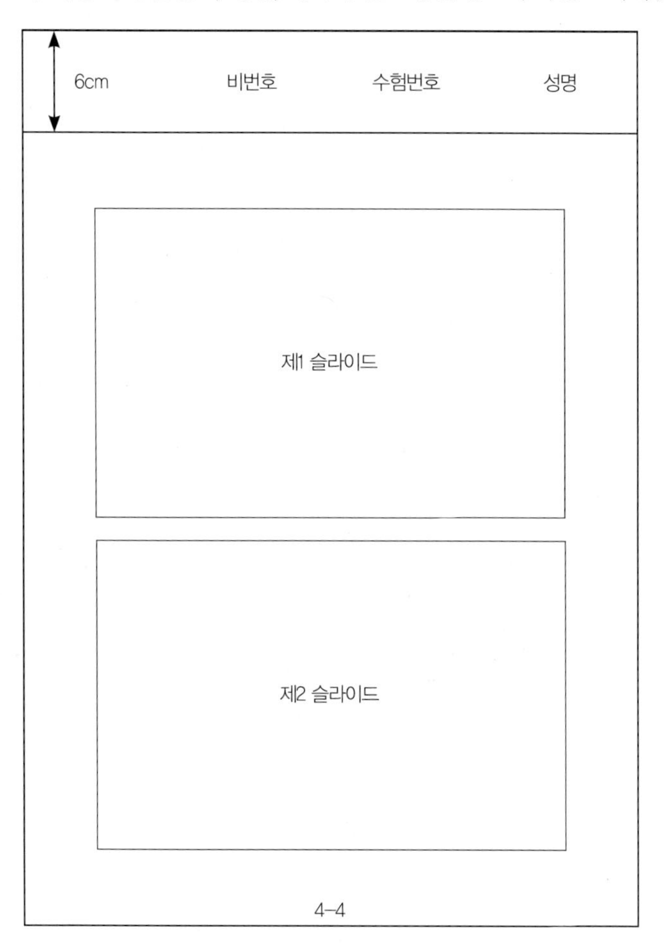

01 제1 슬라이드

비디오와 애니메이션의 비교

▣ 비디오 : 실 세계를 촬영한 결과

▣ 애니메이션 : 컴퓨터를 이용하여 일련의 장면을 인공적으로 생성

구분	비디오	애니메이션
공통점	-인간의 감성에 직접적인 자극을 주는 방식 -흥미를 유발, 어떤 과정을 보이기에 적합	
차이점	-과도한 정보를 동시에 제공 -실 예를 들어 보일 경우에 적절 -제작비용이 많이 듬	-주제에 초점을 맞추고 특징을 강조 -제작비용이 비디오에 비해 저렴 -이미지나 그래픽보다는 고비용

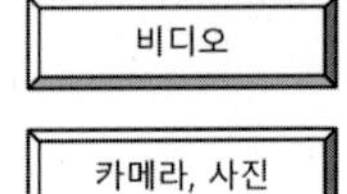

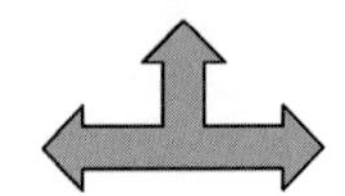

플래시, 스위시

고전 기법

02 제2 슬라이드

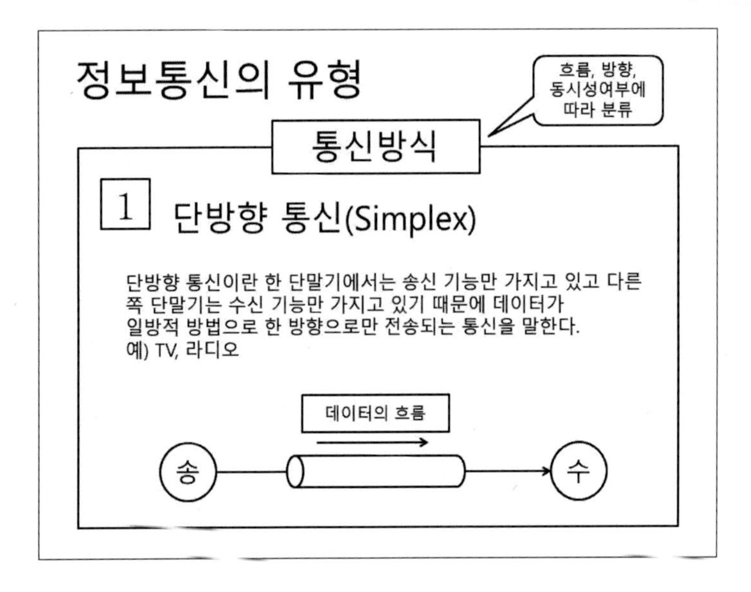

공단 공개문제 04회 정답

엑셀 작업 | EXCEL 표 계산(SP) 작업 정답

작업 표(WORK SHEET) 작성

거래 이익금 현황

품목코드	품목명	입고가	출고가	거래금액	이익금액	평가	순위
LM-228	LM#모니터	₩210,000	₩268,800	₩12,364,800	₩2,704,800	A급	7
PT-203	PT#프린터	₩170,000	₩217,600	₩12,403,200	₩2,713,200	A급	6
SS-219	SS#스캐너	₩320,000	₩409,600	₩15,564,800	₩3,404,800	A급	5
SS-218	SS#스캐너	₩437,000	₩559,360	₩17,340,160	₩3,793,160	A급	4
LM-229	LM#모니터	₩240,000	₩307,200	₩20,889,600	₩4,569,600	A급	1
SS-220	SS#스캐너	₩480,000	₩614,400	₩20,889,600	₩4,569,600	A급	1
LM-239	LM#모니터	₩340,000	₩435,200	₩20,889,600	₩4,569,600	A급	1
PT-235	PT#프린터	₩210,000	₩268,800	₩5,913,600	₩1,293,600	B급	14
LM-238	LM#모니터	₩210,000	₩268,800	₩6,182,400	₩1,352,400	B급	13
PT-202	PT#프린터	₩165,000	₩211,200	₩6,547,200	₩1,432,200	B급	12
LM-227	LM#모니터	₩150,000	₩192,000	₩7,488,000	₩1,638,000	B급	11
PT-205	PT#프린터	₩190,000	₩243,200	₩8,755,200	₩1,915,200	B급	10
PT-234	PT#프린터	₩170,000	₩217,600	₩9,792,000	₩2,142,000	B급	9
PT-204	PT#프린터	₩180,000	₩230,400	₩11,059,200	₩2,419,200	B급	8
MS-234	MS#마우스	₩6,200	₩7,936	₩174,592	₩38,192	C급	20
MS-215	MS#마우스	₩6,800	₩8,704	₩374,272	₩81,872	C급	19
MS-214	MS#마우스	₩15,400	₩19,712	₩492,800	₩107,800	C급	18
PT-232	PT#프린터	₩130,000	₩166,400	₩3,494,400	₩764,400	C급	17
PT-233	PT#프린터	₩110,000	₩140,800	₩3,942,400	₩862,400	C급	16
LM-237	LM#모니터	₩120,000	₩153,600	₩4,147,200	₩907,200	C급	15
품목별 합계		프린터		₩61,907,200	₩13,542,200		
		모니터		₩71,961,600	₩15,741,600		
품목이름이 마우스이고 출고가가 7,000이상인 품목들의 합					₩227,864		
평가가 A급인 제품의 이익금액 합계					₩26,324,760		
이익금액이 1,000,000 이상 2,000,000 미만 품목들의 합					₩7,631,400		
=SUMIFS(H4:H23,H4:H23,">=1000000",H4:H23,"<2000000")							
=CONCATENATE(LEFT(A4,2),"#",B4)							

그래프(GRAPH) 작성

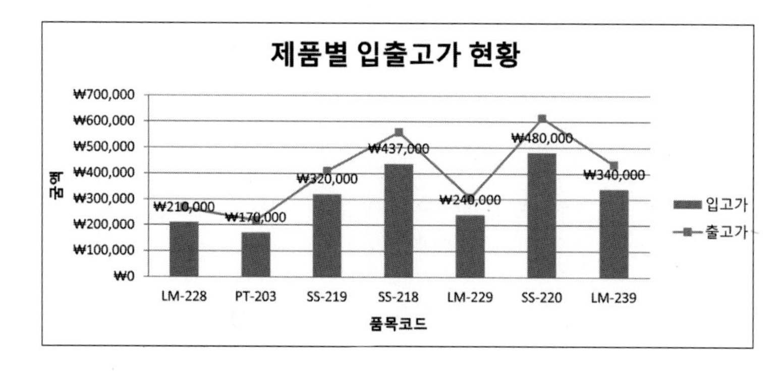

액세스 작업

ACCESS 자료 처리(DBMS) 작업 정답

조회 화면 설계

직원구분 코드가 A또는 S이면서 연수비가 200,000원 미만인 데이터 현황

직원번호	구분코드	연수비	교육월수	종류
1102	S	₩180,000	5	전산직
1340	A	₩60,000	7	파견직
3212	A	₩60,000	3	파견직
3452	S	₩130,000	5	전산직
3674	A	₩60,000	7	파견직
4310	A	₩150,000	10	파견직
7355	A	₩70,000	4	파견직
7626	S	₩190,000	12	전산직

리스트박스 조회 시 작성된 SQL문

```
SELECT 테이블1.직원번호, 테이블1.구분코드, 테이블1.연수비, 테이블1.교육월수, 테이블
2.종류
FROM 테이블1 INNER JOIN 테이블2 ON (테이블2.구분코드 = 테이블1.구분코드) AND (
테이블2.구분코드 = 테이블1.구분코드) AND (테이블1.구분코드 = 테이블2.구분코드)
WHERE (((테이블1.구분코드)="A" Or (테이블1.구분코드)="S") AND ((테이블1.연수비
)<200000))
ORDER BY 테이블1.직원번호;
```

자료 처리 파일

직원 교육비 산출 현황

작성일자: 2021-11-19

구분코드	직원번호	교육월수	연수비	총교육비	교육비할인액	최종 납부액
A	1340	7	₩60,000	₩1,050,000	₩200,000	₩790,000
	3212	3	₩60,000	₩450,000	₩50,000	₩340,000
	3674	7	₩60,000	₩1,050,000	₩200,000	₩790,000
	4310	10	₩150,000	₩1,500,000	₩200,000	₩1,150,000
	7355	4	₩70,000	₩600,000	₩50,000	₩480,000
	파견직 합계			₩4,650,000	₩700,000	₩3,550,000
C	1010	11	₩200,000	₩2,200,000	₩200,000	₩1,800,000
	2433	12	₩220,000	₩2,400,000	₩300,000	₩1,880,000
	3012	5	₩80,000	₩1,000,000	₩50,000	₩870,000
	4233	9	₩100,000	₩1,800,000	₩200,000	₩1,500,000
	9907	10	₩110,000	₩2,000,000	₩200,000	₩1,690,000
	경력직 합계			₩9,400,000	₩950,000	₩7,740,000
S	1102	5	₩180,000	₩1,500,000	₩50,000	₩1,270,000
	3452	5	₩130,000	₩1,500,000	₩50,000	₩1,320,000
	3847	9	₩200,000	₩2,700,000	₩200,000	₩2,300,000
	5664	3	₩200,000	₩900,000	₩50,000	₩650,000
	7626	12	₩190,000	₩3,600,000	₩300,000	₩3,110,000
	전산직 합계			₩10,200,000	₩650,000	₩8,650,000
	총평균			₩1,616,667	₩153,333	₩1,329,333

파워포인트 작업	POWERPOINT 시상(PT) 작업 정답

01 제1 슬라이드

비디오와 애니메이션의 비교

▣ 비디오 : 실 세계를 촬영한 결과

▣ 애니메이션 : 컴퓨터를 이용하여 일련의 장면을 인공적으로 생성

구분	비디오	애니메이션
공통점	-인간의 감성에 직접적인 자극을 주는 방식 -흥미를 유발, 어떤 과정을 보이기에 적합	
차이점	-과도한 정보를 동시에 제공 -실 예를 들어 보일 경우에 적절 -제작비용이 많이 듬	-주제에 초점을 맞추고 특징을 강조 -제작비용이 비디오에 비해 저렴 -이미지나 그래픽보다는 고비용

비디오

카메라, 사진

플래시, 스위시

고전 기법

02 제2 슬라이드

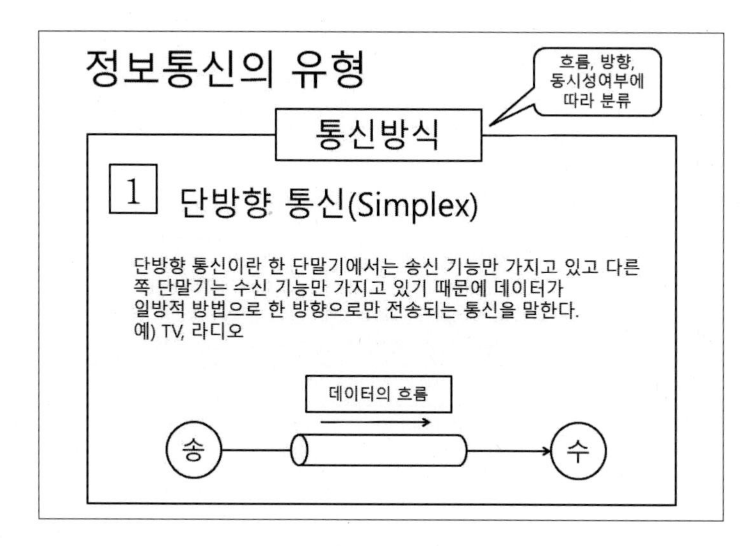

01 EXCEL 표 계산(SP) 작업 풀이

01 자료(DATA) 입력 및 작성 조건 처리하기

① Excel을 실행한다.

> Ⓐ "작업 표 형식"에서 행과 열에 관계된 음영 처리 표시된 부분은 작성하지 않음을 유의하고 반드시 제시된 행/열에 맞추도록 하시오.
> Ⓑ 제목 서식 : 20 포인트 크기로 하고 가운데 정렬하시오.
> Ⓒ 글꼴 및 크기 : 이외 기타 글꼴 및 크기는 임의 선정하시오.

② 1. 자료(DATA)를 참고하여 [A3] 셀부터 [D23] 셀까지 문제에 제시된 행/열에 맞게 자료를 입력한다.

③ 2. 작업 표 형식을 참고하여 [A2] 셀에 "거래 이익금 현황" 제목을 작성한다.

④ [A2]~[J2] 셀까지 블록 선택한 뒤 [홈] 탭–[병합하고 가운데 맞춤]( )과 글꼴 크기 20을 차례대로 적용한다. 1행 머리글을 선택하고 마우스 우클릭을 하고 [숨기기]를 적용한다.

⑤ 2. 작업 표 형식을 참고하여 나머지 계산 결과 항목을 제시된 해당 열에 입력하고, 하단 제시된 자료를 입력한 후 병합하여야 할 셀은 [홈] 탭–[병합하고 가운데 맞춤]( )을 이용하여 작업 표 형식과 같이 작성한다.

⑥ 입력 범위에 [홈] 탭–[글꼴] 그룹–[모든 테두리](田)를 적용한 뒤, 3행~30행까지 행 머리글을 선택하고 [홈] 탭–[글꼴] 그룹–글꼴 크기를 9로 변경하여 행 높이와 글꼴 크기를 동시에 줄여준다.

⑦ 1행 머리글을 선택하고 마우스 우클릭–[숨기기]를 적용한다.

	A	B	C	D	E	F	G	H	I	J
2	거래 이익금 현황									
3	품목코드	품목이름	출고량	품목명	입고가	출고가	거래금액	이익금액	평가	순위
4	SS-218	스캐너	31	①	437,000	②	③	④	⑤	⑥
5	SS-219	스캐너	38		320,000					
6	LM-229	모니터	68		240,000					
7	PT-202	프린터	31		165,000					
8	LM-227	모니터	39		150,000					
9	PT-205	프린터	36		190,000					
10	PT-204	프린터	48		180,000					
11	LM-228	모니터	46		210,000					
12	PT-203	프린터	57		170,000					
13	MS-214	마우스	25		15,400					
14	MS-215	마우스	43		6,800					
15	SS-220	스캐너	34		480,000					
16	LM-239	모니터	48		340,000					
17	PT-232	프린터	21		130,000					
18	LM-237	모니터	27		120,000					
19	PT-235	프린터	22		210,000					
20	PT-234	프린터	45		170,000					
21	LM-238	모니터	23		210,000					
22	PT-233	프린터	28		110,000					
23	MS-234	마우스	22		6,200					
24	품목별 합계				프린터	⑦	⑦			
25					모니터	⑧	⑧			
26	품목이름이 마우스이고 출고가가 7,000이상인 품목들의 합							⑨		
27	평가가 A급인 제품의 이익금액 합계							⑩		
28	이익금액이 1,000,000 이상 2,000,000 미만 품목들의 합							⑪		
29	⑫									
30	⑬									

⑧ 자료 입력을 완료한 다음 [빠른 실행 도구 모음]의 [저장]( )을 클릭하여 시험 위원이 지정한 폴더에 지정된 파일명으로 저장한다. (예:A019)

02 원문자(함수) 작성 조건 처리하기

> ※ 함수식을 기재하는 ⑫~⑬란은 반드시 해당 항목에 제시된 함수의 작성 조건에 따라 도출된 함수식을 기재하여야 하며, 작성조건을 위배하여 임의로 작성할 시 해당 답이 맞더라도 틀린 항목으로 채점됨을 유의하시오. 또한 함수식을 작성할 때는 라) 작업 표의 정렬 순서(SORT)에 따른 조건에 맞게 정렬 후 도출된 결과에 따른 함수식을 기재하시오.

❶ 품목명은 품목코드 앞 2개의 문자와 품목이름을 텍스트 함수 "CONCATENATE", 문자열 함수 LEFT 함수를 조합하여 작성하시오. (예를 들어, 품목코드 "SS-218", 품목이름이 "스캐너"인 경우 "SS#스캐너"로 표시)

=CONCATENATE(LEFT(A4,2),"#",B4)

❷ 출고가 = 입고가 + (입고가 × 28%)

=E4+(E4*28%)

❸ 거래금액 = 출고가 × 출고량

=F4*C4

❹ 이익금액 = (출고가 – 입고가) × 출고량

=(F4-E4)*C4

❺ 평가 : 이익금액이 2,500,000 이상이면 "A급", 2,500,000 미만 1,000,000 이상이면 "B급", 그렇지 않으면 "C급"으로 표시하시오. (단, IF 함수 사용)

=IF(H4>=2500000,"A급",IF(H4>=1000000,"B급","C급"))

❻ 순위 : 거래금액을 기준으로 순위를 산정하시오. (단, RANK 함수를 사용하고 순위 산정 기준은 내림차순으로)

=RANK(G4,$G$4:$G$23)

각 식을 입력하고 자동 채우기를 하여 답을 완성한다.

❼ 프린터의 품목별 합계 : 품목이름이 프린터인 각 항목별 합계를 산출하시오. (단, SUMIF 또는 SUMIFS 함수 사용)
❽ 모니터의 품목별 합계 : 품목이름이 모니터인 각 항목별 합계를 산출하시오. (단, SUMIF 또는 SUMIFS 함수 사용)

=SUMIF($B$4:$B$23,$E24,G$4:G$23)

❾ 품목이름이 마우스이고 출고가가 7,000 이상인 품목들의 합계를 산출하시오. (단, SUMIFS 함수 사용)

=SUMIFS(H4:H23,B4:B23,"마우스",F4:F23,">=7000")

❿ 평가가 A급에 해당하는 품목의 이익금액의 합계를 산출하시오. (단, SUMIF 또는 SUMIFS 함수 사용)

=SUMIF(I4:I23,"A급",H4:H23)

⓫ 이익금액이 1,000,000 이상 2,000,000 미만 품목들의 합계를 산출하시오. (단, SUMIF 또는 SUMIFS 함수 사용)

=SUMIFS(H4:H23,H4:H23,">=1000000",H4:H23,"<2000000")

⑫ "⑪"에 사용된 수식을 기재하시오.
'=SUMIFS(H4:H23,H4:H23,">=1000000",H4:H23,"<2000000")
⑬ "❶"에 사용된 수식을 기재하시오. (단, 품목코드 LM-228을 기준으로)
'=CONCATENATE(LEFT(A4,2),"#",B4)

각 식을 입력하고 자동 채우기를 하여 답을 완성한다.

03 작업 표 정렬하기

라) 작업 표의 정렬 순서(SORT)는 평가의 오름차순으로 정렬, 같은 평가 안에서는 이익금액의 오름차순으로 하시오.

① [A3:J23] 셀 범위를 마우스로 블록 선택한다.

② [데이터] 탭-[정렬]을 클릭하고 지시사항과 같이 정렬 기준을 설정한다.

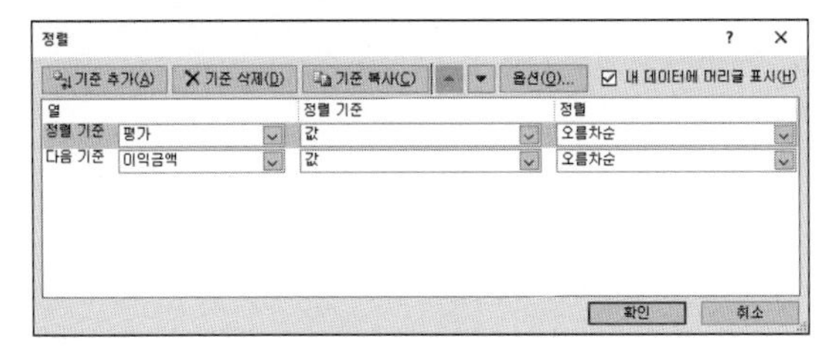

③ B:C열 머리글 선택-마우스 우클릭-[숨기기] 적용하여 숨겨준다.

04 기타 작업으로 형식 적용하기

마) 기타

(1) 금액에 대한 수치는 원화(₩) 표시를 하고 천 단위마다 ,(Comma)를 표시합니다. (단, 금액 이외의 수치는 ,(Comma)를 표시하지 않도록 하시오.)

(2) 모든 수치(숫자, 통화, 회계, 백분율 등)는 셀 서식의 속성을 설정하는 과정에서 소수 자릿수를 "0"으로 지정하여 정수로 표시하시오.

(3) 음수는 "-"가 나타나도록 하시오.

(4) 숫자 셀은 우측을 수직으로 맞추고, 문자 셀은 수평 중앙으로 맞추며 기타는 작업 표 형식에 따르도록 하시오. 특히, 인쇄 출력 시 판독 불가능이 발생되지 않도록 인쇄 미리보기 등을 통하여 셀의 크기를 적당히 조정하시오.

[형식 지정하기]

통화	E열~H열
가운데 정렬	모든 문자열
테두리	• 모든 테두리 : [A3:J30] • 중간 선 해제 : [A4:J23]

05 그래프 작성하기

02 그래프(GRAPH) 작성

작성한 작업 표에서 평가가 A급인 경우의 품목코드별 입고가와 출고가를 나타내는 그래프를 작성하시오.

[작성 조건]

1) 그래프 형태 : 혼합형 단일축 그래프
입고가(묶은 세로 막대형), 출고가(데이터 표식이 있는 꺾은 선형)
(단, 입고가만 데이터 레이블의 값이 표시된 혼합형 단일축 그래프로 하십시오.)

2) 그래프 제목 : 제품별 입출고가 현황 -- (글자크기 : 18, 글꼴서체 임의)

3) X축 제목 : 품목코드

4) Y축 제목 : 금액

5) X축 항목 단위: 해당 문자열

6) Y축 눈금 단위 : 임의

7) 범례 : 입고가, 출고가

8) 출력물 크기 : A4용지 1/2장 범위 내로 하시오.

9) 기타 : 작성 조건에 없는 형식이나 모양 등은 기본 설정 값에 따르며, 그래프 너비는 작업 표 너비에 맞추도록 하시오.

① 문제에서 요구한 데이터 범위를 Ctrl을 이용하여 연속 선택한다.

	A	D	E	F
2				거래 이익금
3	품목코드	품목명	입고가	출고가
4	LM-228	LM#모니터	₩210,000	₩268,800
5	PT-203	PT#프린터	₩170,000	₩217,600
6	SS-219	SS#스캐너	₩320,000	₩409,600
7	SS-218	SS#스캐너	₩437,000	₩559,360
8	LM-229	LM#모니터	₩240,000	₩307,200
9	SS-220	SS#스캐너	₩480,000	₩614,400
10	LM-239	LM#모니터	₩340,000	₩435,200
11	PT-235	PT#프린터	₩210,000	₩268,800

② [삽입] 탭-[세로 막대형]-[묶은 세로 막대형]( )을 클릭하여 차트를 워크시트에 삽입한다.

③ 차트를 선택하고 [디자인] 탭-[차트 레이아웃]-[레이아웃 9]( )를 적용한다.

④ 범례 클릭 후 시간차를 두고 [출고가] 계열을 클릭하고 마우스 우클릭을 하고 [계열 차트 종류 변경]-[차트 종류 변경]-[표식이 있는 꺾은 선형]( )을 선택하고 [확인]을 클릭하여 계열의 차트 종류를 [표식이 있는 꺾은 선형]으로 변경한다.

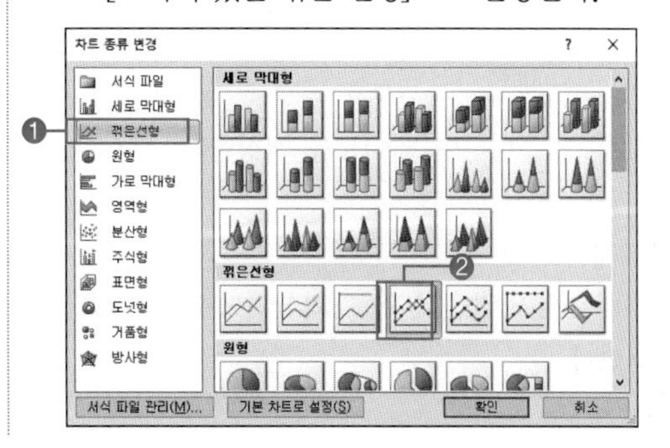

⑤ 인쇄 경계선이 표시되지 않는 경우 [빠른 실행 도구]-[인쇄 및 인쇄 미리보기]( ) 도구를 한 번 눌렀다가 [홈] 탭을 클릭하여 인쇄 경계선을 활성화한다.

⑥ 차트를 인쇄 경계선 안쪽 작업 표 하단에 배치하고 차트 제목(글꼴 크기 : 16), 가로축, 세로축 이름을 문제 제시대로 입력한다. 인쇄 시 차트가 잘리는 것을 방지하기 위하여 인쇄 경계선과 약 1행 정도 여백을 두고 배치하도록 한다.

⑦ 그림 영역의 [입고가] 임의 계열을 클릭하여 선택한 뒤 [마우스 우클릭]-[데이터 레이블 추가]를 선택한다.

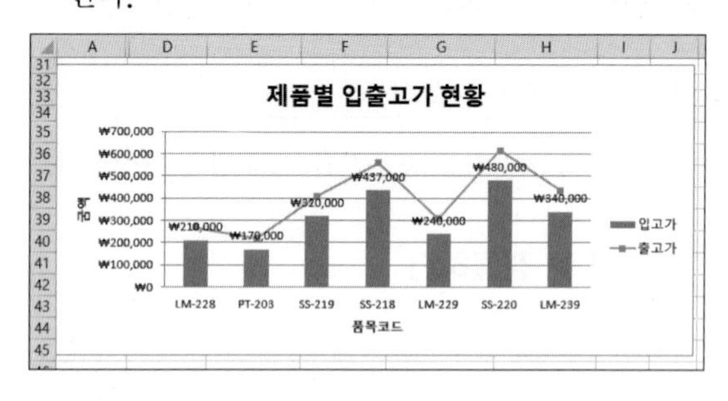

02 ACCESS 자료 처리(DBMS) 작업 풀이

01 테이블1 만들기

① [만들기]-[테이블 디자인] 클릭하여 새로운 [테이블 디자인 보기] 창을 실행한다.

② 테이블의 필드와 형식을 다음과 같이 설정한다.

필드 이름	데이터 형식	일반
직원번호	숫자	• 필드크기 : 정수(Long) • 형식 : 0 • 소수 자릿수 : 0
구분코드	텍스트	
교육월수	숫자	• 필드크기 : 정수(Long) • 형식 : 0 • 소수 자릿수 : 0
연수비	통화	

③ [닫기](×)를 클릭하여 테이블을 저장한다. 테이블 이름은 임의로 지정한다.

④ 테이블1에는 기본 키를 지정하지 않으므로, '기본 키를 정의하지 않았습니다.' 대화상자에서 [아니오]를 클릭한다.

02 테이블2 만들기

① [만들기]-[테이블 디자인] 클릭하여 새로운 [테이블 디자인 보기] 창을 실행한다.

② 테이블의 필드와 형식을 다음과 같이 설정한다.

필드 이름	데이터 형식	일반
구분코드	텍스트	기본 키
종류	텍스트	

③ 구분코드 필드의 [필드 선택기]를하고 [디자인] 탭-[기본 키]를 클릭하여 기본 키를 적용한다.

④ [닫기](×)를 클릭하여 테이블을 저장한다. 테이블 이름은 임의로 지정한다.

03 테이블에 데이터 입력

① Access 개체 창에서 테이블1, 테이블2를 각각 더블 클릭하여 실행한 뒤 문제의 '02 입력 자료'를 참고하여 데이터를 입력한다.

04 전체 쿼리 만들기

① [만들기] 탭–[쿼리] 그룹–[쿼리 디자인]을 클릭한다.

② [테이블 표시] 대화상자에서 테이블1을 더블 클릭하여 쿼리 디자인 영역에 추가한다.

③ 테이블1의 전체 필드를 추가하기 위하여 테이블1의 '*'를 더블 클릭하여 아래 필드 구성에 추가한다.

④ '04 자료 처리 파일(FILE) 작성'의 [처리 조건]에 따라 나머지 필드에 식을 입력한다. 또한 새로 추가되는 식 필드의 경우 필드 선택–마우스 우클릭–[속성]을 클릭하고, [속성] 시트–[형식]에 다음과 같이 설정하도록 한다.

[처리 조건]
2) 기본교육비는 직원종류에 따라 다르게 적용한다.
(파견직은 150,000원, 경력직은 200,000원, 전산직은 300,000원)
3) 총교육비 = 기본교육비 x 교육월수
(기본 교육비는 2번 항목을 참고하여 산정한다.)
4) 교육비할인액 : 교육월수가 12개월 이상이면 300,000원 할인,
교육월수가 6개월 이상 12개월 미만이면 200,000원 할인,
교육월수가 6개월 미만이면 50,000원 할인
5) 최종 납부액 = 총교육비 – 교육비할인액 – 연수비

구분	필드	형식
테이블1	*	
테이블2	종류	
식	기본교육비 : IIf([종류]="파견직",150000,IIf([종류]="경력직",200000,300000))	통화
	총교육비 : [기본교육비]*[교육월수]	통화
	교육비할인액 : IIf([교육월수]>=12,300000,IIf([교육월수]>=6,200000,50000))	통화
	최종 납부액 : [총교육비]-[교육비할인액]-[연수비]	통화

05 폼용 조건검색 쿼리 만들기

① [만들기] 탭–[쿼리] 그룹–[쿼리 디자인]을 클릭한다.

② [테이블 표시] 대화상자에서 테이블1, 테이블 2를 더블 클릭하여 쿼리 디자인 영역에 추가한다.

③ '03 조회 화면(SCREEN) 설계'의 [조회 화면 서식] 그림을 보고 폼에 추가될 필드를 '쿼리1'에서 더블 클릭하여 추가한다.

④ '03 조회 화면(SCREEN) 설계'의 조건에 따라 아래와 같이 조건을 입력한다.

※ 다음 조건에 따라 구분코드가 A 또는 S이면서 연수비가 200,000원 미만인 데이터 현황을 조회할 수 있는 화면을 설계하고 해당 데이터를 출력하시오.
1) 해당 현황은 목록 상자(리스트박스)에서 필드명 "직원번호"의 오름차순으로 출력하고, 화면 아래에 조회 시 작성한 SQL문을 복사하시오.
– WHERE 조건절에 구분코드, 연수비 반드시 포함
– INNER JOIN, ORDER BY 구문 반드시 포함
※ SQL문에 상기 내용 미포함 시 SQL 작성 부분 0점 처리
2) 리스트박스 조회 시 작성된 SQL문이 작성되지 않을 경우에는 "03 조회 화면(SCREEN) 설계" 과제가 0점 처리됨을 반드시 유의하시오.
3) 목록 상자에 표시되어야 할 필수적인 필드명은 다음과 같습니다.
– 직원번호, 구분코드, 연수비, 교육월수, 종류
4) 폼 서식에 제반되는 폰트, 점선 등은 아래 [조회 화면 서식]에 보이는 대로 기재하시오.
5) 기타 사항은 "04 자료 처리 파일(FILE) 작성"의 [기타 조건]을 따르시오.

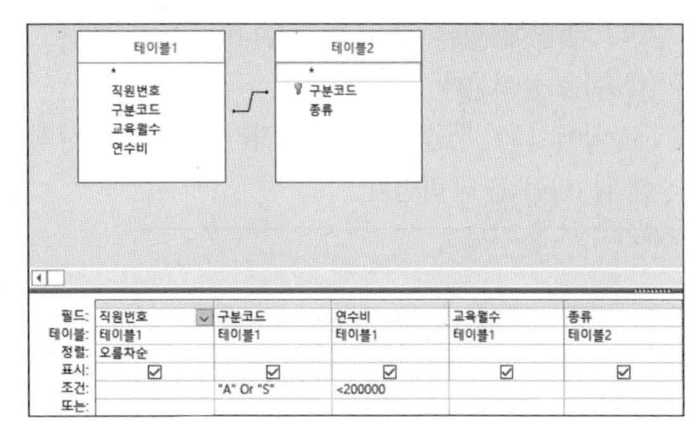

필드	조건/정렬
직원번호	오름차순
구분코드	"A" Or "S"
연수비	〈200000
교육월수	
종류	

⑤ [쿼리2 닫기](×)를 클릭하여 '쿼리2'를 저장한다.

⑥ [개체] 창 '쿼리2'를 더블 클릭하여 실행한 뒤 검색 결과와 각 필드의 형식을 검토한다.

직원번호	구분코드	연수비	교육월수	종류
1102	S	180,000	5	전산직
1340	A	60,000	7	파견직
3212	A	60,000	3	파견직
3452	S	130,000	5	전산직
3674	A	60,000	7	파견직
4310	A	150,000	10	파견직
7355	A	70,000	4	파견직
7626	S	190,000	12	전산직

⑦ [닫기](×)를 클릭하여 '쿼리2'를 닫는다. 만약 검토 결과 오류가 발견되었다면 [개체] 창에서 '쿼리2' 선택–마우스 우클릭–[디자인 보기]를 선택하여 오류를 수정하도록 한다.

06 03 조회 화면(SCREEN) 설계 작업하기

(1) 폼 만들고 제목 입력하기

① [만들기] 탭-[폼] 그룹-[폼 디자인]을 클릭한다.

② 본문의 너비를 약 '16'cm 정도로 늘려준다.

③ [디자인] 탭-[컨트롤] 그룹-[레이블](가)을 순서대로 클릭하여 문제 지시와 같이 제목 위치에 그려 넣고 레이블에 "직원구분 코드가 A또는 S이면서 연수비가 200,000원 미만인 데이터 현황"을 입력한 뒤 글꼴 크기 : 16으로 변경한다.

(2) 목록 상자 추가하기

① [디자인] 탭-[컨트롤]-[목록 상자]( )를 클릭하고 폼 본문 제목 아래 그려 넣는다.

② [목록 상자 마법사]에서 "목록 상자에 다른 테이블이나 쿼리에 있는 값을 가져옵니다."를 선택하고 [다음]을 클릭한다.

③ [보기]에서 [쿼리]를 선택하고 [쿼리: 쿼리2]를 선택한 뒤 [다음]을 클릭한다.

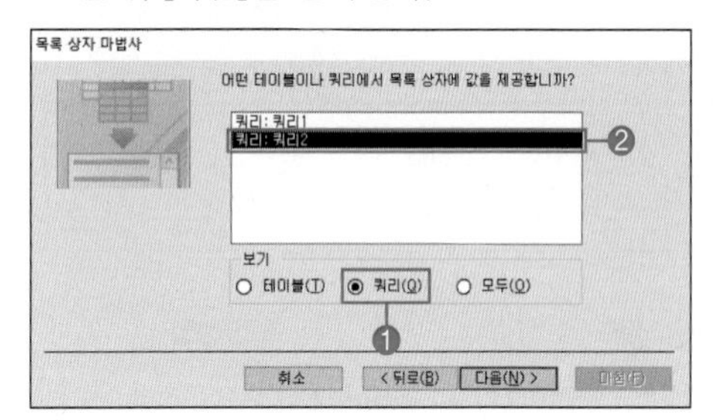

④ [사용가능한 필드]에서 문제에 제시된 필드를 [선택한 필드]에 추가한다.

⑤ 앞서 쿼리 디자인에서 정렬을 지정했으므로 정렬 탭에서는 바로 [다음]을 클릭한다.

⑥ 목록 상자의 열 너비 조정 창에서 필드 간 간격을 맞추고 마지막 필드의 오른쪽 경계가 넘어가 스크롤이 생기지 않도록 설정하고 [마침]을 클릭한다.

⑦ 목록 상자와 함께 추가된 레이블을 선택하고 Delete 를 눌러 삭제한다.

⑧ 목록 상자의 너비를 약 16cm 정도로 조절한 뒤 목록 상자 선택-마우스 우클릭-[속성]을 선택하고 [속성] 시트-[형식] 탭-[열 이름]-[예]로 변경한다.

형식 | 데이터 | 이벤트 | 기타 | 모두

표시	예
열 개수	5
열 너비	2.54cm;2.778cm;2.7
열 이름	예

⑨ [디자인] 탭-[컨트롤]에서 선을 선택하고 Shift 를 누르고 목록 상자 하단 너비에 맞게 선을 그려 넣는다.

⑩ 선을 선택하고 [속성] 시트-[형식]-[테두리 두께]를 3pt로 변경한 뒤 목록 상자 아래에 방향키를 이용해서 적당히 배치한다.

⑪ 마우스로 드래그하여 목록 상자와 선을 같이 선택하고 [정렬] 탭-[크기 및 순서 지정] 그룹-[크기/공간]-[가장 넓은 너비에]를 선택해 목록 상자와 선의 너비를 맞춰준다.

⑫ [정렬] 탭-[크기 및 순서 지정] 그룹-[맞춤]-[왼쪽]을 선택하여 선과 목록 상자의 위치를 맞춰 준다.

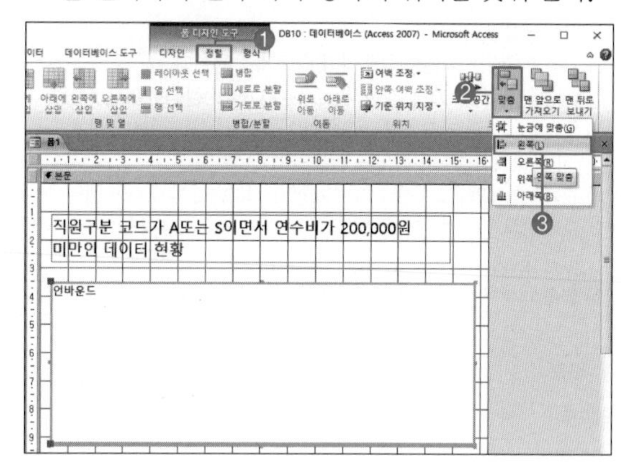

07 보고서 만들기

(1) 보고서 마법사로 보고서 만들기

① [만들기] 탭-[보고서 마법사]를 클릭한다.

② 보고서 마법사 단계별 작업

> [처리 조건]
> 1) 구분코드별 오름차순으로 정렬한 후, 같은 구분코드 안에서는 직원번호 오름차순으로 정렬(SORT)한다.
> 6) 직원 구분별 합계 : 총교육비, 교육비할인액, 최종 납부액의 합 산출(zzzz 합계 : zzzz에는 직원구분코드에 해당하는 종류가 출력되도록 한다.)
> 7) 총평균 : 총교육비, 교육비할인액, 최종 납부액의 전체 평균 산출
> 8) 작성일자는 오늘 날짜(수험일자)로 한다.

단계	작업
보고서에 어떤 필드를 넣으시겠습니까?	[테이블/쿼리] : 쿼리1 선택
	보고서 그림에 표시된 필드추가
그룹 수준을 지정하시겠습니까?	[처리 조건]에 따라 [구분코드] 필드 추가

정렬 순서와 요약 정보	정렬 : 직원번호, 오름차순
	요약 옵션 : 총교육비, 교육비할인액, 최종 납부액
보고서에 어떤 모양을 지정하시겠습니까?	모양 : 단계, 용지 방향 : 세로
보고서 제목을 지정하십시오.	쿼리1 (임의로 수정 가능)
	보고서 디자인 수정 선택

(2) 보고서 디자인에서 컨트롤 배치하기

① 보고서 디자인 흰 바탕(인쇄 영역)의 경계를 16 이하로 줄여준다.

② 문제 제시 보고서를 보고 필드의 순서를 배치한다. 배치 시 [정렬] 탭의 정렬 및 순서 조정의 [크기/공간], [맞춤]을 충분히 활용하도록 한다.

③ 보고서 머리글을 제외한 나머지 범위를 마우스로 드래그하여 선택하고 글꼴 크기 : 9, 글꼴 색 : 검정으로 변경한다.

④ 컨트롤 이동 및 수정

구역	작업
보고서 머리글	• 제목 : 직원 교육비 산출 현황 • 글꼴 : 20
페이지 머리글	각 레이블 크기 조절 및 배치
	선 삽입 : 테두리 두께 1pt, 아래쪽 배치
그룹 머리글	[구분코드] 텍스트 상자 본문 이동, [구분코드] 텍스트상자 그룹 바닥글 복사 및 '합계' 레이블 뒤에 붙임
	높이 : 0으로 설정하여 숨김
본문	페이지 머리글 레이블과 위치 크기 맞추어 배치
	높이 : 0.7으로 최소한으로 줄여준다.
그룹 바닥글	• "="에 대한 요약 " ~~" 레이블 삭제 • 그룹 머리글에서 가져온 텍스트 상자 배치 • 요약 =SUM() 텍스트 상자 페이지 머리글 레이블과 세로 방향 열에 맞추어 배치
	선 삽입 : 테두리 두께 1pt, 위쪽/아래쪽 배치
페이지 바닥글	• "=[Page]~ " 등의 텍스트 상자 모두 삭제 • 높이 : 0으로 설정하여 숨김
보고서 바닥글	• 총 합계 레이블 '총 평균'으로 수정하여 필드별 세로 정렬 맞춤 • SUM → AVG 로 함수명 변경
	선 삽입 : 테두리 두께 1pt, 아래쪽 배치

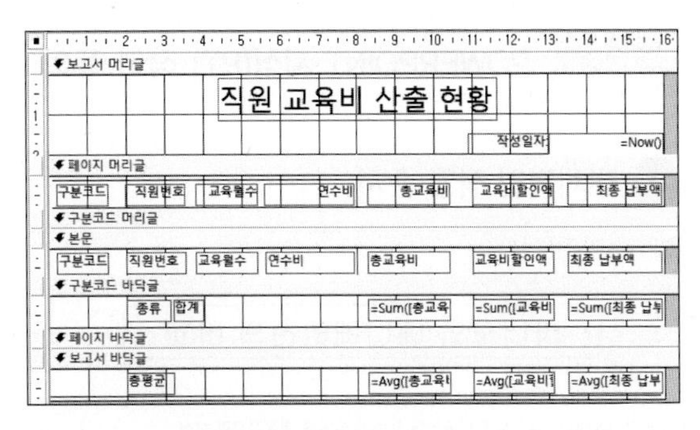

⑤ 보고서 컨트롤 속성 조정

[보고서 디자인 보기]를 닫고(×) [인쇄 미리보기]() 를 통하여 텍스트 상자의 속성 값을 변경한다.

해당 컨트롤	속성 설정 값
제목 레이블	글꼴 크기 : 16
직선	• 테두리 두께 : 1pt • 테두리 색 : 검정, 텍스트1
모든 텍스트 상자	테두리 : 투명
금액 텍스트 상자	형식 : 통화, 소수 자릿수 : 0
정수 텍스트 상자	형식 : 0
보고서 머리글	배경색 : 흰색, 배경1
본문	• 배경색 : 흰색, 배경1 • 다른 배경색 : 흰색, 배경1
그룹 바닥글	다른 배경색 : 흰색, 배경1

03 POWERPOINT 시상(PT) 작업 풀이

01 전체적인 작업 순서

[제1 슬라이드]

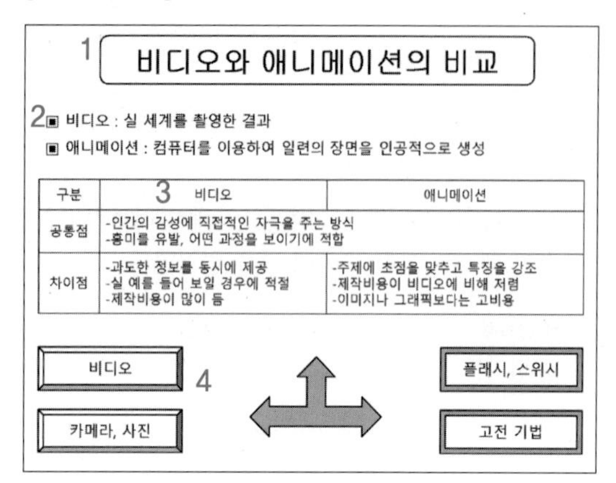

[제2 슬라이드]

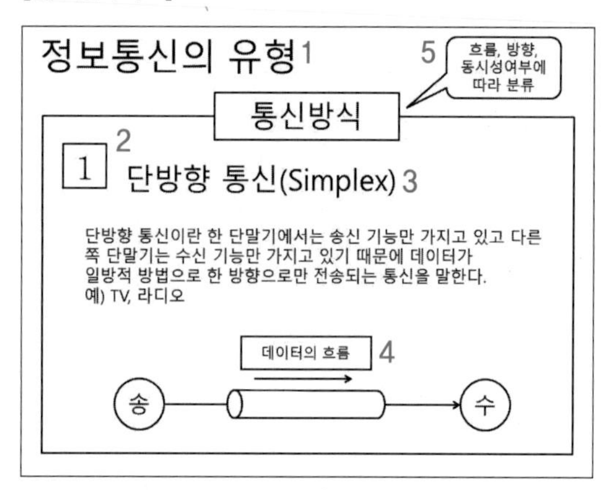

02 제1 슬라이드 작성하기

① [홈] 탭–[도형]–[사각형]–[모서리가 둥근 직사각형](▭)을 제목위치에 삽입하고 텍스트를 입력한 후 도형 선택–마우스 우클릭–[도형 서식]–[도형 서식] 대화상자에서 아래와 같이 속성을 변경한다. (글꼴 크기 : 36, 글꼴 색 : 검정,텍스트1, 글꼴 : 맑은 고딕)

항목		속성
그림자	미리 설정	[바깥쪽]–오프셋 대각선 오른쪽아래
	색	검정, 텍스트1
	투명도	0%
	흐리게	10pt
	간격	7pt
채우기		단색채우기–흰색, 배경1
선색		실선–색–검정, 텍스트1

② [도형]–[기본 도형]–[텍스트 상자](가)를 제목 아래 삽입하고 텍스트를 입력한다. 글머리 기호 기능을 사용하지 말고 한글 'ㅁ' → [한자] 키 → 특수문자 목록에서 찾아 앞에 입력한다.

③ [삽입] 탭–[표]–3×3 표를 슬라이드에 추가한다.

④ 표를 배치하고 크기를 적당히 조정한 뒤 표 전체 셀 선택 후 [디자인] 탭–[표 스타일]–[스타일 없음]을 적용한다.

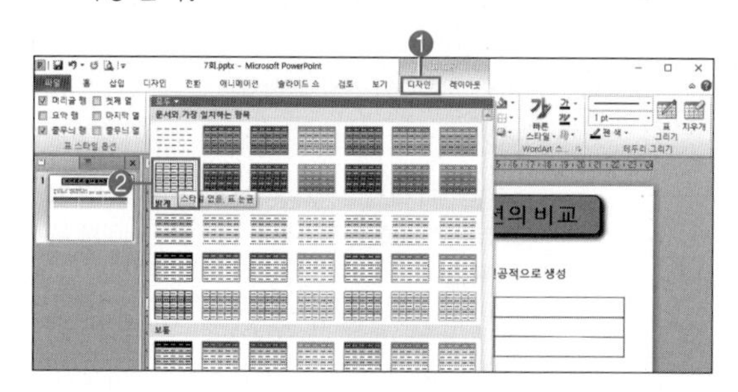

⑤ 표의 열폭을 문제와 비슷하게 경계를 마우스로 끌어 조절하고 2행 2열, 3열을 마우스로 블록 선택하고 [레이아웃] 탭–[셀병합](▦)을 이용하여 셀을 병합한다.

> **기적의 Tip**
>
> 병합할 셀을 선택하고 마우스 우클릭 – [셀 병합]을 선택해도 됩니다.

⑥ 표에 텍스트를 입력 후 글꼴 크기 : 16으로 변경하고, 문제와 동일하게 문자열 정렬을 적용한다. 텍스트가 위쪽으로 붙는다면 표 전체 내용을 선택하고 세로 맞춤 정렬도 적용해준다.

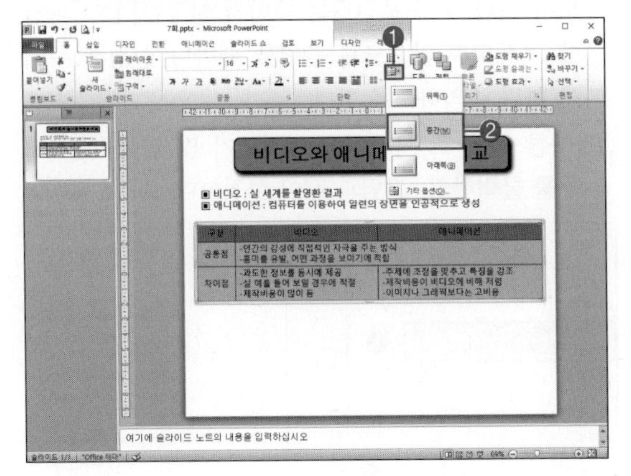

⑦ [도형]–[기본 도형]–[빗면](), [액자](), [블록 화살표]–[왼쪽/오른쪽/위쪽 화살표]()를 이용하여 슬라이드 하단 도형을 완성하고 아래와 같이 속성을 변경한다.

항목	속성
빗면 화살표 액자	[도형 채우기] : 흰색, 배경1
	[도형 윤곽선] : 검정, 텍스트1

03 제2 슬라이드 작성하기

① [홈] 탭–[새 슬라이드]–[빈 화면]을 클릭하여 2번째 슬라이드를 추가한다.

② [도형]–[기본 도형]–[텍스트 상자]()를 제목위치에 삽입하고 텍스트를 입력한다. (글꼴 크기 : 44, 글꼴 : 돋움)

③ [도형]–[사각형]–[직사각형](), [타원]()을 이용하여 큰 직사각형과 '통신방식', '1', '데이터의 흐름', '송', '수' 도형을 삽입하고 텍스트를 입력한다.

항목	형식	공통속성
통신방식	• 글꼴 크기 : 36 • 글꼴 : 맑은 고딕	• [도형 채우기]–[흰색, 배경1] • [도형 윤곽선]–[검정, 텍스트1] • [글꼴 색] : 검정
송, 수	• 글꼴 크기 : 28 • 글꼴 : 맑은 고딕	
1	• 글꼴 크기 : 28 • 글꼴 : 바탕체	
데이터의 흐름	• 글꼴 크기 : 18 • 글꼴 : 굴림	
통신방식	• 글꼴 크기 : 32 • 글꼴 : 맑은 고딕	

④ [도형]–[기본 도형]–[텍스트 상자](), [원통]() [설명선]–[모서리가 둥근 사각형 설명선]()를 슬라이드에 삽입하고 노란점을 마우스로 끌어 적당히 배치한 후, 텍스트를 입력한다. [원통]은 [정렬]–[회전] 도구를 이용하여 회전시킨다.

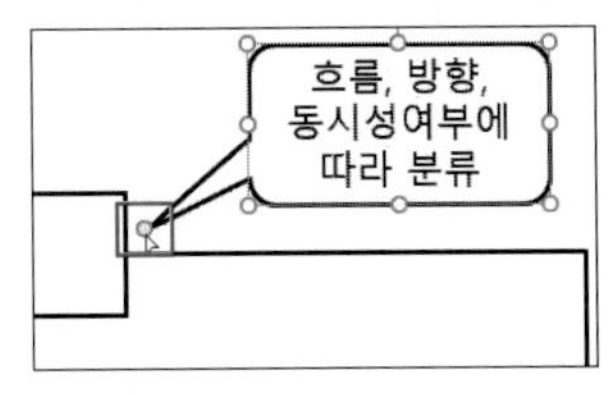

⑤ [도형]–[선]–[화살표]를 이용하여 '데이터의 흐름' 아래 선을 삽입하고 마무리 한다.

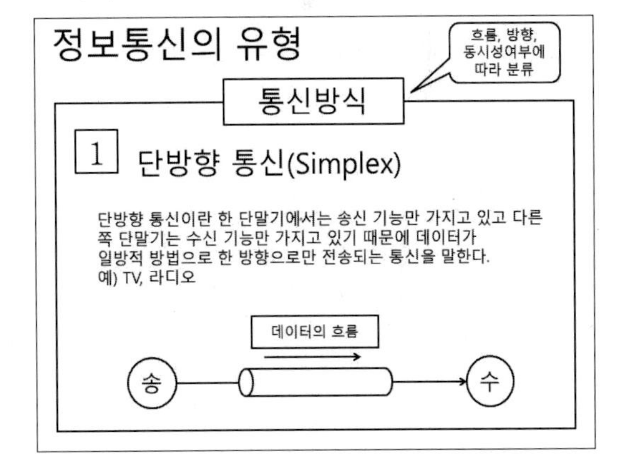

04 비번호와 출력 페이지 번호 작성하기

① [보기] 탭-[유인물 마스터]를 클릭한다.
② 오른쪽 상단 머리글에 비번호, 수험번호를 작성한다.
③ 왼쪽 바닥글 텍스트 상자를 삭제하고 오른쪽 텍스트 상자를 페이지 가운데로 배치한 뒤 '4-4'를 입력한다. [홈] 탭-[단락]-[가운데 정렬](≡)을 클릭한다.
④ [유인물 마스터] 탭-[마스터 보기 닫기](×)를 클릭하여 마스터를 종료한다.

05 인쇄하기

① 엑셀, 액세스, 파워포인트 작업을 모두 완료 후 시험 위원 지시에 따라 답안 파일을 전송하고 출력하도록 한다. 파워포인트는 페이지 설정 사항이 파일에 저장되지 않으므로 출력할 때마다 설정해 주어야 하니 주의하도록 한다.
② [빠른 실행 도구]-[인쇄 미리보기 및 인쇄]( ) 도구를 클릭하고, 그림과 같이 설정한다.

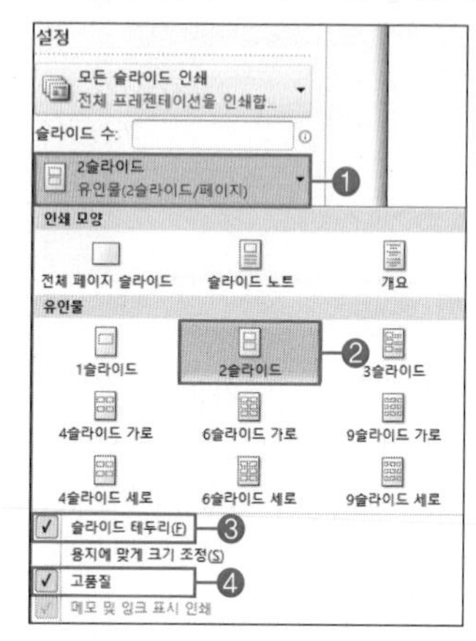

// SECTION //

05 공단 공개문제 05회

01 EXCEL 표 계산(SP) 작업

웨스터항공에서는 항공운영 수입내역을 작성하여 분석하고자 한다. 다음 자료(DATA)를 이용하여 작성 조건에 따라 작업 표와 그래프를 작성하고, 그 인쇄 출력물을 제출하시오.

01 작업 표(WORK SHEET) 작성

1. 자료(DATA)

항공사 운영 현황

행 \ 열	A	B	C	D	E
3	국가	관광객	수익	운영비	사고여객기
4	미국	10	130,000	20,000	7
5	한국	4	70,000	8,000	3
6	베트남	15	200,000	26,000	9
7	러시아	3	70,000	6,000	1
8	영국	2	70,000	4,000	1
9	일본	1	10,000	2,000	7
10	덴마크	7	130,000	14,000	4
11	프랑스	8	130,000	16,000	5
12	중국	6	130,000	1,000	1
13	홍콩	12	200,000	5,000	2
14	필리핀	11	200,000	3,000	3
15	호주	5	70,000	18,000	1
16	뉴질랜드	9	130,000	13,000	1
17	독일	7	260,000	15,000	1
18	스위스	8	130,000	4,000	1
19	벨기에	12	190,000	19,000	1
20	네덜란드	9	170,000	11,000	2
21	체코	6	130,000	3,000	1
22	폴란드	15	90,000	5,000	1
23	대만	12	170,000	8,000	3

※ 자료(DATA) 부분에서 음영 처리 표시된 부분은 행/열의 기준을 나타내며 이는 작성(입력)하지 않음을 반드시 유의하시오.

2. 작업 표 형식

항공 운영 수입 현황

행＼열	A	B	C	F	G	H	I	J
3	국가	관광객	수익	세금	순이익금	신뢰도	항로폐쇄여부	순위
4 ⋮ 23	–	–	–	❶	❷	❸	❹	❺
24	평균			❻	❻			
25	신뢰도별 합계	A	❼	❼	❼			
26		B	❽	❽	❽			
27		C	❾	❾	❾			
28	관광객이 10 이상 15 미만인 합			❿	❿			
29	항로폐쇄여부에서 "폐쇄"인 개수				⓫개			
30	⓬							
31	⓭							

※ 음영 처리 표시된 부분은 작성하지 않습니다.

3. 작성 조건

가) 작성 시 유의 사항

Ⓐ 작업 표의 작성은 "나)~라)" 항에 제시된 내용을 따르고 반드시 제시된 조건(함수 적용, 기재된 단서 조항 등)에 따라 처리하시오.

Ⓑ 제시된 작성 조건을 따르지 아니하고 여타의 방법 일체(제시된 함수 이외 다른 함수 적용, 함수 미적용, 별도 전자계산기 사용 등)를 사용하여 도출된 결과는 그 답이 맞더라도 정답으로 인정되지 않음을 반드시 유의하시오.

나) 작업 표의 구성 및 서식

Ⓐ "작업 표 형식"에서 행과 열에 관계된 음영 처리 표시된 부분은 작성하지 않음을 유의하고 반드시 제시된 행/열에 맞추도록 하시오.

Ⓑ 제목 서식 : 20포인트 크기로 하고 가운데 정렬하시오.

Ⓒ 글꼴 서식 : 임의 선정하시오.

다) 원문자가 표시된 셀은 아래의 방법을 이용하여 작성하시오.

❶ 세금 : 수익 × 1%

❷ 순이익금 : 수익 − 세금 − 운영비

❸ 신뢰도 : 사고여객기의 수가 7 이상은 "D", 4 이상 7 미만은 "C", 2 이상 4 미만은 "B", 나머지는 "A"로 표시하시오.

❹ 항로폐쇄여부 : 순이익금이 100,000원 이하이면 "폐쇄"로 표시하고, 나머지는 공란으로 하시오.

❺ 순위 : 관광객이 가장 많은 수를 1로 순위를 나타내시오. (단, RANK 함수 사용)

❻ 평균 : 각 해당 항목별 평균을 산출하시오. (단, AVERAGE 함수 사용)

❼ 신뢰도별 합계 A : 신뢰도가 "A"인 각 항목별 합계를 산출하시오. (단, SUMIF 또는 SUMIFS 함수사용)

❽ 신뢰도별 합계 B : 신뢰도가 "B"인 각 항목별 합계를 산출하시오. (단, SUMIF 또는 SUMIFS 함수 사용)

❾ 신뢰도별 합계 C : 신뢰도가 "C"인 각 항목별 합계를 산출하시오. (단, SUMIF 또는 SUMIFS 함수 사용)
❿ 관광객이 10 이상 15 미만인 합 : 각 항목별 합계를 산출하시오. (단, SUMIF 또는 SUMIFS 함수 사용)
⓫ 항목 ❹를 처리한 결과 "폐쇄"인 셀의 개수를 산출하시오. (단, COUNTIF 또는 COUNTIFS 함수 사용, 결과 값 뒤에 "개"가 출력되도록 하시오.)
⓬ 항목 ❿에 사용한 함수식을 기재하시오. (단, 순이익금을 기준으로 하시오.)
⓭ 항목 ❹에 사용한 함수식을 기재하시오. (단, 국가가 일본인 행을 기준으로, IF 함수 사용)

※ 함수식을 기재하는 ⓬~⓭란은 반드시 해당 항목에 제시된 함수의 작성 조건에 따라 도출된 함수식을 기재하여야 하며, 작성 조건을 위배하여 임의로 작성할 시 해당 답이 맞더라도 틀린 항목으로 채점됨을 유의하시오. 또한 함수식을 작성할 때는 "라) 작업 표의 정렬 순서(SORT)"에 따른 조건에 맞게 정렬 후 도출된 결과에 따른 함수식을 기재하시오.

라) 작업 표의 정렬 순서(SORT)는 항로폐쇄여부의 오름차순으로 하고, 항로폐쇄여부가 같으면 순이익금의 오름차순으로 정렬하시오.

마) 기타

(1) 금액에 대한 수치는 원화(₩) 표시를 하고 천 단위마다 ,(Comma)를 표시한다. 단, 금액 이외의 수치는 ,(Comma)를 표시하지 않는다.
(2) 모든 수치(숫자, 통화, 회계, 백분율 등)는 셀 서식의 속성을 설정하는 과정에서 소수 자릿수를 "0"으로 지정하여 정수로 표시하시오.
(3) 음수는 "–"가 나타나도록 한다.
(4) 숫자 셀은 우측을 수직으로 맞추고, 문자 셀은 수평 중앙으로 맞추며 기타는 작업 표 형식에 따르도록 하시오. 특히, 인쇄 출력 시 판독 불가능이 발생되지 않도록 인쇄 미리보기 등을 통하여 셀의 크기를 적당히 조정하시오.

02 그래프(GRAPH) 작성

작성한 작업 표에서 항로폐쇄여부가 폐쇄인 국가별 수익과 순이익금을 나타내는 그래프를 작성하시오.

[작성 조건]

1) 그래프 형태
순이익금(묶은 세로 막대형), 수익(데이터 표식이 있는 꺾은 선형) : 혼합형 단일축 그래프
(단, 수익만 데이터 레이블의 값이 표시된 혼합형 단일축 그래프로 하시오.)
2) 그래프 제목 : 폐쇄항로 국가의 이익금 현황 ---- (확대 출력)
3) X축 제목 : 국가
4) Y축 제목 : 금액
5) X축 항목 단위 : 해당 문자열
6) Y축 눈금 단위 : 임의
7) 범례 : 순이익금, 수익
8) 출력물 크기 : A4용지 1/2장 범위 내
9) 기타 : 작성 조건에 없는 형식이나 모양 등은 기본 설정 값에 따르며, 그래프 너비는 작업 표 너비에 맞추도록 하시오.

※ 그래프는 반드시 작성된 작업 표와 연동하여 작업하여야 하며, 그래프의 영역(범위) 설정 오류로 인한 불이익은 전적으로 수험자 본인에게 있습니다.

02 ACCESS 자료 처리(DBMS) 작업

DIXE 음반기획사에서는 음반 판매 관리를 전산화하려고 한다. 다음의 입력 자료를 이용하여 DB를 설계하고 작성 조건에 따라 처리 파일을 작성하고, 그 인쇄 출력물을 제출하시오.

01 자료 처리(DBMS) 작업 작성 조건

1) 자료 처리(DBMS) 작업은 조회 화면(SCREEN) 설계와 자료 처리 보고서의 2가지 작업을 수행하여야 하며, 그 결과물은 수험자 유의 사항 [3) 자료 처리(DBMS) 작업]을 참고하여 작업하시오.
2) 반드시 인쇄 작업 수행 전 미리보기 등을 통해 여백을 조정하고, 수치, 문자 등 구성 요소가 누락되지 않도록 주의하시오. 구성 요소가 누락되어 인쇄되지 않은 결과로 인한 모든 책임은 전적으로 수험자 본인에게 있음을 반드시 유의하시오.
3) 문제지에 기재된 작성 조건에 따라 처리하고, 조회 화면 및 자료 처리 보고서의 서식이 작성 조건과 상이할 경우에는 시험 위원의 지시에 따라 작업하시오.

02 입력 자료

음반 판매 내역

가수이름	음반코드	공급단가	판매수량	판매일
박성철	C33	23,000	5700	2014-09-03
김만종	B22	22,000	6200	2014-09-25
임창종	A11	21,000	3800	2014-08-15
조성모	C33	23,000	8100	2014-07-14
김건우	D44	24,000	1900	2014-07-21
유정순	D44	24,000	8300	2014-08-06
엄장화	A11	21,000	4400	2014-09-23
윤희열	C33	23,000	9200	2014-08-30
이수라	D44	24,000	6600	2014-09-01
김성민	B22	22,000	2800	2014-07-12
최정수	B22	22,000	7800	2014-07-12
유창호	A11	21,000	5300	2014-08-28
김수만	C33	23,000	1800	2014-08-05
김경숙	B22	22,000	4200	2014-08-05
이기선	A11	21,000	5000	2014-07-11
엄희영	C33	23,000	3300	2014-07-19
최준우	D44	24,000	2300	2014-08-30
형미림	A11	21,000	1500	2014-07-24
홍경순	A11	21,000	8000	2014-06-21
이광식	A11	21,000	7000	2014-06-22

음반코드표

음반코드	음반명	원가
A11	4집	8,200
B22	3집	8,700
C33	2집	9,300
D44	1집	9,800

03 조회 화면(SCREEN) 설계

※ 다음 조건에 따라 음반코드가 A나 B로 시작하면서 판매수량이 4000 이상인 현황을 조회할 수 있는 화면을 설계하고 해당 데이터를 출력하시오.

1) 해당 현황은 목록 상자(리스트박스)에서 판매수량 오름차순으로 출력하고, 화면 아래에 조회 시 작성한 SQL문을 복사하시오.
   - WHERE 조건절에 음반코드, 판매수량, LIKE 연산 반드시 포함
   - INNER JOIN, ORDER BY 구문 반드시 포함

   ※ SQL문에 상기 내용 미포함 시 SQL 작성 부분 0점 처리
2) 리스트박스 조회 시 작성된 SQL문이 작성되지 않을 경우에는 "03 조회 화면(SCREEN) 설계" 과제가 0점 처리됨을 반드시 유의하시오.
3) 목록 상자에 표시되어야 할 필수적인 필드명은 다음과 같습니다.
   - 음반코드, 음반명, 원가, 가수이름, 공급단가, 판매수량
4) 폼 서식에 제반되는 폰트, 점선 등은 아래 [조회 화면 서식]에 보이는 대로 기재하시오.
5) 기타 사항은 "04 자료 처리 파일(FILE) 작성"의 [기타 조건]을 따르시오.

[조회 화면 서식]

음반코드가 A나 B로 시작하면서
판매수량이 4000 이상인 현황

음반코드	음반명	원가	가수이름	공급단가	판매수량

리스트박스 조회 시 작성된 SQL문

04 자료 처리 파일(FILE) 작성

※ 다음 조건에 따라 아래 양식과 같이 작성하시오.

[처리 조건]

1) 판매일 중에서 월(6월, 7월, 8월, 9월)별로 정리한 후, 같은 월에서는 판매이윤의 오름차순으로 정렬(SORT)하시오.
2) 판매금액 : 판매수량 × 공급단가
3) 판매이윤 : 판매금액 – (원가 × 판매수량)
4) 판매일은 MM–DD 형식으로 한다.
5) 월별소계 : 월별 판매수량, 판매금액, 판매이윤의 합 산출
6) 총평균 : 판매수량, 판매금액, 판매이윤의 전체 평균 산출

[기타 조건]

1) 조회 화면 및 보고서의 제목은 16 정도의 임의 서체로 하시오.
2) 금액에 대한 수치는 원화(₩) 혹은 달러($) 표시를 하고 천 단위마다 ,(Comma)를 표시하시오. (단, 금액 이외의 수치는 ,(Comma)를 표시하지 않도록 하시오.)
3) 모든 수치(숫자, 통화, 백분율 등)는 컨트롤의 속성을 설정하는 과정에서 소수 자릿수를 "0"으로 지정하여 정수로 표시하시오.
4) 데이터의 열과 간격은 일정하게 맞추도록 하시오.

월별 음반 판매 현황

판매일	가수이름	음반명	공급단가	판매수량	판매금액	판매이윤
MM–DD	XXXX	XXXX	₩X,XXX	XXXX	₩X,XXX	₩X,XXX
–	–	–	–	–	–	–
	6월 소계			XXXX	₩X,XXX	₩X,XXX
MM–DD	XXXX	XXXX	₩X,XXX	XXXX	₩X,XXX	₩X,XXX
–	–	–	–	–	–	–
	7월 소계			XXXX	₩X,XXX	₩X,XXX
MM–DD	XXXX	XXXX	₩X,XXX	XXXX	₩X,XXX	₩X,XXX
–	–	–	–	–	–	–
	8월 소계			XXXX	₩X,XXX	₩X,XXX
MM–DD	XXXX	XXXX	₩X,XXX	XXXX	₩X,XXX	₩X,XXX
–	–	–	–		–	–
	9월 소계			XXXX	₩X,XXX	₩X,XXX
	총평균			XXXX	₩X,XXX	₩X,XXX

03 POWERPOINT 시상(PT) 작업

주어진 2개의 슬라이드를 슬라이드 작성 조건에 따라 작업하여 인쇄합니다.

[슬라이드 작성 조건]

1) 각 슬라이드를 문제의 슬라이드 원안과 같이 인쇄하여 제출합니다.
   (특히 글자, 음영, 그림자, 도형 등 인쇄된 내용 그대로 작업함을 유의하시오.)
2) "주1)" 등 특수한 속성 지정이 되어 있는 경우 지시에 따라 작성하시오.
3) 글꼴은 문제 원안과 같거나 유사한 형태로 작업합니다.
4) 글자, 그림 및 도형 등의 크기와 모양은 문제 원안과 같거나 유사한 형태로 작업합니다.
5) 모든 글씨, 선 등은 흑백(그레이스케일)으로 작업하되, 글상자, 그림 및 도형 등에서 색 채우기가 있는 경우 색 채우기는 회색 40% 정도, 투명도 0%를 기준으로 작업합니다.
6) 각 슬라이드는 원안과 같이 외곽선 테두리가 인쇄되도록 인쇄합니다.
7) 각 슬라이드 크기는 A4 용지의 1/2 범위 내에 인쇄가 가능한 크기가 되도록 조정하여, 슬라이드 2개를 A4 용지 1매 안에 모두 인쇄합니다.
8) 비번호, 수험번호, 성명, 페이지 번호 등은 반드시 자필로 기재합니다.

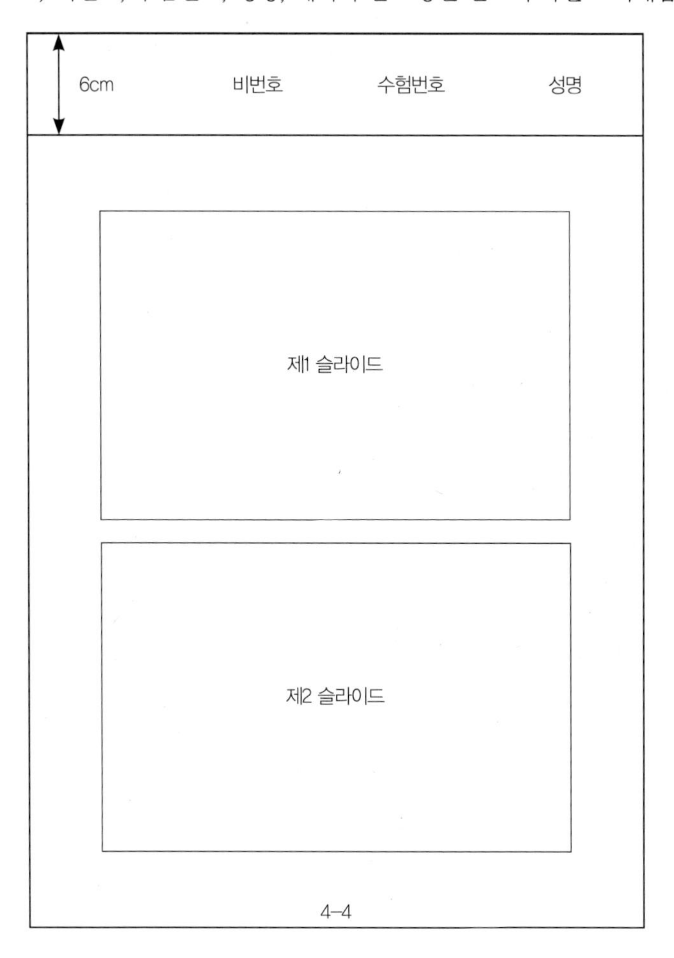

01 제1 슬라이드

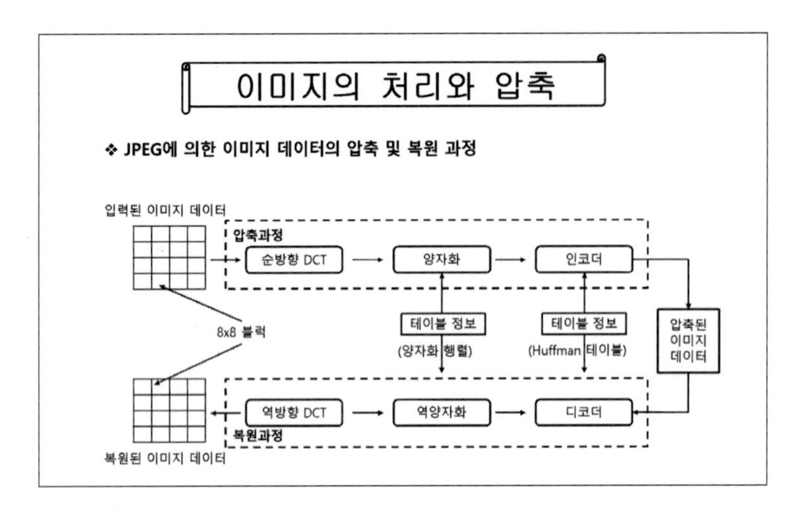

02 제2 슬라이드

5) 망의 형태에 의한 통신망 구분

- **스타(STAR)형**
  - **중앙에 컴퓨터가 있고 이를 중심으로 단말기들이 연결되는형태**
  - **중앙 집중식**
  - **장점**
    - 각 장치는 하나의 링크와 하나의 I/O 포트만 필요로 하므로 설치와 재구성이 쉽다.
    - 하나의 링크에 문제가 발생하면 해당 링크만 영향을 받는다.
    - 그물형(망형)보다는 비용이 적게 든다.
    - 네트워크의 오류진단이 용이하다.
  - **단점**
    - 추가 비용이 많이 들며 컴퓨터와 단말기간의 통신회선의 수가 많이 필요하다.

스타형 통신망

엑셀 작업 EXCEL 표 계산(SP) 작업 정답

| 작업 표(WORK SHEET) 작성 |

항공 운영 수입 현황

국가	관광객	수익	세금	순이익금	신뢰도	항로폐쇄여부	순위
미국	10	₩130,000	₩1,300	₩108,700	D		7
프랑스	8	₩130,000	₩1,300	₩112,700	C		10
덴마크	7	₩130,000	₩1,300	₩114,700	C		12
뉴질랜드	9	₩130,000	₩1,300	₩115,700	A		8
스위스	8	₩130,000	₩1,300	₩124,700	A		10
체코	6	₩130,000	₩1,300	₩125,700	A		14
중국	6	₩130,000	₩1,300	₩127,700	A		14
네덜란드	9	₩170,000	₩1,700	₩157,300	B		8
대만	12	₩170,000	₩1,700	₩160,300	B		3
벨기에	12	₩190,000	₩1,900	₩169,100	A		3
베트남	15	₩200,000	₩2,000	₩172,000	D		1
홍콩	12	₩200,000	₩2,000	₩193,000	B		3
필리핀	11	₩200,000	₩2,000	₩195,000	B		6
독일	7	₩260,000	₩2,600	₩242,400	A		12
일본	1	₩10,000	₩100	₩7,900	D	폐쇄	20
호주	5	₩70,000	₩700	₩51,300	A	폐쇄	16
한국	4	₩70,000	₩700	₩61,300	B	폐쇄	17
러시아	3	₩70,000	₩700	₩63,300	A	폐쇄	18
영국	2	₩70,000	₩700	₩65,300	A	폐쇄	19
폴란드	15	₩90,000	₩900	₩84,100	A	폐쇄	1
평균			₩1,340	₩122,610			
신뢰도별 합계	A	₩1,270,000	₩12,700	₩1,169,300			
	B	₩810,000	₩8,100	₩766,900			
	C	₩260,000	₩2,600	₩227,400			
관광객이 10 이상 15 미만인 합			₩8,900	₩826,100			
항로폐쇄여부에서 "폐쇄"인 개수				6 개			
=SUMIFS(G4:G23,$B$4:$B$23,">=10",$B$4:$B$23,"<15")							
=IF(G18<=100000,"폐쇄","")							

| 그래프(GRAPH) 작성 |

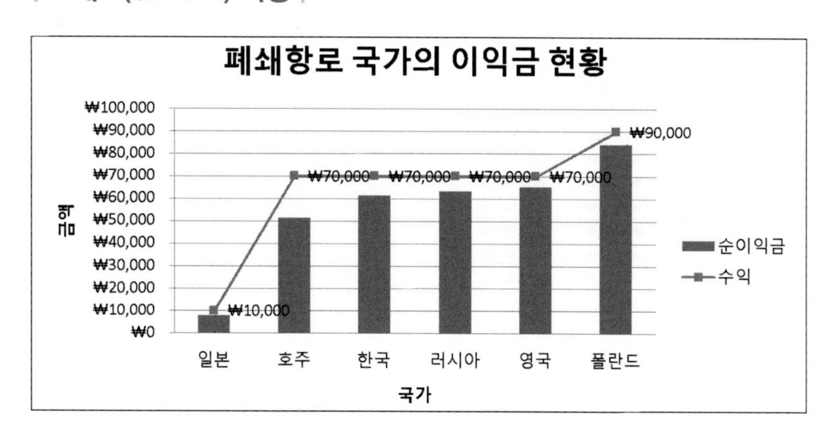

액세스 작업 ACCESS 자료 처리(DBMS) 작업 정답

조회 화면 설계

음반코드가 A 나 B로 시작하면서
판매수량이 4000 이상인 현황

음반코드	음반명	원가	가수이름	공급단가	판매수량
B22	3집	₩8,700	김경숙	₩22,000	4200
A11	4집	₩8,200	엄장화	₩21,000	4400
A11	4집	₩8,200	이기선	₩21,000	5000
A11	4집	₩8,200	유창호	₩21,000	5300
B22	3집	₩8,700	김만종	₩22,000	6200
A11	4집	₩8,200	이광식	₩21,000	7000
B22	3집	₩8,700	최정수	₩22,000	7800
A11	4집	₩8,200	홍경순	₩21,000	8000

리스트박스 조회 시 작성된 SQL문

```
SELECT 테이블2.음반코드, 테이블2.음반명, 테이블2.원가, 테이블1.[가수이름 ], 테이블1.[공
급단가 ], 테이블1.[판매수량 ]
FROM 테이블1 INNER JOIN 테이블2 ON 테이블1.[음반코드 ] = 테이블2.음반코드
WHERE (((테이블2.음반코드) Like "A*" Or (테이블2.음반코드) Like "B*") AND ((테이블1.[
판매수량 ])>=4000))
ORDER BY 테이블1.[판매수량 ]
```

자료 처리 파일

월별 음반 판매 현황

판매일	가수이름	음반명	공급단가	판매수량	판매금액	판매이윤
06-22	이광식	4집	₩21,000	7000	₩147,000,000	₩89,600,000
06-21	홍경순	4집	₩21,000	8000	₩168,000,000	₩102,400,000
		6 월 합계		15000	₩315,000,000	₩192,000,000
07-24	형미림	4집	₩21,000	1500	₩31,500,000	₩19,200,000
07-21	김건우	1집	₩24,000	1900	₩45,600,000	₩26,980,000
07-12	김성민	3집	₩22,000	2800	₩61,600,000	₩37,240,000
07-19	엄희영	2집	₩23,000	3300	₩75,900,000	₩45,210,000
07-11	이기선	4집	₩21,000	5000	₩105,000,000	₩64,000,000
07-12	최정수	3집	₩22,000	7800	₩171,600,000	₩103,740,000
07-14	조성모	2집	₩23,000	8100	₩186,300,000	₩110,970,000
		7 월 합계		30400	₩677,500,000	₩407,340,000
08-05	김수만	2집	₩23,000	1800	₩41,400,000	₩24,660,000
08-30	최준우	1집	₩24,000	2300	₩55,200,000	₩32,660,000
08-15	임창종	4집	₩21,000	3800	₩79,800,000	₩48,640,000
08-05	김경숙	3집	₩22,000	4200	₩92,400,000	₩55,860,000
08-28	유창호	4집	₩21,000	5300	₩111,300,000	₩67,840,000
08-06	유정순	1집	₩24,000	8300	₩199,200,000	₩117,860,000
08-30	윤희열	2집	₩23,000	9200	₩211,600,000	₩126,040,000
		8 월 합계		34900	₩790,900,000	₩473,560,000
09-23	엄장화	4집	₩21,000	4400	₩92,400,000	₩56,320,000
09-03	박성철	2집	₩23,000	5700	₩131,100,000	₩78,090,000
09-25	김만종	3집	₩22,000	6200	₩136,400,000	₩82,460,000
09-01	이수라	1집	₩24,000	6600	₩158,400,000	₩93,720,000
		9 월 합계		22900	₩518,300,000	₩310,590,000
		총평균		5160	₩115,085,000	₩69,174,500

파워포인트 작업 POWERPOINT 시상(PT) 작업 정답

01 제1 슬라이드

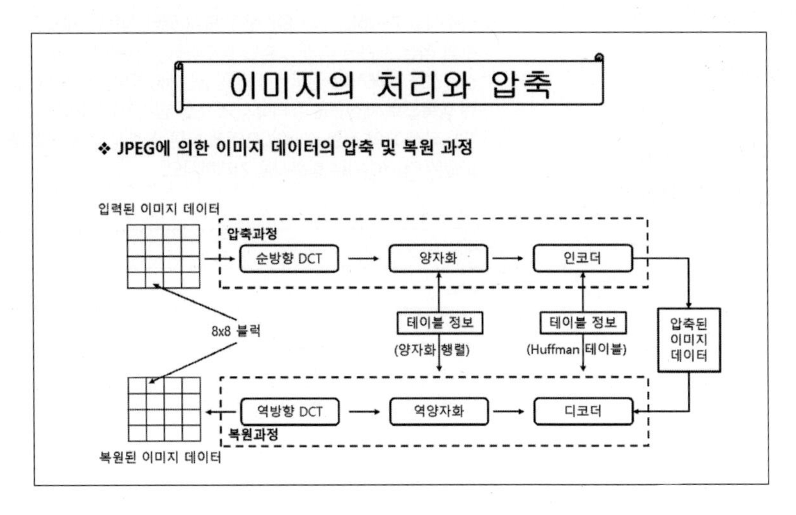

02 제2 슬라이드

5) 망의 형태에 의한 통신망 구분

- **스타(STAR)형**
  - **중앙에 컴퓨터가 있고 이를 중심으로 단말기들이 연결되는형태**
  - **중앙 집중식**
  - **장점**
    - 각 장치는 하나의 링크와 하나의 I/O 포트만 필요로 하므로 설치와 재구성이 쉽다.
    - 하나의 링크에 문제가 발생하면 해당 링크만 영향을 받는다.
    - 그물형(망형)보다는 비용이 적게 든다.
    - 네트워크의 오류진단이 용이하다.
  - **단점**
    - 추가 비용이 많이 들며 컴퓨터와 단말기간의 통신회선의 수가 많이 필요하다.

스타형 통신망

01 EXCEL 표 계산(SP) 작업 풀이

01 자료(DATA) 입력 및 작성 조건 처리하기

① Excel을 실행한다.

> Ⓐ "작업 표 형식"에서 행과 열에 관계된 음영 처리 표시된 부분은 작성하지 않음을 유의하고 반드시 제시된 행/열에 맞추도록 하시오.
> Ⓑ 제목 서식 : 20포인트 크기로 하고 가운데 정렬하시오.
> Ⓒ 글꼴 서식 : 임의 선정하시오.

② 1. 자료(DATA)를 참고하여 [A3] 셀부터 [E23] 셀까지 문제에 제시된 행/열에 맞게 자료를 입력한다.

	A	B	C	D	E	F
1						
2						
3	국가	관광객	수익	운영비	사고여객기	
4	미국	10	130,000	20,000	7	
5	한국	4	70,000	8,000	3	
6	베트남	15	200,000	26,000	9	
7	러시아	3	70,000	6,000	1	
8	영국	2	70,000	4,000	1	
9	일본	1	10,000	2,000	7	
10	덴마크	7	130,000	14,000	4	
11	프랑스	8	130,000	16,000	5	
12	중국	6	130,000	1,000	1	
13	홍콩	12	200,000	5,000	2	
14	필리핀	11	200,000	3,000	3	
15	호주	5	70,000	18,000	1	
16	뉴질랜드	9	130,000	13,000	1	
17	독일	7	260,000	15,000	1	
18	스위스	8	130,000	4,000	1	
19	벨기에	12	190,000	19,000	1	
20	네덜란드	9	170,000	11,000	2	
21	체코	6	130,000	3,000	1	
22	폴란드	15	90,000	5,000	1	
23	대만	12	170,000	8,000	3	

③ 2. 작업 표 형식을 참고하여 [A1] 셀에 "항공 운영 수입 현황" 제목을 작성한다.

④ [A1]~[J1] 셀까지 블록 선택한 뒤 [홈] 탭–[병합하고 가운데 맞춤](▼)과 글꼴 20을 차례대로 적용한다. 2행 머리글을 선택하고 마우스 우클릭을 한 다음 [숨기기]를 적용한다.

⑤ 2. 작업 표 형식을 참고하여 나머지 계산결과 항목을 제시된 해당 열에 입력하고, 하단의 24행~31행에 제시된 자료를 입력하고, 병합하여야 할 셀은 [홈] 탭–[병합하고 가운데 맞춤](▼)을 이용하여 병합해준다.

⑥ 입력 범위에 [홈] 탭–[글꼴] 그룹–[모든 테두리](⊞)를 적용한 뒤, 3행~31행까지 행 머리글을 선택하고 [홈] 탭–[글꼴] 그룹–글꼴 크기를 9로 변경하여 행 높이와 글꼴 크기를 동시에 줄여준다.

⑦ 자료 입력을 완료한 다음 [빠른 실행 도구 모음]의 [저장]()을 클릭하여 시험 위원이 지정한 폴더에 지정된 파일명으로 저장한다. (예 : A019)

02 원문자(함수) 작성 조건 처리하기

함수식 작성 시에는 아래 문제에 제시된 조건에 맞게 식을 작성하도록 한다.

> ※ 함수식을 기재하는 ⑫~⑬란은 반드시 해당 항목에 제시된 함수의 작성 조건에 따라 도출된 함수식을 기재하여야 하며, 작성조건을 위배하여 임의로 작성할 시 해당 답이 맞더라도 틀린 항목으로 채점됨을 유의하시오. 또한 함수식을 작성할 때는 "라) 작업 표의 정렬 순서(SORT)"에 따른 조건에 맞게 정렬 후 도출된 결과에 따른 함수식을 기재하시오.

❶ 세금 : 수익 × 1%

=C4*1%

❷ 순이익금 : 수익 – 세금 – 운영비

=C4-F4-D4

❸ 신뢰도 : 사고여객기의 수가 7 이상은 "D", 4 이상 7 미만은 "C", 2 이상 4 미만은 "B", 나머지는 "A"로 표시하시오.

=IF(E4>=7,"D",IF(E4>=4,"C",IF(E4>=2,"B","A")))

❹ 항로폐쇄여부 : 순이익금이 100,000원 이하이면 "폐쇄"로 표시하고, 나머지는 공란으로 하시오.

=IF(G4<=100000,"폐쇄","")

❺ 순위 : 관광객이 가장 많은 수를 1로 순위를 나타내시오. (단, RANK 함수 사용)

=RANK(B4,$B$4:$B$23)

❻ 평균 : 각 해당 항목별 평균을 산출하시오. (단, AVERAGE 함수 사용)

=AVERAGE(F4:F23)

각 식을 입력하고 자동 채우기를 하여 답을 완성한다.

❼ 신뢰도별 합계 A : 신뢰도가 "A"인 각 항목별 합계를 산출하시오. (단, SUMIF 또는 SUMIFS 함수사용)
❽ 신뢰도별 합계 B : 신뢰도가 "B"인 각 항목별 합계 산출하시오. (단, SUMIF 또는 SUMIFS 함수 사용)
❾ 신뢰도별 합계 C : 신뢰도가 "C"인 각 항목별 합계 산출하시오. (단, SUMIF 또는 SUMIFS 함수 사용)

=SUMIF($H$4:$H$23,$B25,C$4:C$23)

❿ 관광객이 10 이상 15 미만인 합 : 각 항목별 합계 산출하시오. (단, SUMIF 또는 SUMIFS 함수 사용)

=SUMIFS(F4:F23,$B$4:$B$23,">=10",$B$4:$B$23,"<15")

⓫ 항목 ❹를 처리한 결과 "폐쇄"인 셀의 개수를 산출하시오. (단, COUNTIF 또는 COUNTIFS 함수 사용, 결과 값 뒤에 "개"가 출력되도록 하시오.)

=COUNTIF($I$4:$I$23,"폐쇄")
Ctrl+1을 눌러 [표시 형식]–[사용자 정의] #개 입력.

⑫ 항목 ⑩에 사용한 함수식을 기재하시오. (단, 순이익금을 기준으로 하시오.)

'=SUMIFS(G4:G23,$B$4:$B$23,">=10",$B$4:$B$23,"<15")
[G28]셀의 식을 복사하여 [A30] 셀에 붙여넣기 한다.

⑬ 항목 ④에 사용한 함수식을 기재하시오. (단, 국가가 일본인 행을 기준으로, IF 함수 사용)

'=IF(G18<=100000,"폐쇄","")
라) 작업 표의 정렬 순서를 적용하고, [I18] 셀의 식을 복사하여 [A31] 셀에 붙여넣기 한다.

기적의 Tip

⑦⑧⑨번 함수식에서 =SUMIF($H$4:$H$23,$B25,C$4:C$23) 식은 한번에 9개 셀을 자동 채우기 위한 혼합참조 식이나, 이해가 어렵다면 25, 26, 27행 =SUMIF($H$4:$H$23,$B$25,C4:C23) 식으로 절대 참조만 사용하고 각 행에 함수식을 넣는 방법도 가능합니다. 또한 문제에서 SUMIF와 SUMIFS를 같이 제시하는 경우 =SUMIFS(C4:C23,$H$4:$H$23,$B$25)처럼 처리해도 됩니다.

03 작업 표 정렬하기

라) 작업 표의 정렬 순서(SORT)는 항로폐쇄여부의 오름차순으로 하고, 항로폐쇄여부가 같으면 순이익금의 오름차순으로 정렬하시오.

① [A3:J23] 범위를 선택한다.
② [데이터] 탭–[정렬]을 클릭하고 지시사항과 같이 정렬 기준을 설정한다.

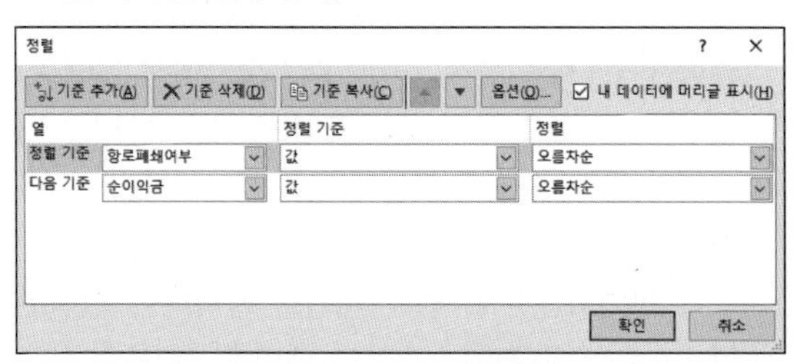

③ 정렬 후 함수 작업 ⑬번 식을 작성한다.

기적의 Tip

함수식 작성 조건에 정렬 후 식을 작성하도록 하고 있습니다. 앞서 식을 작성했다 하더라도 정렬 후 꼭 다시 한번 식을 확인하도록 합니다.

04 기타 작업으로 형식 적용하기

(1) 금액에 대한 수치는 원화(₩) 표시를 하고 천 단위마다 ,(Comma)를 표시한다. 단, 금액 이외의 수치는 ,(Comma)를 표시하지 않는다.
(2) 모든 수치(숫자, 통화, 회계, 백분율 등)는 셀 서식의 속성을 설정하는 과정에서 소수 자릿수를 "0"으로 지정하여 정수로 표시하시오.
(3) 음수는 "–"가 나타나도록 한다.
(4) 숫자 셀은 우측을 수직으로 맞추고, 문자 셀은 수평 중앙으로 맞추며 기타는 작업 표 형식에 따르도록 하시오. 특히, 인쇄 출력 시 판독 불가능이 발생되지 않도록 인쇄 미리보기 등을 통하여 셀의 크기를 적당히 조정하시오.

[형식 지정하기]

통화	[C4:D23], [F24:G28], [C25:C27]
정수(숫자)	[B4:B23], [E4:E23], [J4:J23]
가운데 정렬	[A3:J3], [A4:A27], [H4:I23]
테두리	• [A3:J31] : 모든 테두리 • [A4:J23] : 가운데 테두리 해제

05 페이지 설정하기

① [D:E] 열 머리글 선택–마우스 우클릭–열 숨기기를 선택하여 2. 작업 표 형식에 표시된 열만 표시하도록 한다.

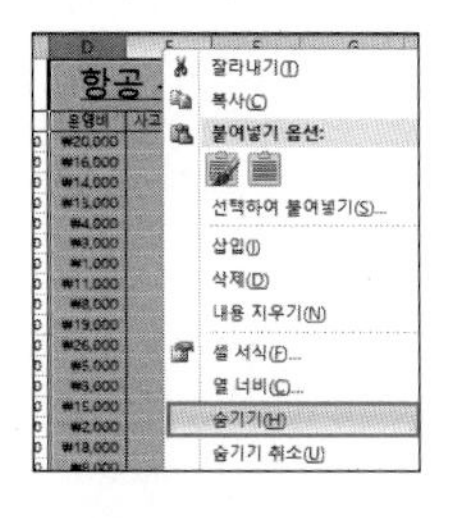

② 빠른 실행 도구–[인쇄 미리보기 및 인쇄]( ) 클릭–[페이지 설정] 클릭 후 아래와 같이 여백을 설정한다. 위쪽 : 6, 아래쪽 : 1, 왼쪽 : 1, 오른쪽 : 1, 페이지 가운데 맞춤 : [가로]에 체크한다.
③ [페이지 설정] 대화상자 [머리글/바닥글] 탭을 클릭하고 [머리글 편집]을 클릭하고 오른쪽 구역에 수험번호, 비번호를 입력한 후 [확인]을 클릭한다.

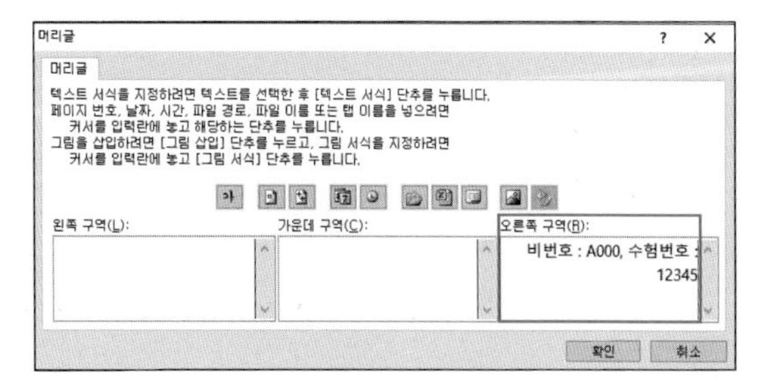

④ [바닥글 편집]을 클릭하고 가운데 구역에 인쇄물 페이지 번호 "4-1"을 입력한 뒤 [확인]을 클릭한다.

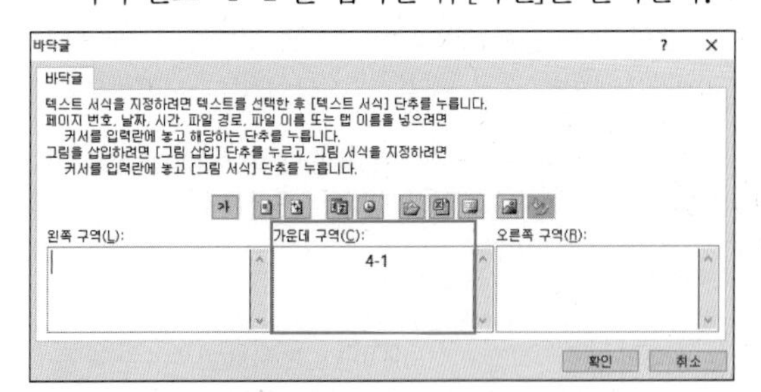

⑤ [홈] 탭을 눌러 워크시트로 되돌아 온 뒤 열 폭을 조절하여 인쇄 경계에 작업 표 마지막 열이 포함되도록 설정한다.

I	J
항로폐쇄여부	순위
	7
	10
	12
	8
	10
	14

기적의 Tip

인쇄 경계선은 작업에 따라 다른 열에 표시될 수 있습니다. 꼭 그림처럼 J열에 맞추는 것이 아니라 작업 표 마지막 열이 경계선에 닿도록 해야 합니다. 넘어가면 2페이지에 출력되고 부족하면 작업 표가 좌측으로 쏠리게 됩니다.

06 그래프 작성하기

02 그래프(GRAPH) 작성

작성한 작업 표에서 항로폐쇄여부가 폐쇄인 국가별 수익과 순이익금을 나타내는 그래프를 작성하시오.

[작성 조건]

1) 그래프 형태
순이익금(묶은 세로 막대형), 수익(데이터 표식이 있는 꺾은 선형) : 혼합형 단일축 그래프
(단, 수익만 데이터 레이블의 값이 표시된 혼합형 단일축 그래프로 하시오.)
2) 그래프 제목 : 폐쇄항로 국가의 이익금 현황 ---- (확대 출력)
3) X축 제목 : 국가
4) Y축 제목 : 금액
5) X축 항목 단위 : 해당 문자열
6) Y축 눈금 단위 : 임의
7) 범례 : 순이익금, 수익
8) 출력물 크기 : A4용지 1/2장 범위 내
9) 기타 : 작성 조건에 없는 형식이나 모양 등은 기본 설정 값에 따르며, 그래프 너비는 작업 표 너비에 맞추도록 하시오.

① 작성 조건에 해당하는 범위를 Ctrl을 이용하여 연속 선택한다.

② [삽입] 탭-[세로 막대형]-[묶은 세로 막대형]을 클릭하여 차트를 워크시트에 삽입한다.

③ 차트를 선택하고 [디자인] 탭-[차트 레이아웃]-[레이아웃 9]를 적용한다.

④ 범례 클릭 후 시간차를 두고 [수익] 계열을 클릭하고 마우스 우클릭을 눌러 [계열 차트 종류 변경]을 클릭하여 [차트 종류 변경] 대화상자에서 [표식이 있는 꺾은 선]을 선택하고 [확인]을 클릭하여 [수익] 계열의 차트 종류를 표식이 있는 꺾은 선형으로 변경한다.

⑤ 그림 영역의 [수익] 임의 계열을 클릭하여 선택한 뒤 [마우스 우클릭]-[데이터 레이블 추가]를 선택한다.

⑥ 차트를 그림과 같이 인쇄 경계선 안쪽, 작업 표 하단에 배치하고 차트 제목(글꼴 크기 : 18), 가로축, 세로축 이름을 입력한다. 인쇄 시 차트가 잘리는 것을 방지하기 위하여 인쇄 경계선과 약 1행 정도 여백을 두고 배치하도록 한다.

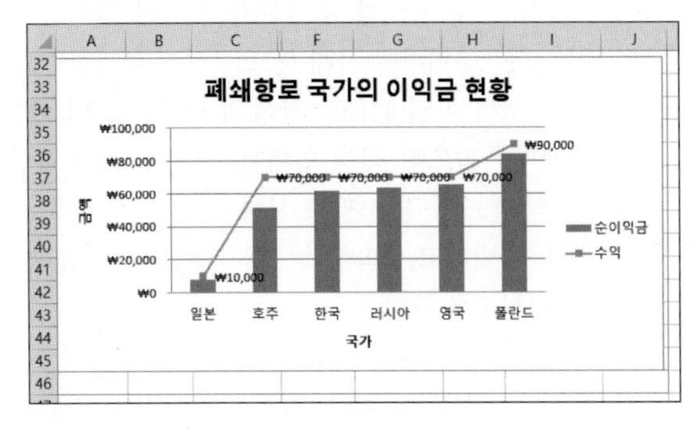

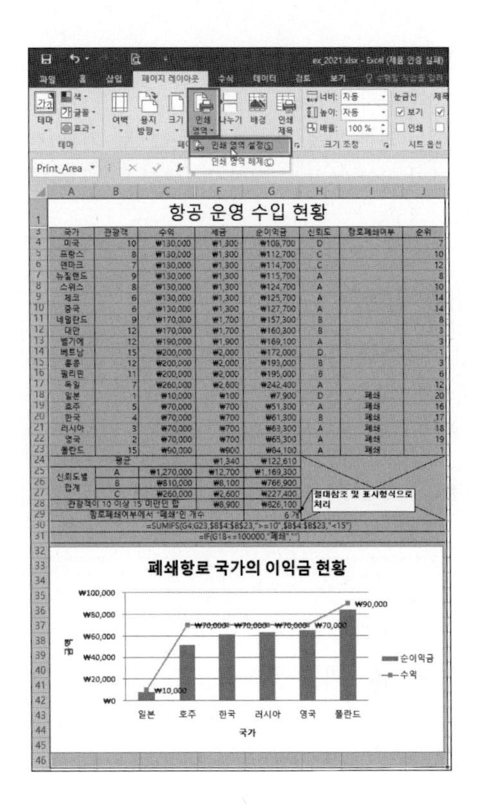

07 인쇄 영역 설정하기

① 인쇄 경계선을 기준으로 범위를 선택한다. (마지막 행은 글꼴 크기 행 높이에 따라 상이하므로 답안 파일과 작업자 파일이 상이할 수 있다.)

② [페이지 레이아웃]-[인쇄 영역]-[인쇄 영역 설정]을 클릭하여 인쇄 영역을 설정한다.

02 ACCESS 자료 처리(DBMS) 작업 풀이

01 테이블1 만들기

① [만들기]-[테이블 디자인] 클릭하여 새로운 [테이블 디자인 보기] 창을 실행한다.

② 테이블의 필드와 형식을 다음과 같이 설정한다.

필드 이름	데이터 형식	일반
가수이름	텍스트	
음반코드	텍스트	
공급단가	통화	소수 자릿수 : 0
판매수량	숫자	• 필드 크기 : 정수(Long) • 형식 : 0 • 소수 자릿수 : 0
판매일	날짜/시간	yyyy-mm-dd

③ [닫기](×)를 클릭하여 테이블을 저장한다. 테이블 이름은 임의로 지정한다.

④ 테이블1에는 기본 키를 지정하지 않으므로 '기본 키를 정의하지 않았습니다.' 대화상자에서 [아니오]를 클릭한다.

02 테이블2 만들기

① [만들기]-[테이블 디자인] 클릭하여 새로운 [테이블 디자인 보기] 창을 실행한다.

② 테이블의 필드와 형식을 다음과 같이 설정한다.

필드 이름	데이터 형식	일반
음반코드	텍스트	기본 키
음반명	텍스트	
원가	통화	소수 자릿수 : 0

③ 음반코드 필드의 [필드 선택기]를 클릭하고 [디자인] 탭-[기본 키]를 클릭하여 기본 키를 적용한다.

④ [닫기](×)를 클릭하여 테이블을 저장한다. 테이블 이름은 임의로 지정한다.

03 테이블에 데이터 입력

① Access 개체 창에서 테이블1, 테이블2를 각각 더블 클릭하여 실행한 뒤 문제의 '02 입력 자료'를 참고하여 데이터를 입력한다.

가수이름	음반코드	공급단가	판매수량	판매일
박성철	C33	₩23,000	5700	2014-09-03
김만종	B22	₩22,000	6200	2014-09-25
임창종	A11	₩21,000	3800	2014-08-15
조성모	C33	₩23,000	8100	2014-07-14
김건우	D44	₩24,000	1900	2014-07-21
유정순	D44	₩24,000	8300	2014-08-06
엄장화	A11	₩21,000	4400	2014-09-23
윤희열	C33	₩23,000	9200	2014-08-30
이수라	D44	₩24,000	6600	2014-09-01
김성민	B22	₩22,000	2800	2014-07-12
최정수	B22	₩22,000	7800	2014-07-12
유창호	A11	₩21,000	5300	2014-08-28
김수만	C33	₩23,000	1800	2014-08-05
김경숙	B22	₩22,000	4200	2014-08-05
이기선	A11	₩21,000	5000	2014-07-11
엄희영	C33	₩23,000	3300	2014-07-19
최준우	D44	₩24,000	2300	2014-08-30
형미림	A11	₩21,000	1500	2014-07-24
홍경순	A11	₩21,000	8000	2014-06-21
이광식	A11	₩21,000	7000	2014-06-22
*				

음반코드	음반명	원가	추가하려면 클릭
A11	4집	₩8,200	
B22	3집	₩8,700	
C33	2집	₩9,300	
D44	1집	₩9,800	
*			

04 전체 쿼리 만들기

① [만들기] 탭-[쿼리] 그룹-[쿼리 디자인]을 클릭한다.

② [테이블 표시] 대화상자에서 테이블1을 더블 클릭하여 쿼리 디자인 영역에 추가한다.

③ 테이블1의 전체 필드를 추가하기 위하여 테이블1의 '*'를 더블 클릭하여 아래 필드 구성에 추가한다.

④ '04 자료 처리 파일(FILE) 작성'의 [처리 조건] 에 따라 나머지 필드에 식을 입력한다. 또한 새로 추가되는 식 필드의 경우 필드 선택-마우스 우클릭-[속성]을 클릭하고, [속성] 시트-[형식]에 다음과 같이 설정하도록 한다.

[처리 조건]
1) 판매일 중에서 월(6월, 7월, 8월, 9월)별로 정리한 후, 같은 월에서는 판매이윤의 오름차순으로 정렬(SORT)하시오.
2) 판매금액 : 판매수량 × 공급단가
3) 판매이윤 : 판매금액 – (원가 × 판매수량)
4) 판매일은 MM–DD 형식으로 한다.

구분	필드	형식
테이블1	*	
테이블2	음반명	
테이블2	원가	
식	판매금액 : [판매수량]*[공급단가]	통화
	판매이윤 : [판매금액]-([원가]*[판매수량])	통화
	판매월 : Month([판매일])	0

⑤ '쿼리1 닫기'(×)를 클릭하여 쿼리1을 저장한다.

05 폼용 조건 검색 쿼리 만들기

① [만들기] 탭-[쿼리] 그룹-[쿼리 디자인]을 클릭한다.

② [테이블 표시] 대화상자에서 테이블1, 테이블2를 더블 클릭하여 쿼리 디자인 영역에 추가한다.

③ '03 조회 화면(SCREEN) 설계'의 [조회 화면 서식] 그림을 보고 폼에 추가될 필드를 '쿼리1'에서 더블 클릭하여 추가한다.

④ '03 조회 화면(SCREEN) 설계'의 조건에 따라 아래 와 같이 조건을 입력한다.

※ 다음 조건에 따라 음반코드가 A나 B로 시작하면서 판매수량이 4000 이상인 현황을 조회할 수 있는 화면을 설계하고 해당 데이터를 출력하시오.
1) 해당 현황은 목록 상자(리스트박스)에서 판매수량 오름차순으로 출력하고, 화면 아래에 조회 시 작성한 SQL문을 복사하시오.
 – WHERE 조건절에 음반코드, 판매수량, LIKE 연산 반드시 포함
 – INNER JOIN, ORDER BY 구문 반드시 포함
 ※ SQL문에 상기 내용 미포함 시 SQL 작성 부분 0점 처리
2) 리스트박스 조회 시 작성된 SQL문이 작성되지 않을 경우에는 "03 조회 화면(SCREEN) 설계" 과제가 0점 처리됨을 반드시 유의하시오.
3) 목록 상자에 표시되어야 할 필수적인 필드명은 다음과 같습니다.
 – 음반코드, 음반명, 원가, 가수이름, 공급단가, 판매수량
4) 폼 서식에 제반되는 폰트, 점선 등은 아래 [조회 화면 서식]에 보이는 대로 기재하시오.
5) 기타 사항은 "04 자료 처리 파일(FILE) 작성"의 [기타 조건]을 따르시오.

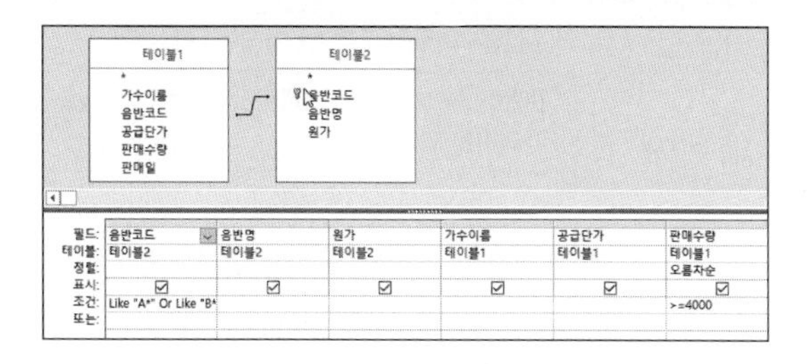

필드	조건/정렬
음반코드	Like "A*" Or Like "B*"
음반명	
원가	
가수이름	
공급단가	
판매수량	>=4000, 오름차순

⑤ [쿼리2 닫기](×)를 클릭하여 '쿼리2'를 저장한다.

⑥ [개체] 창 '쿼리2'를 더블 클릭하여 실행한 뒤 검색 결과와 각 필드의 형식을 검토한다.

음반코드	음반명	원가	가수이름	공급단가	판매수량
B22	3집	₩8,700	김경숙	₩22,000	4200
A11	4집	₩8,200	엄장화	₩21,000	4400
A11	4집	₩8,200	이기선	₩21,000	5000
A11	4집	₩8,200	유창호	₩21,000	5300
B22	3집	₩8,700	김만종	₩22,000	6200
A11	4집	₩8,200	이광식	₩21,000	7000
B22	3집	₩8,700	최정수	₩22,000	7800
A11	4집	₩8,200	홍경순	₩21,000	8000

⑦ [닫기](×)를 클릭하여 '쿼리2'를 닫는다. 만약 검토 결과 오류가 발견되었다면 [개체] 창에서 '쿼리2' 선택–마우스 우클릭–[디자인보기]를 선택하여 오류를 수정하도록 한다.

06 04 조회 화면(SCREEN) 설계 작업하기

(1) 폼 만들고 제목 입력하기

① [만들기] 탭–[폼] 그룹–[폼 디자인]을 클릭한다.

② 본문의 너비를 약 '15'cm 정도로 늘려준다.

③ [디자인] 탭–[컨트롤] 그룹–[레이블](가)을 순서대로 클릭하여 문제 지시와 같이 제목 위치에 그려 넣고 레이블에 "음반코드가 A 나 B로 시작하면서 판매수량이 4000 이상인 현황"을 입력한 뒤 글꼴 크기 : 16으로 변경한다.

기적의 Tip

제목 레이블을 두 줄로 입력(강제 개행) 시에 Shift+Enter를 누릅니다.

(2) 목록 상자 추가하기

① [디자인] 탭–[컨트롤]–[목록 상자]()를 클릭하고 폼 본문 제목 아래 넣는다.

② [목록 상자 마법사]에서 "목록 상자에 다른 테이블이나 쿼리에 있는 값을 가져옵니다."를 선택하고 [다음]을 클릭한다.

③ [보기]에서 [쿼리]를 선택하고 [쿼리: 쿼리2]를 선택한 뒤 [다음]을 클릭한다.

④ [사용가능한 필드]에서 문제에 제시된 필드를 [선택한 필드]에 추가한다.

⑤ 앞서 쿼리 디자인에서 정렬을 지정했으므로 정렬 탭에서는 바로 [다음]을 클릭한다.

⑥ 목록 상자의 열 너비 조정 창에서 필드 간 간격을 맞추고 마지막 필드의 오른쪽 경계가 넘어가 스크롤이 생기지 않도록 설정하고 [마침]을 클릭한다.

⑦ 목록 상자와 함께 추가된 레이블을 선택하고 Delete를 눌러 삭제한다.

⑧ 목록 상자의 너비를 약 16cm 정도로 조절한 뒤 목록상자 선택–마우스 우클릭 클릭–[속성]을 선택하고 [속성] 시트–[형식] 탭–[열 이름]–[예]로 변경한다.

형식 | 데이터 | 이벤트 | 기타 | 모두

표시	예
열 개수	5
열 너비	2.54cm;2.778cm;2.7
열 이름	예

⑨ [디자인] 탭–[컨트롤]에서 선을 선택하고 Shift를 누르고 목록 상자 하단 너비에 맞게 선을 그려 넣는다.

⑩ 선을 선택하고 [속성] 시트–[형식]–[테두리 두께]를 3pt로 변경한 뒤 목록 상자 아래에 방향키를 이용해서 적당히 배치한다.

⑪ 마우스로 드래그하여 목록 상자와 선을 같이 선택하고 [정렬] 탭–[크기 및 순서지정] 그룹–[크기/공간]–[가장 넓은 너비에]를 선택해 목록 상자와 선의 너비를 맞춰준다.

⑫ [정렬] 탭–[크기 및 순서지정] 그룹–[맞춤]–[왼쪽]을 선택하여 선과 목록 상자의 위치를 맞춰 준다.

07 보고서 만들기

(1) 보고서 마법사로 보고서 만들기

① [만들기] 탭–[보고서 마법사]를 클릭한다.

② 보고서 마법사 단계별 작업

[처리 조건]
1) 판매일 중에서 월(6월, 7월, 8월, 9월)별로 정리한 후, 같은 월에서는 판매이윤의 오름차순으로 정렬(SORT)하시오.
5) 월별소계 : 월별 판매수량, 판매금액, 판매이윤의 합 산출
6) 총평균 : 판매수량, 판매금액, 판매이윤의 전체 평균 산출

단계	작업
보고서에 어떤 필드를 넣으시겠습니까?	[테이블/쿼리] : 쿼리1 선택
	보고서 그림에 표시된 필드추가
그룹 수준을 지정하시겠습니까?	[처리 조건]에 따라 [판매월] 필드 추가
정렬 순서와 요약 정보	정렬 : 판매이윤, 오름차순
	요약 옵션 : 판매수량, 판매금액, 판매이윤 선택
보고서에 어떤 모양을 지정하시겠습니까?	모양 : 단계, 용지 방향 : 세로
보고서 제목을 지정하십시오.	쿼리1 (임의로 수정 가능)
	보고서 디자인 수정 선택

(2) 보고서 디자인에서 컨트롤 배치하기

① 보고서 디자인 흰 바탕(인쇄 영역)의 경계를 16 이하로 줄여준다.

② 문제 제시 보고서를 보고 필드의 순서를 배치한다. 배치 시 [정렬] 탭의 정렬 및 순서 조정의 [크기/공간], [맞춤]을 충분히 활용하도록 한다.

③ 보고서 머리글을 제외한 나머지 범위를 마우스로 드래그하여 선택하고 글꼴 크기 : 9, 글꼴 색 : 검정으로 변경한다.

④ 컨트롤 및 수정

구역	작업
보고서 머리글	• 제목 : 월별 음반 판매 현황 • 글꼴 : 16
	오른쪽 위에 비번호, 수험번호 작성
페이지 머리글	각 레이블 크기 조절 및 배치
	선 삽입 : 테두리 두께 1pt, 아래쪽 배치
그룹 머리글	[판매월] 텍스트 상자 그룹바닥글 이동 및 '월합계' 레이블 뒤에 붙임
	높이 : 0으로 설정하여 숨김
본문	페이지 머리글 레이블과 위치 크기 맞추어 배치
	높이 : 0.7으로 최소한으로 줄여준다.
그룹 바닥글	• "="에 대한 요약 " ~~" 레이블 삭제 • 그룹 머리글에서 가져온 텍스트 상자 배치 • 요약 =SUM() 텍스트 상자 페이지 머리글 레이블과 세로 방향 열에 맞추어 배치
	성별 필드 열에 =Count(*) & "명" 텍스트 상자 추가
	선 삽입 : 테두리 두께 1pt, 위쪽/아래쪽 배치
페이지 바닥글	• "=[Page]~ " 등의 텍스트 상자 모두 삭제 • 높이 : 0으로 설정하여 숨김
보고서 바닥글	• 총 합계 레이블 총 평균으로 수정하여 페이지 머리글 필드에 맞게 배치 • SUM → AVG 로 함수명 변경
	선 삽입 : 테두리 두께 1pt, 아래쪽 배치
	선 아래 인쇄 번호 "4–3" 레이블 삽입

⑤ 보고서 속성 조정

[보고서 디자인 보기]를 닫고(×) [인쇄 미리보기]( ) 를 통하여 텍스트 상자의 형식에 문제가 있는 경우 속성 값을 변경한다.

해당 컨트롤	속성 설정 값
제목 레이블	글꼴 크기 : 16
직선	• 테두리 두께 : 1pt • 테두리 색 : 검정, 텍스트1
모든 텍스트 상자	테두리 : 투명
금액 텍스트 상자	형식 : 통화, 소수 자릿수 : 0
정수 텍스트 상자	형식 : 0
보고서 머리글	배경색 : 흰색, 배경1
본문	• 배경색 : 흰색, 배경1 • 다른 배경색 : 흰색, 배경1
그룹 바닥글	• 배경색 : 흰색, 배경1 • 다른 배경색 : 흰색, 배경1

08 보고서 페이지 설정

① [인쇄 미리보기]-[페이지 설정]에서 여백을 설정한다. (위쪽 : 60, 아래쪽 : 6.35, 왼쪽 : 25, 오른쪽 : 6.35)

01 전체적인 작업 순서

[제1 슬라이드]

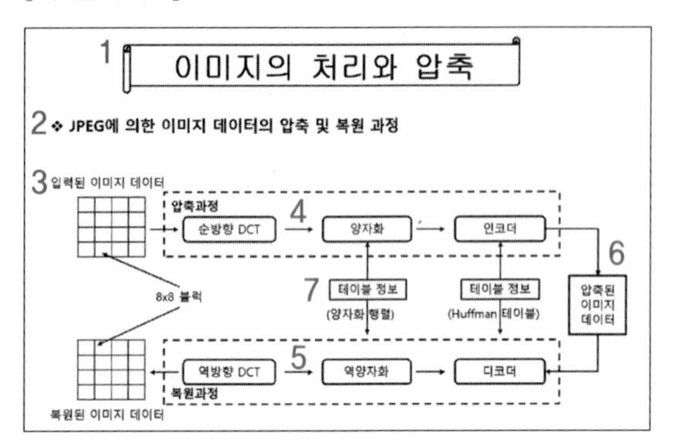

[제2 슬라이드]

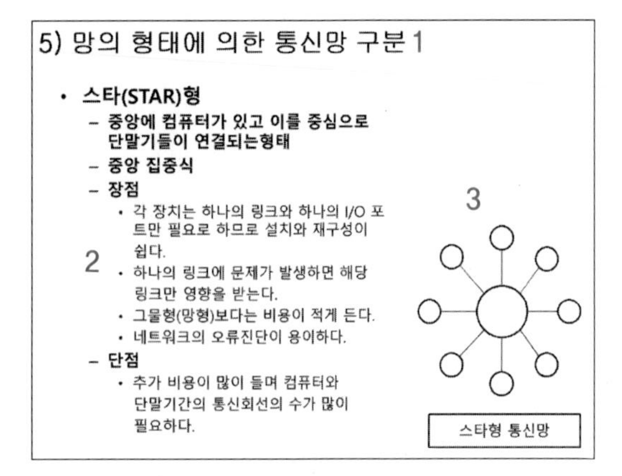

02 제1 슬라이드 작성하기

① [디자인] 탭–[페이지 설정]–[슬라이드 크기]–[화면 슬라이드 16:9]로 설정 → [확인] 클릭 후 [도형]–[별 및 현수막]–[가로로 말린 두루마리 모양]( )을 제목 위치에 삽입하고 텍스트를 입력한다. 글꼴 크기 : 36, 글꼴 색 : 검정, 텍스트1, 글꼴 : 굴림체, 굵게, [도형 채우기]–[흰색, 배경1], [도형 윤곽선]–[검정, 텍스트1]을 적용한다.

② [도형]–[기본 도형]–[텍스트 상자]( )를 이용하여 제목 아래 텍스트를 입력한다. 앞 글머리 기호는 [삽입] 탭–[기호]–[글꼴]–[Windings]에서 찾아 [삽입]한다.

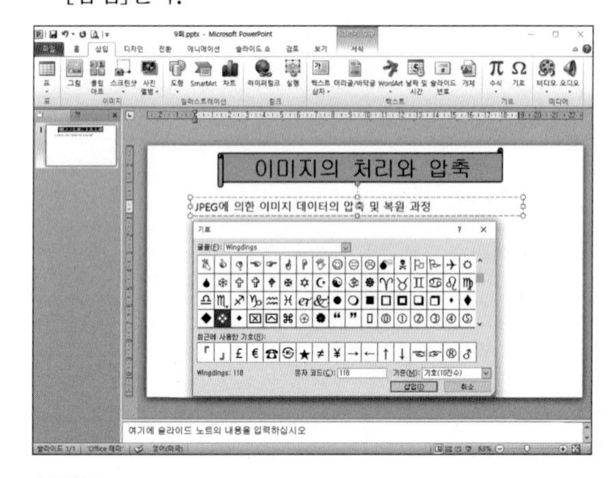

③ [삽입] 탭–[표]–4×4 표를 슬라이드에 추가 후 크기 및 배치 설정 후, [디자인] 탭–[표 스타일] 그룹–[스타일 없음]을 적용한다.

④ 표 테두리를 선택하고 [홈] 탭–[글꼴 크기]–8로 변경한 뒤 차트 모양을 직사각형 형태로 조정한다.

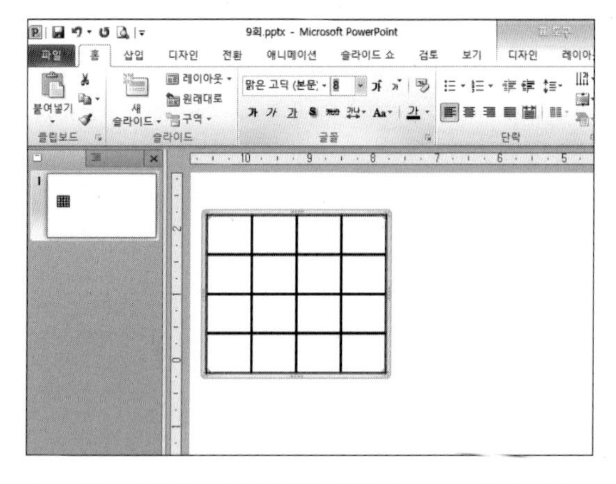

⑤ 표를 선택하고 Ctrl+Shift를 누르고 아래 방향으로 드래그하여 복사한다.

⑥ [도형]–[기본 도형]–[모서리가 둥근 직사각형]( ), [직사각형]( ), [선]–[화살표]을 이용하여 나머지 도형을 그려 넣는다. 모서리가 둥근 직사각형 3개를 먼저 삽입하고 복사하면 빠르게 작업이 가능하다. 화살표도 짧게 그려 넣고 Ctrl+Shift를 누른 채로 드래그하여 복사해 배치한다.

⑦ '테이블 정보' 직사각형은 뒤 화살표를 가리기 위하여 채우기 흰색을 적용한다.

⑧ 나머지 텍스트를 입력하고 본문의 도형 및 텍스트 글꼴 크기 : 14로 적용한 후 마무리 한다.

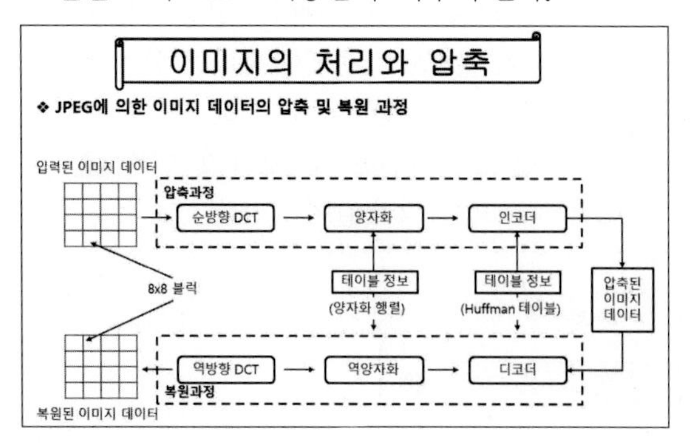

03 제2 슬라이드 작성하기

① [홈] 탭-[새 슬라이드]-[제목 및 내용]을 클릭하여 2번째 슬라이드를 추가한다.

② '제목을 입력 하십시오' 텍스트 상자에 '5) 망의 형태에 의한 통신망 구분'을 입력하고 적당한 위치에 배치한다. [글꼴 크기]-[32], [글꼴]-[바탕]을 적용한다.

③ 하단의 텍스트 상자를 적당한 크기로 조절하고 배치한다.

④ 하단 텍스트 상자에 텍스트를 입력한다. 들여쓰기는 [Tab]을 누르면 된다. 텍스트 모두 입력 후 텍스트 상자 테두리 선택 → [글꼴 작게 하기]를 눌러 [글꼴 크기] : 18+로 변경한다.

5) 망의 형태에 의한 통신망 구분

- 스타(STAR)형
  - 중앙에 컴퓨터가 있고 이를 중심으로 단말기들이 연결되는형태
  - 중앙 집중식
  - 장점
    - 각 장치는 하나의 링크와 하나의 I/O 포트만 필요로 하므로 설치와 재구성이 쉽다.
    - 하나의 링크에 문제가 발생하면 해당 링크만 영향을 받는다.
    - 그물형(망형)보다는 비용이 적게 든다.
    - 네트워크의 오류진단이 용이하다.
  - 단점
    - 추가 비용이 많이 들며 컴퓨터와 단말기간의 통신회선의 수가 많이 필요하다.

기적의 Tip

- 하위 계열 들여쓰기는 [Tab], 반대로 상위 계열 내어 쓰기는 [Shift]+[Tab]을 사용합니다.
- 강제 개행 후 글머리 기호는 [Back Space]를 한 번 눌러 삭제 후 [Back Space]를 이용해 들여쓰기를 맞춥니다.

⑤ [도형]-[기본 도형]-[타원](◯)을 이용하여 오른쪽 하단에 도형을 그려 넣는다. 작은 도형 4개를 복사하고 [정렬]-[맞춤]-[세로 간격을 동일하게], [가로 간격을 동일하게]를 이용하여 정렬한다.

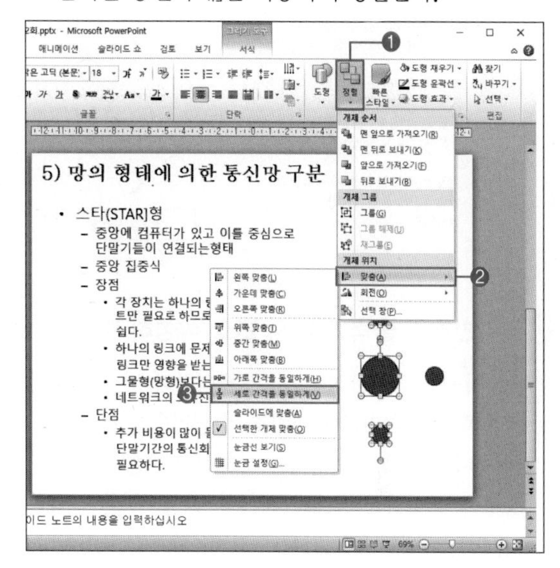

⑥ 나머지 대각선 타원을 [Ctrl]을 누르고 복사한다. 복사할 때 그림처럼 안내 선을 이용하여 정돈되게 복사한다.

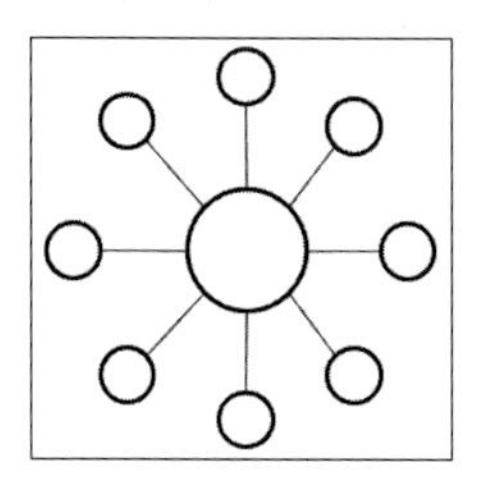

⑦ [도형]-[선]-[선](╲)을 이용하여 원을 연결해준다. 선이 삐뚤어진다면 중앙 큰 원을 선택하고 [Ctrl]을 누른 채 방향키로 조절하여 적당히 배치한다.

⑧ 원과 선을 블록 선택하고 [도형 채우기]-[흰색, 배경1], [도형 윤곽선]-[검정, 텍스트1]로 적용하고 하단에 [도형]-[직사각형](▭)을 이용하여 '스타형 통신망'을 입력한 뒤 [도형 채우기]-[흰색], [도형 윤곽선]-[검정, 텍스트1], [글꼴 색]-[검정, 텍스트1]을 적용하고 마무리 한다.

5) 망의 형태에 의한 통신망 구분

- 스타(STAR)형
  - 중앙에 컴퓨터가 있고 이를 중심으로 단말기들이 연결되는형태
  - 중앙 집중식
  - 장점
    - 각 장치는 하나의 링크와 하나의 I/O 포트만 필요로 하므로 설치와 재구성이 쉽다.
    - 하나의 링크에 문제가 발생하면 해당 링크만 영향을 받는다.
    - 그물형(망형)보다는 비용이 적게 든다.
    - 네트워크의 오류진단이 용이하다.
  - 단점
    - 추가 비용이 많이 들며 컴퓨터와 단말기간의 통신회선의 수가 많이 필요하다.

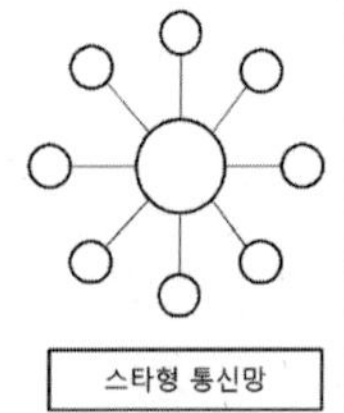

스타형 통신망

04 비번호와 출력 페이지 번호 작성하기

① [보기] 탭–[유인물 마스터]를 클릭한다.

② 오른쪽 상단 머리글에 비번호, 수험번호를 작성한다.

③ 왼쪽 바닥글 텍스트 상자를 삭제하고 오른쪽 텍스트 상자를 페이지 가운데로 배치한 뒤 '4–4'를 입력한다. [홈] 탭–[단락]–[가운데 정렬](≡)을 클릭한다.

④ [유인물 마스터] 탭–[마스터 보기 닫기](×)를 클릭하여 마스터를 종료한다.

05 인쇄하기

① 엑셀, 액세스, 파워포인트 작업을 모두 완료 후 시험 위원 지시에 따라 답안 파일을 전송하고 출력하도록 한다. 파워포인트는 페이지 설정 사항이 파일에 저장되지 않으므로 출력할 때마다 설정해 주어야 하니 주의하도록 한다.

② [빠른 실행 도구]–[인쇄 미리보기 및 인쇄]() 도구를 클릭하고, 그림과 같이 설정한다.

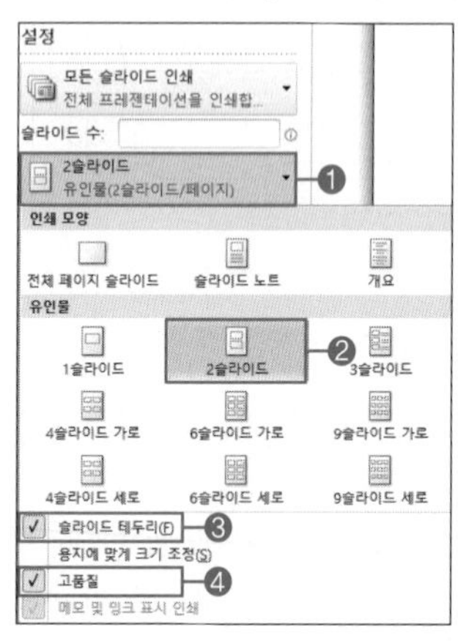

// SECTION //

06 공단 공개문제 06회

01 EXCEL 표 계산(SP) 작업

한국산업인력마트에서는 상품 매출의 할인 금액을 분석하고자 한다. 다음 자료(DATA)를 이용하여 작성 조건에 따라 작업 표와 그래프를 작성하고, 그 인쇄 출력물을 제출하도록 한다.

01 작업 표(WORK SHEET) 작성

1. 자료(DATA)

상품별 주문 할인 현황

행 \ 열	B	C	D	E	F	G
4	상품명	성명	성별	주문수량	할인수량	재고금액
5	라면	김기철	1	30	3	1,003,000
6	과자	박철순	1	45	4	850,000
7	주스	권민자	0	67	7	1,120,000
8	라면	곽해남	1	32	4	720,000
9	과자	표진영	1	58	6	550,000
10	주스	황현철	1	21	3	985,000
11	라면	하석주	1	57	6	570,000
12	과자	박수진	1	39	4	853,000
13	주스	김천진	1	42	5	1,120,000
14	과자	김준희	0	33	6	660,000
15	라면	이남호	1	46	5	790,000
16	과자	임수영	0	75	8	460,000
17	주스	이수영	0	35	3	800,000
18	라면	조경태	1	46	3	790,000
19	주스	김동희	0	23	5	890,000
20	라면	이지성	1	38	2	720,000
21	과자	김성주	0	35	8	580,000
22	라면	서정만	1	58	7	640,000
23	주스	이지연	0	47	5	670,000
24	과자	김희숙	0	29	4	820,000

※ 자료(DATA) 부분에서 음영 처리 표시된 부분은 행/열의 기준을 나타내며 이는 작성(입력)하지 않음을 반드시 유의하시오.

2. 작업 표 형식

상품별 주문 금액 계산

행 \ 열	B	C	H	I	J	K	L
4	상품명	성명	성별	주문금액	할인금액	지급금액	합계금액
5 ⋮ 24	–	–	❶	❷	❸	❹	❺
25	평균			❻	❻	❻	❻
26	과자 또는 주스의 합계금액의 합						❼
27	❽						
28	남성이면서 라면 또는 주스를 주문한 금액의 합					❾	❾
29	성이 김씨이면서 라면 또는 주스를 주문한 금액의 합					❿	❿
30	할인금액이 20000 이상 30000 미만인 합					⓫	⓫
31	⓬						

※ 음영 처리 표시된 부분은 작성하지 않습니다.

3. 작성 조건

가) 작성 시 유의 사항

Ⓐ 작업 표의 작성은 "나)~라)" 항에 제시된 내용을 따르고 반드시 제시된 조건(함수 적용, 단서 조항 등)에 따라 처리하시오.

Ⓑ 제시된 작성 조건을 따르지 아니하고 여타의 방법 일체(제시된 함수 이외 다른 함수 적용, 함수 미적용, 별도 전자계산기 사용 등)를 사용하여 도출된 결과는 그 답이 맞더라도 정답으로 인정되지 않음을 반드시 유의하시오.

나) 작업 표의 구성 및 서식

Ⓐ "작업 표 형식"에서 행과 열에 관계된 음영 처리 표시된 부분은 작성하지 않음을 유의하고 반드시 제시된 행/열에 맞추도록 하시오.

Ⓑ 제목 서식 : 16포인트 크기로 하시오.

Ⓒ 글꼴 서체 : 임의 선정하시오.

다) 원문자가 표시된 셀은 아래의 방법을 이용하여 처리하시오.

❶ 성별 : "남성" 또는 "여성"으로 표기하시오. (단, 주어진 자료(DATA)의 성별에서 남성은 1, 여성은 0으로 표시되어 있음.)

❷ 주문금액 : 주문수량 × 단가 (단, 단가 : 라면 – 3,500원, 과자 – 4,500원, 주스 – 7,800원)

❸ 할인금액 : 할인수량 × 단가

❹ 지급금액 : 주문금액 – 할인금액

❺ 합계금액 : 지급금액 + 재고금액

❻ 평균 : 각 항목별 평균을 산출하시오.

❼ 상품명이 과자 또는 주스인 합계금액의 합을 산출하시오. (단, SUMPRODUCT, ISNUMBER, FIND 함수를 모두 조합한(사용한) 함수식을 기재하시오.)

❽ 항목 ❼ 산정 시 사용된 함수식을 기재하시오.

⑨ 남성이면서 라면 또는 주스를 주문한 금액의 지급금액, 합계금액의 합을 각각 산출하시오.
⑩ 성이 김씨이면서 라면 또는 주스를 주문한 금액의 지급금액, 합계금액의 합을 각각 산출하시오.
⑪ 할인금액이 20000 이상 30000 미만인 지급금액, 합계금액의 합을 각각 산출하시오. (단, SUMIF 또는 SUMIFS 함수를 사용하시오.)
⑫ 작성 조건 ⑪에 사용된 함수식을 기재하시오. (단, 합계금액을 기준으로 하시오.)

※ 함수식을 기재하는 셀과 연관된 지정 함수 조건(함수 지정)이 있을 경우 제시된 함수만을 사용해 함수식을 구성 및 작업하여야 하며, 작성 조건을 위배하여 임의로 작성할 시 해당 답이 맞더라도 틀린 항목으로 채점됨을 유의하시오. 만약, 구체적인 함수가 제시되지 않을 경우 수험자가 스스로 적합한 함수를 선정하여 작업하시오.
※ 또한 함수식을 작성할 때는 "라) 작업 표의 정렬 순서(SORT)"에 따라 조건에 맞게 정렬 후 도출된 결과에 의한 함수식을 기재하시오.

라) 작업 표의 정렬 순서(SORT)는 성별을 기준으로 "여성", "남성" 순서로 하고, 성별이 같으면 합계금액의 내림차순으로 정렬하시오.

마) 기타

(1) 금액에 대한 수치는 원화(₩) 표시를 하고 천 단위마다 ',' (Comma)를 표시하시오. (단, 금액 이외의 수치는 ','(Comma)를 표시하지 않도록 하시오.)
(2) 모든 수치(숫자, 통화, 회계, 백분율 등)는 셀 서식의 속성을 설정하는 과정에서 소수 자릿수를 "0"으로 지정하여 정수로 표시토록 하시오.
(3) 음수는 "-"가 표시되도록 하시오.
(4) 숫자 셀은 우측을 수직으로 맞추고, 문자 셀은 수평 중앙으로 맞추며 이외 사항은 작업 표 형식에 따르도록 하시오. 특히, 단서 조항이 있을 경우는 단서 조항을 우선으로 하고, 인쇄 출력 시 판독 불가능이 발생되지 않도록 인쇄 미리 보기 등을 통하여 셀의 크기를 적당히 조정하시오.

02 그래프(GRAPH) 작성

작성한 작업 표에서 여성에 대한 성명별 합계금액과 주문금액을 나타내는 그래프를 작성하시오.

[작성 조건]
1) 그래프 형태 : 혼합형 단일축 그래프
합계금액(묶은 세로 막대형), 주문금액(데이터 표식이 있는 꺾은 선형)
(단, 합계금액만 데이터 레이블의 값이 표시된 혼합형 단일축 그래프로 하시오.)
2) 그래프 제목 : 여성 주문 금액 계산 ---- (확대 출력)
3) X축 제목 : 성명
4) Y축 제목 : 금액
5) X축 항목 단위 : 해당 문자열
6) Y축 눈금 단위 : 임의
7) 범례 : 합계금액, 주문금액
8) 출력물 크기 : A4용지 1/2장 범위 내
9) 기타 : 작성 조건에 없는 형식이나 모양 등은 기본 설정 값에 따르며, 그래프 너비는 작업 표 너비에 맞추도록 하시오.

※ 그래프는 반드시 작성된 작업 표와 연동하여 작업하여야 하며, 그래프의 영역(범위) 설정 오류로 인한 불이익은 전적으로 수험자 본인에게 있습니다.

02 ACCESS 자료 처리(DBMS) 작업

KST 텔레콤에서는 인터넷 회선사용료를 전산화하려고 한다. 다음의 입력 자료를 이용하여 DB를 설계하고 작성 조건에 따라 처리 파일을 작성하고, 그 인쇄 출력물을 제출하시오.

01 자료 처리(DBMS) 작업 작성 조건

1) 자료 처리(DBMS) 작업은 조회 화면(SCREEN) 설계와 자료 처리 보고서의 2가지 작업을 수행하여야 하며, 그 결과물은 수험자 유의 사항 [3) 자료 처리(DBMS) 작업]을 참고하여 작업하시오.
2) 반드시 인쇄 작업 수행 전 미리보기 등을 통해 여백을 조정하고, 수치, 문자 등 구성요소가 누락되지 않도록 주의하시오. 구성 요소가 누락되어 인쇄되지 않은 결과로 인한 모든 책임은 전적으로 수험자 본인에게 있음을 반드시 유의하시오.
3) 문제지에 기재된 작성 조건에 따라 처리하고, 조회 화면 및 자료 처리 보고서의 서식이 작성 조건과 상이할 경우에는 작성 조건을 기준으로 변경하여 작업하시오.

02 입력 자료

인터넷 회선사용 내역

고객번호	가입일	설치장소	회선수
A-101	2008-08-14	아파트	312
O-101	2006-08-04	오피스텔	294
H-101	2013-08-30	일반주택	125
O-102	2014-08-10	오피스텔	225
A-102	1999-08-07	아파트	238
H-102	2012-08-21	일반주택	119
H-103	2002-08-11	일반주택	63
A-103	2013-08-25	아파트	331
O-103	2014-08-07	오피스텔	275
H-104	2013-08-04	일반주택	177
O-104	2014-03-12	오피스텔	214
A-104	2012-08-01	아파트	188
O-105	2010-08-16	오피스텔	233
A-105	2009-08-02	아파트	186
H-105	2010-08-25	일반주택	89
H-154	2008-07-14	일반주택	98
O-157	2006-06-10	오피스텔	130
H-133	1998-03-01	일반주택	182
A-110	2012-12-16	아파트	257
O-133	2014-04-01	오피스텔	120

단가표

설치장소	단가
오피스텔	48,000
아파트	25,000
일반주택	30,000

03 조회 화면(SCREEN) 설계

※ 다음 조건에 따라 고객번호가 O 또는 H로 시작하면서 회선수가 200 이상인 고객 현황을 조회할 수 있는 화면을 설계하고 해당 데이터를 출력하시오.

1) 해당 현황은 목록 상자(리스트박스)에서 가입일 오름차순으로 출력하고, 화면 아래에 조회 시 작성한 SQL문을 복사하시오.
   - WHERE 조건절에 고객번호, 회선수 반드시 포함
   - INNER JOIN, ORDER BY 구문 반드시 포함

   ※ SQL문에 상기 내용 미포함 시 SQL 작성 부분 0점 처리
2) 리스트박스 조회 시 작성된 SQL문이 작성되지 않을 경우에는 "03 조회 화면(SCREEN) 설계" 과제가 0점 처리됨을 반드시 유의하시오.
3) 목록 상자에 표시되어야 할 필수적인 필드명은 다음과 같습니다.
   - 고객번호, 가입일, 설치장소, 회선수, 단가
4) 폼 서식에 제반되는 폰트, 점선 등은 아래 [조회 화면 서식]에 보이는 대로 기재하시오.
5) 기타 사항은 "04 자료 처리 파일(FILE) 작성"의 [기타 조건]을 따르시오.

[조회 화면 서식]

고객번호가 O또는 H로 시작하면서 회선수가
200이상인 고객 현황

고객번호	가입일	설치장소	회선수	단가

리스트박스 조회 시 작성된 SQL문

04 자료 처리 파일(FILE) 작성

[처리 조건]

1) 설치장소(아파트, 오피스텔, 일반주택)별로 정리한 후 같은 설치장소 안에서는 가입일의 오름차순으로 정렬(SORT)하시오.
2) 회선료 : 회선수 × 단가
3) 설치비 : 회선료 × 130%
4) 모뎀임대료 : (회선료 + 설치비) × 5%
5) 총액 : 회선료 + 설치비 + 모뎀임대료
6) 합계 : 설치장소별 설치비, 모뎀임대료, 총액의 합을 산출하시오.
7) 총평균 : 설치비, 모뎀임대료, 총액의 전체 평균을 산출하시오.
8) 가입일은 MM-DD 형식으로 표시하시오.

[기타 조건]

1) 입력 화면 및 보고서의 제목은 16 정도의 임의 서체로 하시오.
2) 금액에 대한 수치는 원화(₩) 혹은 달러($) 표시를 하고 천 단위마다 ,(Comma)를 표시하시오. (단, 금액 이외의 수치는 ,(Comma)를 표시하지 않도록 하시오.)
3) 모든 수치(숫자, 통화, 백분율 등)는 컨트롤의 속성을 설정하는 과정에서 소수 자릿수를 "0"으로 지정하여 정수로 표시하시오.
4) 데이터의 열과 간격은 일정하게 맞추도록 하시오.

인터넷 회선 사용료 내역

가입일	회선수	단가	회선료	설치비	모뎀임대료	총액
MM-DD	XXXX	₩X,XXX	₩X,XXX	₩X,XXX	₩X,XXX	₩X,XXX
-	-	-	-	-	-	-
	아파트 합계			₩X,XXX	₩X,XXX	₩X,XXX
-	-	-	-	-	-	-
	오피스텔 합계			₩X,XXX	₩X,XXX	₩X,XXX
-	-	-	-	-	-	-
	일반주택 합계			₩X,XXX	₩X,XXX	₩X,XXX
	총평균			₩X,XXX	₩X,XXX	₩X,XXX

03 POWERPOINT 시상(PT) 작업

주어진 2개의 슬라이드를 슬라이드 작성 조건에 따라 작업하여 인쇄합니다.

[슬라이드 작성 조건]

1) 각 슬라이드를 문제의 슬라이드 원안과 같이 인쇄하여 제출합니다.
   (특히 글자, 음영, 그림자, 도형 등 인쇄된 내용 그대로 작업함을 유의하시오.)
2) "주1)" 등 특수한 속성 지정이 되어 있는 경우 지시에 따라 작성하시오.
3) 글꼴은 문제 원안과 같거나 유사한 형태로 작업합니다.
4) 글자, 그림 및 도형 등의 크기와 모양은 문제 원안과 같거나 유사한 형태로 작업합니다.
5) 모든 글씨, 선 등은 흑백(그레이스케일)으로 작업하되, 글상자, 그림 및 도형 등에서 색 채우기가 있는 경우 색 채우기는 회색 40% 정도, 투명도 0%를 기준으로 작업합니다.
6) 각 슬라이드는 원안과 같이 외곽선 테두리가 인쇄되도록 인쇄합니다.
7) 각 슬라이드 크기는 A4 용지의 1/2 범위 내에 인쇄가 가능한 크기가 되도록 조정하여, 슬라이드 2개를 A4 용지 1매 안에 모두 인쇄합니다.
8) 비번호, 수험번호, 성명, 페이지 번호 등은 반드시 자필로 기재합니다.

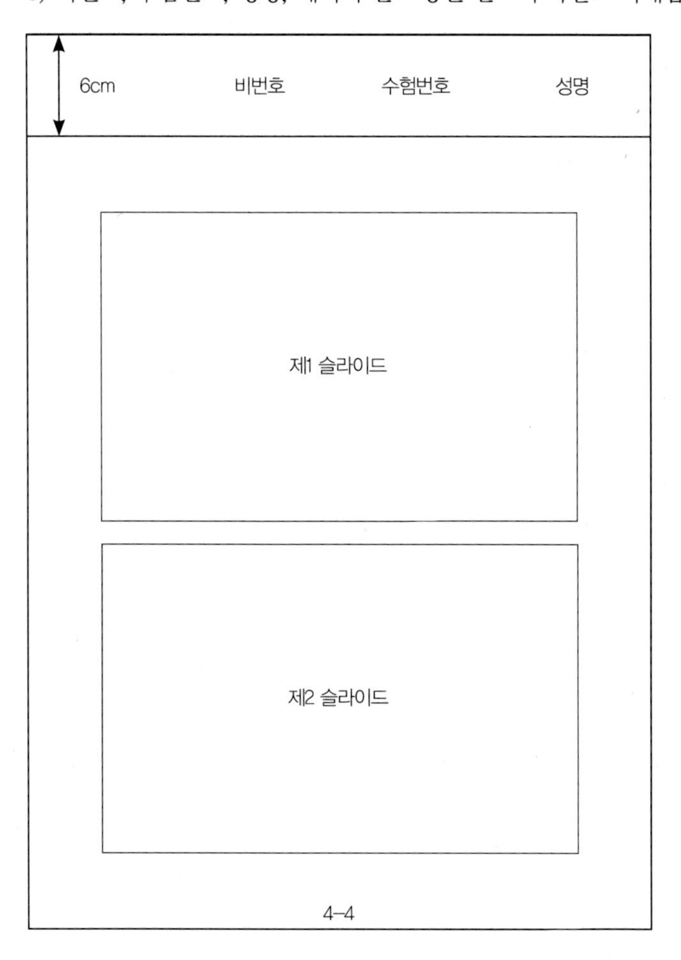

01 제1 슬라이드

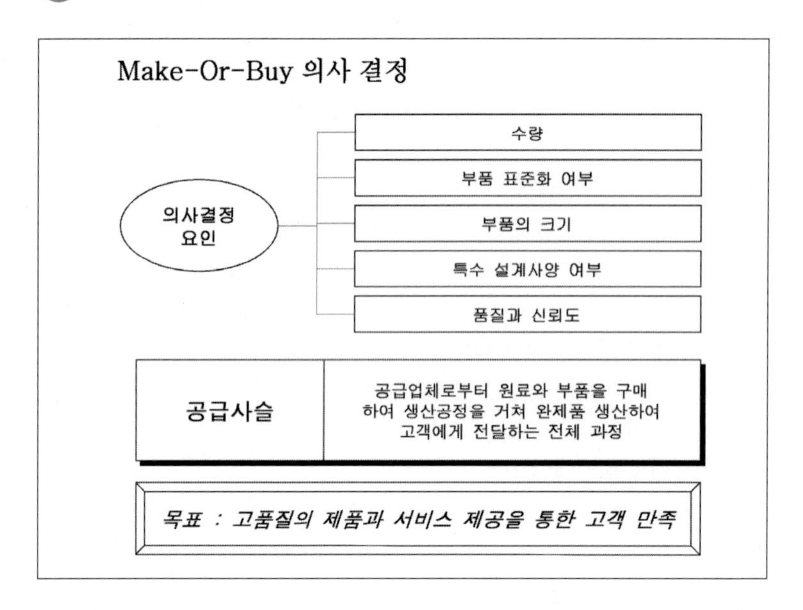

02 제2 슬라이드

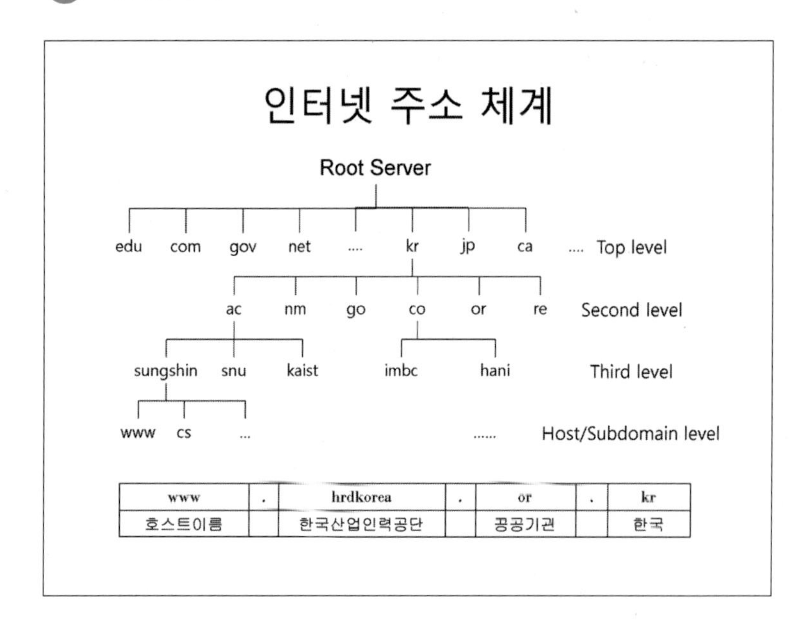

엑셀 작업 | EXCEL 표 계산(SP) 작업 정답

| 작업 표(WORK SHEET) 작성 |

상품별 주문 금액 계산

상품명	성명	성별	주문금액	할인금액	지급금액	합계금액
주스	권민자	여성	₩522,600	₩54,600	₩468,000	₩1,588,000
주스	이수영	여성	₩273,000	₩23,400	₩249,600	₩1,049,600
주스	김동희	여성	₩179,400	₩39,000	₩140,400	₩1,030,400
주스	이지연	여성	₩366,600	₩39,000	₩327,600	₩997,600
과자	김희숙	여성	₩130,500	₩18,000	₩112,500	₩932,500
과자	김준희	여성	₩148,500	₩27,000	₩121,500	₩781,500
과자	임수영	여성	₩337,500	₩36,000	₩301,500	₩761,500
과자	김성주	여성	₩157,500	₩36,000	₩121,500	₩701,500
주스	김천진	남성	₩327,600	₩39,000	₩288,600	₩1,408,600
주스	황현철	남성	₩163,800	₩23,400	₩140,400	₩1,125,400
라면	김기철	남성	₩105,000	₩10,500	₩94,500	₩1,097,500
과자	박철순	남성	₩202,500	₩18,000	₩184,500	₩1,034,500
과자	박수진	남성	₩175,500	₩18,000	₩157,500	₩1,010,500
라면	조경태	남성	₩161,000	₩10,500	₩150,500	₩940,500
라면	이남호	남성	₩161,000	₩17,500	₩143,500	₩933,500
라면	이지성	남성	₩133,000	₩7,000	₩126,000	₩846,000
라면	서정만	남성	₩203,000	₩24,500	₩178,500	₩818,500
라면	곽해남	남성	₩112,000	₩14,000	₩98,000	₩818,000
과자	표진영	남성	₩261,000	₩27,000	₩234,000	₩784,000
라면	하석주	남성	₩199,500	₩21,000	₩178,500	₩748,500
평균			₩216,025	₩25,170	₩190,855	₩970,405
과자 또는 주스의 합계금액의 합						₩13,205,600
=SUMPRODUCT(ISNUMBER(FIND("과자",B5:B24))+ISNUMBER(FIND("주스",B5:B24)),L5:L24)						
남성이면서 라면 또는 주스를 주문한 금액의 합					₩1,398,500	₩8,736,500
성이 김씨이면서 라면 또는 주스를 주문한 금액의 합					₩523,500	₩3,536,500
할인금액이 20000 이상 30000 미만인 합					₩1,102,500	₩5,307,500
=SUMIFS(L5:L24,$J$5:$J$24,">=20000",$J$5:$J$24,"<30000")						

| 그래프(GRAPH) 작성 |

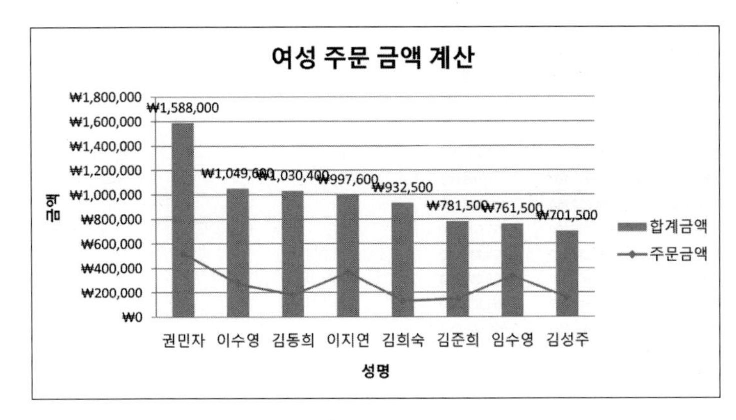

액세스 작업

ACCESS 자료 처리(DBMS) 작업 정답

| 조회 화면 설계 |

고객번호가 O또는 H로 시작하면서 회선수가
200이상인 고객 현황

고객번호	가입일	설치장소	회선수	단가
O-101	2006-08-04	오피스텔	294	₩48,000
O-105	2010-08-16	오피스텔	233	₩48,000
O-104	2014-03-12	오피스텔	214	₩48,000
O-103	2014-08-07	오피스텔	275	₩48,000
O-102	2014-08-10	오피스텔	225	₩48,000

리스트박스 조회 시 작성된 SQL문

```
SELECT 테이블1.고객번호, 테이블1.가입일, 테이블1.설치장소, 테이블1.회선수, 테이블2.
단가
FROM 테이블1 INNER JOIN 테이블2 ON 테이블1.설치장소 = 테이블2.설치장소
WHERE (((테이블1.고객번호) Like "O*" Or (테이블1.고객번호) Like "H*") AND ((테이블
1.회선수)>=200))
ORDER BY 테이블1.가입일;
```

| 자료 처리 파일 |

인터넷 회선 사용료 내역

가입일	회선수	단가	회선료	설치비	모뎀임대료	총액
08-07	238	₩25,000	₩5,950,000	₩7,735,000	₩684,250	₩14,369,250
08-14	312	₩25,000	₩7,800,000	₩10,140,000	₩897,000	₩18,837,000
08-02	186	₩25,000	₩4,650,000	₩6,045,000	₩534,750	₩11,229,750
08-01	188	₩25,000	₩4,700,000	₩6,110,000	₩540,500	₩11,350,500
12-16	257	₩25,000	₩6,425,000	₩8,352,500	₩738,875	₩15,516,375
08-25	331	₩25,000	₩8,275,000	₩10,757,500	₩951,625	₩19,984,125
	아파트 합계			₩49,140,000	₩4,347,000	₩91,287,000
06-10	130	₩48,000	₩6,240,000	₩8,112,000	₩717,600	₩15,069,600
08-04	294	₩48,000	₩14,112,000	₩18,345,600	₩1,622,880	₩34,080,480
08-16	233	₩48,000	₩11,184,000	₩14,539,200	₩1,286,160	₩27,009,360
03-12	214	₩48,000	₩10,272,000	₩13,353,600	₩1,181,280	₩24,806,880
04-01	120	₩48,000	₩5,760,000	₩7,488,000	₩662,400	₩13,910,400
08-07	275	₩48,000	₩13,200,000	₩17,160,000	₩1,518,000	₩31,878,000
08-10	225	₩48,000	₩10,800,000	₩14,040,000	₩1,242,000	₩26,082,000
	오피스텔 합계			₩93,038,400	₩8,230,320	₩172,836,720
03-01	182	₩30,000	₩5,460,000	₩7,098,000	₩627,900	₩13,185,900
08-11	63	₩30,000	₩1,890,000	₩2,457,000	₩217,350	₩4,564,350
07-14	98	₩30,000	₩2,940,000	₩3,822,000	₩338,100	₩7,100,100
08-25	89	₩30,000	₩2,670,000	₩3,471,000	₩307,050	₩6,448,050
08-21	119	₩30,000	₩3,570,000	₩4,641,000	₩410,550	₩8,621,550
08-04	177	₩30,000	₩5,310,000	₩6,903,000	₩610,650	₩12,823,650
08-30	125	₩30,000	₩3,750,000	₩4,875,000	₩431,250	₩9,056,250
	일반주택 합계			₩33,267,000	₩2,942,850	₩61,799,850
	총 평균			₩8,772,270	₩776,009	₩16,296,179

파워포인트 작업 POWERPOINT 시상(PT) 작업 정답

01 제1 슬라이드

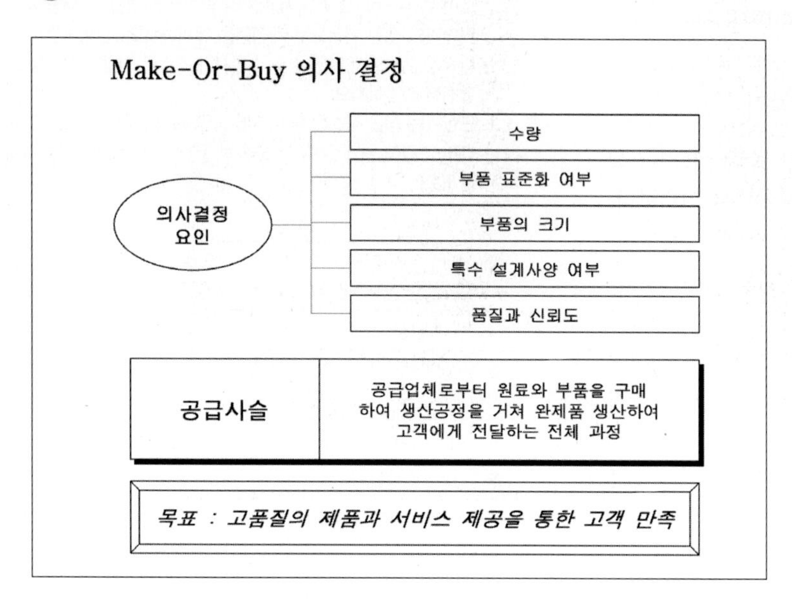

02 제2 슬라이드

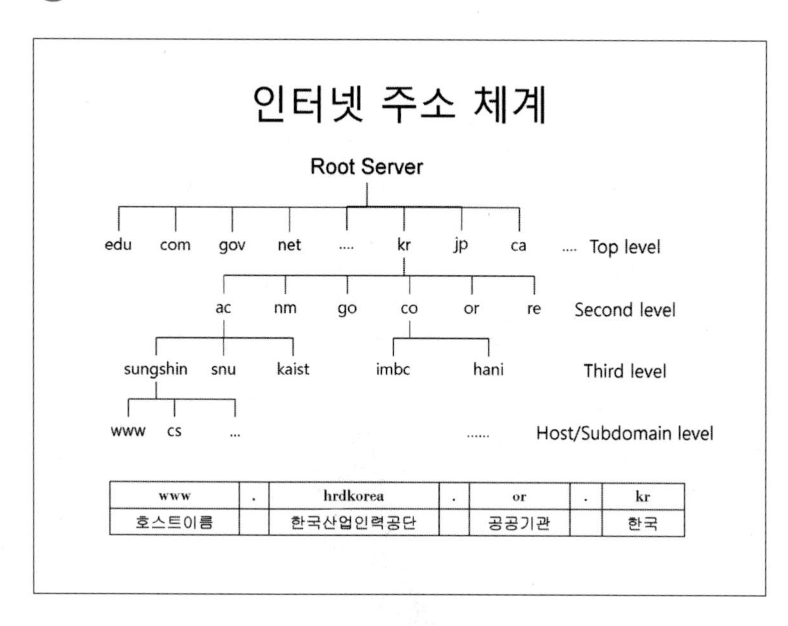

01 EXCEL 표 계산(SP) 작업 풀이

01 자료(DATA) 입력 및 작성 조건 처리하기

① Excel을 실행한다.

> Ⓐ "작업 표 형식"에서 행과 열에 관계된 음영 처리 표시된 부분은 작성하지 않음을 유의하고 반드시 제시된 행/열에 맞추도록 하시오.
> Ⓑ 제목 서식 : 16포인트 크기로 하시오.
> Ⓒ 글꼴 서체 : 임의 선정하시오.

② 1. 자료(DATA)를 참고하여 [B4] 셀부터 [G24] 셀까지 문제에 제시된 행/열에 맞게 자료를 입력한다.

③ 2. 작업 표 형식을 참고하여 [B3] 셀에 "상품별 주문 금액 계산" 제목을 작성한다.

④ [B3]~[L3] 셀까지 블록 선택한 뒤 [홈] 탭–[병합하고 가운데 맞춤](▾)과 글꼴 크기 16을 차례대로 적용한다. 1:2행 머리글을 선택하고 마우스 우클릭을 눌러 [숨기기]를 적용한다.

⑤ 2. 작업 표 형식을 참고하여 나머지 계산결과 항목을 제시된 해당 열에 입력하고, 하단 제시된 자료를 입력하고, 병합하여야 할 셀은 [홈] 탭–[병합하고 가운데 맞춤](▾)을 이용하여 작업 표 형식과 같이 작성한다.

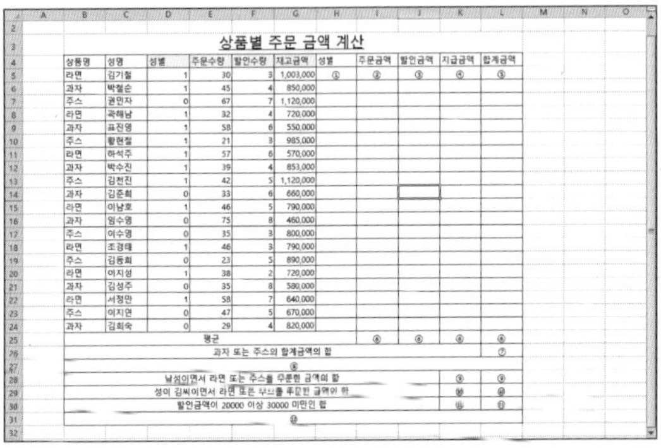

상품별 주문 금액 계산

상품명	성명	성별	주문수량	할인수량	재고금액	성별	주문금액	할인금액	지급금액	합계금액
라면	김기철	1	30	3	1,003,000	①	②	③	④	⑤
과자	박철순	1	45	4	850,000					
주스	권민자	0	67	7	1,120,000					
라면	곽해남	1	32	4	720,000					
과자	표진영	1	58	6	550,000					
주스	황현철	1	21	3	985,000					
라면	하석주	1	57	6	570,000					
과자	박수진	1	39	4	853,000					
주스	김천진	1	42	5	1,120,000					
과자	김준희	0	33	6	660,000					
라면	이남호	1	46	5	790,000					
과자	임수영	0	75	8	460,000					
주스	이수영	0	35	3	800,000					
라면	조경태	1	46	3	790,000					
주스	김동희	0	23	5	890,000					
라면	이지성	1	38	2	720,000					
과자	김성주	0	35	8	580,000					
라면	서정만	1	58	7	640,000					
주스	이지연	0	47	5	670,000					
과자	김희숙	0	29	4	820,000					
평균							⑥	⑥	⑥	⑥
과자 또는 주스의 합계금액의 합										⑦
⑧										
남성이면서 라면 또는 주스를 주문한 금액의 합									⑨	⑨
성이 김씨이면서 라면 또는 주스를 주문한 금액의 합									⑩	⑩
할인금액이 20000 이상 30000 미만인 합									⑪	⑪
⑫										

⑥ 입력 범위에 [홈] 탭–[글꼴] 그룹–[모든 테두리](田)를 적용한 뒤, 4행~31행까지 행 머리글을 선택하고 [홈] 탭–[글꼴] 그룹–글꼴 크기를 9로 변경하여 행 높이와 글꼴 크기를 동시에 줄여준다.

⑦ 자료 입력을 완료한 다음 [빠른 실행 도구 모음]의 [저장]()을 클릭하여 시험 위원이 지정한 폴더에 지정된 파일명으로 저장한다. (예 : A019)

02 원문자(함수) 작성 조건 처리하기

> ※ 함수식을 기재하는 셀과 연관된 지정 함수 조건(함수 지정)이 있을 경우 제시된 함수만을 사용해 함수식을 구성 및 작업하여야 하며, 작성 조건을 위배하여 임의로 작성할 시 해당 답이 맞더라도 틀린 항목으로 채점됨을 유의하시오. 만약, 구체적인 함수가 제시되지 않을 경우 수험자가 스스로 적합한 함수를 선정하여 작업하시오.
> ※ 또한 함수식을 작성할 때는 "라) 작업 표의 정렬순서(SORT)"에 따라 조건에 맞게 정렬 후 도출된 결과에 의한 함수식을 기재하시오.

❶ 성별 : "남성"또는 "여성"으로 표기하시오. (단, 주어진 자료(DATA)의 성별에서 남성은 1, 여성은 0으로 표시되어 있음.)

=IF(D5=1,"남성","여성")

❷ 주문금액 : 주문수량 × 단가 (단, 단가 : 라면 – 3,500원, 과자 – 4,500원, 주스 – 7,800원)

=E5*IF(B5="라면",3500,IF(B5="과자",4500,7800))

❸ 할인금액 : 할인수량 × 단가

=F5*IF(B5="라면",3500,IF(B5="과자",4500,7800))

❹ 지급금액 : 주문금액 – 할인금액

=I5–J5

❺ 합계금액 : 지급금액 + 재고금액

=K5+G5

각 식을 입력하고 자동 채우기를 하여 답을 완성한다.

❻ 평균 : 각 항목별 평균을 산출하시오.

=AVERAGE(I5:I24)

❼ 상품명이 과자 또는 주스인 합계금액의 합을 산출하시오. (단, SUMPRODUCT, ISNUMBER, FIND 함수를 모두 조합한(사용한) 함수식을 기재하시오.)

=SUMPRODUCT(ISNUMBER(FIND("과자",B5:B24))+ISNUMBER(FIND("주스",B5:B24)),L5:L24)

❽ 항목 ❼ 산정 시 사용된 함수식을 기재하시오.

=SUMPRODUCT(ISNUMBER(FIND("과자",B5:B24))+ISNUMBER(FIND("주스",B5:B24)),L5:L24)

❾ 남성이면서 라면 또는 주스를 주문한 금액의 지급금액, 합계금액의 합을 각각 산출하시오.

=SUMPRODUCT(($H$5:$H$24="남성")*(($B$5:$B$24="라면")+($B$5:$B$24="주스")),K5:K24)

❿ 성이 김씨이면서 라면 또는 주스를 주문한 금액의 지급금액, 합계금액의 합을 각각 산출하시오.

=SUMPRODUCT((LEFT($C$5:$C$24,1)="김")*(($B$5:$B$24="라면")+($B$5:$B$24="주스")),K5:K24)

⓫ 할인금액이 20000 이상 30000 미만인 지급금액, 합계금액의 합을 각각 산출하시오. (단, SUMIF 또는 SUMIFS 함수를 사용하시오.)
=SUMIFS(K5:K24,$J$5:$J$24,">=20000",$J$5:$J$24,"<30000")
⓬ 작성 조건 ⓫에 사용된 함수식을 기재하시오. (단, 합계금액을 기준으로 하시오.)
'=SUMIFS(K5:K24,$J$5:$J$24,">=20000",$J$5:$J$24,"<30000")

각 식을 입력하고 자동 채우기를 하여 답을 완성한다.

03 작업 표 정렬하기

라) 작업 표의 정렬 순서(SORT)는 성별을 기준으로 "여성", "남성" 순서로 하고, 성별이 같으면 합계금액의 내림차순으로 정렬하시오.

① [B4:L31] 셀 범위를 마우스로 블록 선택한다.

② [데이터] 탭–[정렬]을 클릭하고 지시사항과 같이 정렬 기준을 설정한다.

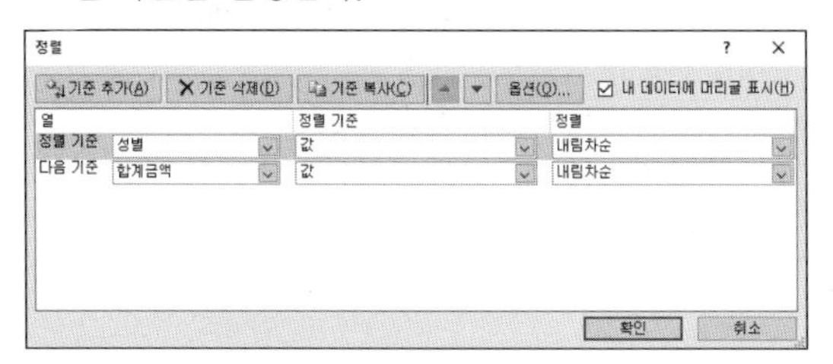

③ A열, D:G 열머리글을 선택하고 마우스 우클릭–[숨기기]를 적용한다.

04 기타 작업으로 형식 적용하기

(1) 금액에 대한 수치는 원화(₩) 표시를 하고 천단위마다 ','(Comma)를 표시하시오. (단, 금액 이외의 수치는 ','(Comma)를 표시하지 않도록 하시오.)
(2) 모든 수치(숫자, 통화, 회계, 백분율 등)는 셀 서식의 속성을 설정하는 과정에서 소수 자릿수를 "0"으로 지정하여 정수로 표시토록 하시오.
(3) 음수는 "–"가 표시되도록 하시오.
(4) 숫자 셀은 우측을 수직으로 맞추고, 문자 셀은 수평 중앙으로 (맞추며 이외 사항은 작업 표 형식에 따르도록 하시오. 특히, 단서 조항이 있을 경우는 단서 조항을 우선으로 하고, 인쇄 출력 시 판독 불가능이 발생되지 않도록 인쇄 미리 보기 등을 통하여 셀의 크기를 적당히 조정하시오.

[형식 지정하기]

통화	I열, J열, K열, L열
가운데 정렬	모든 문자열
테두리	• 모든 테두리 : [B4:L31] • 중간 선 해제 : [B5:L24]

05 페이지 설정하기

페이지 설정은 모든 문제를 같은 방식으로 작업하므로 공단 공개문제 01회 해설을 참고한다.

06 그래프 작성하기

02 그래프(GRAPH) 작성

작성한 작업 표에서 여성에 대한 성명별 합계금액과 주문금액을 나타내는 그래프를 작성하시오.

[작성 조건]
1) 그래프 형태 : 혼합형 단일축 그래프
합계금액(묶은 세로 막대형), 주문금액(데이터 표식이 있는 꺾은 선형)
(단, 합계금액만 데이터 레이블의 값이 표시된 혼합형 단일축 그래프로 하시오.)
2) 그래프 제목 : 여성 주문 금액 계산 ---- (확대 출력)
3) X축 제목 : 성명
4) Y축 제목 : 금액
5) X축 항목 단위 : 해당 문자열
6) Y축 눈금 단위 : 임의
7) 범례 : 합계금액, 주문금액
8) 출력물 크기 : A4 용지 1/2장 범위 내
9) 기타 : 작성 조건에 없는 형식이나 모양 등은 기본 설정 값에 따르며, 그래프 너비는 작업 표 너비에 맞추도록 하시오.

① 문제에서 요구한 데이터 범위를 Ctrl을 이용하여 연속 선택한다.

	B	C	H	I	J	K	L
3	상품별 주문 금액 계산						
4	상품명	성명	성별	주문금액	할인금액	지급금액	합계금액
5	주스	권민자	여성	₩522,600	₩54,600	₩468,000	₩1,588,000
6	주스	이수영	여성	₩273,000	₩23,400	₩249,600	₩1,049,600
7	주스	김동희	여성	₩179,400	₩39,000	₩140,400	₩1,030,400
8	주스	이지연	여성	₩366,600	₩39,000	₩327,600	₩997,600
9	과자	김희숙	여성	₩130,500	₩18,000	₩112,500	₩932,500
10	과자	김준희	여성	₩148,500	₩27,000	₩121,500	₩781,500
11	과자	임수영	여성	₩337,500	₩36,000	₩301,500	₩761,500
12	과자	김성주	여성	₩157,500	₩36,000	₩121,500	₩701,500
13	주스	김천진	남성	₩327,600	₩39,000	₩288,600	₩1,408,600

② [삽입] 탭–[세로 막대형]–[묶은 세로 막대형]()을 클릭하여 차트를 워크시트에 삽입한다.

③ 차트를 선택하고 [디자인] 탭–[차트 레이아웃]–[레이아웃 9]()를 적용한다.

④ 범례 클릭 후 시간차를 두고 [주문금액] 계열을 클릭하고 마우스 우클릭을 눌러 [계열 차트 종류 변경]–[차트 종류 변경]–[표식이 있는 꺾은 선형]()을 선택하고 [확인]을 클릭하여 계열의 차트 종류를 [표식이 있는 꺾은 선형]으로 변경한다.

⑤ 그림영역의 [합계] 임의 계열을 클릭하여 선택한 뒤 [마우스 우클릭]–[데이터 레이블 추가]를 선택한다.

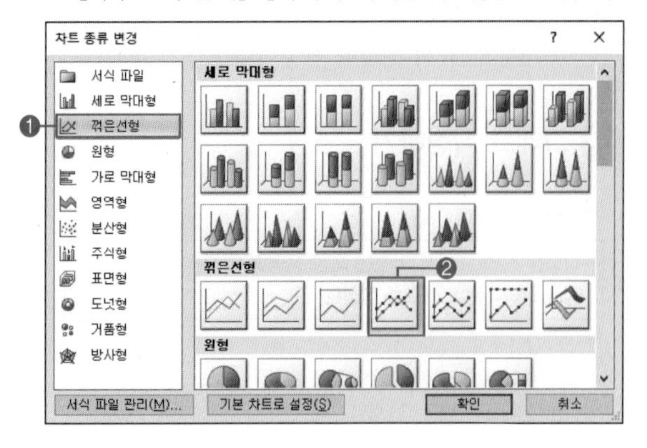

⑥ 인쇄 경계선이 표시되지 않는 경우 [빠른 실행 도구]–[인쇄 및 인쇄 미리보기]( ) 도구를 한 번 눌렀다가 [홈] 탭을 클릭하여 인쇄 경계선을 활성화 한다.

⑦ 차트를 인쇄 경계선 안쪽 작업 표 하단에 배치하고 차트제목(글꼴 크기 : 16), 가로축, 세로축 이름을 문제 제시대로 입력한다. 인쇄 시 차트가 잘리는 것을 방지하기 위하여 인쇄 경계선과 약 1행 정도 여백을 두고 배치하도록 한다.

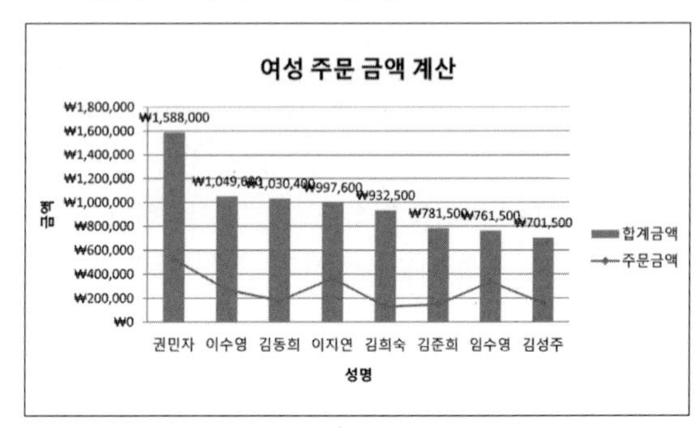

02 ACCESS 자료 처리(DBMS) 작업 풀이

01 테이블1 만들기

① [만들기]–[테이블 디자인] 클릭하여 새로운 [테이블 디자인 보기] 창을 실행한다.

② 테이블의 필드와 형식을 다음과 설정한다.

필드 이름	데이터 형식	일반
고객번호	텍스트	
가입일	날짜/시간	YYYY-MM-DD
설치장소	텍스트	
회선수	숫자	• 필드 크기 : 정수(Long) • 형식 : 0 • 소수 자릿수 : 0

③ [닫기]( )를 클릭하여 테이블을 저장한다. 테이블 이름은 임의로 지정한다.

④ 테이블1에는 기본 키를 지정하지 않으므로, '기본 키를 정의하지 않았습니다.' 대화상자에서 [아니오]를 클릭한다.

02 테이블2 만들기

① [만들기]–[테이블 디자인] 클릭하여 새로운 [테이블 디자인 보기] 창을 실행한다.

② 테이블의 필드와 형식을 다음과 같이 설정한다.

필드 이름	데이터 형식	일반
설치장소	텍스트	기본 키
단가	통화	소수 자릿수 : 0

③ 설치장소 필드의 [필드 선택기]를 클릭하고 [디자인] 탭-[기본 키]를 클릭하여 기본 키를 적용한다.

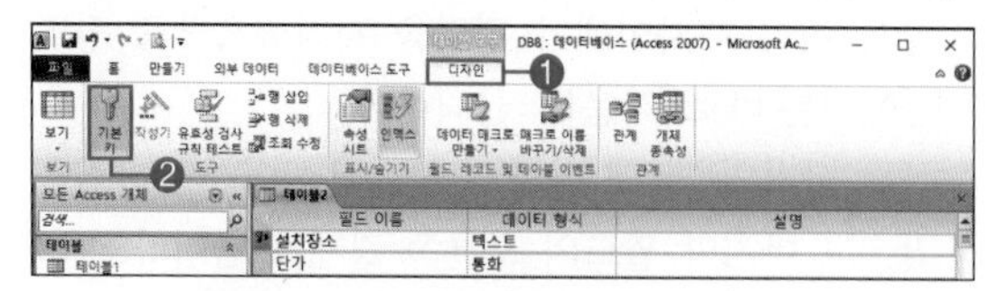

④ [닫기](×)를 클릭하여 테이블을 저장한다. 테이블 이름은 임의로 지정한다.

03 테이블에 데이터 입력

Access 개체 창에서 테이블1, 테이블2를 각각 더블 클릭하여 실행한 뒤 문제의 '02 입력 자료'를 참고하여 데이터를 입력한다.

고객번호	가입일	설치장소	회선수
A-101	2008-08-14	아파트	312
O-101	2006-08-04	오피스텔	294
H-101	2013-08-30	일반주택	125
O-102	2014-08-10	오피스텔	225
A-102	1999-08-07	아파트	238
H-102	2012-08-21	일반주택	119
H-103	2002-08-11	일반주택	63
A-103	2013-08-25	아파트	331
O-103	2014-08-07	오피스텔	275
H-104	2013-08-04	일반주택	177
O-104	2014-03-12	오피스텔	214
A-104	2012-08-01	아파트	188
O-105	2010-08-16	오피스텔	233
A-105	2009-08-02	아파트	186
H-105	2010-08-25	일반주택	89
H-154	2008-07-14	일반주택	98
O-157	2006-06-10	오피스텔	130
H-133	1998-03-01	일반주택	182
A-110	2012-12-16	아파트	257
O-133	2014-04-01	오피스텔	120
*			

설치장소	단가
아파트	₩25,000
오피스텔	₩48,000
일반주택	₩30,000
*	

04 전체 쿼리 만들기

① [만들기] 탭-[쿼리] 그룹-[쿼리 디자인]을 클릭한다.

② [테이블 표시] 대화상자에서 테이블1을 더블 클릭하여 쿼리 디자인 영역에 추가한다.

③ 테이블1의 전체 필드를 추가하기 위하여 테이블1의 '*'를 더블 클릭하여 아래 필드구성에 추가한다.

④ '04 자료 처리 파일(FILE) 작성'의 [처리 조건]에 따라 나머지 필드에 식을 입력한다. 또한 새로 추가되는 식 필드의 경우 필드선택-마우스 우클릭-속성을 클릭하고, [속성] 시트-[형식]에 다음과 같이 설정하도록 한다.

> [처리 조건]
> 2) 회선료 : 회선수 × 단가
> 3) 설치비 : 회선료 × 130%
> 4) 모뎀임대료 : (회선료 + 설치비) × 5%
> 5) 총액 : 회선료 + 설치비 + 모뎀임대료

구분	필드	형식
테이블1	*	
테이블2	단가	
식	회선료 : [회선수]*[단가]	통화
	설치비 : [회선료]*1.3	통화
	모뎀임대료 : ([회선료]+[설치비])*0.05	통화
	총액 : [회선료]+[설치비]+[모뎀임대료]	통화

⑤ '쿼리1 닫기'(×)를 클릭하여 쿼리1을 저장한다.

05 폼용 조건 검색 쿼리 만들기

① [만들기] 탭-[쿼리] 그룹-[쿼리 디자인]을 클릭한다.

② [테이블 표시] 대화 상자에서 테이블1, 테이블 2를 더블 클릭하여 쿼리 디자인 영역에 추가한다.

③ '03 조회 화면(SCREEN) 설계'의 [조회 화면 서식] 그림을 보고 폼에 추가될 필드를 '쿼리1'에서 더블 클릭하여 추가한다.

④ '03 조회 화면(SCREEN) 설계'의 조건에 따라 아래와 같이 조건을 입력한다.

> ※ 다음 조건에 따라 고객번호가 O 또는 H로 시작하면서 회선수가 200 이상인 고객 현황을 조회할 수 있는 화면을 설계하고 해당 데이터를 출력하시오.
> 1) 해당 현황은 목록 상자(리스트박스)에서 가입일 오름차순으로 출력하고, 화면 아래에 조회 시 작성한 SQL문을 복사하시오.
> – WHERE 조건절에 고객번호, 회선수 반드시 포함
> – INNER JOIN, ORDER BY 구문 반드시 포함
> ※ SQL문에 상기 내용 미포함 시 SQL 작성 부분 0점 처리
> 2) 리스트박스 조회 시 작성된 SQL문이 작성되지 않을 경우에는 "03 조회 화면(SCREEN) 설계" 과제가 0점 처리됨을 반드시 유의하시오.
> 3) 목록 상자에 표시되어야 할 필수적인 필드명은 다음과 같습니다.
> – 고객번호, 가입일, 설치장소, 회선수, 단가
> 4) 폼 서식에 제반되는 폰트, 점선 등은 아래 [조회 화면 서식]에 보이는 대로 기재하시오.
> 5) 기타 사항은 "03 자료 처리 파일(FILE) 작성"의 [기타 조건]을 따르시오.

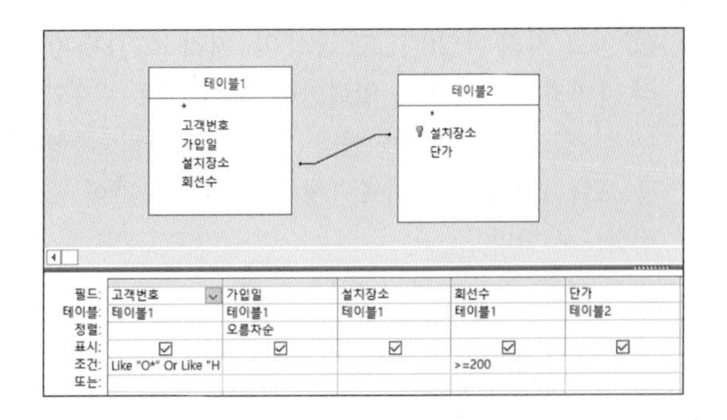

필드	조건/정렬
고객번호	Like "O*" or Like "H*"
가입일	오름차순
설치장소	
회선수	>=200
단가	

⑤ [쿼리2 닫기](×)를 클릭하여 '쿼리2'를 저장한다.

⑥ [개체] 창 '쿼리2'를 더블 클릭하여 실행한 뒤 검색 결과와 각 필드의 형식을 검토한다.

고객번호	가입일	설치장소	회선수	단가
O-101	2006-08-04	오피스텔	294	48000
O-105	2010-08-16	오피스텔	233	48000
O-104	2014-03-12	오피스텔	214	48000
O-103	2014-08-07	오피스텔	275	48000
O-102	2014-08-10	오피스텔	225	48000
*				

⑦ [닫기](×)를 클릭하여 '쿼리2'를 닫는다. 만약 검토 결과 오류가 발견되었다면 [개체] 창에서 '쿼리2' 선택–마우스 우클릭–[디자인보기]를 선택하여 오류를 수정하도록 한다.

06 03 조회 화면(SCREEN) 설계 작업하기

(1) 폼 만들고 제목 입력하기

① [만들기] 탭–[폼] 그룹–[폼 디자인]을 클릭한다.

② 본문의 너비를 약 '15'cm 늘려준다.

③ [디자인] 탭–[컨트롤] 그룹–[레이블](가)을 순서대로 클릭하여 문제 지시와 같이 제목 위치에 그려 넣고 레이블에 "고객번호가 O또는 H로 시작하면서 회선수가 200 이상인 고객 현황"을 입력한 뒤 글꼴 크기 : 16으로 변경한다.

(2) 목록 상자 추가하기

① [디자인] 탭–[컨트롤]–[목록 상자]( )를 클릭하고 폼 본문 제목 아래 그려 넣는다.

② [목록 상자 마법사]에서 "목록 상자에 다른 테이블이나 쿼리에 있는 값을 가져옵니다."를 선택하고 [다음]을 클릭한다.

③ [보기]에서 [쿼리]를 선택하고 [쿼리 : 쿼리2]를 선택한 뒤 [다음]을 클릭한다.

④ [사용 가능한 필드]에서 문제에 제시된 필드를 [선택한 필드]에 추가한다.

⑤ 앞서 쿼리 디자인에서 정렬을 지정했으므로 정렬 탭에서는 바로 [다음]을 클릭한다.

⑥ 목록 상자의 열 너비 조정 창에서 필드 간 간격을 맞추고 마지막 필드의 오른쪽 경계가 넘어가 스크롤이 생기지 않도록 설정하고 [마침]을 클릭한다.

⑦ 목록 상자와 함께 추가된 레이블을 선택하고 Delete를 눌러 삭제한다.

⑧ 목록 상자의 너비를 약 16cm 정도로 조절한 뒤 목록상자 선택–마우스 우클릭 클릭–[속성]을 선택하고 [속성] 시트–[형식] 탭–[열 이름]–[예]로 변경한다.

형식 | 데이터 | 이벤트 | 기타 | 모두

표시	예
열 개수	5
열 너비	2.54cm;2.778cm;2.7
열 이름	예

⑨ [디자인] 탭–[컨트롤]에서 선을 선택하고 Shift를 누르고 목록 상자 하단 너비에 맞게 선을 그려 넣는다.

⑩ 선을 선택하고 [속성] 시트–[형식]–[테두리두께]를 3pt로 변경한 뒤 목록 상자 아래에 방향키를 이용해서 적당히 배치한다.

⑪ 마우스로 드래그하여 목록 상자와 선을 같이 선택하고 [정렬] 탭–[크기 및 순서지정] 그룹–[크기/공간]–[가장 넓은 너비에]를 선택해 목록 상자와 선의 너비를 맞춰준다.

⑫ [정렬] 탭–[크기 및 순서지정] 그룹–[맞춤]–[왼쪽]을 선택하여 선과 목록 상자의 위치를 맞춰 준다.

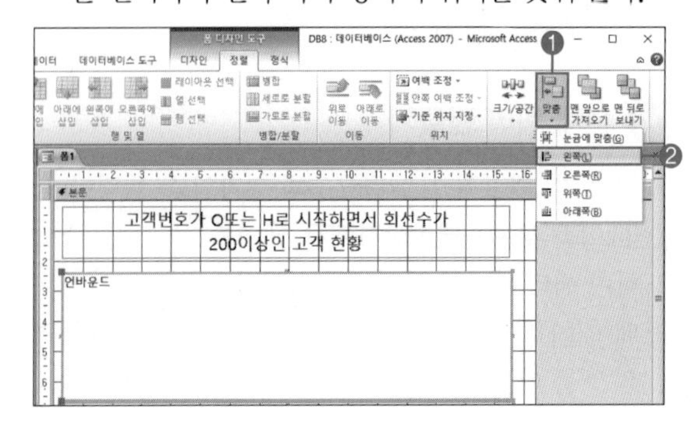

07 보고서 만들기

(1) 보고서 마법사로 보고서 만들기

① [만들기] 탭–[보고서 마법사]를 클릭한다.

② 보고서 마법사 단계별 작업

> [처리 조건]
> 1) 설치장소(아파트, 오피스텔, 일반주택)별로 정리한 후 같은 설치장소 안에서는 가입일의 오름차순으로 정렬(SORT)하시오.
> 6) 합계 : 설치장소별 설치비, 모뎀임대료, 총액의 합을 산출하시오.
> 7) 총평균 : 설치비, 모뎀임대료, 총액의 전체 평균을 산출하시오.
> 8) 가입일은 MM-DD 형식으로 표시하시오.

단계	작업
보고서에 어떤 필드를 넣으시겠습니까?	[테이블/쿼리] : 쿼리1 선택
	보고서 그림에 표시된 필드추가
그룹 수준을 지정하시겠습니까?	[처리 조건]에 따라 [설치장소] 필드 추가
정렬 순서와 요약 정보	정렬 : 가입일, 오름차순
	요약 옵션 : 설치비, 모뎀임대료, 총액
보고서에 어떤 모양을 지정하시겠습니까?	모양 : 단계, 용지 방향 : 세로
보고서 제목을 지정하십시오.	쿼리1 (임의로 수정 가능)
	보고서 디자인 수정 선택

(2) 보고서 디자인에서 컨트롤 배치하기

① 보고서 디자인 흰 바탕(인쇄 영역)의 경계를 16 이하로 줄여준다.

② 문제 제시 보고서를 보고 필드의 순서를 배치한다. 배치 시 [정렬] 탭의 정렬 및 순정의 [크기/공간], [맞춤]을 충분히 활용하도록 한다.

③ 보고서 머리글을 제외한 나머지 범위를 마우스로 드래그하여 선택하고 글꼴 크기 : 9, 글꼴 색 : 검정으로 변경한다.

④ 컨트롤 이동 및 수정

구역	작업
보고서 머리글	• 제목 : 인터넷 회선 사용료 내역 • 글꼴 : 16
	오른쪽 위에 비번호, 수험번호 작성
페이지 머리글	각 레이블 크기 조절 및 배치
	선 삽입 : 테두리 두께 1pt, 아래쪽 배치
그룹 머리글	[설치장소] 텍스트 상자 그룹 바닥글 이동 및 '합계' 레이블 뒤에 붙임
	높이 : 0으로 설정하여 숨김
본문	페이지 머리글 레이블과 위치 크기 맞추어 배치 [가입일] 형식 : MM-DD
	높이 : 0.7으로 최소한으로 줄여 준다.
그룹 바닥글	• "="에 대한 요약 " ~~" 레이블 삭제 • 그룹 머리글에서 가져온 텍스트 상자 배치 • 요약 =SUM() 텍스트 상자 페이지 머리글 레이블과 세로 방향 열에 맞추어 배치
	선 삽입 : 테두리 두께 1pt, 위쪽/아래쪽 배치
페이지 바닥글	• "=[Page]~ " 등의 텍스트 상자 모두 삭제 • 높이 : 0으로 설정하여 숨김
보고서 바닥글	• 총 합계 레이블 '총 평균'으로 수정하여 필드별 세로 정렬 맞춤 • SUM → AVG 로 함수명 변경
	선 삽입 : 테두리 두께 1pt, 아래쪽 배치
	선 아래 인쇄 번호 "4-3" 레이블 삽입

보고서 머리글
비번호 : A000, 수험번호 : 12345
인터넷 회선 사용료 내역
페이지 머리글
가입일 회선수 단가 회선료 설치비 모뎀임대료 총액
설치장소 머리글
본문
가입일 회선수 단가 회선료 설치비 모뎀임대료 총액
설치장소 바닥글
설치장소 합계 =Sum([설치비]) =Sum([모뎀임대 =Sum([총액])
페이지 바닥글
보고서 바닥글
총 평균 =Avg([설치비]) =Avg([모뎀임대료 =Avg([총액])
4-3

⑤ 보고서 컨트롤 속성 조정

[보고서 디자인 보기]를 닫고(×) [인쇄 미리보기]( )를 통하여 텍스트 상자의 형식에 문제가 있는 경우 속성 값을 변경한다.

해당 컨트롤	속성 설정 값
제목 레이블	글꼴 크기 : 16
직선	• 테두리 두께 : 1pt • 테두리 색 : 검정, 텍스트1
모든 텍스트 상자	테두리 : 투명
금액 텍스트 상자	형식 : 통화, 소수 자릿수 : 0
정수 텍스트 상자	형식 : 0
보고서 머리글	배경색 : 흰색, 배경1
본문	• 배경색 : 흰색, 배경1 • 다른 배경색 : 흰색, 배경1
그룹 바닥글	• 배경색 : 흰색, 배경1 • 다른 배경색 : 흰색, 배경1

01 전체적인 작업 순서

[제1 슬라이드]

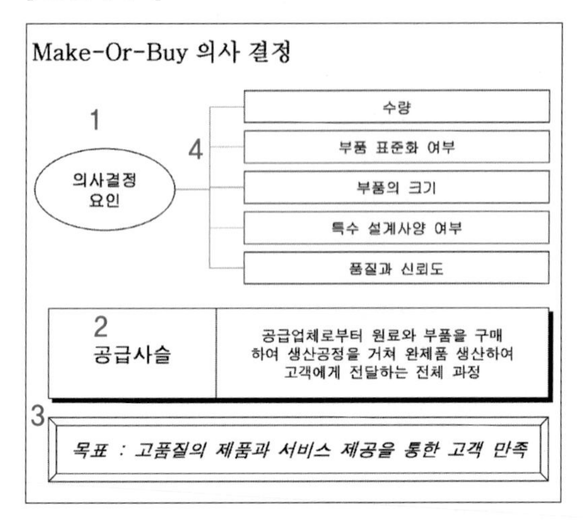

[제2 슬라이드]

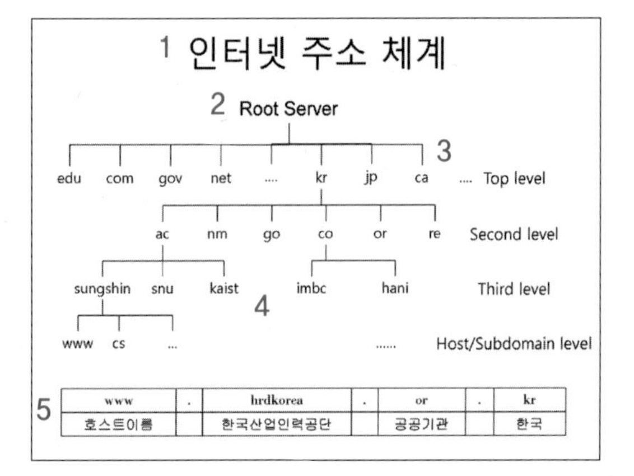

02 제1 슬라이드 작성하기

① [디자인] 탭–[페이지 설정]–[슬라이드 크기]–[화면 슬라이드쇼 4:3]로 설정–[확인] 클릭하여 슬라이드 크기를 변경한다.

② [도형]–[기본도형]–[텍스트 상자](가)를 이용하여 제목을 입력한다. 글꼴 : 바탕, 글꼴 크기 : 28을 적용한다.

③ [도형]–[기본도형]–[직사각형](□), [타원](○), [빗면](□)을 이용하여 슬라이드에 도형을 삽입 배치하고 텍스트를 입력한다. 글꼴 : 돋움체, 글꼴 색 : 검정, 텍스트1을 적용한다.

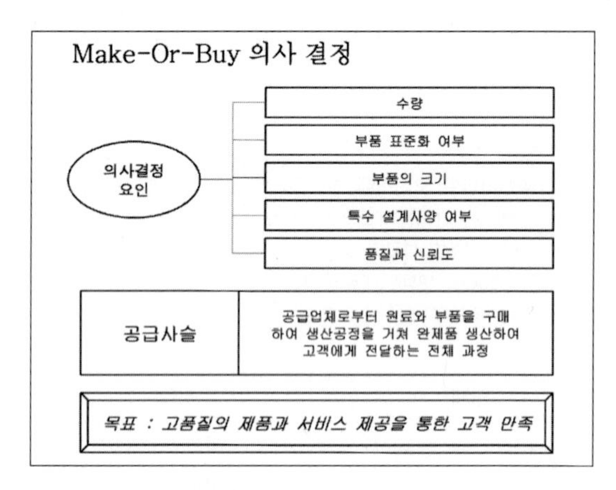

④ 맨 아래 빗면(□) 도형을 제외한 나머지 흰색 배경 도형을 선택하고 [도형 채우기]–[흰색, 배경1]을 적용한다.

⑤ 맨 아래 빗면(□) 도형을 선택하고 [도형 채우기]–[채우기 없음]을 적용한다.

⑥ 그림자가 적용될 직사각형 2개를 선택하고 마우스 우클릭, [개체 서식]–[도형 서식] 대화상자에서 아래와 같이 그림자를 적용한다.

항목		속성
그림자	미리 설정	[바깥쪽]–오프셋 대각선 오른쪽아래
	색	검정, 텍스트1
	투명도	0%
	흐리게	0pt
	간격	7pt

기적의 Tip

• 빗면의 경우 채우기 흰색을 적용하면 그림과 같이 우/하 영역에 음영이 적용되므로 채우기 없음을 적용합니다.

목표 : 고품질의 제품과 서비스 제공을 통한 고객 만족

• 반대로 '공급사슬' 도형의 경우 채우기 없음을 적용하면 그림자 적용에 문제가 발생하므로 채우기 흰색을 적용해주어야 합니다.

⑦ [도형]-[선]-[꺾인 연결선]을 이용하여 타원과 직사각형을 연결해주고 [도형 윤곽선]-[검정, 텍스트 1]을 적용한 후 마무리 한다.

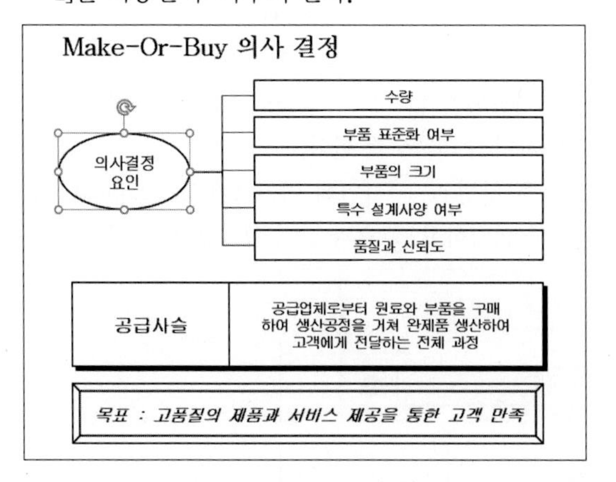

기적의 Tip

타원과 3번째 직사각형의 수평이 맞아야 연결선이 깔끔하게 직선 처리됩니다.

03 제2 슬라이드 작성하기

① [홈] 탭-[새 슬라이드]-[빈 화면]을 클릭하여 2번째 슬라이드를 추가한다. (글꼴 크기 : 44)

② [도형]-[기본 도형]-[텍스트 상자](가)를 이용하여 제목을 입력한다.

인터넷 주소 체계

기적의 Tip

제목을 슬라이드 중앙에 배치할 때에는 텍스트 가운데 맞춤한 뒤, 위 눈금자의 0 자리에 도형의 중앙 점을 맞춰주면 됩니다.

③ [도형]-[기본 도형]-[텍스트 상자](가)를 텍스트마다 하나씩 작성하여 슬라이드에 있는 전체 텍스트를 입력하고 텍스트 가운데 맞춤을 적용한다. 각 단어 당 텍스트 상자 1개씩 삽입한다.

④ 2행의 텍스트를 잘 배치하면 나머지는 쉽게 완성할 수 있다. 텍스트를 입력한 뒤 'edu'~'ca'까지 블록을 선택하고, [정렬]-[맞춤]-[가로 간격을 동일하게]를 적용하여 정렬한다.

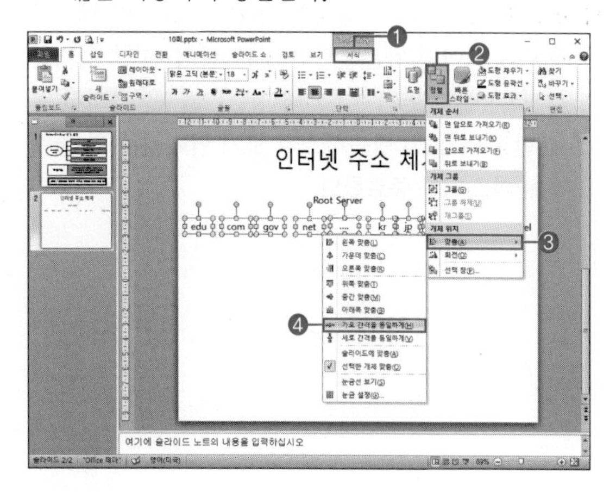

⑤ [도형]-[선]-[꺾인 연결선](ㄱ)을 이용하여 각 텍스트 상자를 연결해 준다. [도형 윤곽선]-[검정, 텍스트1]로 변경한다.

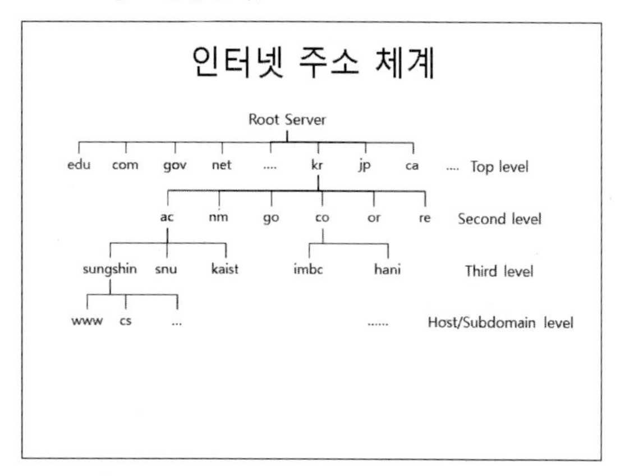

⑥ [삽입]-[표]-7×2 표를 삽입하고 [디자인] 탭-[표 스타일]-[스타일 없음]을 적용한다. 이어서 열 폭을 조절하고 텍스트를 입력한다. 1행 글꼴 : 궁서, 2행 글꼴 : 굴림, 문자열 정렬 [가운데] 맞춤한다.

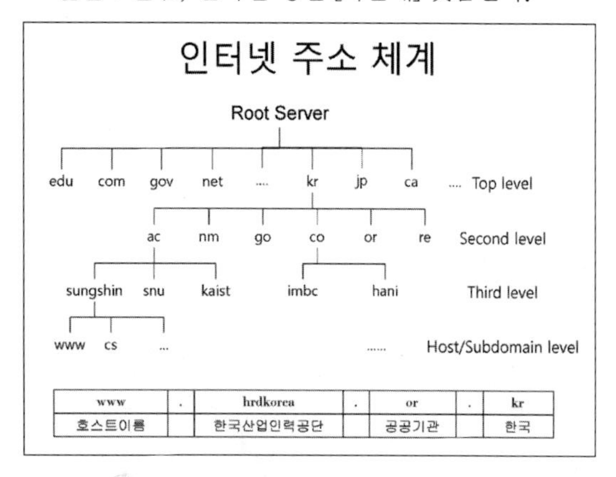

www	.	hrdkorea	.	or	.	kr
호스트이름		한국산업인력공단		공공기관		한국

04 비번호와 출력 페이지 번호 작성하기

① [보기] 탭–[유인물 마스터]를 클릭한다.

② 오른쪽 상단 머리글에 비번호, 수험번호를 작성한다.

③ 왼쪽 바닥글 텍스트 상자를 삭제하고 오른쪽 텍스트 상자를 페이지 가운데로 배치한 뒤 '4–4'를 입력한다. [홈] 탭–[단락]–[가운데 정렬](≡)을 클릭한다.

④ [유인물 마스터] 탭–[마스터 보기 닫기](×)를 클릭하여 마스터를 종료한다.

05 인쇄하기

① 엑셀, 액세스, 파워포인트 작업을 모두 완료 후 시험 위원 지시에 따라 답안 파일을 전송하고 출력하도록 한다. 파워포인트는 페이지 설정 사항이 파일에 저장되지 않으므로 출력할 때마다 설정해 주어야 하니 주의하도록 한다.

② [빠른 실행 도구]–[인쇄 미리보기 및 인쇄]() 도구를 클릭하고, 그림과 같이 설정한다.

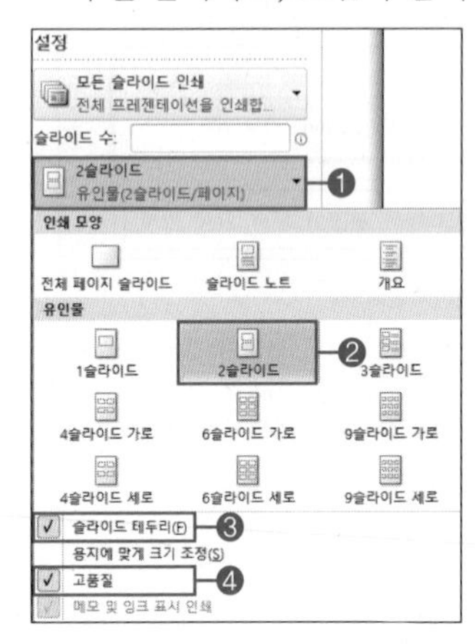

PART

03

함수 사전

시험에 중요한 비중을 차지하는 Excel, Access 함수를 정리하여 수록하였습니다. 자주 사용하는 함수를 정리해두면 작업을 효율적으로 수행하는 데 큰 도움이 됩니다. 함수를 완벽하게 마스터할 수 있도록 반복하여 학습하도록 합니다.

// SECTION //

01 Excel 함수 사전

함수	설명	사용방법
SUM	합을 산출	=SUM(E4:E6) → [E4] 셀에서 [E6] 셀까지의 합을 구한다. 시험 시 자동 합계 단추를 이용하는 것이 효율적이다.
AVERAGE	(산술)평균을 산출	=AVERAGE(E4:E6) → [E4] 셀에서 [E6] 셀까지의 평균을 구한다. 시험 시 조건에 의해 소수 자릿수를 0으로 지정하여 정수로 표시해 준다.
MAX MIN	최대값을 산출 최소값을 산출	=MAX(D5:D24)–MIN(D5:D24) → 각 항목의 최고값–각 항목의 최저값(편차)을 구한다.
IF	조건에 만족하는 값을 표시	=IF(C4="M","남","여") → [C4] 셀의 값이 "M"이면 "남", 아니면 "여"를 표시한다.
RANK	석차(순위, 등급)를 산출	=RANK(G7,$G$7:$G$18) → [$G$7:$G$18] 구간에서 [G7] 셀의 석차를 구한다(참조 범위는 항상 절대참조).
COUNT	숫자의 개수를 산출	=COUNT(C3:C18) → [C3:C18] 구간에서 숫자의 개수를 구한다(조건은 " "로 묶는다).
COUNTIF	조건을 만족하는 셀의 개수를 산출	=COUNTIF(A5:A16,"사무직") (조건은 " "로 묶는다) → [A5:A16] 구간에서 "사무직" 셀의 개수를 구한다.
SUMIF	조건에 따라 지정된 셀의 합 산출	=SUMIF($B$4:$B$21,">=3000",K4:K21)–SUMIF($B$4:$B$21,">=3500",K4:K21) → 배기량[$B$4:$B$21]이 3000 이상 3500 미만인 차량들의 유지비[K4:K21] 합을 산출한다.
ROUNDDOWN	수를 무조건 자리 내림	=ROUNDDOWN(J5*10%,–3) → [J5] 셀 금액의 10%(단, 백 원 단위는 절삭)를 구한다.
LEFT MID RIGHT	왼쪽에서 문자 추출 중간에서 문자 추출 오른쪽에서 문자 추출	=IF(LEFT(B6,1)="B","버스",IF(LEFT(B6,1)="H","승합차","승용차")) → [B6] 셀의 첫 번째가 "B"면 "버스", "H"면 "승합차", 아니면 "승용차"를 나타낸다.
TODAY() DATE(연,월,일)	날짜 입력	=TODAY() → 오늘 날짜를 나타낸다. =DATE(2018,12,2) → 특정한 날짜를 나타낸다.
AND OR	모두 참일 때 참 하나라도 참일 때 참	=IF(OR(MID(A1,8,1)="1",MID(A1,8,1)="3"),"남자","여자") → [A1] 셀의 8번째에서 1개가 "1" 또는 "3" 이면 "남자", 아니면 "여자"를 나타낸다.
DSUM	데이터베이스의 필드에서 찾을 조건과 일치하는 값들의 합 산출	=DSUM($A$3:$J$23,H3,$A$31:$B$33) → 데이터베이스범위[$A$3:$J$23]에서 조건[$A$31:$B$33]에 맞는 값들[H3]의 합을 구한다.
INT	가까운 정수로 내림	=INT(E4/C4) → 주행거리[E4]/주유량[C4]을 계산하면서 정수화 처리한다.
SUMPRODUCT ISNUMBER FIND	합의 곱 산출 숫자일 때 TRUE 텍스트 위치 검색	=SUMPRODUCT(ISNUMBER(FIND("우수",L4:L21))*K4:K21) → "최우수", "우수" 인 경우만 TRUE가 나와서 TRUE와 유지비(K4:K21)와의 곱의 합(SUMPRODUCT)을 구해 준다.
FREQUENCY	빈도, 분포 산출	{=FREQUENCY(H4:H23,G31:G33)} → [H4:H23] 구간에서 [G31:G33] 기준에 맞는 분포를 구한다. 배열함수이므로 Ctrl + Shift + Enter 로 입력한다.

▶ 1. 지정한 범위의 합계 계산 – SUM

SUM 함수는 SUMMARY의 약자로 지정한 범위의 합계를 계산합니다.

| 기본 함수 구조 |

=SUM(셀, 셀, 셀...), =SUM(A1:A4,B4:B6)

| 작업 파일 | 엑셀함수정리소스.xlsx (SUM 시트)

| 처리 조건 |

지점별 재고 현황에서 매입수량, 판매수량, 재고수량의 합계를 계산하시오.

	A	B	C	D	E
1	지점별 재고 현황				
2					단위: 대
3	지점	매입수량	판매수량	재고수량	합계
4	부산	3,382	3,299	83	6,764
5	영등포	2,290	1,567	723	4,580
6	강북	3,457	3,420	37	6,914
7	강서	1,578	1,578	-	3,156
8	강동	2,106	2,000	106	4,212
9	강남	4,250	4,239	11	8,500
10	광주	2,350	2,278	72	4,700

| 따라 하기 |

① [E4] 셀을 선택하고 자동 합계(Σ)를 클릭하여 합계를 계산한다.

② 자동 합계(Σ)를 클릭했을 때 합계 계산 범위가 깜빡이는데 이때 범위를 지정해 합계 범위를 변경할 수 있다.

③ [E4] 셀을 채우기 핸들을 이용하여 아래 방향으로 자동 채우기를 한다.

| 정답 |

[E4] : =SUM(B4:D4)

| 기출 예제 |

개인별 현금 서비스 금액 표에서 각 항목의 수직 합계를 계산하시오.

	A	B	C	D	E
17	개인별 현금서비스 금액				
18					
19	회원번호	성명	연체이자	보너스금액	결재금액
20	3212	김미현	₩93,680	₩58,000	₩623,680
21	9248	이소연	₩84,460	₩65,000	₩671,460
22	2278	곽혜수	₩57,940	₩72,000	₩713,940
23	5678	김태희	₩93,040	₩77,000	₩793,040
24	6794	박수진	₩101,860	₩85,000	₩869,860
25	3379	김성미	₩129,350	₩86,000	₩910,350
26	5730	황귀남	₩176,760	₩98,000	₩1,065,760
27	1235	노권자	₩145,650	₩112,000	₩1,158,650
28	7935	심천순	₩105,780	₩132,000	₩1,299,780
29	합계		₩988,520	₩785,000	₩8,106,520
30					

| 풀이 |

[C29:E29] 범위 선택 후 자동 합계(Σ)를 클릭한다.

| 정답 |

[C29] : =SUM(C20:C28)

기적의 Tip

[기출 예제]와 같이 인접하면서 같은 계산을 요하고 자동 합계 버튼으로 처리할 수 있는 함수는 범위 선택 후 [자동 합계] (Σ)를 클릭하면 한 번에 계산 결과가 입력됩니다.

▶ 2. 지정한 범위의 평균 계산 - AVERAGE

AVERAGE 함수는 지정한 범위의 평균을 계산합니다.

| 기본 함수 구조 |

=AVERAGE(셀, 셀, 셀...), =AVERAGE(A1:A4)

| 작업 파일 | 엑셀함수정리소스.xlsx (AVERAGE 시트)

| 처리 조건 |

연수 평가 결과표에서 각 과목의 평균을 작업 표 하단에 계산하시오.

	A	B	C	D
1	연수 평가 결과			
2				
3	성명	교양	영어	컴퓨터
4	김인혜	67	97	89
5	박영희	45	78	92
6	도남덕	98	89	45
7	나남희	100	90	98
8	평균	77.5	88.5	81.0

| 따라 하기 |

[B8:D8] 셀을 마우스로 드래그한 뒤 자동 합계(Σ)의 화살표를 눌러 [평균]을 선택한다.

| 정답 |

[B8] : =AVERAGE(B4:B7)

| 기출 예제 |

차종류별 판매 실적 분석표에서 각 항목의 수직 평균을 계산하시오.

	A	B	C	D
13	차종류별 판매 실적 분석			
14				
15	차종류	단가	판매계획	
16			수량	금액
17	인삼차	₩2,000	1700	₩3,400,000
18	쌍화차	₩2,800	1650	₩4,620,000
19	아이스커피	₩4,500	1250	₩5,625,000
20	오렌지커피	₩4,000	750	₩3,000,000
21	코리언커피	₩3,000	500	₩1,500,000
22	우유	₩1,000	500	₩500,000
23	카푸치노	₩3,000	700	₩2,100,000
24	키위주스	₩4,000	500	₩2,000,000
25	홍차	₩2,000	300	₩600,000
26	평균	₩2,922	₩872	₩2,593,889
27				

| 풀이 |

[B26:D26] 범위 선택 후 자동 합계(Σ) 화살표를 눌러 [평균]을 선택한다.

| 정답 |

[B26] : =AVERAGE(B17:B25)

▶ 3. 지정한 범위의 최대/최소값 계산 – MAX/MIN

MAX/MIN 함수는 지정한 범위 내에 최대값/최소값을 계산하는 함수입니다.

| 기본 함수 구조 |
MAX(범위), MIN(범위)

| 작업 파일 | 엑셀함수정리소스.xlsx (MAX, MIN 시트)

| 처리 조건 |
연수 성적 표에서는 상담개론, 영업실습, 어학의 최대값, 최소값, 그리고 최대/최소값의 차이값을 계산하시오.

	A	B	C	D
1	연수 성적			
2	사원명	상담개론	영업실습	어학
3	김덕우	77	98	83
4	남효수	100	88	99
5	정지용	67	45	77
6	탁호영	94	76	58
7	구연아	56	90	34
8	김미나	82	73	84
9	최대값	100	98	99
10	최소값	56	45	34
11	차이값	44	53	65

| 따라 하기 |
① 최대값을 계산하기 위해 [B9:D9] 셀 범위를 선택하고 자동합계(Σ ▾)의 화살표를 눌러 최대값을 선택한다.
② 최소값을 계산하기 위해 [B10] 셀을 선택한 뒤 자동 합계(Σ ▾)의 화살표를 눌러 최소값을 선택한다. 주의할 점은 최소값 선택 시에 영역범위가 깜빡일 때 영역을 [B3:B8]로 변경한다. 결과가 입력될 셀 위의 모든 값을 자동 선택하므로 최대값 결과는 배제시켜야 한다. 채우기 핸들을 이용하여 우측으로 자동 채우기를 한다.
③ '최대값–최소값'을 계산하기 위해 [B11:D11] 셀 범위를 선택하고 「=MAX(B3:B8)–MIN(B3:B8)」식을 입력한 뒤 Ctrl+Enter를 눌러 한 번에 식을 채워 넣는다.

기적의 Tip

자동 채우기를 할 셀을 미리 선택하고 식을 입력한 뒤 Ctrl+Enter를 누르면 자동 채우기를 한 것과 같은 결과를 가져옵니다. 꼭 이렇게 해야 하는 것은 아니며 참고로 알아 두도록 합니다. 또한 차이값 식을 「=B9–B10」 이렇게 구성해도 됩니다. 본서에 안내한 차이값 함수 계산 방식은 시험 출제 기준으로 구성되어 있습니다.

| 정답 |
최대값 [B9] : =MAX(B3:B8)
최소값 [B10] : =MIN(B3:B8)
차이값 [B11] : =MAX(B3:B8)–MIN(B3:B8)

| 기출 예제 |

차종류별 판매 실적 분석표에서 각 열의 최대값과 최소값의 차이값을 계산하고 단가 열의 식을 작성하시오.

	A	B	C	D
19	차종류별 판매 실적 분석			
20	차종류	단가	판매계획	
21			수량	금액
22	인삼차	₩2,000	1700	₩3,400,000
23	쌍화차	₩2,800	1650	₩4,620,000
24	아이스커피	₩4,500	1250	₩5,625,000
25	오렌지커피	₩4,000	750	₩3,000,000
26	코리언커피	₩3,000	500	₩1,500,000
27	우유	₩1,000	500	₩500,000
28	카푸치노	₩3,000	700	₩2,100,000
29	키위주스	₩4,000	500	₩2,000,000
30	홍차	₩2,000	300	₩600,000
31	차이값	₩3,500	1400	₩5,125,000
32	=MAX(B23:B31)-MIN(B23:B31)			
33				

| 풀이 |

① [B31:D31] 셀을 마우스로 드래그한 뒤 「=MAX(B22:B30)-MIN(B22:B30)」 함수를 입력하고 Ctrl+Enter를 눌러 식을 자동 채우기 완성한다.

② [B31] 셀을 선택하고 수식 입력줄에서 수식을 마우스로 드래그한 뒤 Ctrl+C로 식을 복사하고 Esc로 식 선택을 해제한 뒤 [A32] 셀을 선택하고 「'」(Enter 옆)를 누르고 Ctrl+V로 식을 붙여넣기한다.

| 정답 |

[B31] : =MAX(B22:B30)-MIN(B22:B30)

▶ 4. 숫자 데이터 반올림 - ROUND

ROUND 함수는 실수의 소수점 자릿수 반올림 또는 정수부의 반올림을 처리합니다. ROUND 함수에는 기본 자릿수 5를 기준으로 반올림하는 ROUND 함수, 값에 관계없이 강제 자리 올림을 하는 ROUNDUP, 값에 관계없이 강제 자리 버림을 하는 ROUNDDOWN 함수 세 가지가 있습니다. 최근 들어 종종 출제되는 문제입니다. 약간 혼동이 있을 수 있으나 어려운 부분은 아니므로 꼭 기억하세요.

| 기본 함수 구조 |

ROUND(셀, 자릿수) – 기준 자릿수 값 5를 기준으로 5 이상은 반올림 5 미만은 자리 버림

ROUNDUP(셀, 자릿수) – 기준 자릿수 값 크기에 상관없이 무조건 자리 올림

ROUNDDOWN(셀, 자릿수) – 기준 자릿수 값 크기에 상관없이 무조건 자리 버림

기적의 Tip

자릿수 인수 구분

- 실수부 반올림 : 인수는 양수로 표현합니다. 예 ROUND(3.865,2) → 3.87
- 정수부 반올림 : 인수는 음수로 표현합니다. 예 ROUNDDOWN(688980,-3) → 688000

| 작업 파일 | 엑셀함수정리소스.xlsx (ROUND 시트)

| 처리 조건 |

ROUND/ROUNDUP/ROUNDDOWN 표의 구분과 기준 값을 참고하여 반올림 열에 각 구분에 따른 반올림을 처리하시오.

	A	B	C
1			
2	ROUND		
3	구분	기준값	반올림
4	소수 4 자리 반올림	2745.3528	2745.353
5	소수 1 자리 반올림	2745.3528	2745
6	정수 3 자리 반올림	2745.3528	3000
7			
8			
9	ROUNDDOWN		
10	구분	기준값	자리내림
11	소수 4 자리에서 버림	2745.3528	2745.352
12	소수 1 자리에서 버림	2745.3528	2745
13	정수 3 자리에서 버림	2745.3528	2000
14			
15			
16	ROUNDUP		
17	구분	기준값	자리올림
18	소수 3 자리에서 올림	2745.3528	2745.36
19	소수 1 자리에서 올림	2745.3528	2746
20	정수 2 자리에서 올림	2745.3528	2800

기적의 Tip

인수의 값은 표현하는 자릿수를 의미합니다. 소수점 4번째 자리에서 반올림하면 소수점 3자리만 남습니다. 즉, 남게 되는 자릿수를 인수로 결정하면 됩니다. 정수부는 최종 남게 되는 0의 개수를 인수로 결정하면 됩니다.

※ TRUNC 함수 : ROUNDDOWN 함수와 같은 기능을 하며, 사용법도 동일합니다.

| 풀이 및 정답 |

① 소수 4 자리에서 반올림을 적용하기 위해 [C3] 셀을 선택하고 「=ROUND(B4,3)」를 입력한다.

② 소수 1 자리에서 반올림을 적용하기 위해 [C4] 셀을 선택하고 「=ROUND(B5,0)」를 입력한다.

③ 정수 3 자리에서 반올림을 적용하기 위해 [C5] 셀을 선택하고 「=ROUND(B6,−3)」를 입력한다.

④ 소수 4 자리에서 버림을 계산하기 위해 [C11] 셀을 선택하고 「=ROUNDDOWN(B11,3)」를 입력한다.

⑤ 소수 1 자리에서 버림을 계산하기 위해 [C12] 셀을 선택하고 「=ROUNDDOWN(B12,0)」를 입력한다.

⑥ 정수 3 자리에서 버림을 계산하기 위해 [C13] 셀을 선택하고 「=ROUNDDOWN(B13,−3)」를 입력한다.

⑦ 소수 3 자리에서 올림을 계산하기 위해 [C18] 셀을 선택하고 「=ROUNDUP(B18,2)」를 입력한다.

⑧ 소수 1 자리에서 올림을 계산하기 위해 [C19] 셀을 선택하고 「=ROUNDUP(B19,0)」를 입력한다.

⑨ 정수 2 자리에서 올림을 계산하기 위해 [C20] 셀을 선택하고 「=ROUNDUP(B20,−2)」를 입력한다.

| 기출 예제 |

사원별 급여 내역서 표에서 각 항목의 평균을 계산하고 평균값을 정수 3번째 자리(백의 자리)에서 올림 처리하고 기본급 열의 평균 함수 식을 [A37] 셀에 작성하시오.

	A	B	C	D	E	F
24	사원별 급여 내역서(비번호:A121)					
25						
26	성명	사원번호	기본급	상여금	직무수당	총지급액
27	김성수	C-13	₩4,553,434	₩1,350,043	₩265,442	₩63,504,343
28	표성희	C-14	₩4,504,334	₩1,125,545	₩356,540	₩6,125,000
29	김성주	C-15	₩4,505,454	₩4,054,543	₩265,442	₩5,405,878
30	김형태	C-16	₩4,500,000	₩2,754,545	₩500,000	₩5,270,875
31	서지수	C-17	₩4,504,342	₩3,465,000	₩500,000	₩8,465,000
32	이윤열	C-18	₩4,500,000	₩6,075,000	₩265,442	₩11,075,000
33	홍경래	C-28	₩4,534,343	₩2,025,545	₩265,442	₩7,025,000
34	윤미숙	C-35	₩4,505,435	₩7,694,342	₩265,442	₩126,954,342
35	박영미	C-48	₩4,504,324	₩6,075,000	₩500,000	₩110,756,564
36	평균		₩4,513,000	₩3,847,000	₩354,000	₩38,287,000
37	=ROUNDUP(AVERAGE(C27:C35),-3)					

| 풀이 |

① 함수식을 계산하기 위해 [C36] 셀을 선택하고 자동 합계(Σ)의 화살표를 눌러 평균을 클릭하여 평균 식을 완성한다.

② [C36] 셀의 수식 입력줄 '=' 뒤를 마우스로 클릭하고 AVERAGE 함수 앞에 「ROUNDUP(」까지 입력하고 End를 눌러 식 맨 뒤로 이동하여 「,−3)」까지 입력하고 Enter를 눌러 식을 완성한다. 「=ROUNDUP(AVERAGE(C27:C35),−3)」

③ 채우기 핸들을 이용하여 [C36] 셀을 우측으로 끌어 자동 채우기를 한다.

④ [C36] 셀을 선택하고 수식 입력 줄에서 수식을 마우스로 드래그한 뒤 Ctrl+C로 복사하고 Esc 키로 식 선택을 해제한 뒤 [A37] 셀을 선택한다. → 「'」를 입력 후 Ctrl+V로 식을 붙여 넣고 Enter를 누른다.

| 정답 |

[C36] : =ROUNDUP(AVERAGE(C27:C35),−3)

기적의 Tip

- 정수 3의 자리에서 반올림하면 0이 3개 표시됩니다.
- 실수 3의 자리에서 반올림하면 소수점 3개가 표시됩니다.

▶ 5. 실수의 정수화 – INT

INT 함수는 실수 값을 버리고 정수로 표현합니다. 시험에 자주 출제되니 꼭 기억하도록 합니다.

| 기본 함수 구조 |

INT(인수)

INT(3.56) → 3

| 작업 파일 | 엑셀함수정리소스.xlsx (INT 시트)

| 처리 조건 |

실수부 절삭 표에서 실수 열의 값을 정수화하여 표시하시오.

	A	B
1		
2	실수부 절삭	
3	실수	결과
4	3.9	3
5	4.3	4

| 따라 하기 |

① [B4] 셀을 선택하고 「=INT(A4)」를 입력하고 Enter 키로 식을 완성한다.

② [B4] 셀을 선택하고 채우기 핸들을 이용하여 자동 채우기를 한다.

| 정답 |

[B4] : =INT(A4)

| 기출 예제 |

보너스 금액 : 사용금액 × 1000 (단, 사용금액이 333,000원이면 만 자리 이상만(33) 취한다. 예 33*1000)

	A	B	C	D	E
11	개인별 현금 서비스 금액				
12					
13	회원번호	성명	사용금액	보너스금액	비고
14	5789	정우성	₩333,000	₩33,000	
15	1568	표석진	₩556,000	₩55,000	
16	3212	김미현	₩588,000	₩58,000	
17	9248	이소연	₩652,000	₩65,000	
18	2278	곽혜수	₩728,000	₩72,000	
19	5678	김태희	₩777,000	₩77,000	
20	6794	박수진	₩853,000	₩85,000	우수고객
21	3379	김성미	₩867,000	₩86,000	우수고객
22	5730	황귀남	₩987,000	₩98,000	우수고객
23	1235	노권자	₩1,125,000	₩112,000	VIP고객
24	7935	심천순	₩1,326,000	₩132,000	VIP고객
25	보너스금액 계산시 사용한 함수식			=INT(C14/10000)*1000	
26					

| 풀이 |

보너스 금액 계산은 333,000에서 33만 가져오기 위해서 10,000으로 나누어 33.3을 만들어 준 뒤 그 값을 정수화 처리하면 된다.

333,000 / 10,000 = 33.3 → INT(33.3) = 33

① [D14] 셀을 선택 후 「=INT(C14/10000)*1000」를 입력하고 Enter를 입력한 뒤 채우기 핸들을 이용하여 자동 채우기를 한다.

② [D14] 셀을 선택 후 수식 입력줄에서 식을 선택하고 Ctrl+C로 복사한 뒤 Esc를 눌러 선택을 취소한다. [D25] 셀을 선택한 후 「'」를 입력하고 Ctrl+V로 식을 붙여 넣는다.

| 정답 |

[D14] : =INT(C14/10000)*1000

▶ 6. 순위 계산 – RANK

RANK 함수는 순위를 계산하는 함수입니다. 내림차순 기준/오름차순 기준의 두 가지 방식이 있으며, 동일한 값이 있을 경우 해당 순위만큼 자동으로 건너뛰게 됩니다. 순위는 일정 범위 내에서 그 값의 크기의 순서를 의미합니다. 항상 순위 계산할 셀이 있다면 그 셀이 속하는 범위가 있어야 합니다. 그리고 자동 채우기를 통해 순위를 계산하는 데 있어 순위 계산할 범위는 절대참조를 사용합니다.

| 기본 함수 구조 |

=RANK(Number, Ref, Order)

Number	순위 계산할 셀
Ref	순위 계산할 범위
Order	정렬 기준

기적의 Tip

정렬 기준

- 0 또는 빈칸 : 내림차순 (가장 큰 값이 1등)
- 0 이외의 값 : 오름차순 (가장 작은 값이 1등)

| 작업 파일 | 엑셀함수정리소스.xlsx (RANK 시트)

| 처리 조건 |

기말고사 성적표에서 다음 지시대로 처리하시오.

- 순위 내림 : 총점을 기준으로 순위를 계산하시오. 단, 총점이 가장 큰 학생이 1등이 된다.
- 순위 오름 : 총점을 기준으로 순위를 계산하시오. 단, 총점이 가장 작은 학생이 1등이 된다.

	A	B	C	D
1	기말고사 성적표			
2	학번	총점	순위 내림	순위 오름
3	200301	176	3	5
4	200302	164	4	3
5	200303	153	6	2
6	200304	184	2	6
7	200305	186	1	7
8	200306	164	4	3
9	200307	139	7	1

| 따라 하기 |

① [C3] 셀을 선택하고 「=RANK(」까지 입력 후 함수 마법사를 클릭하여 함수 마법사에 그림과 같이 인수를 입력한다. Ref 인수는 자동 채우기 시 고정되어야 하므로 F4를 이용하여 절대참조로 변경한다. Order 인수는 빈칸을 두어 내림차순으로 한다.

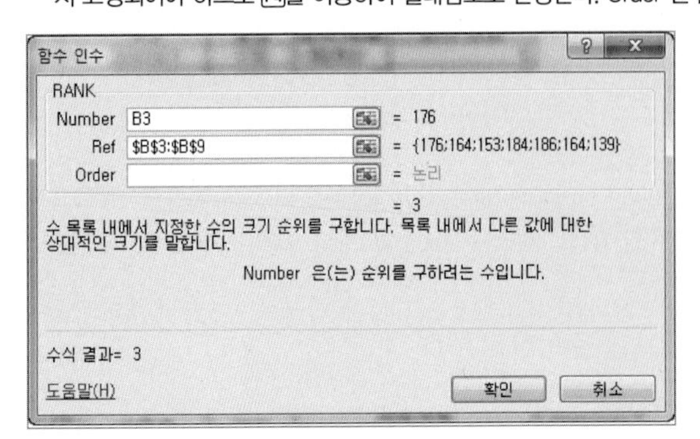

Number	B3
Ref	$B$3:$B$9
Order	

② [D3] 셀을 선택하고 「=RANK(」까지 입력 후 함수 마법사를 클릭하여 마법사에 그림과 같이 인수를 입력한다. Ref 인수는 자동 채우기 시 고정되어야 하므로 F4를 이용하여 절대참조로 변경한다. Order 인수는 「1」을 입력하여 오름차순으로 정렬한다.

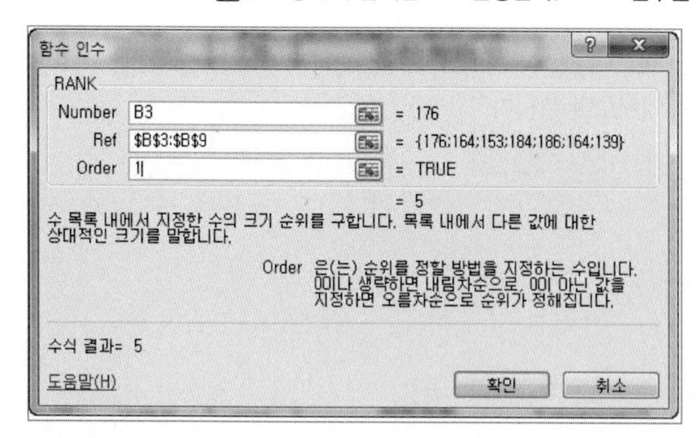

Number	B3
Ref	$B$3:$B$9
Order	1

| 정답 |

[C3] : =RANK(B3,$B$3:$B$9)

[D3] : =RANK(B3,$B$3:$B$9,1)

| 기출 예제 |

차 종류별 판매실적 분석표에서 금액에 대한 판매순위를 계산하시오. 단, 금액이 가장 큰 차 종류가 1위가 되도록 하시오.

	A	B	C	D	E
15	차 종류별 판매실적 분석				
16					
17	차종류	단가	판매계획		판매순위
18			수량	금액	
19	사과주스	₩3,500	1300	₩2,481,500	8
20	포도주스	₩4,000	1500	₩3,760,000	5
21	맥심커피	₩4,000	1500	₩5,284,800	4
22	옥수수차	₩4,000	1500	₩5,808,000	3
23	꿀차	₩4,000	1500	₩6,144,000	2
24	에스프레소	₩4,500	1500	₩7,182,000	1
25	딸기주스	₩5,000	550	₩3,190,000	6
26	녹차	₩1,200	1900	₩2,664,000	7
27	배주스	₩4,000	500	₩2,440,000	9
28					

| 풀이 |

[E19] 셀을 선택하고 「=RANK(D19,$D$19:$D$27)」 식을 입력한 뒤 채우기 핸들로 자동 채우기를 한다. 함수 마법사를 이용하여 작성해도 된다.

| 정답 |

[E19] : =RANK(D19,$D$19:$D$27)

기적의 Tip

RANK 함수는 기본적으로 동순위를 뛰어 넘습니다. 즉, 동률이 3위일 경우 3위가 2개 항목 발생하고 다음 순위는 4위가 아닌 5위가 됩니다.

▶ 7. 조건에 따라 결과 구분 - IF

IF 함수는 주어진 조건에 따라 결과를 구분하여 출력하는 함수입니다. 엑셀뿐만 아니라 액세스에서도 필수로 출제되는 함수입니다. 함수 마법사를 사용하기보다는 직접 식을 작성하는 방법을 익히도록 합니다.

| 기본 함수 구조 |

IF(Logical_Test, Value_if_true, Value_if_false)

Logical_Test	조건
Value_if_true	조건이 참일 때 출력할 값
Value_if_false	조건이 거짓일 때 출력할 값

| 작업 파일 | 엑셀함수정리소스.xlsx (IF 시트)

| 처리 조건 |

상공주식회사 인사고과표에서 점수가 80점 이상이면 합격, 그렇지 않으면 불합격으로 판정 열에 표시하시오.

	A	B	C	D
1	상공주식회사 인사고과			
2	성명	부서	점수	판정
3	류민수	경리부	95.8	합격
4	라우석	영업부	88.5	합격
5	김민석	관리부	72.6	불합격
6	박우민	영업부	61.9	불합격
7	강우식	관리부	88	합격

| 따라 하기 |

[D3] 셀을 선택하고 「=IF(C3>=80,"합격","불합격")」을 입력한 후 Enter로 식을 완성한 뒤 채우기 핸들로 자동 채우기를 한다. (또는 함수 마법사를 이용하여 아래와 같이 입력한 후 Enter로 식을 완성한 뒤 채우기 핸들로 자동 채우기를 한다.)

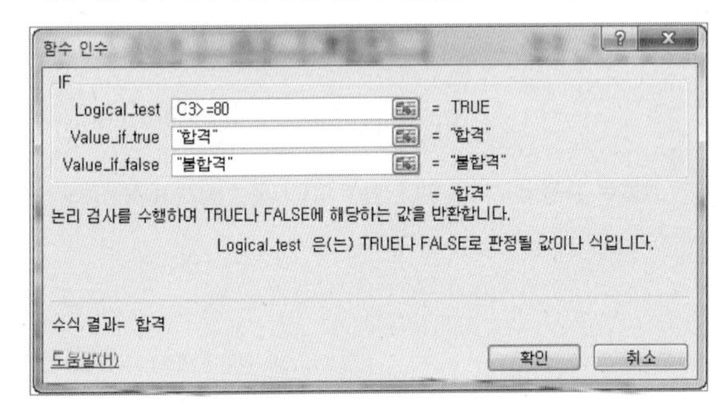

| 정답 |

[D3] : =IF(C3>=80,"합격","불합격")

| 기출 예제 |

부서별 실적표에서 하반기 목표 열을 아래와 같이 계산하시오.

하반기 목표 : 달성률이 120% 이상이면 실적에 18%를 증가시키고 그 외는 10% 감소시키시오.

	A	B	C	D	E	F
12	부서별 실적표					
13						
14	구분		상반기			하반기
15	부서	성명	목표	실적	달성률	목표
16	영업3부	유성구	1,300	3,250	250%	3,835
17	영업2부	성춘향	6,000	9,939	166%	11,728
18	영업3부	홍길동	6,000	8,739	146%	10,312
19	영업2부	임세일	4,100	5,500	134%	6,490
20	영업2부	이하나	7,600	9,550	126%	11,269
21	영업1부	임선향	7,000	8,170	117%	7,353
22	영업1부	신면철	2,800	3,250	116%	2,925
23	영업2부	굳세다	4,800	4,700	98%	4,230
24	영업3부	이몽룡	3,000	2,900	97%	2,610
25	영업3부	김석수	7,200	6,940	96%	6,246
26	영업1부	강민복	5,300	5,100	96%	4,590
27	영업3부	박설매	7,300	6,950	95%	6,255
28	영업3부	유경수	4,000	3,700	93%	3,330

| 풀이 |

[F16] 셀을 선택하고 「=IF(E16〉=120%,D16*118%,D16*90%)」를 입력하고 Enter를 눌러 식을 완성한 뒤 채우기 핸들로 자동 채우기를 한다. (또는 [F16] 셀을 선택하고 함수 마법사를 이용하여 아래와 같이 입력하고 Enter를 눌러 식을 완성한 뒤 채우기 핸들로 자동 채우기를 한다.)

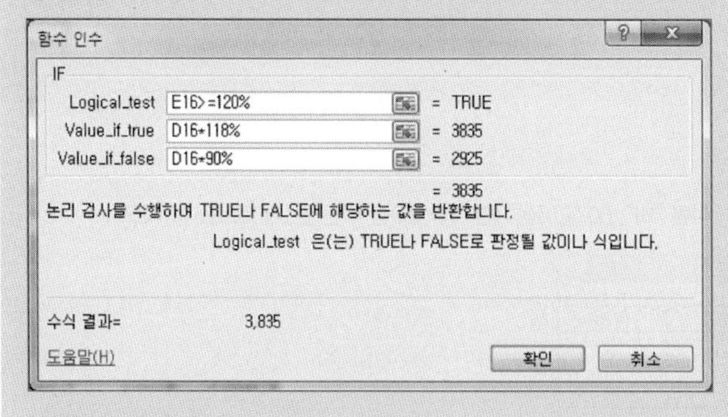

| 정답 |

[F16] : =IF(E16〉120%,D16*118%,D16*90%)

기적의 Tip

• 증가는 원래 값에 그만큼을 더한다는 의미입니다. 즉, 100만 원에 10%를 증가시키면 110만 원이 되는 원리입니다.
• 감소는 원래 값에 그만큼을 차감한다는 의미입니다. 즉, 100만 원에 10%를 감소시키면 90만 원이 되는 원리입니다.

백분율	실수	분수
100%	1	1/100
50%	0.5	50/100
30%	0.3	30/100

▶ 8. 다중 조건에 따라 결과 구분 – 중첩 IF

중첩 IF 함수는 2개 이상의 다중 조건 판단 결과를 구분할 때 사용합니다. 시험에 빠지지 않는 문제입니다. 함수 마법사를 이용할 수 있지만 식의 구조를 이해하고 직접 식을 작성하는 방법을 익혀야 액세스 쿼리식 구성을 처리할 수 있습니다. 단순 중첩 IF 함수보다는 문자열 함수, 날짜시간 함수 등을 이용한 혼합 중첩 IF 함수가 종종 출제됩니다. 주의할 점은 엑셀에서는 마지막 닫기 ')' 개수가 자동으로 처리되지만 액세스에서는 꼭 정확히 개수를 맞춰 줘야 합니다. ')'의 개수는 IF의 개수와 동일하게 입력합니다.

| 기본 함수 구조 |

=IF(조건1, 조건1이 참일 때 값,
IF(조건2, 조건2가 참일 때 값,
IF(조건3, 조건3이 참일 때 값, 그 외의 값))) ....

기적의 Tip

식을 여러 줄로 구분한 것은 식 분석을 쉽게 할 수 있도록 함입니다. 실제 식 작성 시에는 한 줄로 입력하셔야 합니다.

| 작업 파일 | 엑셀함수정리소스.xlsx (중첩IF 시트)

| 문제 |

판정 : 평균이 90점 이상이면 "수", 80점 이상이면 "우", 70점 이상이면 "미", 60점 이상이면 "양", 60점 미만은 "가"로 표시하시오.

	A	B	C	D	E	F
1	컴퓨터활용 평가					
2	성명	필기	실기	총점	평균	판정
3	김구호	75	45	120	60	양
4	하창명	56	58	114	57	가
5	민구연	38	24	62	31	가
6	이상희	88	92	180	90	수
7	오정민	83	39	122	61	양
8	신면철	99	99	198	99	수
9	김해진	89	85	174	87	우
10	오승환	66	70	136	68	양

| 풀이 |

① [F3] 셀을 선택하고 「=IF(E3>=90,"수",」까지 입력한 다음 수식 입력 줄에서 "="을 뺀 「IF(E3>=90,"수",」식을 마우스로 드래그하여 복사한다.

② 「=IF(E3>=90,"수",」식 뒤에한 식을 붙여 넣는다. 「=IF(E3>=90,"수",IF(E3>=90,"수",」

③ 붙여넣기한 식에서 조건식과 결과를 두 번째 식으로 변경한다. 「=IF(E3>=90,"수",IF(E3>=80,"우",」

④ 붙여 넣은 식 뒤에 다시 Ctrl+V로 식을 붙여 넣기한 뒤 세 번째 조건과 결과로 수정한다. 「=IF(E3>=90,"수",IF(E3>=80,"우", IF(E3>=70,"미",」

⑤ 이렇게 붙여 넣기를 반복하여 조건과 결과를 수정해 식을 완성한다. 「=IF(E3>=90,"수",IF(E3>=80,"우",IF(E3>=70,"미",IF(E3>=60,"양","가"))))」

⑥ 식이 완성되면 [F3] 셀을 선택하여 자동 채우기를 한다.

| 정답 |

[F3] : =IF(E3>=90,"수",IF(E3>=80,"우",IF(E3>=70,"미",IF(E3>=60,"양","가"))))

| 기출 예제 |

개인별 현금 서비스 금액 표에서 보너스 금액을 참고하여 비고란을 처리하시오.

비고 : 보너스금액이 10만 원 이상이면 "VIP고객", 8만 원 이상이면 "우수고객", 그렇지 않으면 공백으로 표시하시오.

	A	B	C	D	E
19	개인별 현금 서비스 금액				
20					
21	회원번호	성명	사용금액	보너스금액	비고
22	5789	정우성	₩333,000	₩33,000	
23	1568	표석진	₩556,000	₩55,000	
24	4312	하남주	₩571,000	₩57,000	
25	8216	김준하	₩672,000	₩67,000	
26	9231	이남협	₩799,000	₩79,000	
27	3219	박철민	₩854,000	₩85,000	우수고객
28	1686	김정일	₩1,410,000	₩141,000	VIP고객
29	5678	김태희	₩777,000	₩77,000	
30	6794	박수진	₩853,000	₩85,000	우수고객
31	5730	황귀남	₩987,000	₩98,000	우수고객
32	1235	노권자	₩1,125,000	₩112,000	VIP고객
33	7935	심천순	₩1,326,000	₩132,000	VIP고객
34					

| 풀이 |

[E22] 셀을 선택하고 「=IF(D22>=100000,"VIP고객",IF(D22>=80000,"우수고객",""))」식을 앞의 문제처럼 한 단위 조건만 입력하고 나머지는 붙여넣기하면서 수정을 하여 식을 입력한 후 Enter를 입력하여 식을 완성하고 채우기 핸들로 자동 채우기를 한다.

| 정답 |

[E22] : =IF(D22>=100000,"VIP고객",IF(D22>=80000,"우수고객",""))

기적의 Tip

중첩 IF 함수에서 주의해야 할 점들

- 조건의 크기가 큰 것부터 분리해 냅니다.
- 결과가 문자일 경우만 ""로 묶어 줍니다. 절대 숫자는 ""로 묶으면 안 됩니다.

▶ 9. 논리 함수 – AND/OR

AND 함수는 단독으로 사용이 되지 않고 IF 함수와 혼합되어 사용됩니다.
AND(그리고) 함수는 두 개 이상의 조건이 **모두 만족할 때** 결과로 TRUE를 출력합니다.
OR(또는) 함수는 두 개 이상의 조건 중 **하나라도 만족할 때** 결과로 TRUE를 출력합니다.
논리함수 AND/OR는 함수뿐만 아니라 데이터베이스 함수의 조건, 액세스의 검색, 쿼리 조건에도 사용되는 개념이므로 꼭 이해하도록 합니다.

| 기본 함수 구조 |
AND(조건1,조건2,조건n,.....)
OR(조건1,조건2,조건n,.....)

| 작업 파일 | 엑셀함수정리소스.xlsx (AND,OR 시트)

| 처리 조건 |
AND : 영어 점수가 80점 이상이면서 전산 점수가 70점 이상이면 "합격" 그렇지 않으면 "불합격"
OR : 영어 점수가 80점 이상이거나 전산 점수가 60점 이상이면 "합격" 그렇지 않으면 "불합격"

	A	B	C	D	E
1		㈜ 익스터디 승진시험 성적 현황			
2	성명	영어	전산	AND	OR
3	박시영	80	80	합격	합격
4	김명훈	85	60	불합격	합격
5	서태훈	80	75	합격	합격
6	강수현	81	85	합격	합격
7	정미숙	50	45	불합격	불합격
8	김보람	60	80	불합격	합격
9	최정민	75	79	불합격	합격

| 따라 하기 |
① [D3] 셀을 선택하고 「=IF(」까지 입력 후 함수 마법사 창에 아래와 같이 식을 입력한다.

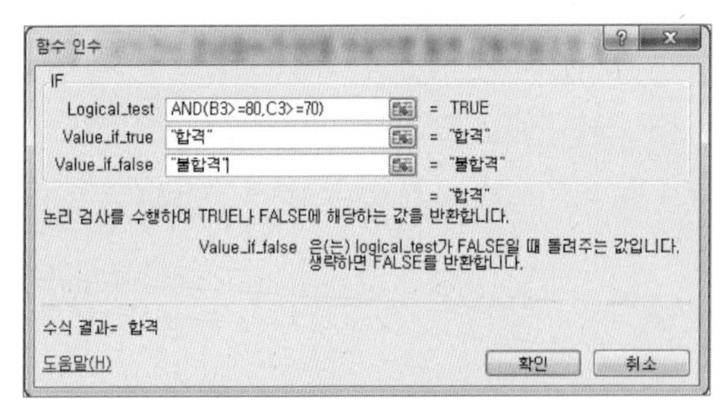

Logical_Test	AND(B3>=80,C3>=70)
Value_if_true	"합격"
Value_if_false	"불합격"

② [E3] 셀을 선택하고 「=IF(」까지 입력 후 마법사 창에 아래와 같이 식을 입력한다.

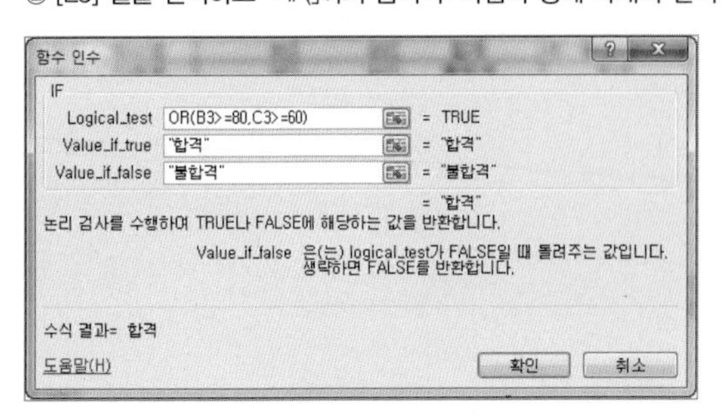

Logical_Test	OR(B3>=80,C3>=60)
Value_if_true	"합격"
Value_if_false	"불합격"

| 정답 |

[D3] : =IF(AND(B3>=80,C3>=70),"합격","불합격")

[E3] : =IF(OR(B3>=80,C3>=60),"합격","불합격")

| 기출 예제 | 결과분기를 아래 표의 조건대로 계산하시오.

조건	(2002>=취득년도) and (2002<(취득년도+내용연수)	
결과분기	참	(취득원가-잔존가치)/내용연수
	거짓	0

19	자산별 감가상각 관리					
20	취득년도	자산명	취득원가	내용연수	잔존가치	감각액
21	2003	사무용	₩8,000	2	₩800	₩0
22	2002	사무용	₩10,000	2	₩1,000	₩4,500
23	2002	차량	₩50,000	5	₩5,000	₩9,000
24	2003	기계	₩50,000	10	₩5,000	₩0
25	2003	기계	₩70,000	10	₩7,000	₩0
26	2002	공기구	₩80,000	8	₩8,000	₩9,000
27	2003	공기구	₩80,000	8	₩8,000	₩0
28	2002	기계	₩100,000	10	₩10,000	₩9,000
29	2003	차량	₩150,000	1	₩15,000	₩0
30	2002	건물	₩300,000	40	₩30,000	₩6,750

| 풀이 |

① 최근에 출제되는 형식이다. 표를 이용하여 다중 조건문의 조건을 제시하는데 문제 분석을 우선해야 한다. 문제를 분석해 보면 취득년도가 2002년 이전이면서 (취득년도+내용연수) 합한 값이 2002년 이후이면 (취득원가-잔존가치)/내용연수를 계산하고, 그렇지 않으면 0을 출력하면 된다.

② 이렇게 어려운 문제가 출제될 경우 논리함수를 먼저 계산한 뒤 그 식을 복사하여 IF 함수의 조건 부분에 붙여 넣는 방법을 사용하면 조금은 어려움을 덜 수 있다. [G21] 셀을 선택하고 「=AND(」까지 입력 후 함수 마법사 창에 그림과 같이 입력한 다음 Enter를 눌러서 식을 완성한다.

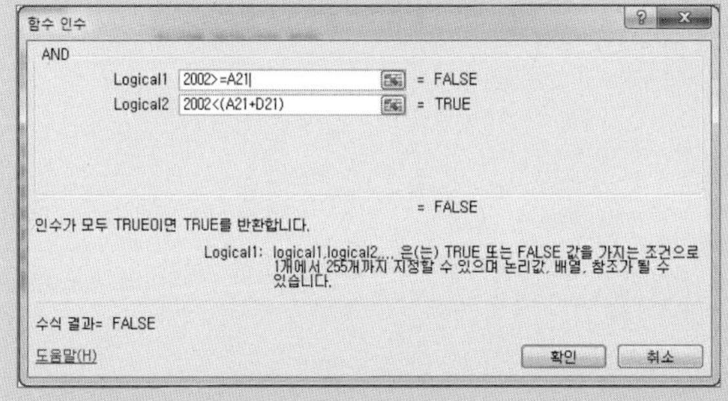

Logical1	2002>=A21
Logical2	2002<(A21+D21)

③ [G21] 셀을 아래방향으로 자동 채우기를 하고 결과가 맞는지 확인한 뒤 수식 입력줄에서 지금까지 작성한 AND 함수식을 마우스로 드래그하여 Ctrl+C로 복사한다.

④ [F21] 셀을 선택하고 「=if(」까지 입력 후 함수 마법사 창에서 Logical_test를 클릭하고 Ctrl+V로 앞서 작성한 and 함수를 붙여 넣고 나머지 항목은 그림과 같이 입력한 다음 Enter를 눌러서 식을 완성한다. 결과를 확인하고 아래 방향으로 자동 채우기를 한다.

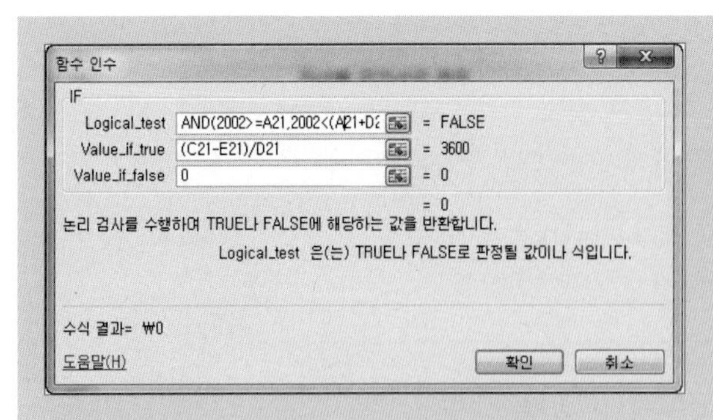

Logical_test	AND(2002>=A21,2002<(A21+D21))
Value_if_true	(C21–E21)/D21
Value_if_false	0

| 정답 |

[F21] : =IF(AND(2002>=A21,2002<(A21+D21)),(C21–E21)/D21,0)

기적의 Tip

꼭 이와 같은 방법으로 논리함수를 미리 완성하고 IF 함수 조건 부분에 붙여 넣지 않아도 됩니다. 바로 식을 입력해도 되지만 식이 길어지다 보면 혼란스러울 수 있어 이렇게 분리하여 입력을 한 것입니다. 뒤에 이어지는 날짜/시간, 문자열 함수도 마찬가지 입니다. 이런 형식으로 IF 함수와 혼합되어 출제됩니다.

▶ 10. 지정한 글자 수 추출 – 문자열 함수

문자열 함수는 작업 시 입력한 문자열 중 일부 글자를 글자 수 기준으로 인출합니다. 단독으로 사용할 때는 거의 없고 if 함수 등과 함께 사용됩니다. 시험에 빠지지 않고 출제되는 함수입니다.
문자열 함수에는 LEFT, RIGHT, MID 함수가 있습니다. 특히 MID 함수는 인수가 3개라는 것 잊지 마시기 바랍니다.

| 기본 함수 구조 |

LEFT(Text, Number_chars)
RIGHT(Text, Number_chars)
MID(Text, Start_num, Num_chars)

Text	문자열
Number_chars	추출할 글자 수
Start_num	MID 함수 추출 시작 글자 위치

기적의 Tip

공백도 한 글자로 인식합니다.

| 작업 파일 | 엑셀함수정리소스.xlsx (문자열함수 시트)

| 처리 조건 |

각 함수의 작업 표의 지시 열을 참고하여 문자열 함수를 이용하여 결과 열을 완성하시오.

	A	B	C	D
1				
2	LEFT(값,글자수)		지시	결과
3	대한민국 Korea	=LEFT(A3,7)	왼쪽에서 7글자	대한민국 Ko
4	Korea	=LEFT(A4,3)	왼쪽에서 3글자	Kor
5	대한민국	=LEFT(A5,2)	왼쪽에서 2글자	대한
6				
7				
8	RIGHT(값,글자수)		지시	결과
9	대한민국 Korea	=RIGHT(A9,5)	오른쪽에서 5글자	Korea
10	Korea	=RIGHT(A10,3)	오른쪽에서 3글자	rea
11	대한민국	=RIGHT(A11,2)	오른쪽에서 2글자	민국
12				
13				
14	MID(값,시작자리,글자수)		지시	결과
15	대한민국 Korea	=MID(A15,3,6)	3째 글자부터 6자	민국 Kor
16	Korea	=MID(A16,2,2)	2째 글자부터 2자	or
17	대한민국	=MID(A17,3,2)	3째 글자부터 2자	민국

| 따라 하기 |

① LEFT 함수는 왼쪽 첫 번째 글자부터 지정한 글자 수만큼을 인출한다. 아래와 같이 식을 입력한다.

[D3] : 「=LEFT(A3,7)」 왼쪽 첫 자부터 7 글자를 잘라 "대한민국 Ko"가 인출된다.

[D4] : 「=LEFT(A4,3)」 왼쪽 첫 자부터 3 글자를 잘라 "Kor"가 인출된다.

[D5] : 「=LEFT(A5,2)」 왼쪽 첫 자부터 2 글자를 잘라 "대한"이 인출된다.

② RIGHT 함수는 오른쪽 첫 번째 글자부터 지정한 글자 수만큼을 인출한다. 아래와 같이 식을 입력한다.

[D9] : 「=RIGHT(A9,5)」 오른쪽 첫 자부터 5 글자를 잘라 "Korea"가 인출된다.

[D10] : 「=RIGHT(A10,3)」 오른쪽 첫 자부터 3 글자를 잘라 "rea"가 인출된다.

[D11] : 「=RIGHT(A11,2)」 오른쪽 첫 자부터 2 글자를 잘라 "민국"이 인출된다.

③ MID 함수는 문자열 중간에 임의 위치부터 지정한 글자 수만큼을 인출한다. 아래와 같이 식을 입력한다.

[D15] : 「=MID(A15,3,6)」 3번째 글자부터 6 글자를 잘라 "민국 Kor"가 인출된다.

[D16] : 「=MID(A16,2,2)」 2번째 글자부터 2 글자를 잘라 "or"이 인출된다.

[D17] : 「=MID(A17,3,2)」 3번째 글자부터 2 글자를 잘라 "민국"이 인출된다.

| 기출 예제 |

고객번호 별 전화 종류 작업 표에서 전화종류 열은 고객번호 앞 두 자리가 P1으로 시작하면 "공공용", P2로 시작하면 "가정용", P3로 시작하면 "사업용"으로 표시하시오.

	A	B
21	고객번호 별 전화 종류	
22	고객번호	전화종류
23	P1-140	공공용
24	P1-150	공공용
25	P1-150	공공용
26	P2-360	가정용
27	P2-510	가정용
28	P3-210	사업용
29	P3-310	사업용
30	P3-520	사업용
31		

| 풀이 |

① [B23] 셀을 선택하고 「=LEFT(A23,2)」를 우선 입력하여 정상적으로 앞의 두 자리가 출력되는지 확인한다.

② 수식 입력줄로 이동하여 「LEFT(A23,2)」 앞에 「IF(」를 입력하고 End를 눌러 식 맨 뒤로 이동해서 「=IF(LEFT(A23,2)="P1","공공용",」조건과 출력 값을 입력한다.

③ 앞서 입력된 "="을 제외하고 Ctrl+C로 복사하고 식 맨 뒤에 Ctrl+V로 붙여넣기한 뒤 두 번째 조건과 결과만 수정한다.
「=IF(LEFT(A23,2)="P1","공공용",IF(LEFT(A23,2)="P2","가정용",」 그리고 나머지 결과도 입력하여 식을 완성한다.
「=IF(LEFT(A23,2)="P1","공공용",IF(LEFT(A23,2)="P2","가정용","사업용"))」
IF 단위로 분리하여 살펴보면 혼란을 줄일 수 있다.
=IF(LEFT(A23,2)="P1","공공용",
IF(LEFT(A23,2)="P2","가정용","사업용"))

| 정답 |

[B23] : =IF(LEFT(A23,2)="P1","공공용",IF(LEFT(A23,2)="P2","가정용","사업용"))

기적의 Tip

문자열 함수와 중첩 IF 함수를 혼합하는 함수는 자주 출제되는 내용입니다. 본서에서 설명한 방법이 글로는 복잡하지만 차근히 한 번만 제대로 해보면 그 다음부터는 훨씬 쉽습니다.

▶ 11. 문자열 연결 – &, CONCATENATE

&는 함수라기보다는 문자열 연결 기능을 가지는 연산자라고 볼 수 있습니다.
CONCATENATE 함수는 &와 같은 역할을 하는 함수입니다. 시험에 출제된 적이 있는 내용입니다. 주의할 점은 문자열을 무조건 “”로 묶어 준다는 것만 잊지 마세요.

| 기본 함수 구조 |

TEXT1 & TEXT2 & TEXT3

CONCATENATE(TEXT1,TEXT1......)

| 작업 파일 | 엑셀함수정리소스.xlsx (&연산자 시트)

| 처리 조건 |

작업 표의 년도, 해당 월, 해당 일을 참고하여 년월일 열에 1998년 5월 11일처럼 문자를 묶으시오.

	A	B	C	D
1				
2	년도	해당 월	해당 일	년월일
3	1998	5	11	1998년 5월 11일
4	1999	6	12	1999년 6월 12일
5	2000	7	13	2000년 7월 13일
6	2001	8	14	2001년 8월 14일
7	2003	9	15	2003년 9월 15일
8	2003	10	16	2003년 10월 16일
9	2004	11	17	2004년 11월 17일
10	2005	12	18	2005년 12월 18일

| 따라 하기 |

① 문자는 무조건 “”로 묶어야 한다는 것을 잊지 말고 순서대로 하나씩 입력해 나가도록 한다.

② [D3] 셀을 선택하고 「=A3&“년 ”&B3&“월 ”&C3&“일”」식을 입력하고 Enter를 누른 뒤 채우기 핸들로 자동 채우기를 한다.

③ 년, 월, 일 구분에 공백이 있으므로 “년_”처럼 공백(_: 공백) 들어갈 부분도 괄호로 묶는다.

| 정답 |

[D3] : =A3&“년 ”&B3&“월 ”&C3&“일”

 기적의 Tip

MS Office 2021부터 CONCATENATE 함수가 CONCAT으로 함수명이 변경되었습니다.

| 기출 예제 |

기출 예제 표에서 대여자 열은 코드 맨 앞 1자리, 대여일로 표시한다. (예 이승엽:C:21일)

	A	B	C	D
16				
17	대여자	코드	대여일	종합
18	이승엽	B-1	3	이승엽:B:3일
19	김재해	A-5	3	김재해:A:3일
20	최경주	C-8	4	최경주:C:4일
21	이종범	A-6	4	이종범:A:4일
22	이봉주	B-6	5	이봉주:B:5일
23	이수경	A-1	5	이수경:A:5일
24	유남규	A-7	5	유남규:A:5일
25	원미경	B-1	6	원미경:B:6일
26	한기주	B-7	6	한기주:B:6일

| 따라 하기 |

① [D18] 셀을 선택하고 「=CONCATENATE(」까지 입력 후 함수 마법사를 실행한다.

② 아래와 같이 선택 및 함수 입력을 하고 [확인]을 클릭한 뒤 채우기 핸들로 자동 채우기를 한다.

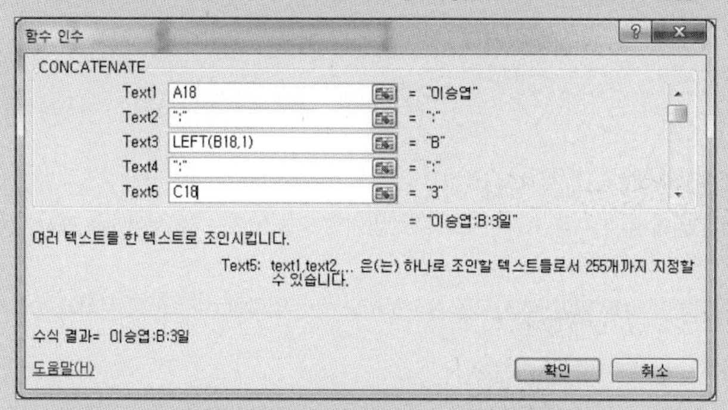

③ 또는 &를 이용하여 아래와 같이 직접 연결해 줘도 된다.

=A18&":"&LEFT(B18,1)&":"&C18&"일"」

| 정답 |

[D18] : =CONCATENATE(A18,":",LEFT(B18,1),":",C18,"일")

[D18] : =A18&":"&LEFT(B18,1)&":"&C18&"일"

기적의 Tip

시험에서 똑같은 결과를 가져올 수 있는 함수가 두 개 이상인데 사용해야 할 함수를 지정하지 않았을 경우에는 수험생이 사용하기 편한 함수를 사용하면 됩니다.

▶ 12. 년, 월, 일을 구분하는 날짜 함수

날짜나 시간 데이터에서 각 항목을 인출할 수 있는 함수입니다. 기본에 충실하면 어렵지 않으니 반드시 알아 두시길 바랍니다.

| 기본 함수 구조 |

=TODAY() : 오늘 날짜를 표시. 인수 필요 없음 (단축키 : Ctrl+;)

=YEAR(날짜) : 날짜에서 년도만 표시

=MONTH(날짜) : 날짜에서 월만 표시

=DAY(날짜) : 날짜에서 일만 표시

=NOW() : 현재 시간을 표시. 인수 필요 없음 (단축키 : Ctrl+Shift+;)

=HOUR(시간) : 현재 시간에서 시간만 표시

=MINUTE(시간) : 현재 시간에서 분만 표시

=SECOND(시간) : 현재 시간에서 초만 표시

| 작업 파일 | 엑셀함수정리소스.xlsx (날짜시간 시트)

| 처리 조건 |

- [C3] 셀에 오늘 날짜를 입력하고 입력한 날짜를 참고하여 결과 열에 각 지시를 표시하시오. (단, 입력한 오늘 날짜는 셀 서식에서 표시 형식을 YYYY-MM-DD로 설정한다.)
- [C10] 셀에 시간을 "8:30:40"으로 입력하고 입력한 시간을 참고하여 결과 열에 각 지시를 표시하시오. (단, 입력한 시간은 셀 서식에서 표시 형식을 HH:MM:SS로 설정한다.)

	A	B	C
1			
2	기준	함수	결과
3	오늘	=TODAY()	2013-12-30
4	년도	=YEAR(C3)	2013
5	월	=MONTH(C3)	12
6	일	=DAY(B7)	30
7			
8			
9	기준	함수	결과
10	지금	=NOW()	08:30:40
11	시	=HOUR(C10)	8
12	분	=MINUTE(B14)	30
13	초	=SECOND(B15)	40

| 따라 하기 |

① [C3] 셀을 선택하고 Ctrl+;를 오늘를 입력하고 Enter를 눌러 오늘 날짜를 완성한다. 또는 「=TODAY()」 함수를 입력하고 Enter를 눌러 오늘 날짜를 완성한다.

② [C4] 셀을 선택하고 「=YEAR(C3)」입력하여 입력한 데이터의 년도를 표시한다.

③ [C5] 셀을 선택하고 「=MONTH(C3)」입 입력한 데이터의 월을 표시한다.

④ [C6] 셀을 선택하고 「=DAY(C3)」입력하여 입력한 데이터의 일을 표시한다.

⑤ [C10] 셀을 선택하고 Ctrl+Shift+;를 눌러 현재 시간을 입력하고 Enter를 눌러 오늘 날짜를 완성한다. 또는 「=NOW()」를 입력하고 Enter를 눌러 오늘 날짜를 완성한다.

⑥ [C11] 셀을 선택하고 「=HOUR(C10)」입력하여 입력한 데이터의 시간을 표시한다.

⑦ [C12] 셀을 선택하고 「=MINUTE(C10)」입력하여 입력한 데이터의 분을 표시한다.

⑧ [C13] 셀을 선택하고 「=SECOND(C10)」입력하여 입력한 데이터의 초를 표시한다.

| 기출 예제 |

아르바이트 급여 현황 표를 보고 아래 작업을 처리하시오.

당일금액 : (근무시간의 시×4800) + (근무시간의 분×80)

식대 : 근무시간이 6시간 이상이면 10,000원, 6시간 미만이면 2,000원으로 계산

	A	B	C	D	E	F
23	아르바이트 급여 현황					
24	성명	출근시간	퇴근시간	근무시간	당일금액	식대
25	공병호	9:25	18:20	8:55	₩42,800	₩10,000
26	김미선	9:20	16:35	7:15	₩34,800	₩10,000
27	김병선	13:29	17:30	4:01	₩19,280	₩2,000
28	김윤식	13:10	20:20	7:10	₩34,400	₩10,000
29	김지명	14:10	21:00	6:50	₩32,800	₩10,000
30	김진혁	8:25	12:20	3:55	₩18,800	₩2,000
31	신혁진	17:28	23:40	6:12	₩29,760	₩10,000
32	안성기	13:40	20:20	6:40	₩32,000	₩10,000
33	이강복	8:20	17:20	9:00	₩43,200	₩10,000
34	이우선	16:20	20:06	3:46	₩18,080	₩2,000
35	정상희	8:55	17:10	8:15	₩39,600	₩10,000
36	조형래	13:20	20:10	6:50	₩32,800	₩10,000
37	주진모	13:15	20:50	7:35	₩36,400	₩10,000
38						

| 풀이 |

① 근무시간이 시간과 분으로 구분되어 있으므로 시간, 분을 각각 분리하여 문제에 제시된 대로 입력하면 된다. [E25] 셀을 선택하고 「=HOUR(D25)*4800+MINUTE(D25)*80」식을 입력 후 Enter로 식을 완성한다.

② [F25] 셀을 선택하고 「=IF(」을 입력 후 함수 마법사 창에 아래와 같이 식을 입력하고 [확인]을 클릭하여 식을 완성한다.

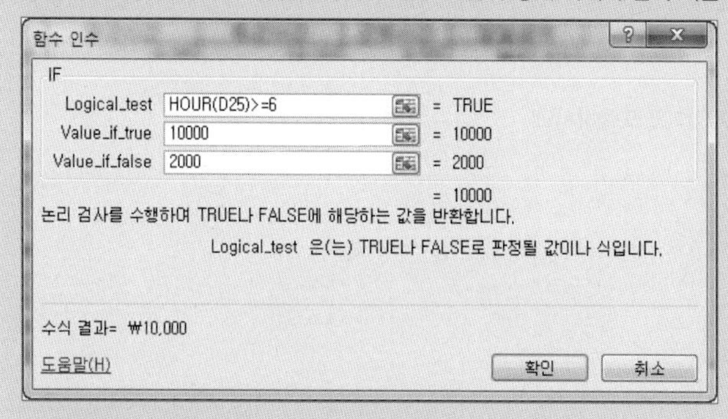

③ [E25:F25] 셀을 선택하고 채우기 핸들로 자동 채우기를 한다.

| 정답 |

[E25]: =HOUR(D25)*4800+MINUTE(D25)*80)

[F25]: =IF(HOUR(D25)>=6,10000,2000)

기적의 Tip

함수 결과가 정수가 아닌 날짜로 표현되거나 반대일 경우가 있을 수 있습니다. 이때는 [셀 서식]-[표시 형식] 탭-[통화], [날짜] 등 해당 셀에 맞는 형식으로 지정해서 변경해 주면 됩니다.

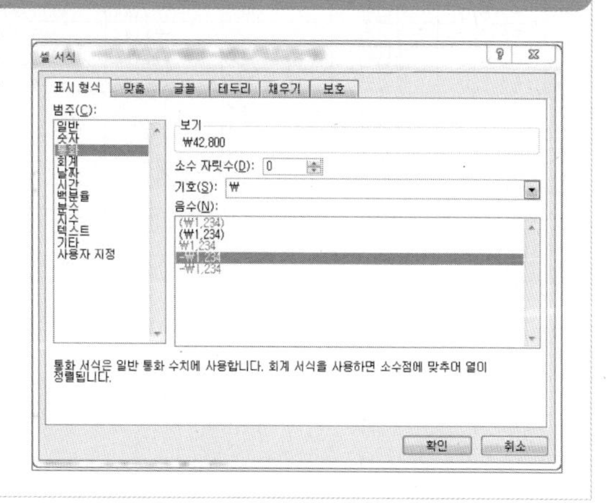

▶ 13. 지정한 조건의 합계 – SUMIF

SUMIF 함수는 조건 범위에서 해당 조건에 대해 참인 행의 합계를 계산하는 함수입니다. 주의할 점은 Criteria 인수는 셀을 직접 참조하지 않는 경우를 제외하고는 무조건 조건을 ""로 묶습니다. 함수 마법사를 이용할 경우엔 ""를 자동으로 입력해 주니 되도록 SUMIF, COUNTIF 함수는 함수 마법사를 이용하도록 합니다.
'~으로 시작하는', '~으로 끝나는' 등의 조건을 지정할 때는 만능문자인 "*"를 사용할 수 있습니다. 단 "*" 만능문자는 엑셀에서 SUMIF, COUNTIF, 데이터베이스 함수 조건에만 사용할 수 있으니 기억하도록 합니다. (IF 함수 등에서 문자열 함수 대용으로 사용할 수 없습니다.)

| 기본 함수 구조 |

=SUMIF(Range, Criteria, Sum_range)

Range	조건 검색 범위
Criteria	조건
Sum_range	합계 계산할 범위

| 작업 파일 | 엑셀함수정리소스.xlsx (SUMIF 시트)

| 처리 조건 |

고객별 전화 요금내역에서 아래 조건에 맞게 함수식을 이용하여 결과를 도출하시오.

- 전화종류가 공공용인 각 항목의 수직 합계
- 전화종류가 가정용인 각 항목의 수직 합계
- 전화종류가 영업용인 각 항목의 수직 합계
- 고객번호가 P1로 시작하는 통화요금의 합계
- 통화량이 250 이상인 전화 요금의 합계
- 통화량이 200 이상 300 미만인 기본요금의 합계
- 전화종류가 영업용 미만인 기본요금의 합계
- 통화량이 250 이상인 전화요금의 합계 식을 작성

	A	B	C	D	E	F
1	고객별 전화요금 내역					
2	고객번호	전화종류	통화량	기본요금	통화요금	전화요금
3	P1-140	공공용	210	₩6,000	₩8,022	₩14,022
4	P1-150	공공용	256	₩2,500	₩9,933	₩12,433
5	P1-150	공공용	256	₩2,500	₩9,779	₩12,279
6	P2-360	가정용	156	₩4,000	₩6,115	₩10,115
7	P2-510	가정용	468	₩5,000	₩17,971	₩22,971
8	P3-210	영업용	30	₩4,000	₩1,146	₩5,146
9	P3-310	영업용	56	₩4,000	₩2,083	₩6,083
10	P3-520	영업용	186	₩4,000	₩6,956	₩10,956
11	합 계	공공용	722	11,000	27,734	38,734
12		가정용	624	9,000	24,086	33,086
13		영업용	272	12,000	10,186	22,186
14	고객번호가 P1으로 시작하는 통화요금의 합계					₩27,734
15	통화량이 250 이상인 전화요금의 합계					₩47,683
16	통화량이 200 이상 300미만인 기본요금의 합계					₩11,000
17	전화종류가 영업용 미만인 기본요금의 합계					₩20,000
18	통화량이 250이상인 전화요금의 합계 식을 작성				=SUMIF(C3:C10,">=250",F3:F10)	

| 따라 하기 |

① [C11] 셀을 선택하고 「=SUMIF(」까지 입력 후 함수 마법사를 실행하여 아래와 같이 식을 입력하고 좌측 자동 채우기 다음 아래쪽 자동 채우기로 12셀을 모두 채우기한다.

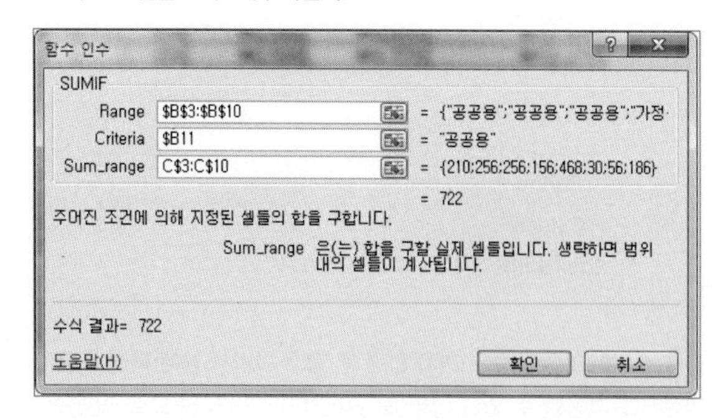

Range	$B$3:$B$10
Criteria	$B11
Sum_range	C$3:C$10

② Range 인수는 채워지는 모든 셀에 공통으로 같은 조건이므로 절대참조로 지정한다. Criteria 인수는 작업 표에 입력되어 있는 "공공용", "가정용", "영업용"이 자동 지정되도록 하기 위해 열 방향 혼합 참조를 지정하고, Sum_range 인수는 반대로 행 방향 참조를 지정한다. (행 방향으로는 각 행마다 전화종류가 달라져야 하지만, 열 방향으로는 고정되어야 한다)

③ "고객번호가 P1으로 시작하는 통화요금의 합계"를 계산하기 위해 [E14] 셀을 선택하고 「=SUMIF(」까지 입력 후 함수 마법사 아래와 같이 식을 입력한다. "P1*" 는 P1 으로 시작하는 모든 문자열을 의미한다. SUMIF, COUNTIF 함수에서는 문자열 함수 대신 '*'를 사용할 수 있다. (P1으로 끝나는 : "*P1")

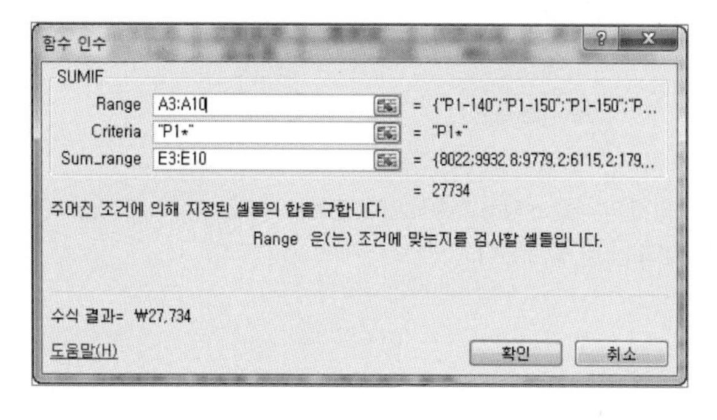

Range	A3:A10
Criteria	"P1*"
Sum_range	E3:E10

④ "통화량이 250 이상인 전화요금의 합계"를 계산하기 위해 [E15] 셀을 선택하고 「=SUMIF(」까지 입력 후 함수 마법사(»)를 실행하여 아래와 같이 식을 입력한다. SUMIF, COUNTIF 함수에서 Criteria 인수는 셀을 참조하는 경우를 제외하고는 무조건 "" 로 묶는다.

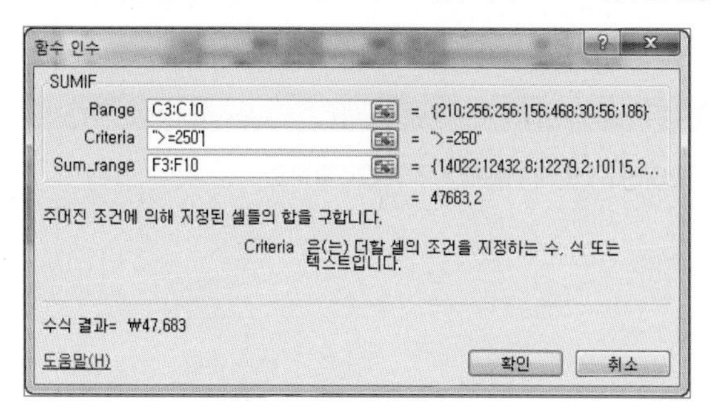

Range	C3:C10
Criteria	">=250"
Sum_range	F3:F10

⑤ "통화량이 200 이상 300 미만인 기본요금의 합계"를 계산하기 위해 [E16] 셀을 선택하고 「=SUMIF(」까지 입력 후 함수 마법사 창에 아래와 같이 식을 입력한 다음 수식 입력 줄에서 완성된 식을 복사하여 뒤에 붙여 넣고 조건을 변경한 뒤 식을 완성한다.
「=SUMIF(C3:C10,">=200",D3:D10)–SUMIF(C3:C10,">=300",D3:D10)」

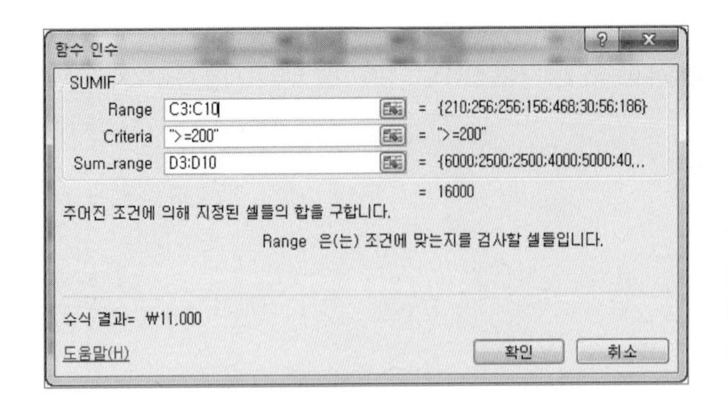

Range	C3:C10
Criteria	">=200"
Sum_range	D3:D10

⑥ "전화종류가 영업용 미만인 기본요금의 합계"를 계산하기 위해 [E17] 셀을 선택하고 「=SUMIF(」까지 입력 후 함수 마법사 창에 아래와 같이 식을 입력한다. SUMIF, COUNTIF 함수에서는 문자열 기준으로 관계 연산자를 사용할 수 있다. "영업용" 미만이란 가나다순으로 "영업용" 이전의 조건들을 의미한다.

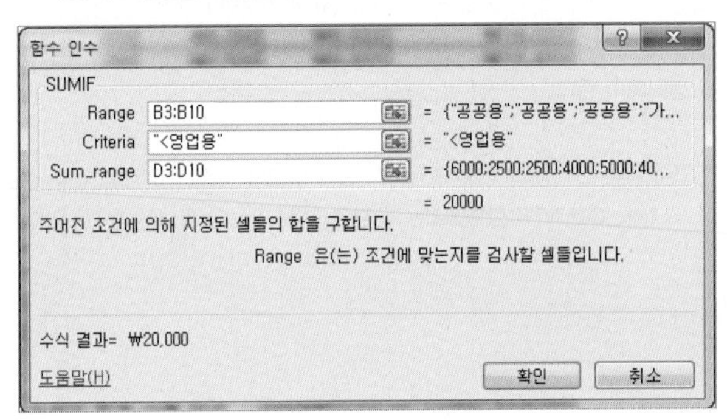

Range	B3:B10
Criteria	"〈영업용"
Sum_range	D3:D10

⑦ "통화량이 250 이상인 전화요금의 합계 식을 작성"을 처리하기 위해 [E15] 셀의 식을 선택하고 수식 입력 줄에서 수식을 마우스로 드래그한 뒤 Ctrl+C–Esc–[E18] 셀 선택 → 「'」 입력 → Ctrl+V로 식을 붙여 넣고 Enter를 누른다.

| 정답 |

[C11] : =SUMIF($B$3:$B$10,$B11,C$3:C$10)

[E14] : =SUMIF(A3:A10,"P1*",E3:E10)

[E15] : =SUMIF(C3:C10,"〉=250",F3:F10)

[E16] : =SUMIF(C3:C10,"〉=200",D3:D10)–SUMIF(C3:C10,"〉=300",D3:D10)

[E17] : =SUMIF(B3:B10,"〈영업용",D3:D10)

기적의 Tip

통화량이 200 이상 300 미만인 기본요금의 합계 문제에서 왜 300 미만이라고 했는데 부등호를 >=300으로 할까요?

「=SUMIF(C3:C10,"〉=200",D3:D10)–SUMIF(C3:C10,"〉=300",D3:D10)」

300 이상
200 이상
200
300

200 이상인 값의 합은 결국 300 이상인 모든 값을 포함하게 됩니다. 그래서 200 이상의 전체 합계에서 300 이상인 값을 빼면 200~299까지 값만 남게 되겠지요.

▶ 14. 지정한 조건의 개수 - COUNTIF

COUNT 계열 함수는 개수를 세어 주는 함수입니다. COUNTIF 함수는 조건에 맞는 개수를 세어 주는 함수입니다. 주로 사용되는 함수로는 COUNT, COUNTA, COUNTIF 등이 있습니다. COUNTIF 함수의 인수 Criteria 부분은 SUMIF 함수와 마찬가지로 " "로 묶어 줘야 하니 되도록 함수 마법사를 이용합니다. 함수 마법사 이용 시에는 자동으로 " "를 입력해 줍니다.

| 기본 함수 구조 |

COUNT(VALUE1,VALUE2......) : 지정한 범위에서 숫자 셀의 개수를 세어 준다.

COUNTA(VALUE1,VALUE2......) : 지정한 범위에서 입력데이터가 있는 셀의 개수를 세어 준다.

COUNTBLANK(VALUE1,VALUE2......) : 지정한 범위에서 입력데이터가 없는 셀의 개수를 세어 준다.

COUNTIF(Range, Criteria) : 지정한 범위에서 지정한 조건의 개수를 세어 준다.

Range	범위
Criteria	조건

| 작업 파일 | 엑셀함수정리소스.xlsx (COUNTIF 시트)

| 처리 조건 |

직원 근무 평가표를 보고 아래 지시사항을 처리하시오.

ⓐ 응시 사원수

ⓑ 결시 사원수

ⓒ 성명이 "박정호" 이상인 사원수

ⓓ 성명이 "박인수" 이상 "유현숙" 미만의 사원수

ⓔ 응시일이 "1997년 4월 1일" 이후인 사원수

ⓕ 응시점수가 70 이상인 사원수

ⓖ "김"씨 성을 가진 사원수

ⓗ 성명이 "희" 자로 끝나는 사원수

ⓘ 응시점수 70 이상인 응시점수 평균

	A	B	C	D	E
1	시험 응시 현황				
2	성명	응시일	응시점수		
3	박정호	1994-06-06	73	ⓕ 응시점수 70이상인 사원수	
4	신정희	1997-04-01	68		4
5	김용태	1999-05-06	98	ⓖ "김"씨 성을 가진 사원수	
6	김진영	1995-11-01			3
7	유현숙	1998-01-01	69	ⓗ 성명이 "희" 자로 끝나는 사원수	
8	최정렬	1998-06-10	80		2
9	강창희	1997-09-11		ⓘ 응시점수 70이상인 응시점수 평균	
10	김영주	1996-06-10	70		80.25
11	박인수	1998-05-06	68		
12	ⓐ응시 사원수			7	
13	ⓑ결시 사원수			2	
14	ⓒ성명이 "박정호" 이상인 사원수			4	
15	ⓓ성명이 "박인수" 이상 "유현숙" 미만의 사원수			3	
16	ⓔ응시일이 1997년 4월 1일 이후인 사원수			6	

| 따라 하기 |

① 응시 사원수를 계산하기 위해 [D12] 셀을 선택하고 「=COUNT(C3:C11)」을 입력한다.

② 결시 사원수를 계산하기 위해 [D13] 셀을 선택하고 「=COUNTBLANK(C3:C11)」을 입력한다.

③ 성명이 "박정호" 이상인 사원수를 계산하기 위해 [D14] 셀을 선택하고 「=COUNTIF(」까지 입력하고 함수 마법사에서 그림과 같이 설정한다.

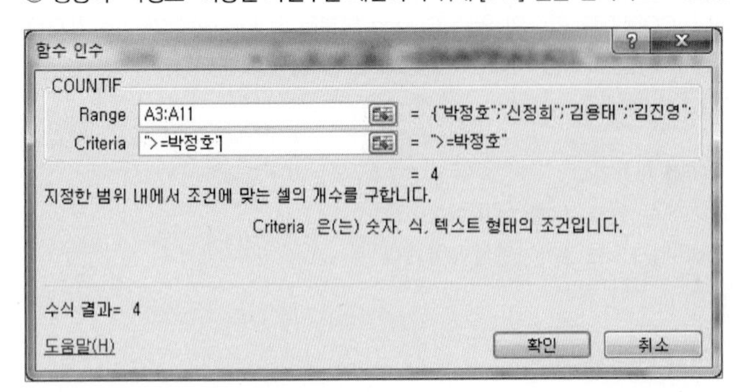

Range	A3:A11
Criteria	">=박정호"

④ 성명이 "박인수" 이상 "유현숙" 미만의 사원수를 계산하기 위해 [D15] 셀을 선택하고 「=COUNTIF(」까지 입력하고 [함수 마법사]를 클릭하여 함수 마법사에서 그림과 같이 설정한 다음 수식 입력 줄에서 작성된 식을 복사하여 식 뒤에 "–"를 입력하고 붙여 넣고 조건을 수정한 뒤 Enter 를 눌러 식을 완성한다.

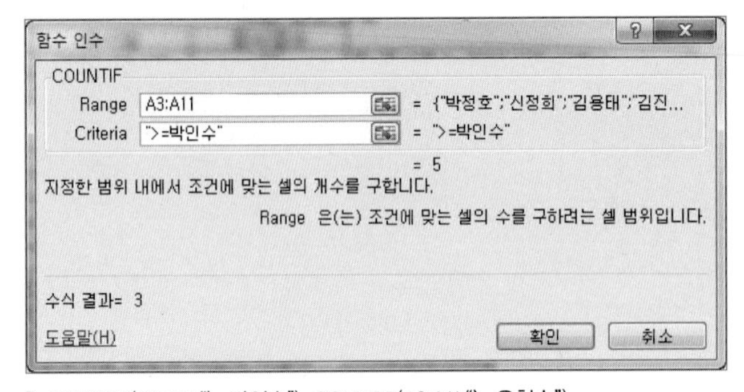

Range	A3:A11
Criteria	">=박인수"

「=COUNTIF(A3:A11,">=박인수")–COUNTIF(A3:A11,">=유현숙")」

⑤ 응시일이 "1997년 4월 1일 이후"인 사원수를 계산하기 위해 [D16] 셀을 선택하고 「=COUNTIF(」까지 입력하고 함수 마법사를 클릭하여 함수 마법사에서 다음과 같이 설정한다.

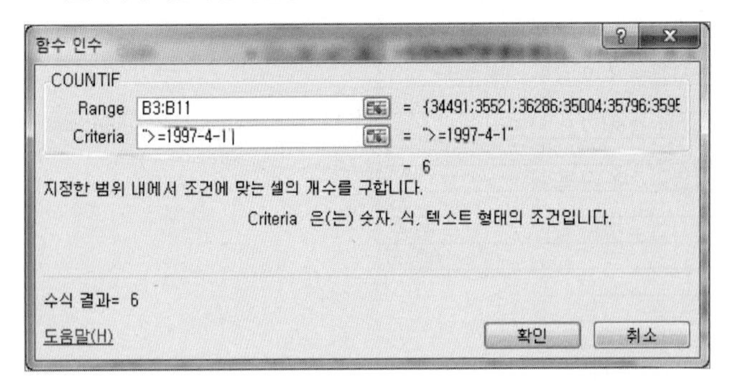

Range	B3:B11
Criteria	">=1997-4-1"

⑥ 응시점수 70 이상인 사원수를 계산하기 위해 [D4] 셀을 선택하고 「=COUNTIF(」까지 입력하고 함수 마법사에서 그림과 같이 설정한다.

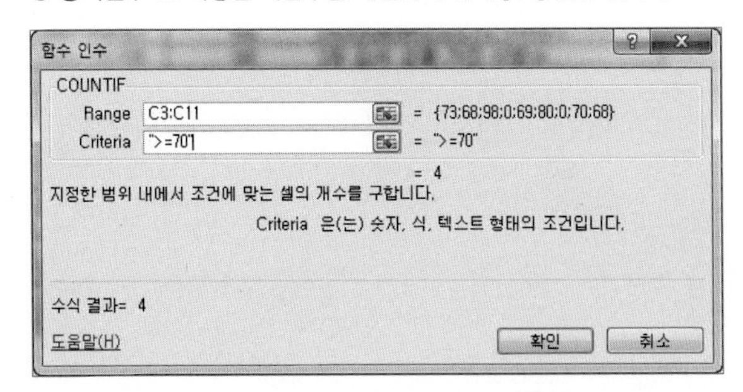

Range	C3:C11
Criteria	">=70"

⑦ "김"씨 성을 가진 사원수를 계산하기 위해 [D6] 셀을 선택하고 「=COUNTIF(」까지 입력하고 [함수 마법사]를 클릭하여 함수 마법사에서 그림과 같이 설정한다.

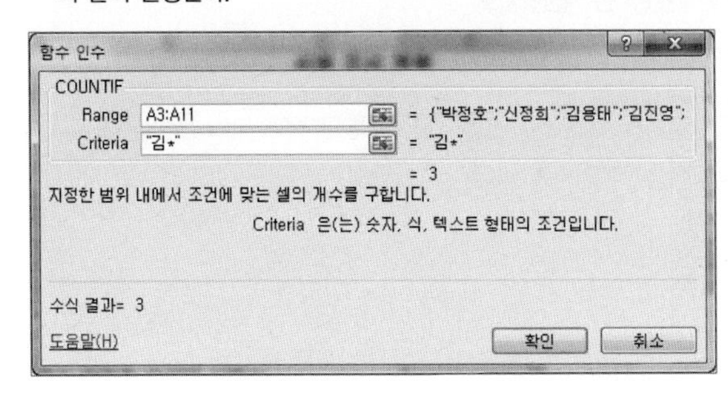

Range	A3:A11
Criteria	"김*"

⑧ 성명이 "희" 자로 끝나는 사원수를 계산하기 위해 [D8] 셀을 선택하고 「=COUNTIF(」까지 입력하고 [함수 마법사]를 클릭하여 함수 마법사에서 그림과 같이 설정한다.

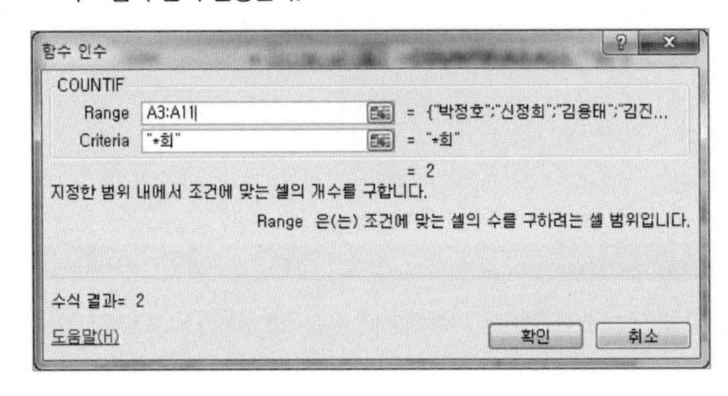

Range	A3:A11
Criteria	"*희"

⑨ 응시점수 70 이상인 응시점수 평균을 계산하기 위해 [D10] 셀을 선택하고 「=SUMIF(C3:C11,">=70",C3:C11)/COUNTIF(C3:C11,">=70")」를 입력하고 Enter를 눌러 식을 완성한다. '평균 = 합계 / 개수'로 계산한다. 즉, 조건에 대한 평균조건 합계 / 조건 개수'로 계산한다. 엑셀 2007 버전에서는 AVERAGEIF 함수를 사용하여 한 번에 아래와 같이 계산할 수 있다.

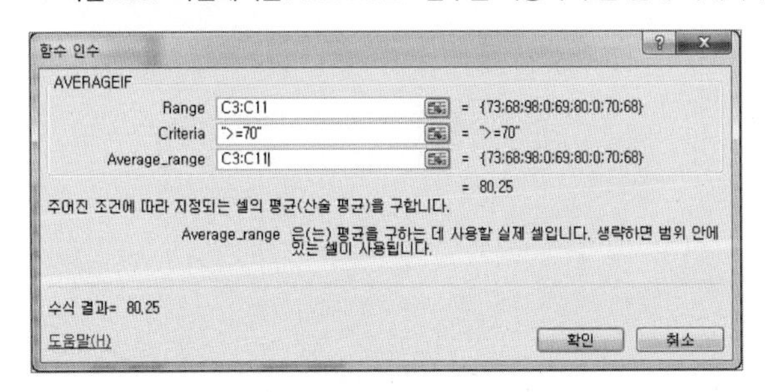

Range	C3:C11
Criteria	">=70"
Average_range	C3:C11

| 정답 |

[D12] =COUNT(C3:C11)

[D13] =COUNTBLANK(C3:C11)

[D14] =COUNTIF(A3:A11,">=박정호")

[D15] =COUNTIF(A3:A11,">=박인수")-COUNTIF(A3:A11,">=유현숙")

[D16] =COUNTIF(B3:B11,">=1997-4-1")

[D4] =COUNTIF(C3:C11,">=70")

[D6] =COUNTIF(A3:A11,"김*")

[D8] =COUNTIF(A3:A11,"*희")

[D10] =SUMIF(C3:C11,">=70",C3:C11)/COUNTIF(C3:C11,">=70")

| 기출 예제 |

고객번호별 납부금액 현황표에서 "납부금액이 10000 이상 15000 미만 인원수"를 계산하시오.

	A	B	C	D	E
19	고객번호별 납부금액 현황				
20					
21	고객번호	구분	사용량	사용금액	납부금액
22	H-101-46	가정용	156	₩85,800	₩173,800
23	O-103-84	사무용	122	₩42,700	₩86,700
24	F-102-84	공장용	114	₩28,500	₩52,580
25	O-103-85	사무용	154	₩53,900	₩47,432
26	F-102-46	공장용	136	₩34,000	₩37,520
27	H-101-22	가정용	60	₩33,000	₩33,000
28	O-103-83	사무용	66	₩23,100	₩20,328
29	F-102-43	공장용	33	₩8,250	₩13,200
30	H-101-31	가정용	26	₩14,300	₩12,584
31	O-103-86	사무용	12	₩4,200	₩8,316
32	O-103-54	사무용	13	₩4,550	₩6,750
33	O-103-82	사무용	18	₩6,300	₩5,544
34	F-102-42	공장용	18	₩4,500	₩3,960
35	납부금액이 10000 이상 15000 미만 인원수				2
36					

| 풀이 |

[D35] 셀을 선택하고 앞 예제의 Ⓓ처럼 식을 완성한다.

「=COUNTIF(E22:E34,">=10000")-COUNTIF(E22:E34,">=15000")」

| 정답 |

[D35] : =COUNTIF(E22:E34,">=10000")-COUNTIF(E22:E34,">=15000")

기적의 Tip

COUNTIF 함수에서 조건을 날짜로 지정할 경우 꼭 "년-월-일" 규칙을 맞춰 입력하도록 합니다. 또한 SUMIF 함수처럼 문자를 비교 연산자를 이용하여 계산하는 것이 가능합니다.

▶ 15. 다중 and 조건의 계산

앞서 알아본 SUMIF, COUNTIF 함수는 1개의 조건만 처리할 수 있었습니다. 오피스 버전이 업그레이드되면서 다중 조건을 처리할 수 있는 함수가 추가되었습니다.
SUMIFS, COUNTIFS, AVERAGEIF, AVERAGEIFS 등의 함수로, 앞서 알아본 함수 뒤에 S가 붙어 표현되며 이 S함수들은 다중 조건 중 AND 조건만 처리가 가능합니다.

| 기본 함수 구조 |

SUMIFS(합계 범위,조건1 범위,조건1,조건2 범위,조건2....) : 지정한 범위에서 조건1, 조건2를 모두 만족하는 합계를 계산

Sum_range	합계 범위
Criteria_range1	조건1 범위
Criteria1	조건1
Criteria_range2	조건2 범위
Criteria2	조건2

AVERAGEIF(조건 범위,조건,평균 범위) : 지정한 범위에서 조건을 만족하는 평균을 계산

Range	조건 범위
Criteria	조건
Average_range	평균 범위

AVERAGEIFS(평균 범위,조건1 범위,조건1,조건2 범위,조건2....) : 지정한 범위에서 조건1, 조건2를 모두 만족하는 평균을 계산

Average_range	평균 범위
Criteria_range1	조건1 범위
Criteria1	조건1
Criteria_range2	조건2 범위
Criteria2	조건2

COUNTIFS(조건1 범위,조건1,조건2 범위,조건2....) : 지정한 범위에서 조건1, 조건2를 모두 만족하는 개수를 계산

Criteria_range1	조건1 범위
Criteria1	조건1
Criteria_range2	조건2 범위
Criteria2	조건2

| 작업 파일 | 엑셀함수정리소스.xlsx (다중조건 시트)

| 처리 조건 |

아래 표를 이용하여 하단의 지시사항을 처리하시오.

ⓐ A승용차 판매량이 400 이상 500 미만인 B승용차의 합계

ⓑ A승용차 판매량이 400 이상 500 미만인 A승용차의 개수 (예: 2건)

ⓒ 성명이 A승용차의 A승용차, B승용차, C승용차 항목의 평균

ⓓ 성명이 이씨이면서 대구이고 C승용차가 300 이상인 A승용차, B승용차, C승용차 평균

ⓔ 성명이 이씨이면서 대구이고 C승용차가 300 이상인 A승용차, B승용차, C승용차 합계

ⓕ A승용차 판매량이 400 이상이면서 500 미만인 A승용차, B승용차, C승용차 평균

	A	B	C	D	E	F	G	H	I	J	K
1	성명	영업소	A 승용차	B 승용차	C 승용차						
2	박승엽	경기	540	230	340						
3	이한수	대구	430	330	300						
4	박재홍	인천	120	80	110						
5	위재영	부산	500	310	422						
6	이병규	경기	120	110	70						
7	양준혁	대구	480	310	520						
8	이진우	경기	60	72	20						
9	조규수	경기	45	12	30						
10											
11	ⓐA승용차 판매량이 400이상 500 미만인 B승용차의 합계						ⓑA승용차 판매량이 400이상 500 미만인 A승용차의 개수				
12	SUMIFS				640		COUNTIFS				2건
13											
14	ⓒ성명이 이씨인 A승용차의 각 항목의 평균						ⓓ이씨 이면서 대구이고 C승용차가 300이상인 평균				
15	AVERAGEIF		203	171	130		AVERAGEIFS		430	330	300
16											
17	ⓔ이씨 이면서 대구이고 C승용차가 300이상인 합계						ⓕA승용차 판매량이 400이상 500 미만인 각 항목 평균				
18	SUMIFS		430	330	300		AVERAGEIFS		455	320	410
19											

| 따라 하기 |

① 문제 계산을 위해 [C12] 셀을 선택하고 =SUMIFS(D2:D9,C2:C9,">=400",C2:C9,"<500")를 입력한다.

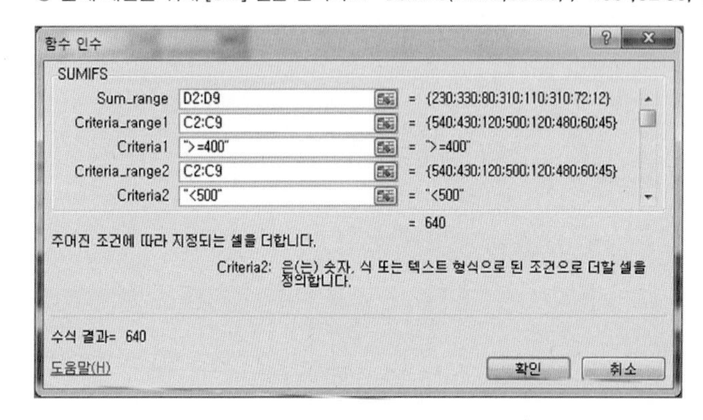

Sum_range	D2:D9
Criteria_range1	C2:C9
Criteria1	">=400"
Criteria_range2	C2:C9
Criteria2	"<500"

기적의 Tip

조건 함수(SUMIF, AVERAGEIF, COUNTIF 등의 함수)는 함수 마법사를 이용하면 간편합니다. 각 항목 입력 후 [Tab]를 누르면 Criteria의 경우 자동으로 " "로 묶입니다.

② 문제 계산을 위해 [I12] 셀을 선택하고 =COUNTIFS(C2:C9,"〉=400",C2:C9,"〈500")&"건"을 입력한다.

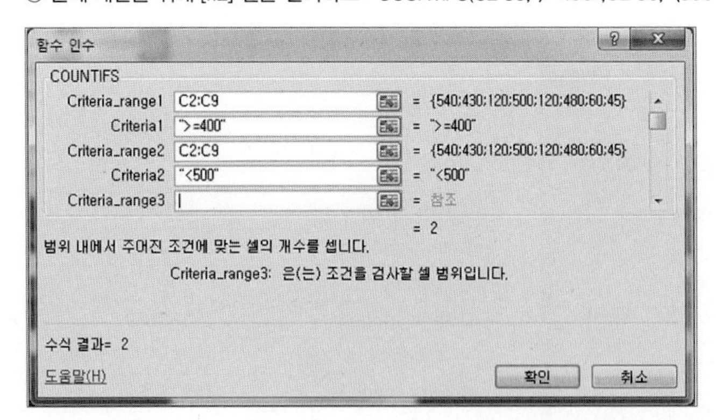

Criteria_range1	C2:C9
Criteria1	"〉=400"
Criteria_range2	C2:C9
Criteria2	"〈500"

③ 문제 계산을 위해 [C15] 셀을 선택하고 =AVERAGEIF($A$2:$A$9,"이*",C2:C9)를 입력한 후 우측으로 자동 채우기를 한다.

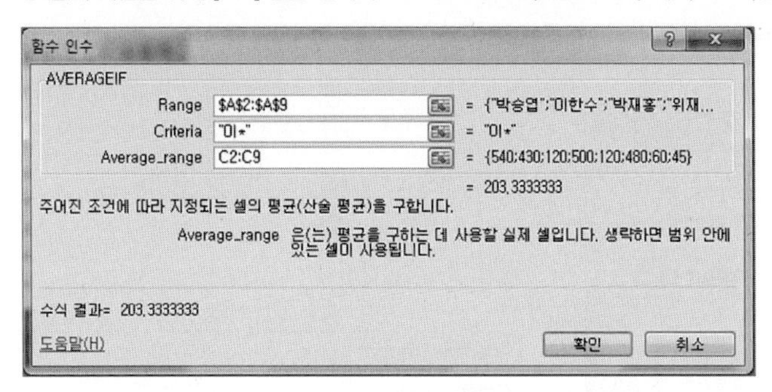

Range1	$A$2:$A$9
Criteria	"이*"
Average_range2	C2:C9

기적의 Tip

자동 채우기가 있는 경우 Criteria 범위는 꼭 절대참조를 설정해야 합니다.

④ 문제 계산을 위해 [I15] 셀을 선택하고 =AVERAGEIFS(C2:C9,$A$2:$A$9,"이*",$B$2:$B$9,"대구",$E$2:$E$9,"〉=300")을 입력하고 우측으로 자동 채우기를 한다.

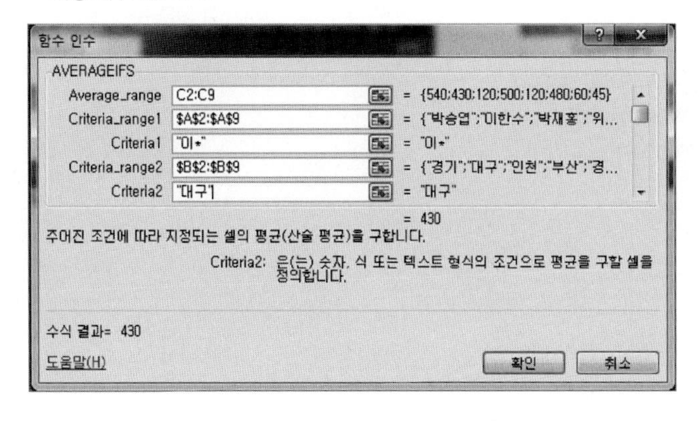

Average_range	C2:C9
Criteria_range1	$A$2:$A$9
Criteria1	"이*"
Criteria_range2	$B$2:$B$9
Criteria2	"대구"
Criteria_range3	$E$2:$E$9
Criteria3	"〉=300"

⑤ 문제 계산을 위해 [C18] 셀을 선택하고 =SUMIFS(C2:C9,$A$2:$A$9,"이*",$B$2:$B$9,"대구",$E$2:$E$9,">=300")을 입력하고 우측으로 자동 채우기를 한다.

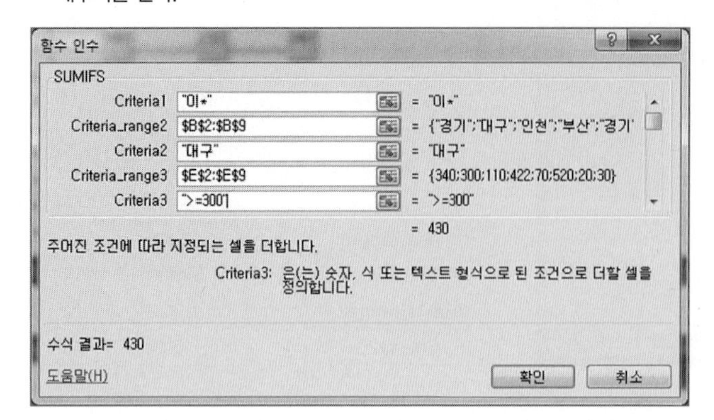

Sum_range	C2:C9
Criteria_range1	$A$2:$A$9
Criteria1	"이*"
Criteria_range2	$B$2:$B$9
Criteria2	"대구"
Criteria_range3	$E$2:$E$9
Criteria3	">=300"

⑥ 문제 계산을 위해 [I18] 셀을 선택하고 =AVERAGEIFS(C2:C9,$C$2:$C$9,">=400",$C$2:$C$9,"<500")을 입력하고 우측으로 자동 채우기를 한다.

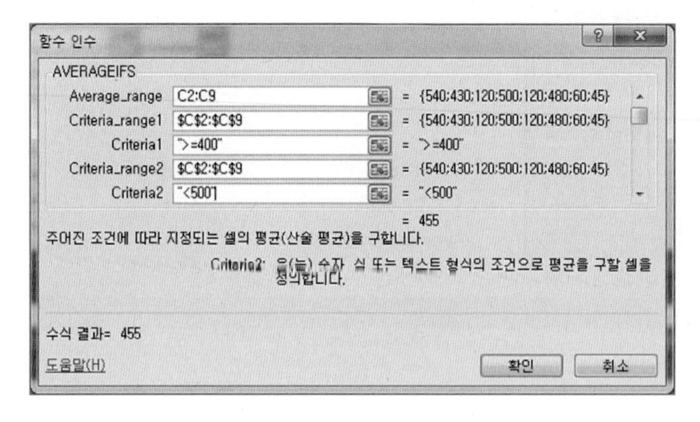

Average_range	C2:C9
Criteria_range1	$C$2:$C$9
Criteria1	">=400"
Criteria_range2	$C$2:$C$9
Criteria2	"<500"

| 정답 |

ⓐ =SUMIFS(D2:D9,C2:C9,">=400",C2:C9,"<500")

ⓑ =COUNTIFS(C2:C9,">=400",C2:C9,"<500")&"건"

ⓒ =AVERAGEIF($A$2:$A$9,"이*",C2:C9)

ⓓ =AVERAGEIFS(C2:C9,$A$2:$A$9,"이*",$B$2:$B$9,"대구",$E$2:$E$9,">=300")

ⓔ =SUMIFS(C2:C9,$A$2:$A$9,"이*",$B$2:$B$9,"대구",$E$2:$E$9,">=300")

ⓕ =AVERAGEIFS(C2:C9,$C$2:$C$9,">=400",$C$2:$C$9,"<500")

▶ 16. 참조 표에서 원하는 값을 찾아 가져오는 찾기/참조 함수

찾기 참조 함수는 원본 데이터가 별도로 제시되고 그 원본에서 원하는 값을 찾아오는 함수를 말합니다. 종류에는 원본 데이터가 세로로 서 있을 때 사용하는 VLOOKUP, 원본 데이터가 가로로 누워 있을 때 사용하는 HLOOKUP 함수, 원본데이터 방향에 상관없이 사용가능한 LOOKUP 함수가 있습니다. 사무자동화산업기사 실기에서는 VLOOKUP만 출제되고 있으므로 VLOOKUP 위주로 살펴보겠습니다.

| 기본 함수 구조 |

VLOOKUP(찾을 값, 찾을 범위, 찾을 범위에서 가져올 열 번호, 오류허용여부) : 찾을 범위가 세로일 경우

Lookup_value	찾을 값
Table_array	찾을 범위 (절대참조)
Col_index_num	가져올 열 번호
Range_lookup	오류 허용 여부

HLOOKUP(찾을 값, 찾을 범위, 찾을 범위에서 가져올 열 번호, 오류허용여부) : 찾을 범위가 가로일 경우

Lookup_value	찾을 값
Table_array	찾을 범위 (절대참조)
Row_index_num	가져올 행 번호
Range_lookup	오류 허용 여부

오류허용 여부(Range_lookup) 옵션

인수 값	사용 용도
True 또는 1 또는 생략	비슷하게 일치하는 경우 (숫자 범위)
Fasle 또는 0	정확하게 일치하는 경우 (문자)

| 작업 파일 | 엑셀함수정리소스.xlsx (찾기 참조 시트)

ㅣ처리 조건ㅣ

아래 표를 이용하여 지시 사항을 처리하시오.

ⓐ 학점표를 이용하여 점수에 따른 학점을 학점열에 표시하시오.

ⓑ 학과코드 표를 이용하여 학과코드에 따른 학과를 학과열에 표시하시오.

ⓒ 국가코드의 두 번째 글자를 이용하여 국가명을 표시하시오.

	A	B	C	D	E	F	G	H	I	J	K
1	ⓐ 학점표를 이용하여 점수에 따른 학점을 학점열에 표시하시오.						ⓒ 국가코드의 두번째 글자를 이용하여				
2	ⓑ 학과코드 표를 이용하여 학과코드에 따른 학과를 학과열에 표시하시오.						국가명을 표시 하시오.				
3	학과코드	성명	점수	학점	학과		송장번호	국가코드	현장번호	국가명	
4	A10	김명식	82	B	경영학		2	RB7093	16	브라질	
5	A20	박신아	62	D	의학		3	RA5024	14	미국	
6	A30	김철호	77	C	간호학		4	RC7145	8	캐나다	
7	A40	서진혁	63	D	법학		5	RB7093	16	브라질	
8	A50	김혜진	51	F	홍학		6	RA3096	7	미국	
9	A30	이명철	87	B	간호학		7	RD7093	14	#N/A	
10	A60	강진성	63	D	#N/A		8	RA4021	11	미국	
11	A50	김기수	92	A	홍학						
12							국가 코드표				
13	학점표			학과코드			국가코드	A	B	R	C
14	부터	학점		학과코드	학과명		국가명	미국	브라질	러시아	캐나다
15	0	F		A10	경영학						
16	60	D		A20	의학						
17	70	C		A30	간호학						
18	80	B		A40	법학						
19	90	A		A50	홍학						
20											
21											
22											

다중조건 / 찾기참조 / 배열수식 / 배열기초 / SUMPRODUCT

준비 100%

ㅣ따라 하기ㅣ

① 조건을 처리하기 위하여 [D4] 셀을 선택한 후 =VLOOKUP(C4,$A$15:$B$19,2)를 입력하고 아래 방향으로 자동 채우기를 한다.

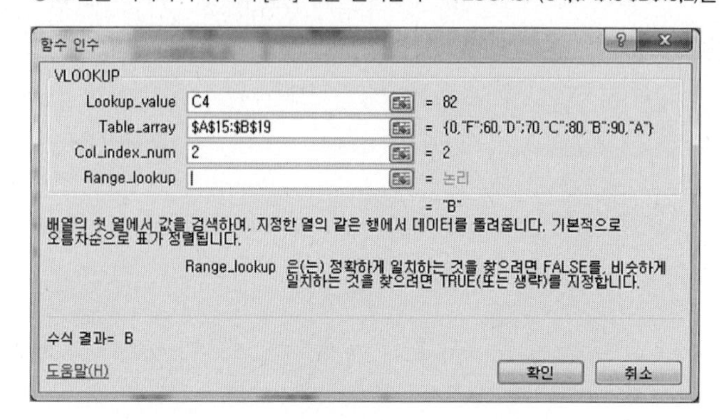

Lookup_value	C4
Table_array	$A$15:$B$19
Col_index_num	2
Range_lookup	

기적의 Tip

- Table_array 인수는 자동 채우기 시에도 고정되어야 하므로 절대참조를 꼭 지정합니다.
- 숫자 값이 비슷하게 일치하는 경우 값을(근사값)을 검색해야 하므로 Range_lookup 인수는 생략하거나 True(1)을 지정합니다.

② 조건을 처리하기 위하여 [E4] 셀을 선택한 후 =VLOOKUP(A4,$D$15:$E$19,2,0)를 입력하고 아래 방향으로 자동 채우기를 한다.

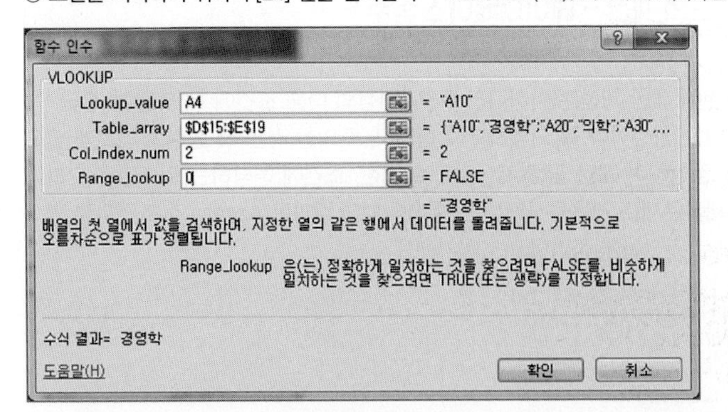

Lookup_value	A4
Table_array	$D$15:$E$19
Col_index_num	2
Range_lookup	0

기적의 Tip

Col_index_num 인수는 참조표에서 선택한 범위(Table_array)에서 실제 필요에 의해 가져와야 할 값이 있는 열 번호를 지정합니다. 즉, 1열의 학과코드를 찾아서 2열의 학과명을 가져오는 것입니다.

③ 조건을 처리하기 위하여 [J4] 셀을 선택한 후 =HLOOKUP(MID(H4,2,1),$H$13:$K$14,2,0)를 입력하고 아랫 방향으로 자동 채우기를 한다.

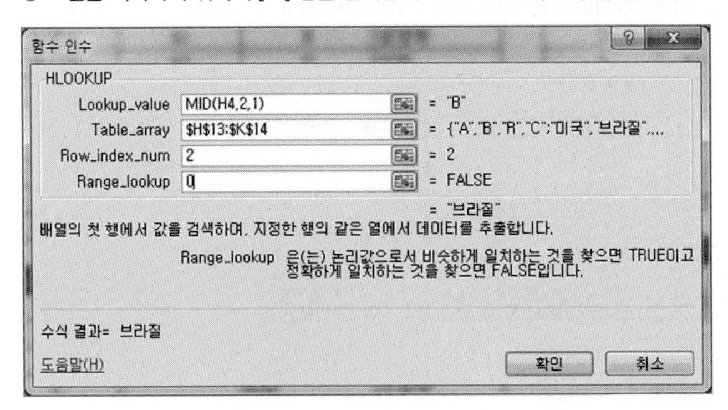

Lookup_value	MID(H4,2,1)
Table_array	$H$13:$K$14
Row_index_num	2
Range_lookup	0

기적의 Tip

- 국가코드의 두 번째 글자를 구하기 위해 MID 함수를 사용합니다.
- 참조표의 값이 가로로 누워 있으므로 HLOOKUP 함수를 사용합니다.

| 정답 |

ⓐ =VLOOKUP(C4,$A$15:$B$19,2)

ⓑ =VLOOKUP(A4,$D$15:$E$19,2,0)

ⓒ =HLOOKUP(MID(H4,2,1),$H$13:$K$14,2,0)

▶ 17. 다중 조건의 계산 – 데이터베이스 함수

데이터베이스 함수는 SUMIF, COUNTIF처럼 단순 조건에 대한 계산뿐만 아니라 두 개 이상의 다중 조건에 대한 합계, 평균, 개수 등을 계산할 수 있는 함수입니다. 시험에 빠지지 않는 함수이니 꼭 기억하도록 합니다. 주의할 것은 타 함수와 다르게 별도의 조건을 셀에 입력해서 사용한다는 것과 필드명을 검색하여 해당 값을 계산하므로 계산, 조건에 해당하는 필드명은 오타나 공백 등이 포함되면 안 된다는 것입니다. 최근에는 채점문제로 사용을 금지하는 추세입니다. 2과목 Access의 조건지정 방식과 동일하므로, 선행학습이나 실무적용이라는 생각으로 간단하게 정리하고 넘어가세요.

| 기본 함수 구조 |

데이터베이스 함수(Database, Field, Criteria)

Database	조건, 계산 범위가 포함된 표 전체
Field	계산할 필드(필드번호로 사용가능)
Criteria	조건 범위

DSUM(Database, Field, Criteria) : 데이터베이스 범위에서 다중 조건의 합계

DAVERAGE(Database, Field, Criteria) : 데이터베이스 범위에서 다중 조건의 평균

DCOUNT(Database, Field, Criteria) : 데이터베이스 범위에서 다중 조건의 숫자 셀의 개수

DCOUNTA(Database, Field, Criteria) : 데이터베이스 범위에서 다중 조건의 모든 셀의 개수

DMAX(Database, Field, Criteria) : 데이터베이스 범위에서 다중 조건의 최대값

DMIN(Database, Field, Criteria) : 데이터베이스 범위에서 다중 조건의 최소값

2	성명	부서	인원	장소	출발일	숙박비	잡비	총비용
3	신면철	영업부	10	강촌	03월 05일	₩100,000	₩250,000	₩350,000
4	김수준	영업부	15	설악산	03월 06일	₩200,000	₩450,000	₩650,000
5	이지혜	영업부	11	부산	03월 07일	₩230,000	₩520,000	₩750,000
6	김진환	영업부	22	춘천	03월 08일	₩200,000	₩210,000	₩410,000
7	오경준	무역부	15	충주	03월 09일	₩80,000	₩175,000	₩255,000
8	강수정	무역부	7	속리산	03월 10일	₩120,000	₩320,000	₩440,000
9	김순희	무역부	9	지리산	03월 11일	₩150,000	₩485,000	₩635,000
10	나가수	영업부	10	태백산	03월 12일	₩200,000	₩450,000	₩650,000
11	김영진	기획부	5	강촌	03월 13일	₩100,000	₩250,000	₩350,000
12								
13	ⓐ영업부의 총비용 합계						2,810,000	
14	ⓑ무역부의 총비용 평균						443,333	
15	ⓒ강촌으로 간 팀의 수						2	
16	ⓓ출발일이 3월 9일 이후 항목 중 가장 많은 숙박비						200,000	
17	ⓔ부서가 영업부이면서 인원이 15명 이상인 숙박비의 합계						400,000	
18	ⓕ숙박비가 15만원 이상 20만원 이하인 총 비용의 합계						2,345,000	
19	ⓖ부서가 영업부이거나 인원이 15명 이상인 잡비의 평균						342,500	
20	ⓗ성명이 김씨와 신씨의 총 비용의 합계						2,395,000	
21	ⓘ부서가 영업부와 무역부이면서 인원이 15명 이상인 숙박비의 평균						160,000	
22	ⓙ부서가 영업부 또는 무역부 이면서 성명이 김씨인 총비용의 합계						1,695,000	
23	ⓚ잡비가 20만원 이상이면서 영업부가 아닌 잡비의 합계						1,055,000	
24								
25								
20	ⓐ	부서	ⓑ	부서	ⓒ	장소	ⓓ	출발일
27		영업부		무역부		강촌		>=2013-3-9

필드명

데이터베이스 범위

조건 범위

| 작업 파일 | 엑셀함수정리소스.xlsx (DB1 시트)

더 알기 Tip

조건표 작성 방법 및 예시

단일 조건

| 처리 조건 |

ⓐ 부서가 영업부인 총비용의 합계

① 작업 표와 결과 표 외의 임의의 셀에 아래와 같이 조건표를 작성한다. 표 테두리는 그리지 않아도 된다. 본서에서는 조건표를 편의상 [B26:B27] 셀에 작성하는 것으로 한다.

부서
영업부

② [G13] 셀을 선택하고 「=DSUM(」까지 입력 후 [함수 마법사]를 클릭하여 함수 마법사를 실행한 다음, 표와 같이 범위를 지정하고 Enter로 식을 완성한다.

Database	A2:H11
Field	H2
Criteria	B26:B27

| 처리 조건 |

ⓑ 부서가 무역부인 총비용의 평균

① 작업 표와 결과 표 외 임의의 셀에 아래와 같이 조건표를 작성한다. 편의상 [D26:D27] 셀에 작성하는 것으로 한다.

부서
무역부

② [G14] 셀을 선택하고 「=DAVERAGE(」까지 입력 후 [함수 마법사]를 클릭하여 함수 마법사를 실행한 다음, 표와 같이 범위를 지정하고 Enter로 식을 완성한다.

Database	A2:H11
Field	H2
Criteria	D26:D27

| 처리 조건 |

ⓒ 강촌으로 간 팀의 수

① 작업 표와 결과 표 외 임의의 셀에 아래와 같이 조건표를 작성한다. 편의상 [F26:F27] 셀에 작성하는 것으로 한다.

장소
강촌

② [G15] 셀을 선택하고 「=DCOUNTA(」까지 입력 후 [함수 마법사]를 클릭하여 함수 마법사를 실행한 다음 표와 같이 범위를 지정하고 Enter로 식을 완성한다.

Database	A2:H11
Field	D2
Criteria	F26:F27

| 처리 조건 |

ⓓ 출발일이 3월 9일 이후 항목 중 가장 많은 숙박비

① 작업 표와 결과 표 외 임의의 셀에 아래와 같이 조건표를 작성한다. 편의상 [H26:H27] 셀에 작성하는 것으로 한다.

출발일
>=2013-3-9

② [G16] 셀을 선택하고 「=DMAX(」까지 입력 후 [함수 마법사]를 클릭하여 함수 마법사를 실행한 다음, 표와 같이 범위를 지정하고 Enter로 식을 완성한다.

Database	A2:H11
Field	F2
Criteria	H26:H27

AND(그리고, 이면서) 조건

| 처리 조건 |

ⓔ 부서가 영업부이면서 인원이 15명 이상인 숙박비의 합계

① 작업 표와 결과 표 외 임의의 셀에 아래와 같이 조건표를 작성한다. 편의상 [B29:C30] 셀에 작성하는 것으로 한다.

부서	인원
영업부	>=15

② [G17]셀을 선택하고 「=DSUM(」까지 입력 후 [함수 마법사]를 클릭하여 함수 마법사를 실행한 다음 표와 같이 범위를 지정하고 Enter로 식을 완성한다.

Database	A2:H11
Field	F2
Criteria	B29:C30

| 처리 조건 |

ⓕ 숙박비가 15만 원 이상, 20만 원 이하인 총 비용의 합계

① 작업 표와 결과 표 외의 임의의 셀에 아래와 같이 조건표를 작성한다. 편의상 [F29:G30] 셀에 작성하는 것으로 한다.

숙박비	숙박비
>=150000	<=200000

② [G18] 셀을 선택하고 「=DSUM(」까지 입력 후 [함수 마법사]를 클릭하여 함수 마법사를 실행한 다음 표와 같이 범위를 지정하고 Enter로 식을 완성한다.

Database	A2:H11
Field	H2
Criteria	F29:G30

OR(또는, 이거나, 와) 조건

| 처리 조건 |

ⓖ 부서가 영업부이거나 인원이 15명 이상인 숙박비의 평균

① 작업 표와 결과 표 외 임의의 셀에 아래와 같이 조건표를 작성한다. 편의상 [B32:C34] 셀에 작성하는 것으로 한다.

부서	인원
영업부	
	>=15

② [G19] 셀을 선택하고 「=DAVERAGE(」까지 입력 후 [함수 마법사]를 클릭하여 함수 마법사를 실행한 다음 표와 같이 범위를 지정하고 Enter로 식을 완성한다.

Database	A2:H11
Field	G2
Criteria	B32:C34

| 처리 조건 |

ⓗ 성명이 김씨와 신씨의 총 비용의 합계

① 작업 표와 결과 표 외 임의의 셀에 아래와 같이 조건표를 작성한다. 편의상 [F32:F34] 셀에 작성하는 것으로 한다.

성명
김*
신*

② [G20] 셀을 선택하고 「=DSUM(」까지 입력 후 [함수 마법사]를 클릭하여 함수 마법사를 실행한 다음 표와 같이 범위를 지정하고 Enter로 식을 완성한다.

Database	A2:H11
Field	H2
Criteria	F32:F34

AND, OR 혼합 조건

| 처리 조건 |

ⓘ 부서가 영업부와 무역부이면서 인원이 15명 이상인 숙박비의 평균

① 작업 표와 결과 표 외 임의의 셀에 아래와 같이 조건표를 작성한다. 편의상 [B36:C38] 셀에 작성하는 것으로 한다.

부서	인원
영업부	>=15
무역부	>=15

② [G21] 셀을 선택하고 「=DAVERAGE(」까지 입력 후 [함수 마법사]를 클릭하여 함수 마법사를 실행한 다음, 표와 같이 범위를 지정하고 Enter로 식을 완성한다.

Database	A2:H11
Field	F2
Criteria	B36:C38

| 처리 조건 |

ⓙ **부서가 영업부 또는 무역부이면서 성명이 김씨인 총비용의 합계**

① 작업 표와 결과 표 외 임의의 셀에 아래와 같이 조건표를 작성한다. 편의상 [F36:G38] 셀에 작성하는 것으로 한다.

부서	성명
영업부	김*
무역부	김*

② [G22] 셀을 선택하고 「=DSUM(」까지 입력 후 [함수 마법사]를 클릭하여 함수 마법사를 실행한 다음 표와 같이 범위를 지정하고 Enter로 식을 완성한다.

Database	A2:H11
Field	H2
Criteria	F36:G38

기타 조건

| 처리 조건 |

ⓚ **잡비가 20만원 이상이면서 영업부가 아닌 잡비의 합계**

① 작업 표와 결과 표 외 임의의 셀에 아래와 같이 조건표를 작성한다. 편의상 [B40:C41] 셀에 작성하는 것으로 한다.

잡비	부서
>=200000	<>영업부

② [G23] 셀을 선택하고 「=DSUM(」입력 후 [함수 마법사]를 클릭하여 함수 마법사를 실행한 다음, 표와 같이 범위를 지정하고 Enter로 식을 완성한다.

Database	A2:H11
Field	G2
Criteria	B40:C41

| 기출 예제 |

작업 파일 : 엑셀함수정리소스.xlsx (DB2 시트)

지역별 임대 중개 수수료 현황표에서 아래 계산식을 완성하시오.

ⓐ 강남구와 서초구의 "빌라"의 중개수수료 합

ⓑ 강남구와 동작구의 전용면적 "25 이상"의 중개수수료 평균

ⓒ 강남구 "연립주택"과 동작구 "아파트"의 개수

	A	B	C	D	E	F
1	지역별 임대 중개수수료 현황					
2	지역	유형	전용면적	실제면적	임대거래가액	중개수수료
3	강남구	단독주택	35	27	₩192,000,000	₩768,000
4	강남구	연립주택	23	18	₩160,000,000	₩640,000
5	강남구	빌라	17	15	₩304,000,000	₩1,216,000
6	강남구	오피스텔	31	27	₩240,000,000	₩960,000
7	양재구	오피스텔	26	23	₩176,000,000	₩704,000
8	동작구	단독주택	37	32	₩288,000,000	₩1,152,000
9	동작구	빌라	22	20	₩208,000,000	₩832,000
10	동작구	아파트	31	27	₩208,000,000	₩832,000
11	서초구	아파트	46	40	₩192,000,000	₩768,000
12	서초구	오피스텔	21	16	₩192,000,000	₩768,000
13	양재구	아파트	13	10	₩288,000,000	₩1,152,000
14	ⓐ강남구와 서초구의 "빌라"의 각 항목의 합				₩304,000,000	₩1,216,000
15	ⓑ강남구와 동작구의 전용면적 "25이상"의 각 항목의 평균				₩232,000,000	₩928,000
16	ⓒ강남구 "연립주택"과 동작구 "아파트"의 개수				2	
17						
18	조건ⓐ				조건ⓑ	
19	지역	유형			지역	전용면적
20	강남구	빌라			강남구	>=25
21	서초구	빌라			동작구	>=25
22						
23	조건ⓒ					
24	지역	유형				
25	강남구	연립주택				
26	동작구	아파트				

| 풀이 |

① 각 문제에 대한 조건을 아래와 같이 임의의 셀에 입력한다. (본서에서는 편의상 작업 표 하단 빈칸에 작성한다.)

조건ⓐ

지역	유형
강남구	빌라
서초구	빌라

조건ⓑ

지역	전용면적
강남구	>=25
서초구	>=25

조건ⓒ

지역	유형
강남구	연립주택
동작구	아파트

② [E14] 셀을 선택하고 「=DSUM(」까지 입력 후 함수 마법사를 실행한 다음 표와 같이 범위를 지정하고 Enter로 식을 완성한 다음 행 방향으로 자동 채우기를 한다. 우측으로 자동 채우기를 할 경우 데이터베이스 범위와 조건범위가 달라질 수 있으므로 절대참조를 지정한다.

Database	$A$2:$F$13
Field	E2
Criteria	$A$19:$B$21

③ [E15] 셀을 선택하고 「=DAVERAGE(」까지 입력 후 [함수 마법사]를 클릭하여 함수 마법사를 실행한 다음 표와 같이 범위를 지정하고 Enter로 식을 완성한 다음 행 방향으로 자동 채우기를 한다. 우측으로 자동 채우기를 할 경우 데이터베이스 범위와 조건범위가 달라질 수 있으므로 절대참조를 지정한다.

Database	$A$2:$F$13
Field	E2
Criteria	$E$19:$F$21

④ [E16] 셀을 선택하고 「=DCOUNTA(」까지 입력 후 [함수 마법사]를 클릭하여 함수 마법사를 실행한 다음 표와 같이 범위를 지정하고 Enter로 식을 완성한다.

Database	A2:F13
Field	E2
Criteria	A24:B26

| 정답 |

[E14] : =DSUM($A$2:$F$13,E2,$A$19:$B$21)

[E15] : =DAVERAGE($A$2:$F$13,E2,$E$19:$F$21)

[E16] : =DCOUNTA(A2:F13,E2,A24:B26)

| 기출 예제 |

작업 파일 : 엑셀함수정리소스.xlsx (DB3 시트)

부서별 당원 실적 현황표에서 아래 지시된 문제를 처리하시오.

ⓐ 등급이 B 또는 D인 사람들의 익월 목표의 합

ⓑ 부서가 A 또는 H로 시작하고 당월실적이 5000 이상인 당월실적의 합

ⓒ 당월목표가 6000 이상 8000 미만인 익월 목표 합

	A	B	C	D	E	F	G
1	부서별 당월 실적 현황표						
2	담당자		당월			익월	평가
3	부서	성명	목표	실적	달성률	목표	등급
4	H영업	차우석	4300	7100	165%	5300	B
5	F영업	오원택	6400	9838	154%	7400	A
6	A영업	정재만	9800	8950	91%	10800	A
7	D영업	선동열	6300	5700	90%	6800	C
8	C영업	김호성	7600	6840	90%	8100	B
9	E영업	박경재	7300	6150	84%	7800	B
10	B영업	이승엽	7100	5800	82%	7600	C
11	H영업	이승재	5800	4300	74%	6000	D
12	B영업	고숙경	6800	4960	73%	7000	C
13	A영업	김일권	8200	4500	55%	8400	C
14	등급이 B또는 D인 사람들의 익월 목표의 합					27200	
15	부서가 A 또는 H로 시작 하고 당월실적이 5000이상인 당월실적의 합					16050	
16	당월 목표가 6000 이상 8000 미만인 익월목표 합					44700	
17							
18							
19	등급		부서	실적		목표	목표
20	B		A*	>=5000		>=6000	<8000
21	D		H*	>=5000			

| 풀이 |

① 문제에서 지시한 조건대로 임의의 위치에 조건 표를 아래와 같이 작성한다. (본서에서는 해설 편의상 A19 행부터 작성하였다.)

등급
B
D

부서	실적
A*	>=5000
H*	>=5000

목표	목표
>=6000	<8000

② [F14] 셀을 선택하고 「=DSUM(」까지 입력 후 [함수 마법사]를 클릭하여 함수 마법사를 실행한 다음 표와 같이 범위를 지정하고 Enter 로 식을 완성한다. 단, 데이터베이스 범위는 조건표의 필드명이 첫 행이 되도록 3행부터 범위를 선택해야 한다. 또한 합계 계산 필드 "익월 목표" 필드는 "당월 목표", "익월 목표" 두 필드의 필드명이 "목표"로 동일하므로 셀 주소 대신 데이터베이스 범위에서의 "익월 목표"의 열 번호인 6을 입력한다. 필드명이 중복될 경우 앞쪽 옆에 표시된 필드의 값을 계산하게 되니 꼭 주의하기 바란다.

Database	A3:G13
Field	6
Criteria	A19:A21

③ [F15] 셀을 선택하고 「=DSUM(」까지 입력 후 [함수 마법사]를 클릭하여 함수 마법사를 실행한 다음 표와 같이 범위를 지정하고 Enter 로 식을 완성한다. 단, 데이터베이스 범위는 조건표의 필드명이 첫 행이 되도록 3행부터 범위를 선택해야 한다. 이 문제의 경우 Field 인수를 셀 주소 또는 열 번호 두 가지 모두 사용 가능하다.

Database	A3:G13
Field	4
Criteria	C19:D21

④ [F16] 셀을 선택하고 「=DSUM(」까지 입력 후 [함수 마법사]를 클릭하여 함수 마법사를 실행한 다음 표와 같이 범위를 지정하고 Enter 로 식을 완성한다. 단, 데이터베이스 범위는 조건표의 필드명이 첫 행이 되도록 3행부터 범위를 선택해야 한다.

Database	A3:G13
Field	6
Criteria	F19:G20

| 정답 |

[F14] : =DSUM(A3:G13,6,A19:A21)

[F15] : =DSUM(A3:G13,4,C19:D21) 또는 DSUM(A3:G13,D3,C19:D21)

[F16] : =DSUM(A3:G13,6,F19:G20) 또는 DSUM(A3:G13,F3,F19:G21)

기적의 Tip

데이터베이스 함수에서 오류가 나는 대표적인 경우

- 데이터베이스 범위는 조건필드가 있는 행부터 선택해야 합니다. 즉 "부서별 출장비 현황"에서 2행부터 11행까지가 데이터베이스 범위가 되어야 합니다.
- 데이터베이스 범위의 조건필드 앞뒤에 공백 또는 중간에 공간이 있는 경우 오류가 발생합니다.
  예 [부서_], [_부서], [부 서]
- 만약 데이터베이스 범위 중 필드이름이 중복되는 경우 Field 인수는 해당 필드 셀 주소 대신 데이터베이스 범위 중 계산하고자 하는 열 순서 번호로 지정해야 합니다.

▶ 18. 빈도수 계산-Frequency

Frequency 함수는 빈도수를 계산하는 함수입니다. 빈도수란 지정된 범위에서 설정한 구간 값에 해당하는 값의 개수를 구하는 것입니다. Frequency 함수는 식 입력 시 계산결과 범위를 미리 선택하고 식을 입력한 뒤 Ctrl+Shift+Enter로 식을 완성해야 합니다. 이 규칙만 잊지 않으면 매우 쉬운 함수입니다.
Ctrl+Shift+Enter로 배열수식을 완성하면 식이 { }로 묶이게 됩니다. 이 { }는 이 식이 배열수식이라는 것을 나타냅니다.

| 기본 함수 구조 |

Frequency(Data_array, Bins_array)

Data_array	빈도수 계산할 범위
Bins_array	빈도수 계산할 구간 값

| 작업 파일 | 엑셀함수정리소스.xlsx (Frequency 시트)

| 처리 조건 |

재고 열에서 별도로 주어진 구간의 빈도수를 계산하시오.

	A	B	C	D
1				
2	재고		재고 빈도수 계산	
3	80		구간	빈도수
4	27		6	1
5	10		60	8
6	18		100	2
7	8			
8	65			
9	10			
10	30			
11	10			
12	10			
13	5			

| 따라 하기 |

① 빈도수 결과가 입력될 [D4:D6] 셀 범위를 마우스로 드래그하여 선택한다.
② 그대로 「=FREQUENCY(A3:A13,C4:C6)」처럼 식을 입력한 뒤 Ctrl+Shift+Enter로 식을 완성한다.
③ FREQUENCY 함수는 자동 채우기를 하지 않고 채우기 할 범위를 모두 선택 후 식을 입력한 뒤 Ctrl+Shift+Enter로 식을 완성한다.

| 정답 |

[D4] : =FREQUENCY(A3:A13,C4:C6)

 기적의 Tip

MS Office 2021부터는 Ctrl+Shift+Enter를 누르지 않아도 됩니다. (단, 「=FREQUENCY(A3:A13,C4:C5)」처럼 Bins_array 범위를 1행 적게 선택합니다.) 복잡하다면 2021 버전도 Ctrl+Shift+Enter를 사용하도록 합니다.

| 기출 예제 |

월간 판매 재고 현황표에서 "현재고"에 대한 "분포"를 계산하고 그 식을 작성하시오.

	A	B	C	D	F	G	H	I
15	월간 판매 재고 현황							
16	거래소	품명	이월재고	월간 판매량	현재고	판매금액	최대보유기준	발주예정량
17	현대	MP3	200	120	80	₩12,600,000	300	220
18	롯데	카메라	95	68	27	₩21,420,000	200	173
19	삼성	공기청정기	50	45	5	₩13,500,000	60	55
20	현대	세탁기	40	40	0	₩20,800,000	55	55
21	현대	가습기	70	60	10	₩1,260,000	60	50
22	현대	믹서기	90	70	20	₩34,300,000	70	50
23	현대	면도기	35	30	5	₩360,000	45	40
24	쇼핑몰	밥솥	30	20	10	₩3,600,000	50	40
25	롯데	LCDTV	20	19	1	₩2,090,000	40	39
26	농협	에어컨	30	27	3	₩6,480,000	30	27
27	쇼핑몰	책상	90	60	30	₩1,260,000	50	20
28	쇼핑몰	김치냉장고	16	3	13	₩600,000	20	7
29	"현재고"에 대한분포		분포갯수	6	5	=FREQUENCY(F4:F23,D27:D29)		
30				60	6			
31				100	1			

| 풀이 |

① 빈도수 결과가 입력될 [F29:F31]까지의 범위를 마우스로 드래그하여 선택한다.

② 그대로 「=FREQUENCY(F17:F28,D29:D31)」처럼 식을 입력한 뒤 Ctrl+Shift+Enter로 식을 완성한다.

| 정답 |

[F29] : =FREQUENCY(F17:F28,D29:D31)

기적의 Tip

FREQUENCY 함수는 결과 범위를 미리 선택하고 식을 입력한다는 것과 Ctrl+Shift+Enter를 이용하여 식을 완성한다는 것 또한 잊지 않도록 합니다.

▶ 19. 배열수식의 기본

배열수식이라 해서 어려운 함수가 아닙니다. 우리가 지금까지 배워온 함수들은 인수 대상이 셀 단위지만 배열수식은 셀이 아닌 셀의 묶음, 즉 배열을 대상으로 연산을 하게 됩니다. 배열수식을 이용하는 이유는 다양한 조건을 전체 범위에 적용해서 쉽게 결과를 얻어낼 수 있기 때문입니다. 바로 앞에서 살펴본 FREQUENCY 함수처럼 함수 자체가 배열을 대상으로만 받는 함수도 있고 우리가 자주 사용하는 SUM, COUNT, IF 함수 등을 응용해서 배열수식을 구성할 수도 있습니다. 배열수식을 구성하는 식들은 대부분 공식화되어 있으며 이 공식을 토대로 조금씩 응용이 됩니다.
여기서 다루는 내용은 실제 시험에 출제된 내용이 아닙니다. 실제 배열수식 문제를 풀기 위해 이해를 돕는 부분입니다. 어렵다면 과감히 이 부분은 버리고 실제 시험 문제 예제의 함수 공식을 암기하는 것도 좋은 방법일 수 있습니다. 최근 경향은 앞서 알아본 데이터베이스 함수 사용을 금하고 있는 추세입니다. 즉 함수식을 직접 작성하는 문제가 주를 이루고 있으므로 배열수식은 꼭 준비하셔야 합니다.

| 작업 파일 | 엑셀함수정리소스.xlsx(배열수식 시트)

배열수식을 이해하기 위해서는 논리값 TRUE/FALSE와 +(OR), *(AND) 연산의 특성을 우선 이해하는 것이 중요합니다.

| 처리 조건 |

아래 표를 이용하여 지시사항을 처리하시오.

ⓐ 입력된 논리값1. 논리값2를 + (OR) 연산을 하여 표시하시오.

ⓑ 입력된 논리값1. 논리값2를 * (AND) 연산을 하여 표시하시오.

	A	B	C	D
1	논리 값의 연산			
2	논리값1	논리값2	or	and
3	TRUE	TRUE	2	1
4	TRUE	FALSE	1	0
5	FALSE	TRUE	1	0
6	FALSE	FALSE	0	0

| 따라 하기 |

① [C3] 셀을 선택하고 =A3+B3을 입력한 뒤 자동 채우기를 한다.

② [D3] 셀을 선택하고 =A3*B3을 입력한 뒤 자동 채우기를 한다.

더 알기 Tip

- 논리값 TRUE와 TRUE를 더하면 정수 2가 계산된다. 그 이유는 논리값 TRUE는 정수 1로 대변되기 때문이다. TRUE는 전기가 흐른다는 개념, 즉 2진수 1과 같은 표현이다.
- 반대로 FALSE는 전기가 흐르지 않는다. 즉 2진수 0과 같은 표현이 된다.
- 컴퓨터 일반 이론이지만 '전기가 흐르는 건 TRUE이고 컴퓨터는 2진수로 구성되었으니 1이다.'라고 기억하면 된다.

| 정답 |

ⓐ =A3+B3

ⓑ =A3*B3

기적의 Tip

앞서 논리값과 +, * 연산의 특징을 잠깐 살펴보았습니다. 논리연산과 산술연산을 혼합하여 고민해 보면 좋겠습니다. 즉, 어떤 값에 0을 곱하면 그 값의 결과는 항상 0이 됩니다. 논리연산에서 어떤 결과에 FALSE를 곱하면 그 결과는 항상 FALSE(0)가 된다는 것이 배열수식의 핵심입니다.

| 처리 조건 |

ⓐ 이름이 이씨인 사람을 TRUE로 표시하시오. (단, 문자열 함수 사용)

ⓑ 성적이 60점 이하인 사람을 TRUE로 표시하시오.

ⓒ ⓐ*ⓑ 조건을 AND(이면서, *) 조건으로 병합하시오.

ⓓ 조건병합 열의 값과 성적열을 곱하여 두 조건에 만족하는 행의 성적을 계산하시오.

ⓔ [K9] 셀에 수직 상단의 계산열의 합계를 계산하시오.

ⓕ 성이 이씨이면서 점수가 60점 이하인 점수 합계를 배열수식을 이용하여 계산하시오. (SUM 함수)

F	G	H	I	J	K
성이 이씨 이면서(AND) 점수가 60점 이하인 점수 합계					
이름	성적	ⓐ이씨	ⓑ60점이하	ⓒ병합(OR)	ⓓ계산
강호동	90	FALSE	FALSE	0	0
이호동	80	TRUE	FALSE	0	0
박호동	70	FALSE	FALSE	0	0
이호동	60	TRUE	TRUE	1	60
구호동	50	FALSE	TRUE	0	0
나호동	40	FALSE	TRUE	0	0
			ⓔ합계		60
			ⓕ배열(AND)		60

| 따라 하기 |

① 이름에서 이씨인 행의 결과를 논리값으로 표현하기 위해 [H3] 셀을 선택하고 =LEFT(F3,1)="이"를 입력하고 자동 채우기를 한다.

② 성적이 60점 이하인 행의 결과를 논리값으로 표현하기 위해 [I3] 셀을 선택하고=G3<=60을 입력하고 자동 채우기를 한다.

③ 두 조건을 병합하기 위하여 [J3] 셀을 선택하고 =H3*I3을 입력하고 자동 채우기를 한다.

④ 조건병합 열의 값과 성적열을 곱하여 두 조건에 만족하는 행의 성적을 계산하기 위하여 [K3] 셀을 선택하고 =G3*J3을 입력하고 자동 채우기를 한다.

⑤ 예제의 조건을 배열수식으로 처리하기 위하여 =SUM(((LEFT(F3:F8,1)="이")*(G3:G8<=60))*G3:G8)를 입력하고 Ctrl+Shift+Enter를 입력한 뒤 자동 채우기를 한다.

기적의 Tip

배열수식 입력 시에는 Ctrl+Shift+Enter를 이용하여 함수식을 완성합니다.

기적의 Tip

MS Office 2021부터 동적 배열 지원으로 Ctrl+Shift+Enter를 누르지 않아도 됩니다.

더 알기 Tip

괄호( ) 사용의 이유

배열수식에서 중요한 것은 조건별로 ( )를 사용해 묶는다는 것이다. 각 조건을 ( )로 묶는 이유는 엑셀 내부의 연산자 우선순위에 혼란을 줄이기 위함이다.

- 조건 1 : (LEFT(F3:F8,1)="이")
- 조건 2 : (G3:G8〈=60)
- 조건 3 : ((LEFT(F3:F8,1)="이")*(G3:G8〈=60))

실제 연산될 열인 G3:G8 조건이 아니므로 ( )를 묶지 않아도 된다. 다만 혼란스럽다면 이 부분도 ( )로 묶어도 된다.

다양한 연산 방법

예제에서 다양한 방법으로 연산하는 방법을 제시한 이유는 배열수식이 어떤 과정을 통해 연산되는지를 보여 주기 위함이다. 이런 일련의 작업을 간단히 배열수식으로 처리할 수 있는데 그 내부적인 과정이 지금 우리가 연습하고 있는 예제처럼 처리되기 때문이다.

OR 조건

만약 이번 예제를 AND 조건이 아닌 OR 조건으로 처리한다면 두 조건이 모두 만족하는 경우 조건 병합값이 2(6행)로 계산되어 실제 총 합계값에 오류가 생기게 된다. 이렇게 열이 두 개 이상인 조건을 OR 조건으로 처리하는 경우는 정확한 답이 도출되지 않는다. 일반적으로 OR 조건으로 배열수식을 처리하는 경우에는 한 열(이름이 강씨 또는 이씨처럼)에만 적용하며 두 열 이상을 묶는 경우 결과 오류로 인해 OR(+) 조건은 잘 사용하지 않는다.

| 정답 |

ⓐ =LEFT(F3,1)="이"

ⓑ =G3〈=60

ⓒ =H3*I3

ⓓ =G3*J3

ⓔ =SUM(K3:K8)

ⓕ =SUM(((LEFT(F3:F8,1)="이")*(G3:G8〈=60))*G3:G8)

| 처리 조건 |

이번에는 OR 조건의 배열수식의 내부 구성을 분석해 보고 실제 적용하여 본다.

ⓐ 이름이 이씨인 사람을 TRUE로 표시하시오. (단, 문자열 함수 사용)

ⓑ 성적이 60점 이하인 사람을 TRUE로 표시하시오.

ⓒ ⓐ+ⓑ 조건을 OR(또는, +) 조건으로 병합하시오.

ⓓ 조건병합 열의 값과 성적열을 더하여 두 조건에 만족하는 행의 성적을 계산하시오.

ⓔ [K14] 셀에 수직 상단의 계산열의 합계를 계산하시오.

ⓕ 성이 이씨이거나 점수가 60점 이하인 점수 합계를 배열수식을 이용하여 계산하시오.

성이 이씨 이거나(OR) 점수가 60점 이하인 점수 합계					
이름	성적	ⓐ이씨	ⓑ60점이하	ⓒ병합(OR)	ⓓ계산
강호동	90	FALSE	FALSE	0	0
이호동	80	TRUE	FALSE	1	80
박호동	70	FALSE	FALSE	0	0
이호동	70	TRUE	FALSE	1	70
구호동	50	FALSE	TRUE	1	50
나호동	40	FALSE	TRUE	1	40
			ⓔ합계		240
			ⓕ배열(AND)		240

| 따라 하기 |

① 이름에서 이씨인 행의 결과를 논리값으로 표현하기 위해 [H14] 셀을 선택하고 =LEFT(F14,1)="이"를 입력하고 자동 채우기를 한다.

② 성적이 60점 이하인 행의 결과를 논리값으로 표현하기 위해 [I14] 셀을 선택하고=G14〈=60을 입력하고 자동 채우기를 한다.

③ 두 조건을 병합하기 위하여 [J14] 셀을 선택하고 =H14+I14를 입력하고 자동 채우기를 한다.

④ 조건병합 열의 값과 성적열을 곱하여 두 조건에 만족하는 행의 성적을 계산하기 위하여 [K14] 셀을 선택하고 =G14*J14를 입력하고 자동 채우기를 한다.

⑤ 예제의 조건을 배열수식으로 처리하기 위하여 =SUM(((LEFT(F14:F19,1)="이")+(G14:G19〈=60))*G14:G19)를 입력하고 Ctrl+Shift+Enter를 입력한 뒤 자동 채우기를 한다.

기적의 Tip

이번 예제가 두 열을 이용한 OR 조건이지만 두 조건이 겹치지 않아 정확한 값을 계산할 수 있습니다. 만약 점수가 70점 이하라고 한다면 본 예제의 계산 결과는 틀린 답이 나오게 됩니다.

| 정답 |

ⓐ =LEFT(F14,1)="이"

ⓑ =G14〈=60

ⓒ =H14+I14

ⓓ =G14*J14

ⓔ =SUM(K14:K19)

ⓕ =SUM(((LEFT(F14:F19,1)="이")+(G14:G19〈=60))*G14:G19)

▶ 20. 개수, 합계를 계산하는 기본 배열수식

앞 내용에 이어 이번에도 실제 시험에 출제되는 함수인 SUMPRODUCT를 응용한 배열수식의 이해를 돕기 위한 부분입니다. 어렵다면 과감히 버리고 다음 장에서 배우게 되는 실제 시험 문제의 함수 공식을 암기하실 것을 추천드립니다. 본 장에서는 배열수식에 사용되는 조건식을 어떻게 표현하는지 연습해 보겠습니다.

| 기본 함수 구조 |

SUM((배열조건1)*1) : 배열 조건에 맞는 행의 개수 계산

SUM((배열조건1)*(배열조건2)) : 배열조건1,2를 만족하는 행의 개수 계산

SUMPRODUCT(배열1, 배열2,..) : 배열1, 배열2의 각 행을 곱하고 곱한 결과를 합산

배열수식은 식을 입력 후 Ctrl+Shift+Enter를 이용하여 식을 완성해야 한다.

기적의 Tip

식을 입력 후 Ctrl+Shift+Enter를 이용하는 이유는 '이 식이 바로 배열수식이다.'라는 것을 선언하는 과정입니다.

| 작업 파일 | 엑셀함수정리소스.xlsx(배열기초 시트)

| 처리 조건 |

ⓐ 학과별 인원수를 계산하시오. (SUM 이용 식)

ⓑ 학년별 성적의 총점을 계산하시오. (SUM 이용 배열수식)

ⓒ 판매량과 단가를 이용하여 총 판매액 계산하시오. (단, SUMPRODUCT 함수를 이용함)

	A	B	C	D	E	F	G	H	I	J	K	L	M	N
1														
2		학번	학년	학과	이름	성적			상품명	판매량	단가	곱하고		
3		k102-3	1	경영과	강수로	80			당근	10	₩1,000	₩10,000		
4		k102-4	2	수학과	김호동	90			배추	20	₩2,000	₩40,000		
5		g102-5	3	경영과	장혁	95			당근	30	₩3,000	₩90,000		
6		k102-6	1	수학과	강수로	65			배추	30	₩1,000	₩30,000		
7		d102-7	2	영문과	박형식	89			양상추	20	₩2,000	₩40,000		
8		k102-8	3	영문과	장혁	87			가지	30	₩3,000	₩90,000		
9		k102-9	1	경영과	해밍턴	69			고추	40	₩1,000	₩40,000		
10											더하고	₩340,000		
11		ⓐ학과별 인원수를 계산하시오.												
12		ⓑ학년별 성적의 총점을 계산하시오.							ⓒ 판매량과 단가를 이용하여 총 판매액 계산 (SUMPRODUCT)					
13														
14		ⓐsum			ⓑsum				총판매액		₩340,000			
15		학과	인원수		학년	총점								
16		경영과	3		1	214								
17		수학과	2		2	179								
18		영문과	2		3	182								

| 따라 하기 |

① 인원수를 계산하기 위하여 [C16] 셀을 선택하고 =SUM(($D$3:$D$9=B16)*1)식을 입력한 후 [Ctrl]+[Shift]+[Enter]를 이용하여 식을 완성하고 자동 채우기를 한다.

더 알기 Tip

*1의 기능

어떤 값에 1을 곱하면 그 값의 크기는 변하지 않는다.
*1을 제외하고 =SUM(($D$3:$D$9=B16)) 식을 입력하고 [Ctrl]+[Shift]+[Enter]를 이용하여 식을 완성하면 결과가 제외하고 계산되지 않는 것을 볼 수 있다. 그 이유는 =SUM(($D$3:$D$9=B16)) 식이 입력된 수식 입력줄에서 ($D$3:$D$9=B16) 범위를 마우스로 드래그하고 [F9]를 눌러 보면 해당 배열의 계산 결과를 미리 볼 수 있다. 즉, 배열이 계산되어 =SUM({TRUE;FALSE;TRUE;FALSE;FALSE;FALSE;TRUE}) 식이 완성된다.

SUM 함수는 논리값을 더할 수 없다. 그렇다면 =SUM(($D$3:$D$9=B16)*1) 식을 완성하고 [Ctrl]+[Shift]+[Enter]을 이용하여 식을 완성하고 수식 입력줄에 마우스로 범위를 선택하고 [F9]를 눌러 배열의 연산 결과를 살펴보면 아래의 그림과 같이 숫자로 변경된 것을 볼 수 있다.

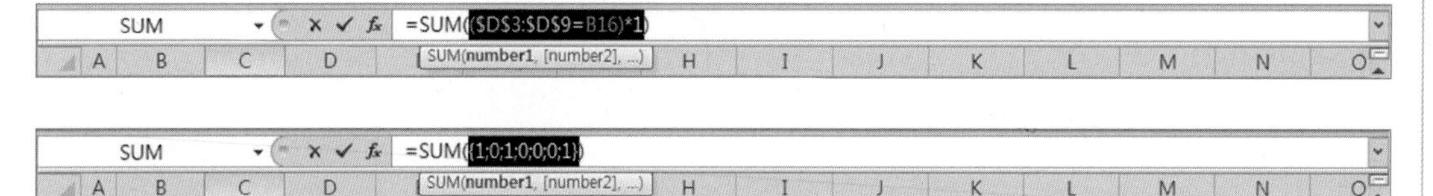

실제 시험에 출제되는 SUMPRODUCT 함수도 SUM 함수와 동일하게 논리값을 연산 대상으로 받지 못한다는 점을 기억하면 된다. 그럼 매번 조건에 *1을 해야 하나요? 그것은 아니다. 이번처럼 조건을 1개로 구성한 경우만 그렇다. 만약 조건이 2개 이상인 경우 논리값끼리 연산이 되어 *1을 생략할 수 있다. 바로 다음 문제를 참고하면 쉽게 이해할 수 있다.

기적의 Tip

배열수식의 결과 보기([F9]를 누른 후)를 한 뒤 다시 함수식으로 돌아갈 때는 [Esc]를 누릅니다.

더 알기 Tip

SUM 함수로 개수를 계산하기

앞의 이론 하나 더 알기 그림처럼 배열수식을 이용하면 참인 경우 TRUE가 된다. 여기에 *1을 처리하면 그림처럼 =SUM({1;0;1;0;0;0;1}) 식이 된다. 즉, 참인 경우 1, 아닌 경우 0이 계산되고 그 합계를 계산하면 참인 경우의 개수를 구할 수 있다. 추후 액세스에서 비슷한 함수식을 사용하게 되니 기억하고 있으면 좋다.

② 학년별 성적의 총점을 계산하기 위해 [F16] 셀을 선택하고 =SUM((E16=$C$3:$C$9)*$F$3:$F$9) 식을 입력한 후 Ctrl+Shift+Enter를 이용하여 식을 완성하고 자동 채우기를 한다.

더 알기 Tip

이번 함수도 수식 입력줄에서 조건식을 각각 마우스로 드래그하고 F9를 눌러 배열 연산 결과를 미리 살펴보면 내부적으로 어떤 연산이 이루어지는지 볼 수 있다.
예를 들어 1학년인 경우만 살펴보면 아래 그림과 같이 박스의 행 값만 조건이 TRUE(1)이고, 나머지는 모두 FALSE(0)가 되므로 배열수식에서 *연산을 이용하면 조건에 맞지 않는 행의 값은 0이 된다.

	A	B	C	D	E	F
1						
2		학번	학년	학과	이름	성적
3		k102-3	1	경영과	강수로	80
4		k102-4	2	수학과	김호동	90
5		g102-5	3	경영과	장혁	95
6		k102-6	1	수학과	강수로	65
7		d102-7	2	영문과	박형식	89
8		k102-8	3	영문과	장혁	87
9		k102-9	1	경영과	해밍턴	69

=SUM({TRUE;FALSE;FALSE;TRUE;FALSE;FALSE;TRUE}*{80;90;95;65;89;87;69})

=SUM({80;0;0;65;0;0;69})
순서대로 인수를 곱하고 그 결과를 SUM 함수로 계산하는 것이다.

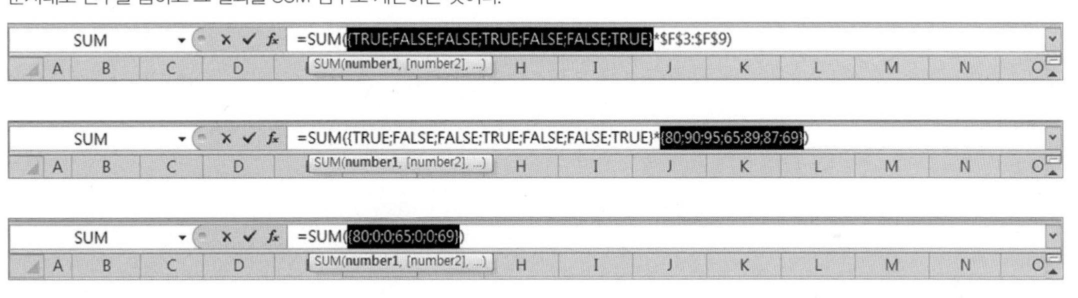

즉, 각 배열의 조건을 처리하고 곱하여(AND) 두 조건을 모두 만족하는 경우의 셀 값은 성적이 남고, 조건에 만족하지 않는 경우 0으로 처리되어 조건에 맞는 값만 합산되는 구조이다.

③ 판매량과 단가를 이용하여 총 판매액 계산(SUMPRODUCT로 계산)을 하기 위하여 [K14] 셀을 선택하고 =SUMPRODUCT(J3:J9,K3:K9) 식을 넣은 뒤 [Ctrl]+[Shift]+[Enter]를 이용하여 식을 완성한다.

더 알기 Tip

SUMPRODUCT 함수는 각 행을 곱한 뒤 그 값을 합하는 함수이다.

상품명	판매량	단가	곱하고
당근	10	₩1,000	₩10,000
배추	20	₩2,000	₩40,000
당근	30	₩3,000	₩90,000
배추	30	₩1,000	₩30,000
양상추	20	₩2,000	₩40,000
가지	30	₩3,000	₩90,000
고추	40	₩1,000	₩40,000
		더하고	₩340,000

| 정답 |

ⓐ =SUM(($D$3:$D$9=B16)*1)

ⓑ =SUM((E16=$C$3:$C$9)*$F$3:$F$9)

ⓒ =SUMPRODUCT(J3:J9,K3:K9)

▶ 21. SUMPRODUCT를 이용한 다중 조건 배열수식

앞서 배열수식의 이해를 위해 긴 시간을 투자하였습니다. 이제 실제 시험에 출제되는 내용을 다루어 보겠습니다. 앞에서 배웠듯이 SUMPRODUCT 함수는 각 인수의 배열을 순서대로 곱하고 그 결과를 합하는 함수입니다. 그래서 SUM을 이용한 연산처럼 * 연산을 사용하지 않고 함수 내에서 실제 계산할 열을 인수로 지정하며 간단히 처리가 가능합니다.

| 기본 함수 구조 |

A 또는 B이면서 C인 D열의 합계 계산

=SUMPRODUCT(((조건A) + (조건B)) * (조건C),합계 계산할 D열)

=SUMPRODUCT(((조건A) * (조건C)) + ((조건B) * (조건C)),합계 계산할 D열)

| 작업 파일 | 엑셀함수정리소스.xlsx(SUMPRODUCT 시트)

더 알기 Tip

자주 출제되는 조건이지만 조건을 구성하는 것이 어려울 수 있다. 이때는 앞서 배운 DATABASE 함수의 조건 표를 먼저 그린 뒤 조건을 구성하면 조금 이해가 빠를 수 있다.

분류	제조사
경기	삼천리
산악	삼천리

다음처럼 각 열(AND) 조건을 구성하고 그 조건 결과를 다시 각 행(OR) 조건을 구성하면 된다. DATABASE 함수 조건표는 AND 조건 처리 → OR 조건 처리 순으로 인식하는 것에 착안하면 된다.

- ((조건A) * (조건C)) => (분류=경기)이면서 (제조사=삼천리)
- ((조건B) * (조건C)) => (분류=산악)이면서 (제조사=삼천리)
- ((분류=경기) * (제조사=삼천리)) + ((분류=산악) * (제조사=삼천리))

| 처리 조건 |

ⓐ 분류가 경기 또는 산악이면서 제조사가 삼천리인 합계를 계산하시오.

ⓑ 제품코드 첫 글자가 K 또는 C이면서 분류가 아동인 합계를 계산하시오.

ⓒ 삼천리 또는 알톤이면서 가격이 30만원 이상인 합계를 계산하시오.

ⓓ 분류가 경기이거나 제조사가 삼천리 또는 알톤인 합계를 계산하시오.

	A	B	C	D	E
1					
2		제품코드	분류	제조사	가격
3		K112-245	경기	삼천리	₩245,000
4		K112-652	경기	삼천리	₩125,000
5		L328-235	로드	야마하	₩109,000
6		C622-451	아동	알톤	₩354,000
7		Y328-695	산악	야마하	₩290,000
8		L622-224	로드	알톤	₩150,000
9		M112-542	산악	삼천리	₩331,000
10		C622-695	아동	알톤	₩420,000
11		K328-691	경기	야마하	₩235,000
12		ⓐ분류가 경기 또는 산악이면서 제조사가 삼천리인 합계			₩701,000
13		ⓑ제품코드 첫 글자가 K 또는 C 이면서 분류가 아동인 합계			₩774,000
14		ⓒ삼천리 또는 알톤이면서 가격이 30만원 이상인 합계			₩1,105,000
15		ⓓ분류가 경기 이거나 제조사가 삼천리 또는 알톤인 합계			₩1,860,000

| 따라 하기 |

① [E12] 셀을 선택하고 =SUMPRODUCT(((C3:C11="경기")+(C3:C11="산악"))*(D3:D11="삼천리"),E3:E11) 식을 입력하고 Ctrl+Shift+Enter를 이용하여 식을 완성한다.

기적의 Tip

배열 조건을 묶는 괄호에 주의하도록 합니다. 아래와 같은 식도 가능합니다.
=SUMPRODUCT(((C3:C11="경기")*(D3:D11="삼천리"))+((C3:C11="산악")*(D3:D11="삼천리")),E3:E11)

② [E13] 셀을 선택하고 =SUMPRODUCT(((LEFT(B3:B11,1)="K")+(LEFT(B3:B11,1)="C"))*(C3:C11="아동"),E3:E11) 식을 입력하고 Ctrl+Shift+Enter를 이용하여 식을 완성한다.

기적의 Tip

일반 함수에서는 * 사용이 불가합니다. 문자열 함수를 사용하도록 합니다.

③ [E14] 셀을 선택하고 =SUMPRODUCT(((D3:D11="삼천리")+(D3:D11="알톤"))*(E3:E11>=300000),E3:E11)을 입력하고 Ctrl+Shift+Enter를 이용하여 식을 완성한다.

④ [E15] 셀을 선택하고 =SUMPRODUCT((C3:C11="경기")+((D3:D11="삼천리")+(D3:D11="알톤")),E3:E11)−SUMPRODUCT((C3:C11="경기")*(D3:D11="삼천리"),E3:E11)을 입력하고 Ctrl+Shift+Enter를 이용하여 식을 완성한다.

더 알기 Tip

이 문제는 돌발 형태로 출제된 문제이다. 즉, 경기이거나 삼천리 경우가 두 번 계산이 되어 정확한 결과를 계산할 수 없다. 그래서 문제 조건을 분석하여 두 번 참이 된 경기이면서 삼천리인 조건의 합을 빼는 연산이 필요하다.

| 정답 |

ⓐ =SUMPRODUCT(((C3:C11="경기")+(C3:C11="산악"))*(D3:D11="삼천리"),E3:E11)
=SUMPRODUCT(((C3:C11="경기")*(D3:D11="삼천리"))+((C3:C11="산악")*(D3:D11="삼천리")),E3:E11)

ⓑ =SUMPRODUCT(((LEFT(B3:B11,1)="K")+(LEFT(B3:B11,1)="C"))*(C3:C11="아동"),E3:E11)

ⓒ =SUMPRODUCT(((D3:D11="삼천리")+(D3:D11="알톤"))*(E3:E11>=300000),E3:E11)

ⓓ =SUMPRODUCT((C3:C11="경기")+((D3:D11="삼천리")+(D3:D11="알톤")),E3:E11)−SUMPRODUCT((C3:C11="경기")*(D3:D11="삼천리"),E3:E11)

▶ 22. SUMPRODUCT, ISNUMBER, FIND 함수를 이용한 다중 조건 합계 구하기

SUMPRODUCT, ISNUMBER, FIND 함수는 다중 조건에 사용하는 배열수식 구조 중 하나입니다. 2010년부터 출제되고 있으며 특정 셀의 찾고자 하는 문자열을 조건으로 받아 그 문자를 포함하는 행의 합계를 계산합니다.

| 기본 함수 구조 |

SUMPRODUCT(배열1, 배열2...) : 배열1, 배열2의 각 행을 곱한 뒤 그 결과를 합한다.

ISNUMBER(값) : 인수로 받은 값이 숫자이면 TRUE 아니면 FALSE를 출력한다.

FIND(찾을 문자열, 찾을 범위, 찾기 시작할 문자열 번호) : 찾을 범위에서 찾을 문자열이 위치하는 번호를 정수로 표시한다.

기적의 Tip

찾기 시작할 문자열 번호의 경우 생략하면 첫 번째 글자부터 찾기 시작합니다. 예를 들어 "가나다라가나다라" 라는 문장에서 "가"가 2번 존재하는데 이 인수를 생략하면 결과가 1이 나오게 됩니다. 하지만 내가 찾고자 하는 것이 5번째 글자, 즉 2번째 "가"라면 인수를 2~5 사이의 값을 입력합니다. 즉 문자열에서 중복된 글자가 있는 경우, 뒤쪽 문자열의 위치를 찾고자 할 때 사용합니다.

| 작업 파일 | 엑셀함수정리소스.xlsx(SIF 시트)

| 처리 조건 |

ⓐ SUMPRODUCT 함수를 이용하여 총판매액을 계산하시오.

ⓑ ISNUMBER 함수를 이용하여 값 열의 값이 숫자이면 TRUE 아니면 FALSE를 출력하시오.

ⓒ FIND 함수를 이용하여 부서열의 H 문자열의 위치를 각 열에 정수로 표시하시오.

ⓓ ISNUMBER 함수를 이용하여 FIND 열의 값이 숫자이면 TRUE, 아니면 FALSE를 표시하시오.

ⓔ SUMPRODUCT, ISNUMBER, FIND 함수를 모두 사용하여 부서에 H가 포함된 점수의 합계를 계산하시오.

ⓕ 부서가 F영업 또는 P영업인 실적 합계를 계산하시오.

ⓖ ⓕ에서 작성한 함수식 작성하시오. (단, SUMPRODUCT, ISNUMBER, FIND를 모두 사용하고 그 외 함수 사용 시 0점 처리됨)

ⓗ 평가가 우수 또는 최우수인 실적의 합을 계산하시오. (단, SUMPRODUCT, ISNUMBER, FIND를 모두 사용하고 그 외 함수 사용 시 0점 처리됨)

ⓘ ⓗ에서 작성한 함수식 작성하시오. (단, SUMPRODUCT, ISNUMBER, FIND를 모두 사용하고 그 외 함수 사용 시 0점 처리됨)

SUMPRODUCT 함수	
판매액	판매수량
₩20,000	2
₩30,000	0
₩40,000	0
₩50,000	10
₩60,000	2
ⓐ총판매액	₩660,000

ISNUMBER 함수	
값	ⓑ결과
10	TRUE
20	TRUE
A	FALSE
나	FALSE
TRUE	FALSE

FIND 함수 H를 포함한 합계)			
부서	ⓒFIND(H)	ⓓISNUMBER	점수
영동H영업	3	TRUE	50
서F영업	#VALUE!	FALSE	60
산본K영업	#VALUE!	FALSE	61
남양H영업	3	TRUE	80
휴A영업	#VALUE!	FALSE	90
ⓔSIF 통합			130

ⓕ부서가 F영업 또는 P영업인 실적 합		
부서	성명	실적
H영업	신면철	7100
F영업	신채원	9838
P영업	신선율	6200
H영업	이지혜	8200
M영업	이나현	5720
A영업	신현길	8950
SIF 통합		16038
=SUMPRODUCT(ISNUMBER(FIND("F",B14:B19))+ISNUMBER(FIND("P",B14:B19)),D14:D19)		

ⓗ 평가가 우수 또는 최우수인 실적의 합계			
부서	성명	실적	평가
H영업	신면철	7100	우수
F영업	신채원	9838	최우수
P영업	신선율	6200	보통
H영업	이지혜	8200	우수
M영업	이나현	5720	최우수
A영업	신현길	8950	우수
SIF 통합		39808	
=SUMPRODUCT(ISNUMBER(FIND("우수",K14:K19))*1,J14:J19)			

| 따라 하기 |

① [C9] 셀을 선택하고 =SUMPRODUCT(B4:B8,C4:C8)를 입력하고 Ctrl+Shift+Enter를 입력한다.

기적의 Tip

SUMPRODUCT 함수는 자체 배열수식으로 Ctrl+Shift+Enter를 누르지 않고 Enter만 입력해도 됩니다. 단 배열 조건을 사용하는 경우엔 꼭 Ctrl+Shift+Enter를 눌러야 합니다.

② [F4] 셀을 선택하고 =ISNUMBER(E4)를 입력하고 Enter를 입력하여 식을 완성한 후 자동 채우기를 한다.
③ [I4] 셀을 선택하고 =FIND("H",H4)를 입력하고 Enter를 입력하여 식을 완성한 후 자동 채우기를 한다.
④ [J4] 셀을 선택하고 =ISNUMBER(I4)를 입력하고 Enter를 입력하여 식을 완성한 후 자동 채우기를 한다.
⑤ [K9] 셀을 선택하고 =SUMPRODUCT(ISNUMBER(FIND("H",H4:H8))*1,K4:K8)를 입력한 뒤 Ctrl+Shift+Enter를 입력한다.
⑥ [D20] 셀을 선택하고 =SUMPRODUCT(ISNUMBER(FIND("F",B14:B19))+ISNUMBER(FIND("P",B14:B19)),D14:D19)를 입력한 뒤 Ctrl+Shift+Enter를 입력한다.
⑦ [D20] 셀을 선택하고 수식 입력줄에서 함수식은 마우스로 블록 선택하고 Ctrl+C하여 복사한 뒤 Esc를 눌러 블록을 해제하고 [B21] 셀을 선택하고 '를 입력한 뒤 Ctrl+V를 눌러 함수식을 붙여 넣는다.

기적의 Tip

한 셀에 식이 모두 들어가지 않는 경우 [홈] 탭–[맞춤] 그룹–[텍스트 줄 바꿈]을 클릭하여 두 줄로 변경한 뒤 행 높이를 늘려 식이 모두 보일 수 있도록 합니다.

⑧ [J20] 셀을 선택하고 =SUMPRODUCT(ISNUMBER(FIND("우수",K14:K19))*1,J14:J19)를 입력한 뒤 Ctrl+Shift+Enter를 입력한다.
⑨ [J20] 셀을 선택하고 수식 입력줄에서 함수식은 마우스로 블록 선택하고 Ctrl+C하여 복사한 뒤 Esc를 눌러 블록을 해제한 뒤 [H21] 셀을 선택하고 '를 입력한 뒤 Ctrl+V를 눌러 함수식을 붙여 넣는다.

더 알기 Tip

FIND 함수는 제시된 문자열에서 해당 문자열을 찾아 그 위치를 정수로 표시한다. 평가가 우수이거나 최우수인 경우는 "우수"라는 조건으로 "우수" → 1, "최우수" → 2의 정수를 도출한다. 즉, ⓕ 조건처럼 두 번 조건을 지정하면 최우수의 경우 2번 조건이 만족하게 되어 정확한 값이 계산되지 않는다. 그래서 "우수" 조건 한 번으로 처리하며, 앞에서 배운 대로 조건이 한 개인 경우 SUMPRODUCT함수에서 논리값을 받을 수 없으므로 논리값을 정수로 변경하기 위해 *1을 사용한다.

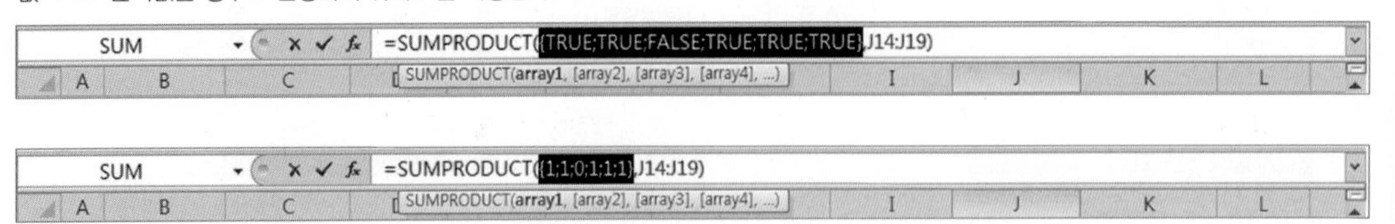

실제 출제된 문제이니 꼭 기억하도록 하자. 처리 조건 ⓔ의 경우에도 조건이 H 하나이므로 *1을 이용하여 SUMPRODUCT에서 사용할 수 있도록 논리값을 정수로 변경하여 계산한 것이다.

| 정답 |

ⓐ =SUMPRODUCT(B4:B8,C4:C8)

ⓑ =ISNUMBER(E4)

ⓒ =FIND("H",H4)

ⓓ =ISNUMBER(I4)

ⓔ =SUMPRODUCT(ISNUMBER(FIND("H",H4:H8))*1,K4:K8)

ⓕ =SUMPRODUCT(ISNUMBER(FIND("F",B14:B19))+ISNUMBER(FIND("P",B14:B19)),D14:D19)

ⓖ =SUMPRODUCT(ISNUMBER(FIND("우수",K14:K19))*1,J14:J19)

// SECTION //

02 Access 함수 사전

함수	설명	사용방법
iif(식, 참 값, 거짓 값)	식이 참이면 참, 값이 거짓이면 거짓 값을 돌려줌(엑셀의 if 함수와 비슷한데, i가 하나 더 있음)	iif([성별]="1","남자","여자") → 성별 필드의 값이 "1"이면 "남자"를 표시하고 아니면 "여자"로 표시한다.
Switch(식1, 값1, 식2, 값2 ...)	식1이 참이면 값1을 돌려주고 식2가 참이면 값2를 돌려줌	Switch([점수]>=90,"A",[점수]>=80,"B",[점수]>=70,"C",[점수]>=60,"D",[점수]<60,"F") → 90점 이상이면 A, 80점 이상이면 B, 70점 이상이면 C, 60점 이상이면 D, 60점 미만이면 F를 표시한다.
Left(텍스트, 개수)	왼쪽에서 문자 추출	Left("ABCD",1) = "A" Left("ABCD",2) = "AB"
Right(텍스트, 개수)	오른쪽에서 문자 추출	Right("ABCD",1) = "D" Right("ABCD",2) = "CD"
Mid(텍스트,시작 위치,개수)	중간에서 문자 추출	Mid("ABCD",2,1) = "B" Mid("ABCD",2,2) = "BC"
Year(날짜)	해당 날짜의 연도	Year(#2011-03-01#) = 2011
Month(날짜)	해당 날짜의 월	Month(#2011-03-01#) = 3
Day(날짜)	해당 날짜의 일	Day(#2011-03-01#) = 1
Hour(시간)	해당 시간에서 시간	Hour(#10:11:12#) = 10
Minute(시간)	해당 시간에서 분	Minute(#10:11:12#) = 11
Second(시간)	해당 시간에서 초	Second(#10:11:12#) = 12
Int(숫자)	해당 숫자보다 더 작은 정수로 내림	Int(3.8) = 3 Int(-3.8) = -4
Round(숫자, 반올림할 소수 자릿수)	반올림 함수	Round(3.55, 0) = 4 Round(3.55, 1) = 3.6
Today( ) And( ) Or( ) If( )	이 함수들은 엑셀에서는 사용하지만, 액세스에는 없는 함수이므로 사용할 수 없다.	

▶ 1. 쿼리식의 기본 구조 및 표현법

쿼리란?

입력된 다수의 테이블이나 쿼리를 서로 묶어 새로운 테이블을 만드는 작업을 말합니다. 즉, 데이터베이스에 입력된 자료를 연산을 통해 원하는 값을 인출하기 위한 작업입니다.

쿼리식의 구성

① 『필드명 : 식』 구조로 이루어져 있다.

예 판매액 : [테이블명.판매단가] * [테이블명.판매수량]

② 주의사항

- 엑셀에서는 함수식 시작에 =을 입력하지만 액세스 쿼리식에서는 『필드 : 식』의 구조이다.
- 사용될 필드명에 () 가 있을 때 필드명은 꼭 "[]"를 이용하여 묶어야 한다. "[]"는 이것이 필드라는 것을 나타내는 기호이다.
  예 판매액 : [판매단가(원)] * 판매수량
- 조인된 필드를 사용할 경우 필드명에 꼭 해당 테이블명을 적어줘야 한다. 이를 어기면 from 절 오류가 발생한다.
  예 판매액 : [table1.판매단가(원)] * 판매수량

▶ 2. iif + 논리 함수

액세스에서 논리 함수는 엑셀과 다르게 조건 가운데 위치합니다. 그리고 AND, OR 함수와 조건은 꼭 띄어쓰기를 해야 합니다.

주유량이 400 이상이거나 총 포인트가 550 이상이면 "우수고객", 아니면 "일반고객"

```
비고 : IIf([주유량]>=400 Or [총포인트]>=550,"우수고객","일반고객")
```

▶ 3. 중첩 iif 문

액세스에서는 "%"를 사용할 수 없으므로 실수로 표현해야 합니다.

판정 : 엥겔지수가 90% 이상이면 "하류층", 80% 이상이면 "중류층", 80% 미만이면 "상류층"으로 표시하시오.

```
판정 : IIF([엥겔지수]>=0.9,"하류층",IIF([엥겔지수]>=0.8,"중류층","상류층"))
```

▶ 4. 중첩 iif 문 + 문자열 함수

액세스에서는 "%"를 사용하지 못합니다. 따라서 실수로 표현해야 합니다. 예 11% → 0.11
증감(가산)이란 기존값+가산% 이므로 100%+가산% 계산 뒤 실수로 변환하여 곱해야 합니다.

① 출신고명 앞 두 자리가 서울이면 점수에 1%를 가산하고, 그 외는 0.5%를 가산한다.

```
Iif(Left([출신고],2)="서울",[점수]*1.01,[점수]*1.005)
```

② 주민번호의 8번째가 1이면 남자, 2이면 여자

```
성별 : Iif(Mid([주민등록번호],8,1)="1","남자","여자")
```

③ 나이 = 현재년도 – (1900 + 주민번호 앞 두 글자) + 1

```
Year(Now())-(1900+Left([주민등록번호],2))+1
```

▶ 5. 중첩 iif 문 + 날짜 시간 함수

시간은 시:분:초로 날짜는 년–월–일로 입력해야 하며, 그 중 필요한 값만 사용하고자 할 때는 엑셀에서 배웠던 날짜 시간 함수를 사용합니다.

① 사용시간 1분당 50원씩 계산하시오. (단, 초 단위는 절삭하시오.)

```
사용료 : Hour([사용시간])*60*50+Minute([사용시간])*50
```

② 원가 × 배달수량(단, 원가는 주문시간이 15:00 이후인 경우 원가의 10% 증감 처리하시오.)

```
Iif(Hour([주문시간])>=15,[원가]*1.1,[원가])*[배달수량]
```

▶ 6. 정수화 함수 – INT

INT 함수는 소수점 이하 부분을 버리는 기능을 가지고 있습니다. 이를 이용하는 문제가 최근 자주 출제되고 있습니다.

① 총포인트 = 기본점수 + 가산포인트 (가산포인트는 예 등유일 때, 기본점수 100 + 주유금액이 38,670이면 38점 → 결과값 138)

```
총포인트 : [기본점수]+Int([주유금액]/1000)
```

② 총결석일수는 결석일수 + 환산점수(지각횟수 4일을 1일로 계산)로 계산한다. (환산점수의 예 → 결석일수가 22일이면 5일)

```
총결석일수 : [결석일수]+Int([지각횟수]/4)
```

▶ 7. 조인된 필드가 식에 사용될 때

조인된 필드란 두 개의 테이블에 모두 존재하는 필드를 말합니다. 즉, 양쪽에 모두 존재하므로 사용자가 어떤 테이블에 있는 필드를 사용할지를 꼭 지정해야 합니다. 그렇지 않을 경우 FROM 절 오류가 발생하므로 꼭 기억하도록 합니다.

학과코드가 01이면 40, 02면 35, 03이면 45, 05이면 50으로 계산하시오. (단, 테이블 이름 : TABLE1)

```
IIf([table1.학과코드]="01",40,IIf([table1.학과코드]="02",35,IIf([table1.학과코드]="03",45,50)))
```

▶ 8. 대표적인 조건 쿼리 식

조건 검색 쿼리는 엑셀의 데이터베이스 함수의 조건표 작성법과 동일합니다.

① 카드 사용일이 2020년 9월 2일부터 2020년 9월 10일까지인 카드 사용 현황을 조회

사용일
>=2020-9-2 AND 2020-9-10

② 출신고 지역이 "서울"이면서 학과명이 "정보통신과"인 학생 현황

출신고	학과명
서울	정보통신과

③ 이름이 박씨와 이씨면서 성별이 남자가 아닌 여행객 현황

이름	성별
박* OR 이*	<>남자

또는

이름	성별
박*	<>남자
이*	<>남자

④ 남성 중에 성이 김이고 키가 160 이상이면서 몸무게가 60 이상인 사람을 표시

성별	이름	키	몸무게
남성	김*	>=160	>=60

⑤ 2급 중에서 특기가 영어 또는 일어인 직원을 조회

직급	특기
2급	영어 OR 일어

또는

직급	특기
2급	영어
2급	일어

기적의 Tip

③ 성별이 '남자'가 아닌 조건은 'mot 남자'로 적용할 수 있습니다.

▶ 9. 액세스 보고서 그룹 함수 정리

통계함수는 쿼리에서 작성하지 않고 보고서 텍스트 상자로 작성합니다.

1. SUM을 이용한 합계 계산

결석일수의 합계
=SUM([결석일수])

2. AVG를 이용한 평균 계산

결석일수의 평균
=AVG([결석일수])

3. COUNT를 이용한 행의 개수

반의 수
=COUNT(*) 또는 =COUNT([반])

4. COUNT/IIF를 이용한 조건 개수(엑셀에서 COUNTIF)

조건 개수 구하기 – 1차 합격자 수 계산
=COUNT(IIf([1차합격]="합격",1,0))

5. SUM/IIF를 이용한 조건 합계(엑셀에서 SUMIF)

조건 합계 구하기 – 3집평균은 각 판매월 중 3집의 판매이익의 합계를 구한다.
=Sum(IIf([음반명]="3집",[판매이익],0))

6. SUM/IIF/COUNT를 이용한 평균계산

조건 평균 구하기 – 1차 합격률 계산
=Sum(IIf([1차합격]="합격",1,0))/Count(*)

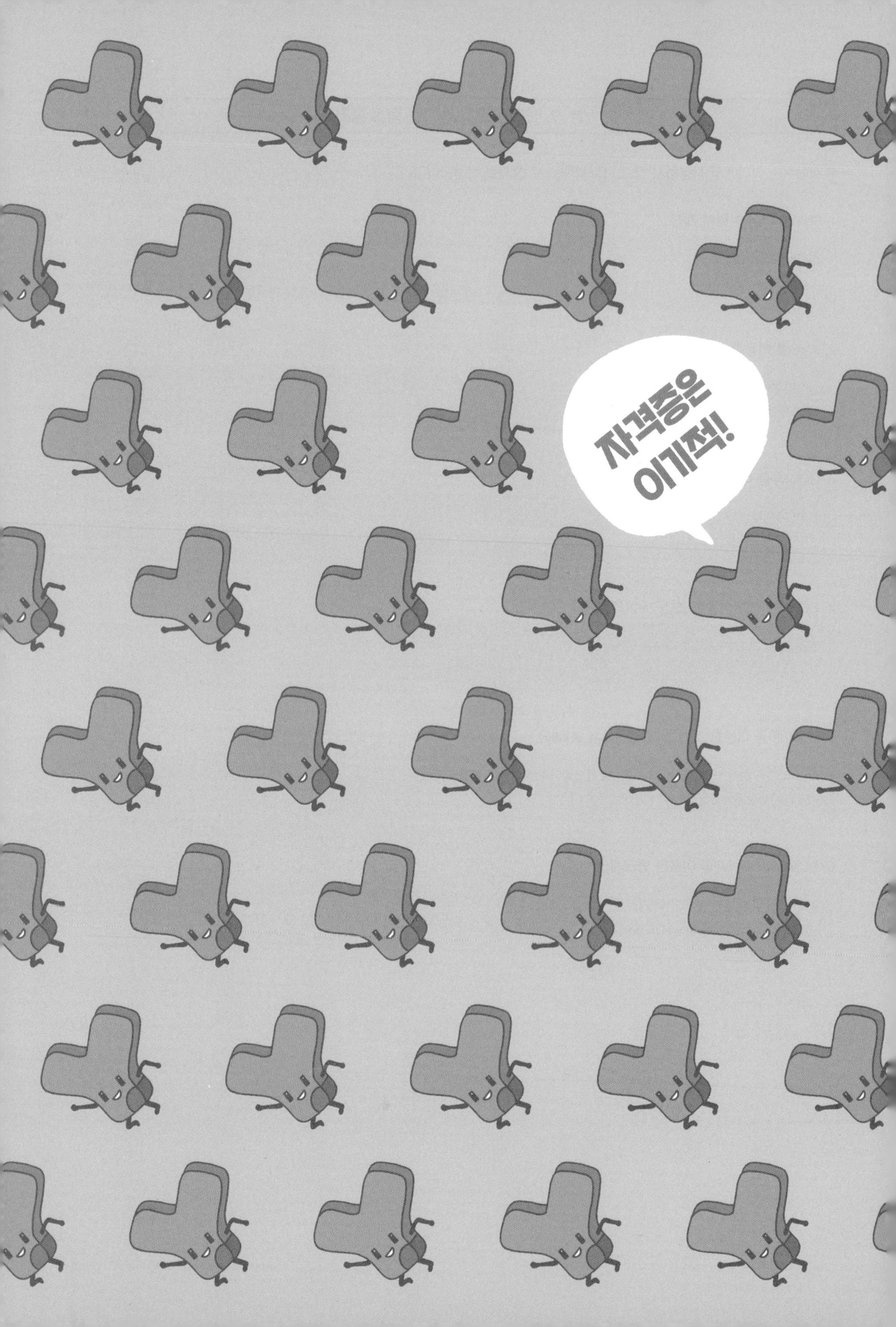
자격증은
이기적!